普通高等教育“十二五”规划教材（高职高专教育）

成本核算与分析项目化教程

主　编　王振中　王淑平
副主编　武丽霞
编　写　杨　卫　安红梅　李　艳
主　审　杜惠芬

中国电力出版社
CHINA ELECTRIC POWER PRESS

内容提要

本书为普通高等教育“十二五”规划教材（高职高专教育）。全书分为 14 个教学项目、38 项教学任务。分别从成本与成本会计基本认知、产品成本核算基本认知、要素费用核算与分析、制造费用核算与分析、辅助生产费用核算与分析、生产损失性费用核算与分析、完工产品与在产品成本计算与分析等方面对成本会计的一般原理与会计处理程序作了阐述。又系统地介绍了成本计算的基本方法与辅助方法的认知、运用和分析，以及成本报表的编制与分析。本书编写方法新颖，在各项目前有内容提炼，项目后配有项目闯关测试和项目综合实训等，做到了理论与实训相结合，充分展现了高等职业院校加大学生实训力度的要求。

本书可作为高职高专院校财经类专业的教材，也可供高等院校财经类相关专业的本科学生和从事会计工作的人员使用和参考。

图书在版编目（CIP）数据

成本核算与分析项目化教程 / 王振中，王淑平主编. —北京：中国电力出版社，2014.8（2020.9 重印）
普通高等教育“十二五”规划教材. 高职高专教育
ISBN 978-7-5123-6135-5

Ⅰ. ①成… Ⅱ. ①王… ②王… Ⅲ. ①成本计算－高等职业教育－教材②成本分析－高等职业教育－教材 Ⅳ. ①F231.2②F224.5

中国版本图书馆 CIP 数据核字（2014）第 144719 号

中国电力出版社出版、发行
（北京市东城区北京站西街 19 号 100005 http://www.cepp.sgcc.com.cn）
北京传奇佳彩数码印刷有限公司印刷
各地新华书店经售
*
2014 年 8 月第一版 2020 年 9 月北京第五次印刷
787 毫米×1092 毫米 16 开本 18.25 印张 439 千字
定价 **55.00** 元

前　言

根据高等职业教育培养目标的要求，对高职类学生的培养首先应加强对其进行操作技能的培养和教育。在强调职业技能培养的同时，加强专业理论的研修，使学生具备扎实的理论功底和举一反三的能力，是高职教育的目标。虽然高职教育在我国已有了明确的定位，但是由于时间短，关于高职教育的许多课题仍在探索之中，教材更是高职教学中的一个突出问题。

为了充分体现高职教学的特点——以职业岗位知识、岗位能力为培养目标，作者结合当前会计准则实施的实际情况和长期从事会计教学的经验，在本书中系统地介绍了企业成本核算的基本理论和主要方法，将专业理论与专业技能相融合，既遵循了理论的系统性，又强化了操作技能的完整性，突出和细化关键职业能力的实训。

本着高等职业院校人才培养方案的需求，编者按照项目导向、任务驱动的教学设计安排教材内容。在项目、任务后安排有项目闯关测试和项目综合实训，做到了理论与操作相结合，充分展现了高等职业院校加大学生实训力度的要求，以培养职业岗位需要的专业会计人才。本书体系完整，文字浅显，具有较强的理论性和实践性，既适用于高校会计专业及其他专业的教材，也适用于各种形式的会计岗位培训。

在遴选主、参编人员时，除了要求教学时间、业务水平和职称外，特别强调"双师型"的职业能力。本书由山西财贸职业技术学院会计系副教授王淑平和硕士研究生副教授王振中担任主编，山西财贸职业技术学院会计师、注册资产评估师武丽霞担任副主编。具体编写分工如下：王淑平编写项目一～项目七；王振中编写项目八～项目十；杨卫编写项目十一；武丽霞编写项目十二～项目十四。全书由王淑平统稿。

为本书进行主审的是中央财经大学硕士生导师杜惠芬教授，在此对她的辛勤劳动表示衷心的感谢，感谢她在百忙之中对本书进行了指正与修改。感谢参加编写工作的杨卫、安红梅、李艳老师；同时感谢出版社编辑的辛勤劳动。另外，编者参考了很多专家与学者的相关文献，在此一并表示感谢！

限于编者水平，加之对高等职业教育的研究不够深入，书中难免存在疏漏与不足之处，希望得到同行和读者的批评指正，以便进行修改。

编　者

2014 年 5 月

目 录

前言

项目一 成本与成本会计基本认知 …… 1
任务一 成本的认知 …… 1
任务二 成本会计的认知 …… 10
项目闯关测试 …… 18
项目二 产品成本核算基本认知 …… 21
任务一 产品成本核算的内容和基本要求 …… 21
任务二 工业企业要素费用的认知 …… 25
任务三 工业企业要素费用总分类核算认知 …… 29
项目闯关测试 …… 34
项目三 要素费用核算与分析 …… 37
任务一 材料费用核算与分析 …… 38
任务二 人工费用核算与分析 …… 48
任务三 折旧费用核算与分析 …… 60
任务四 其他要素费用核算与分析 …… 63
项目闯关测试 …… 65
项目综合实训 …… 67
项目四 制造费用核算与分析 …… 71
任务一 制造费用基本认知 …… 71
任务二 制造费用归集核算与分析 …… 73
任务三 制造费用分配核算与分析 …… 79
项目闯关测试 …… 84
项目综合实训 …… 87
项目五 辅助生产费用核算与分析 …… 89
任务一 辅助生产费用基本认知 …… 89
任务二 辅助生产费用归集核算与分析 …… 91
任务三 辅助生产费用分配核算与分析 …… 101
项目闯关测试 …… 112
项目综合实训 …… 115
项目六 生产损失性费用核算与分析 …… 117
任务一 废品损失核算与分析 …… 117
任务二 停工损失核算与分析 …… 126
项目闯关测试 …… 129

项目综合实训 …… 131
项目七　完工产品与在产品成本计算与分析 …… 133
任务一　在产品数量核算的基本认知 …… 133
任务二　完工产品与月末在产品成本计算与分析 …… 137
项目闯关测试 …… 149
项目综合实训 …… 151
项目八　产品成本计算方法认知 …… 156
任务一　企业生产类型及特点认知 …… 156
任务二　影响产品成本计算方法因素认知 …… 158
任务三　产品成本计算方法认知 …… 162
项目闯关测试 …… 163
项目九　品种法的运用与分析 …… 167
任务一　品种法的认知 …… 167
任务二　品种法的运用与分析 …… 169
项目闯关测试 …… 176
项目综合实训 …… 178
项目十　分批法的运用与分析 …… 180
任务一　分批法基本认知 …… 180
任务二　一般分批法的运用与分析 …… 183
任务三　简化分批法的运用与分析 …… 187
项目闯关测试 …… 193
项目综合实训 …… 195
项目十一　分步法的运用与分析 …… 199
任务一　分步法基本认知 …… 199
任务二　逐步结转分步法的运用与分析 …… 200
任务三　平行结转分步法的运用与分析 …… 212
项目闯关测试 …… 219
项目综合实训 …… 222
项目十二　分类法的运用与分析 …… 226
任务一　分类法基本认知 …… 226
任务二　分类法的运用与分析 …… 230
项目闯关测试 …… 238
项目综合实训 …… 241
项目十三　定额法的运用与分析 …… 245
任务一　定额法基本认知 …… 245
任务二　定额法运用与分析 …… 247
项目闯关测试 …… 256
项目综合实训 …… 259
项目十四　成本报表的编制与分析 …… 261

任务一　成本报表基本认知……261
任务二　产品生产成本报表的编制与分析……264
任务三　主要产品单位成本报表的编制与分析……271
任务四　制造费用明细表的编制与分析……275
项目闯关测试……276
项目综合实训……278

参考文献……281

项目一　成本与成本会计基本认知

【项目提要】

本项目主要阐述了成本、成本会计的概念和内容，以及成本会计工作的组织。侧重说明了成本的经济实质及其类型，对成本会计工作的组织则侧重介绍了成本会计的基础工作。

【知识目标】

通过对各项任务的教学，使学生对成本和成本会计有一个整体的认识，了解成本的经济实质和基本分类，以及成本会计的含义、起源和发展，掌握成本会计的对象；熟悉成本会计的任务；理解成本会计的职能；弄清成本会计工作的组织。

【技能目标】 1. 能够表述成本的经济实质

2. 掌握成本的基本分类
3. 掌握不同行业成本会计的研究对象
4. 能够自主组织和开展成本会计工作

就字面意思来说，成本是一个泛指的概念。成本的发生和形成，是与人类活动分不开的。在有活动进行的地方，就必然有费用的发生，也就必然有成本的形成。所以，成本是一个对象化的费用。本书所介绍的成本主要指产品成本的概念。

任务一　成 本 的 认 知

一、成本的含义

从字面意思理解，成本是指完成或做成某件事情所付出的本钱或发生的耗费。

西方会计学界则往往把成本理解为实现一定目的所付出的价值牺牲。其典型的定义是美国会计学会于 1951 年提出的："成本是指为达到特定目的而发生或应发生的价值牺牲，它可以用货币单位加以衡量。"这里有三层含义：①成本是一种价值牺牲。这种价值牺牲首先是一种价值消耗，其次这种价值牺牲的表现形态既可以是物资消耗和劳动消耗，又可以是现金的直接消耗和支付。②这种价值牺牲是为了一定的目的而发生的。任何活动都是围绕和完成一定目的而开展和发生的。③这种价值牺牲可以用货币单位计量。以货币为基本的计量单位既是会计核算的假设前提，同时又是进行成本核算的必然前提条件。

1957 年，美国会计师协会对成本又做出了如下解释："成本是指为获得财物或劳务而支付的现金或转移其他资产、发行股票、提供劳务，或发生负债而以货币衡量的数额。"也就是说，成本是为获得某种利益而发生的支出。

从上述广义性概念的表述中可以看出，成本是为了达到一定目的而耗费的人力、物力、财力的货币表现。成本是一个价值范畴，它同价值有着密切的联系。

在我国，会计学界主要以马克思《资本论》中的有关论述来论证成本的含义。按照马克思的理论，商品价值是生产过程中消耗的劳动对象和劳动手段，以及劳动者为自己劳动所创造的劳动价值，还有一部分是劳动者为社会劳动创造的剩余价值，即 $C+V+M$ 所表述的内容。从生产要素耗费的角度出发，“物有所值”中的“值”指的是产品生产过程中的生产资料消耗和活劳动消耗之和，即 $C+V$，马克思将其定义为商品的生产成本。因为在现阶段，劳动者为社会创造的价值 M 部分，在产品生产阶段还无法计量出来，所以产品的生产成本只是商品价值中的 $C+V$ 部分。在这里可以做出如下概括：

（1）成本是商品价值中的 $C+V$ 部分。这一概念的表述，说明了成本的经济实质，属于“理论成本”。从这个（理论）角度出发我们可以理解，为什么人们在购买商品的时候往往会提出这样的疑问：“物有所值吗？”人们希望所购买的商品只应该包括生产过程中消耗的生产资料价值和劳动者为自己所创造的价值，而不应该包括 M 部分。

（2）成本是企业为生产产品、提供劳务而发生的各种耗费。这是一个具体化、特指的概念表述。这是从实际的角度出发对成本进行的解释。企业在生产产品或提供劳务的过程中所发生的各种耗费无非是生产资料价值（即劳动对象和劳动手段，如材料、机器设备等费用）的消耗和人工的消耗（劳动者为自己所创造的价值）。所以成本也是指 $C+V$。

既然成本是商品价值中的 $C+V$ 部分，就必然能够用货币形式来表现。商品价值在形成中，经过了生产过程，在生产过程中消耗的价值包括生产资料价值（即劳动对象和劳动手段）的消耗和劳动力价值（即活劳动）的消耗。

马克思关于商品产品成本的论述，是对成本经济实质的高度理论概括。这一理论是指导我们进行成本会计研究的指南，是实际工作中制定成本开支范围，是考虑劳动耗费的价值补偿尺度的重要理论依据。因此，我国会计学界将成本定义为成本是生产经营过程中所耗费的生产资料价值和劳动者为自己劳动所创造价值的货币表现，也就是企业在生产经营中所耗费的资金总和。

无论是从字面理解，还是按照西方的解释，都是从广义的角度出发对成本进行解释，或者说都是从普遍性的角度解释成本。而我国是从狭义的角度出发解释成本的，是从特殊性的角度解释成本的，更具有实际意义，其具体性比较明显。

总而言之，不同的总体或个体，因其工作目的不同，所发生的价值牺牲也不同，成本的结果及成本名称也不同，见表 1-1。

表 1-1　　不同目的下成本的表现

部门或个人	目　的	价值牺牲	工作（或劳动）结果表现	成本名称
工业企业	生产产品	材料消耗 人工消耗	具体的产品	产品成本 $C+V$
商流企业	销售商品	采购费用 人工消耗	完成商品的销售 流转	商品成本
学生	取得文凭 学得知识	学习费用 其他费用	毕业证 知识	学业成本

二、成本的对象

会计人员通常把成本定义为为了达到某一个特定目标所失去或放弃的一项资源。按传统的会计方法，成本被认为是为了购买商品或劳务而必须付出的货币量（会计核算的假设前提条件之一）。

为了指导决策，管理者需要知道某些事件的成本。我们便将此事件称为成本对象，并将它定义为需要对成本进行单独测定的任何活动。由此看来，成本的对象可能是一件产品、一项服务、一项设计、一个客户、一类商标、一项作业、一个部门或一项计划等。

成本对象的范围可大可小。例如，成本对象可以是一项整体的工作（如全部飞机维修设备），也可以是一项整体工作中的一部分（如飞机维修设备中的上漆部分）；它可以是一项计划（如设计一辆汽车），也可以是计划中的一部分（如为新型汽车设计一扇门）；它可以是一组产品（如大批量生产某款服装），也可以是一件产品（某一件夹克衫）等。确定或选择成本对象的意义在于帮助决策。

三、成本基本的分类

（一）直接成本和间接成本

成本中的一个重要问题就是要明确，成本与特定的成本对象是直接相关还是间接相关。所以与成本对象这个相关的、能够经济而又方便地进行追溯的成本，称为（成本对象的）直接成本。直接成本是能够根据费用发生时的原始凭证直接计入某种产品的生产费用，即直接成本。如直接归集的原材料费用、燃料及动力费，计件工资以及单一产品生产工人的计时工资。直接成本是产品成本的主要组成部分，其所占比重越大，产品成本越真实。

与成本对象相关但不能经济而又方便地追溯到各个成本对象的成本，称为（成本对象的）间接成本。间接成本不能按照原始凭证直接归集到某种成本计算对象，而需要按一定标准在几种产品之间分配后才能计入产品的生产费用；或者必须按费用发生的地点先归集到其他账户中，期末再分配摊销到各种产品成本的生产费用。如几种产品共同发生的材料费用、计时工资（生产多种产品的）、制造费用等，必须通过成本分配的方法分配给成本对象。

这里的“经济而又方便”的重要性在于它涉及了成本的有效性，应该能够体现出“成本—效益”这一基本的概念。例如，某邮电公司，它能十分经济而又简便地将每一笔、每一宗邮递包裹的邮差费追加到每个客户；但是却不能将每一次给客户的包裹中所包含的发票成本作为直接成本追加给客户。因为将发票的成本追加到每个客户不是经济易行的。无论作为直接成本追溯到成本对象或者作为间接成本分配给成本对象，其经济可行性都受到采用的信息技术方法的影响。对于企业的管理者来说，他们更喜欢以直接成本为基础进行决策而不是间接成本，因为直接成本比间接成本更精确。

在这种分类下，要区分直接成本与间接成本，并非只按成本项目或费用的特征，应考虑企业生产产品的种类多少；只生产单一产品的情况下，所有费用都属于直接成本，生产多种产品（即联产品）的情况下，全部费用都不能直接计入各种产品成本，都属于间接成本。

总而言之，直接成本、间接成本和成本对象三者之间的关系如图 1-1 所示。

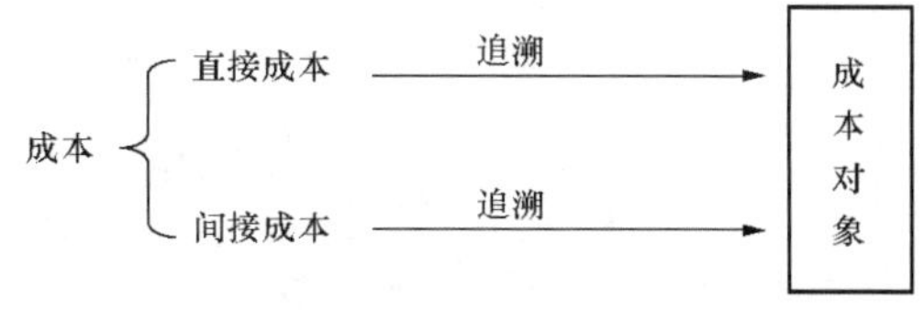

图 1-1　直接成本、间接成本和成本对象的关系图

由此可以看出，直接成本和间接成本的分类是根据成本对象而定的。

（二）变动成本与固定成本

成本按成本性态进行分类，可以分为变动成本和固定成本两种。变动成本就是随着成本动因的变动在总量上发生变动的成本。也可以解释为在一定时间范围和产量范围内，其（指成本）总额随产量的增减而等比例变动的生产费用。例如，北京现代汽车公司为自己的伊兰特汽车购买一种 30 元（单位成本）的特殊夹钳。夹钳的总成本即 30 元乘以生产的汽车数量。这是一个变动成本的例子，随着成本动因（汽车生产数量）的变化，成本的总量是发生变动的，但每单位成本动因的成本不变。总变动成本与产量的关系如图 1-2 所示。

同理，不论产量如何变动，在相关范围内单位变动成本均保持不变。单位变动成本与产量的关系如图 1-3 所示。

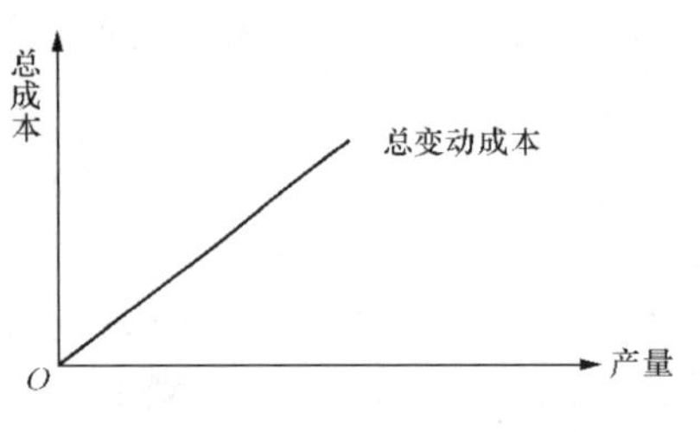

图 1-2　总变动成本与产量的关系图

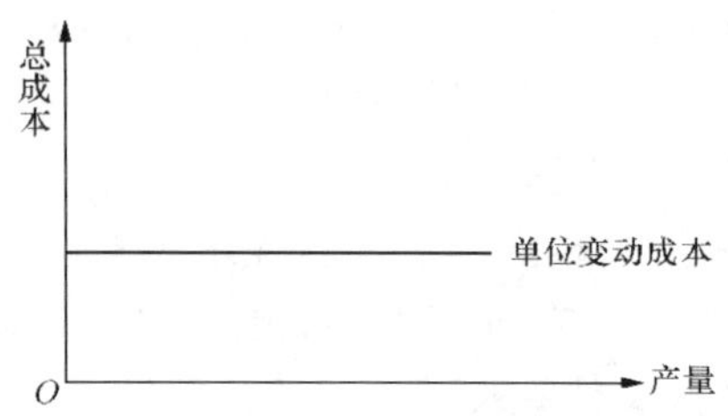

图 1-3　单位变动成本与产量的关系图

固定成本则是尽管成本动因发生变动，其总量都保持不变的成本；也可以解释为在一定时间范围和产量范围内，其（指成本）总额不随产量增减而变动的生产费用，如固定资产折旧费、管理人员工资等。例如，北京现代汽车公司每年需花费 2 亿元支付财产税、行政人员工资、租金以及汽车的保险费。这些都是固定成本，即在给定的时间内，在成本动因的相关范围内总量不变的成本，固定成本与产量的关系如图 1-4 所示；而当成本动因增加时，其单位成本会逐渐变小，即在相关范围内，单位产量负担的固定成本却是随产量的变化而变化的，单位固定成本与产量的关系如图 1-5 所示。假如，北京现代汽车公司每年生产 10 万辆伊兰特汽车，那么每辆汽车的固定成本是 2000 元；与此相比，如果它生产 5 万辆汽车，那么每辆汽车的固定成本就变成了 4000 元。固定成本只在给定的成本动因变动范围（通常较大）与给定的时间段中（通常指特定的预算期）才是固定的。

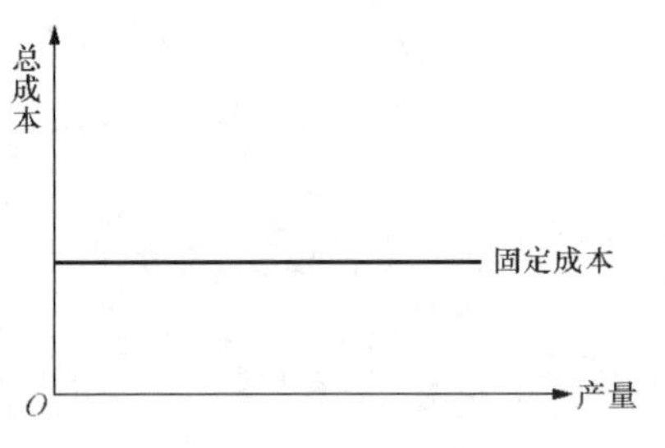

图 1-4　固定成本与产量的关系图

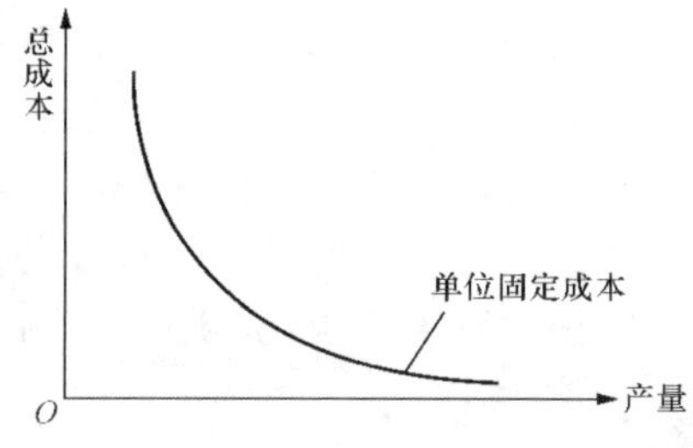

图 1-5　单位固定成本与产量的关系图

在现存的管理会计系统中，变动成本与固定成本是两个最常用的成本性态模式。在这一模式中，成本动因是影响成本的重要因素；也就是说，成本动因的变动会导致相关成本对象总成本的变动。一些成本动因可以用会计制度的财务度量来计量（如直接人工费用以货币单位来度量），另一些则不能用财务度量（如每个产品的零件数量，服务的电话次数）来计量。

成本管理是指管理者在满足客户的需要前提下，在不断降低与控制成本的过程中所采取的一系列措施。在成本的管理中，确定成本动因的一个条件就是要适当，一个特定的成本动因发生改变并不会引起所有成本的变动。在不同的工作环节中，成本动因的表现见表 1-2。

表 1-2　不同工作环节的成本动因表现

企业（公司）的不同工作环节	成本动因举例
研究与开发	计划的数量，计划所费工时，计划技术复杂性
产品、劳务即过程的设计	产品数量，产品零部件数量，设计时间
生产	生产数量，生产步骤数，技术变化次数，直接人工工时
销售	广告次数，销售员工人数，销售额
配送	配送产品数目，顾客数目，配送产品的重量
顾客服务	服务电话次数，服务产品数目，产品服务时间
策略与管理	董事会成员人数，政策条例，法定工作时间

上述的按生产费用计入成本方式的不同所分的直接成本、间接成本，以及按成本习性所分的变动成本、固定成本，此两大主要成本分类的联系见表 1-3。

表 1-3　直接、间接成本与变动、固定成本的不同组合

成本性态模式	将成本分配给成本对象	
	直接成本	间接成本
变动成本	成本对象：组装汽车 举例：装配汽车使用的轮胎	成本对象：组装汽车 举例：厂部使用的动力成本
固定成本	成本对象：销售部门 举例：销售代理每年租用汽车的租金	成本对象：销售部门 举例：公司计算机中心每月承担用于营销目的的计算机成本的费用

（三）产品成本和责任成本

成本按其归集的对象性质不同，可以将成本分为产品成本和责任成本。产品成本是以各种产品或劳务作为成本计算对象而进行核算、控制和考核的成本。产品成本的计算是按照“谁受益、谁负担”的原则，确认、计量和归集应由某产品（或劳务）负担的生产费用，计算产品成本的目的是考核产品成本计划完成的情况，并为确定会计期间的损益和产品的定价提供服务。

会计制度一般都要求企业（公司）核算并报告总成本及单位成本。单位成本是个平均数，也叫平均成本，是以总成本除以单位产品产量计算出来的。从决策的角度来说，考虑总成本要优于考虑单位成本。然而，在许多情况下还是要用到单位成本。例如，公司领导正在考虑是否为年末的晚会请一个乐队。假设请乐队的固定费用为 1000 元，人们很直观地就可能得出单位成本（晚会的门票价格）。如果有 100 人参加，那么单位成本是 10 元；如果有 500 人参加，那么单位成本是 2 元；如果有 1000 人参加，那么单位成本是 1 元。然而我们应该注意到，在给定的 1000 元费用下，总成本是不受参加人数多少而影响的，但单位成本却是参加晚会人数作用的结果。

成本通常既不是永远固定的，也不是永远变动的，大多数要根据特定的情况而定。

一般来说，在估计总成本时，通常以单位成本来考虑变动成本，以总量来考虑固定成本。

固定、变动成本与单位成本、总成本之间的关系见表 1-4。

表 1-4 固定、变动成本与单位成本、总成本之间的关系

名　称	总 成 本	单 位 成 本
变动成本	变动	不变
固定成本	不变	变动

责任成本是以各单位（或个人）作为成本计算对象而进行计算、控制和考核的成本。责任成本按照“谁负责、谁承担”的原则确认和归集责任者具有归属责任和能够负责的可控成本，计算责任成本的目的是，将成本计算和经济责任联系起来，通过考核责任者的业绩使得成本控制落实到实处。

产品成本和责任成本虽然归集的对象不同，并各有不同的作用，但是在一定时期内，同一个责任单位的责任成本总额和产品成本总额应该是一致的。

（四）资本化成本与费用化成本

资本化成本是先记录为资产而后逐步转化为费用的成本，例如，购买的固定资产、无形资产等。期间成本是作为当期费用的成本。在管理会计中通常使用此类成本术语，反映出财务会计对管理会计的影响。

（五）制造成本

在成本会计语言中，通常使用这样三个描述制造成本的术语，即直接材料成本、直接人工成本、制造费用成本。在成本核算中此三个成本术语是作为成本项目使用的。

（1）直接材料成本。即最终能够归属于成本对象（完工的和未完工的产品），并且能通过经济而又方便的方法追溯到成本对象所有材料的购买成本。

（2）直接人工成本。即能够归属于成本对象（完工的和未完工的产品）并且能够通过经济而又方便的方法追溯到成本对象全部生产人员的人工补偿，包括工资及其福利费。

（3）制造费用成本。即能够归属于成本对象（完工的和未完工的产品）但不能够经济而又方便地追溯到成本对象的全部制造成本。这类成本的其他术语有“间接制造成本”、“制造费用”等。

初学者通常会将制造费用与制造成本相互混用。这是由于没有弄清楚这两个重要的成本术语的含义及包含内容造成的。

由于各企业设计的制造成本会计制度不同，在产品成本的归集核算中，一些企业没有使用上述的三部分成本分类，而使用两部分成本分类。成本项目三分类与两分类见表 1-5。

表 1-5 成本项目三分类与两分类对比

三部分分类	两部分分类
直接材料成本 直接人工成本 制造费用成本	直接材料 制造费用

可以这样说，企业的成本制度可以随着具体情况的不同而发生变化。当生产的自动化程度不断提高而致使直接人工数量的比重相对缩小时，关于制造成本的分类可以从三分类变为两分类。也有将制造费用进行多分类的。企业的管理者可以选择最有利于他们计划、控制及

决策的分类方法。

（六）可控成本和不可控成本

从责任单位对成本的可控程度的角度出发，可以将成本分类为可控成本和不可控成本两类。在责任者职责范围内可以调节和控制的成本，称为可控成本。如生产车间耗费的材料、人工、动力等（但产品耗费的材料、人工、动力等，在一定范围内则不能控制）；学习期间的生活费、接待同学的费用（但学费可控）。

超出责任者职责范围的费用，为不可控成本。如固定资产的折旧费（在一定方法下、一定时期内）；保险费、材料的采购单价（由采购部门与供应商谈判确定）等。

成本是否可控必须与责任者或责任主体相联系，比如材料的采购费用，对于生产车间来说属于不可控成本，但是对于整个企业而言却是可控成本。所以，成本的可控性是明确经济责任，进行成本考核的重要基础，有利于建立和完善成本的岗位责任制。

（七）相关成本和非相关成本

相关性是指成本与经营决策的关系。从这个角度出发，可以将成本分类为相关成本与非相关成本两类。

决策时应予以考虑，决策方案实施时，必然发生的成本称为相关成本。相关成本都是现今尚未发生而需要在未来支付的费用。相关成本有很多，通常对决策方案的取舍起决定性作用，也即企业在决策时必须予以考虑的成本。相关成本包括差量成本、边际成本、付现成本、重置成本、专属成本等。

差量成本有狭义与广义之分。狭义的差量成本又称增量成本，指不同产量条件下所形成的成本差别。例：某厂生产 A 产品的单位变动成本为 150 元，在最大生产能力 8000 件的范围内，总固定成本为 80 万元。现计划年度产量增长 25%，为此企业将增加设备，使得总固定成本增至 96 万元。

则有，年度计划总成本＝总固定成本＋总变动成本

＝96 万元＋8000×（1＋25%）×150 元

＝246 万元

正常产量下的年度总成本＝总固定成本＋总变动成本

＝80 万元＋8000×150 元

＝200 万元

差量成本＝年度计划总成本–正常产量下的年度总成本

＝246 万元－200 万元

＝46 万元

广义的差量成本是指决策的两个备选方案之间预期成本的差异数。

例：某企业提出两个生产方案：一是大修设备；二是更新设备。大修设备可以使原设备恢复其生产能力，但需要支出 20 万元的修理费；更新设备的购置费为 60 万元，期间出售旧设备变价收入 8 万元。

两种方案之间的差量成本为

更新设备支出－大修理的支出＝（60－8）－20

＝32 万元

即更新设备比大修理多支出 32 万元。这种差量成本显示了不同方案之间成本相差的数量

及幅度，这是进行决策时要考虑的重要因素。

边际成本是指在计算产品成本时，每变动一个单位的产量时所相应变动的成本。从实际计算角度来看，边际成本是指增加（减少）一个单位的产量所发生的成本增加（减少）额。前述的变动成本、狭义的差量成本均是边际成本的表现形式。在相关范围内，变动成本、狭义的差量成本、边际成本是一致的。在经营决策中，经常运用边际成本这一概念，联系平均成本、边际收入等概念，进行最优销售量、最优销售价格、最低成本决策。

在进行决策时，因选择某一方案而放弃另一方案的潜在收益即机会成本。例：企业现有10万元的闲置资金，有两种投资方案：①投资A项目，风险为10%，年收益6000元；②购买国债，无风险，年收益4000元。若选择A项目，则放弃了购买国债，其中有4000元的收益即机会成本。

需要在未来以现金支付的成本，即付现成本。例：企业背景：资金困难，又急需某种设备。现有两家供应商，条件分别为：甲供应商一次性付款95 000元；乙供应商设备全价10万元，交货时付20%货款，余款在3个月内付清。企业需要在二者之间进行选择。

重置成本又称现时成本，与历史成本差异较大。如2年前以2万元购入计算机，但是现价为4000元，这4000元即为重置成本。产生重置成本的原因有技术进步、物价变动等因素。如2009年1月购买比亚迪轿车一辆，价款14万元，2009年2月，价款下降15%～20%。则11.9万～11.2万元即重置成本。又如：前10年购买房子一套，价款10万元，现时价款30万元，这30万元即重置成本。

专属成本是指可以明确地归属于某一特定对象的成本。例如：生产A、B两种产品，A产品生产出来后直接出售，B产品还需要继续加工，则加工中发生的材料费、人工费等属于专属成本。

非相关成本，即无关成本，与决策方案无关的在决策时不予以考虑的成本。非相关成本的特点是不因决策的产生而产生，不因决策的改变而改变。非相关成本主要包括历史成本、沉没成本、共同成本、不可避免成本等。

历史成本是指在费用发生的当时根据实际支出计算的成本。由于已经发生和支出，对未来的决策没有影响作用。

沉没成本是指过去已经实际支出，现在决策无法补偿，不能改变的成本，即沉没成本。如某设备原价款5万元（历史成本），已经计提折旧2万元，账面净值3万元。现因技术进步将要更新，则账面净值3万元即为沉没成本。

共同成本是指应由几种产品（或几个部门）共同分摊的成本，即共同成本。如生产领用材料2万元，同时生产出A、B、C三种产品。材料费2万元即共同成本，应由A、B、C三种产品按照一定比例进行分摊。

不可避免成本是指与特定的决策方案没有直接联系的，决策行为不能改变其发生额的成本，即不可避免成本；与备选方案直接相关的，决策行为可以改变其发生额的成本即可避免成本。不可避免成本如折旧费、保险费等；可避免成本如技术开发费、职工培训费等。

（八）历史成本和预期成本

按成本的时间性可以将成本分为历史成本和预期成本两类。成本的时间性是指成本的确定时间。

历史成本是指过去已经实际支付的成本，即实际成本。

预期成本是按一定方法事先确定的成本，包括计划成本、定额成本、标准成本、估算成本等。

计划成本一般是在计划期开始前，根据前几年的平均定额成本或平均实际成本，对产品制订的一种预计成本。

定额成本是根据企业物化劳动和活劳动的消耗水平（先进的水平、实际的水平）制订的一种预期成本，以此作为成本控制的重要依据。实际工作中，常将实际成本与定额成本进行对比，确定出实际脱离定额的差异，分析其原因，借以考核成本管理的效果。

估算成本是根据企业规划等资料，粗略测算的成本，是机会成本的一种特殊形态。如根据企业的目标利润、可能售价等指标，估算和测算新产品的成本。又如，房价＝地价＋利润＋税费＋水电暖的配置费＋造价＋……

标准成本是单位产品的目标成本即标准成本。按成本项目的构成，根据现行的技术经济条件下的标准用量和标准价格制订出单位产品的目标成本。标准用量，如材料消耗量、工时消耗量等；标准价格，如人工单价、材料单价等。标准成本是一种有效的成本管理制度。通过实际成本与标准成本的比较，确定成本差异，分析差异产生的原因，以进一步加强成本管理。

四、成本的作用

成本是商品经济中一个极为重要的经济范畴，其经济实质决定了它是反映和控制企业生产经营过程劳动耗费的综合性价值指标，同时又是确定企业生产经营成果的现实基础。在市场经济条件下，成本的重要作用主要表现在以下几个方面。

（一）成本是反映和控制劳动耗费的基本手段

在商品价值一定的条件下，成本和收益是互为消长的两个因素。企业经营的目标是获得良好的经济效益，为此必须对产品生产中的物化劳动和活劳动进行严格控制，而这首先应对各项劳动耗费如实反映和准确计量。成本的控制过程实际上也就是企业的各项生产要素优化组合的过程。企业的设备利用是否充分、材料消耗是否节约、劳动组织是否合理，资金运用是否得当等，都会从成本指标上反映出来。因此，成本指标在作为劳动耗费和价值补偿尺度的同时，又是衡量企业经营管理工作质量的一个重要标准。只有搞好企业的经营管理，将企业的各项劳动耗费控制在社会平均劳动的范围内，企业的经营目标才能实现。

（二）成本是补偿劳动耗费的主要尺度

劳动耗费的补偿是再生产活动的必然要求。要维持企业正常的生产经营活动，企业的各项耗费必须从企业取得的收入中得到补偿，这就使企业的销售收入和费用成本建立了内在的联系。但应该补偿多少适宜？这必须借助于成本这个劳动耗费的客观尺度，即产品的生产和销售所发生的物化劳动和活劳动耗费的总和，也表明了企业生产经营耗费补偿份额的大小。劳动补偿与劳动耗费是等量的，耗费越多，补偿相应越高，反之则越低。由此可见，运用成本这一补偿尺度，可以确定企业生产经营的成果，对企业的生存与发展有着重要意义。

（三）成本是制订产品价格的重要依据

销售收入的实现是企业生存和发展的基础，而企业要取得销售收入，合理的价格是不可忽视的一项重要因素。根据经济学原理，产品价格应大体符合商品的价值，企业在制定产品价格时，应遵循价值规律的基本要求，但在市场经济还不发达的现阶段，各种商品的价值尚无统一的尺度，只能通过企业生产经营中的各项耗费，间接地反映产品价值。马克思指出：

“商品出售价格的最低经济界限，是由商品的成本价格规定的。如果商品低于它的成本出售，生产成本中已经消耗的组成部分，就不能全部由出售价格得到补偿。如果这个过程继续下去，预付资本价值就会消失。”因此，国家的价格政策，是以社会平均成本水平为基础，考虑平均利润水平和其他政策因素而定的。因此，企业间的竞争主要是成本的竞争，因为成本的高低决定着企业收益水平的高低。

（四）成本是企业经营决策的重要基础

管理的过程也是决策与控制的过程。企业在激烈的市场竞争中随时都面临着大大小小的决策。经营决策的过程实际上是对各备选方案进行成本效益的比较、分析和评价的过程。成本资料在其中起着极为重要的作用。典型的成本是产品成本，以此为依托，企业可以计算出诸如机会成本、差量成本、边际成本等许多管理上所需要的成本，它们为企业的经营决策提供各种必需的成本信息。从一定意义上来说，成本信息是否准确可靠是经营决策是否成功的关键。因此，成本是经营决策的重要基础。

五、不同目的下成本的计算范围

（一）制订产品价格与确定重要产品

在这一目的下，产品成本应该包括从产品研究开发起，到将产品送到客户手中为止所有的成本。如研究与开发成本、设计成本、生产成本、配料成本、配送成本、顾客服务成本等。

（二）与政府机构签订补偿协议

一些机构明确规定企业的“下游”成本——销售成本不在补偿之列，而研究与开发的部分可能得到补偿，如研究与开发成本、设计成本、生产成本等。

（三）对外提供财务报告

这里主要是指在资产负债表与利润表上报告的可计入存货成本，在公认的会计准则框架下，对外报告的产品成本只包括制造成本，如设计成本、生产成本等。

不同目的下，各项成本归入去向如图 1-6 所示。

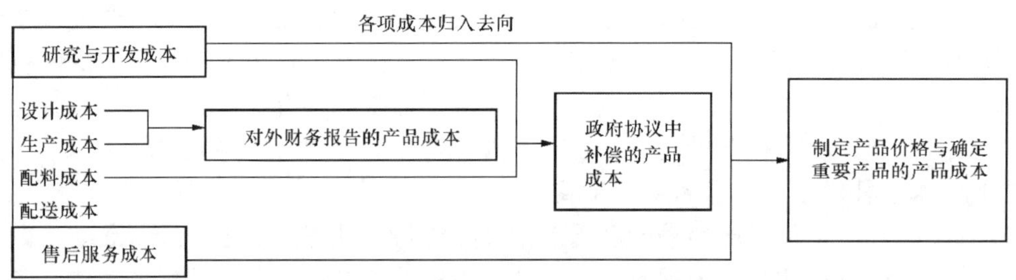

图 1-6　不同目的下各项成本归入去向图

任务二　成本会计的认知

一、成本会计的产生和发展

成本会计是社会经济发展的产物，它的产生和发展的过程也就是一部商品经济和企业管理的发展史。成本会计是会计的一个重要分支，是从会计活动中分离出来的一项专业会计，其先后经历了早期、近代、现代三个阶段。

（一）成本会计的产生

成本会计的产生要追溯到工场手工业的时期，大体上经历了从16世纪30年代～19世纪中期约300年的历史。这一时期是商业资本占优势的时期，产业资本还处于发展初期。由于市场竞争并不激烈，只要占有资源，拥有产品便拥有市场。所以产业资本之间的竞争更多地体现在对资源的争夺上而不是在控制成本方面。因此，成本问题虽然因为确定盈亏的需要而开始受到关注，但并未得到足够重视。这时的成本计算只是工厂主的附带操作，刚开始只是进行粗略估计，后来改用统计的方法计算成本，但成本计算还处于会计账簿之外，并且产品成本中也不包含固定资产折旧等间接费用，计算极不准确。

随着产业规模的扩展，成本逐渐变得重要起来，因此，人们开始积累成本资料，并对成本计算方法加以改进。一般认为最早设置费用成本明细账的是意大利的Medici家族。他们在其经营的纺织厂中，将成本计算与复式记账法相结合，按毛纺织的生产工艺，设置了染色工账、纺毛工账、织布工账等分类账，并开始意识到折旧费用与成本的关系。这被看成是成本会计的最早萌芽。同一时期，成本会计在荷兰、法国、英国等国也取得了很大的进展。16世纪法国的普兰庭印刷厂已经建立了简单的关于成本核算的账户体系，并采用相当于现在的品种法计算产品成本；1750年，英国人James Dodson在他的鞋厂里采用了最初的分批成本计算方法；1777年，英国的Wardhaugh Jhompson为他的袜厂设计了从存货、纺麻、漂白、染色、织袜到整理的一整套会计记录，形成了分步成本计算的雏形；1804年，德国人John Michael在《商业体系论》一书中，对成本的要素进行了分类，并阐述了直接费用、间接费用的概念及其区分方法。这些都表明成本计算已与会计账簿相结合，标志着成本会计的产生。但由于当时生产力水平还很低，因而成本会计尚未形成一整套成熟的核算体系，与真正意义上的成本会计相去甚远。

（二）成本会计的发展

成本会计产生后，经历了以下三个发展阶段。

1. 早期的成本会计

约19世纪末至20世纪初，处于资本主义自由竞争时期。最初的企业经营大多数采用独资或合伙形式，在债务上负无限责任。虽然18世纪已出现公司，但这种组织形式尚不普遍。这时的企业所有权与经营权是合二为一的，业务较简单，管理包括记账，都由业主操作，实际上是一种由工厂主凭经验以个人为中心的传统管理。随着资本主义经济的发展，资本的聚积再加上公司形式特别是股份制有限公司的纷纷出现，使企业规模不断扩大，并使工厂主对先进技术和设备的投资成为可能。因此机器操作渐渐代替了手工劳动，最终导致在资本主义发展最早的英国爆发了工业革命。工业革命的影响迅速扩展到欧洲大陆和世界其他国家，企业的数量与规模都在迅速扩展，相互间的竞争开始变得激烈起来。由此又造成工厂主争相在技术更新上加大投资，使企业间接费用的数额越来越大，占生产成本的比重越来越高，已不可能像过去那样再作为损失处理。因此，研究间接费用的处置方法，为产品定价与损益计算提供客观的产销成本就成为市场竞争的现实需要。1885年，梅特卡夫（H. Metcalfe）所著的《制造成本》一书在英国出版；1887年，加克（E.Garcke）等人的《工厂会计》也随后出版。这些19世纪最著名的成本会计专著中讨论了成本的形态问题，对产品的主要成本、车间费用、管理费用的范围都作出了规定，并在人工成本的归集分配和材料费用的核算、管理方面提出了一系列可行的方法，如永续盘存制、先进先出法等，使成本会计体系得以确立。因此，可以说真正的成本会计是从英国开始的，可称为记录型的成本会计学。美国会计学家劳伦斯（M.B.Lawrence）在其1925年出版的《劳氏成本会计》中将成本定义为“一工厂制造与推销产品时所发生之一切费用总和”，指出“成本会计就是应用普通会计的原理、规则，系统地记录某一工厂生产和销售产品时所发生的一切费用，并确定各种产品或服务的单位成本和总成本，以供工厂管理当局决定经济的、有效的和有利的产销政策时参考”。可见，早期的成本会计还从属于财务会计，以事后核算与控制为主。

2. 近代的成本会计

时间约20世纪初到第二次世界大战期间，这一时期资本主义发展进入了垄断阶段。由于竞争的加剧，1911年，美国学者泰罗（F.Taylor）最先提出并推行科学的生产管理制度，由此开创了企业管理的“科学管理”时代。这套制度史称“泰罗制”。其核心是提高生产工效，泰罗在对工人的劳动时间和动作进行研究的基础上，提出了劳动方法的标准化即定额管理，并实行与此相应的计件工资制度。泰罗制的另一贡献是明确划分了计划（管理）与作业（普通劳动）两种职能。泰罗制的实行改变了美国企业的面貌，并很快推广到其他资本主义国家，大大促进了生产力的发展，并对成本会计体系的完善起到了极大的推动作用，为配合泰罗制的实施，成本会计相应地提出了“预算控制”、“标准成本”和“差异分析”等技术方法，使成本管理不仅只是事后的核算，而且开始了生产过程的成本控制。并且，由于计划职能的划分，使企业出现了厂主之外的高层管理者，因此也促进了管理理论与技术的进一步发展。在此阶段后期，英、美等国都成立了成本和管理的会计师协会，这些组织对成本会计开展了一系列研究，出版了不少成本会计的名著，如美国尼科尔森（Nicholson）等人的《成本会计》、托尔（'rower）的《成本会计原理与实务》，这标志着成本会计已成为完全独立的学科。这期间英国会计学家贝蒂（J.Batty）将成本会计定义为：“成本会计是用来详细描述企业在预算和控制它的资源利用情况方面的原理、惯例、技术和制度的一种综合术语”。

3. 现代成本会计

成本会计的这一发展阶段，在时间上是从20世纪第二次世界大战结束后至今为止的时期，在企业管理上属于“现代管理”时代。前已叙及由于泰罗制的推动，使资本主义经济飞速发展，由此造成了商品财富的惊人堆积。这时，为了争夺市场，资本主义经济强国即帝国主义国家之间爆发了两次瓜分世界的战争。战后世界的格局已被重新分配，高度集中的资本使企业规模空前的大，跨国公司不断涌现，企业生产经营面临更加复杂的环境。为了在激烈的市场竞争中生存和发展，企业家除了积极依靠现代科技加快产品的更新换代以抢占市场之外，还必须按照现代化管理的要求，不仅实行科学的管理制度，而且重视按梅奥（Major）“行为科学”的理论调动劳动者提高工效、参与管理的积极性。与此同时，千方百计降低成本已成为所有企业家的共识。并且，企业家们均认识到，只进行事后事中的成本控制已远远不够，客观形势的发展迫使企业家们必须将降低成本的过程开始在生产过程之前。而且，这一期间运筹学、系统工程、电子计算机等在战争中发展起来的高科技成就在管理领域的运用，也使成本会计的理论和技术方法进一步完善和发展。目标成本、责任成本、质量成本、作业成本等新型成本控制技术不断涌现，使成本的概念远远突破传统成本的界限，成本会计的发展进入到一个崭新的阶段。美国会计学会1951年将成本定义为：“成本是为了一定目的而付出的（或可能付出的）用货币测定的价值牺牲”。因此，现代成本会计的特点是成本控制与现代管理相结合，其职能已发展到以成本核算为基础，以控制为核心，包括成本的预测、决策、计划、核算、控制和分析考核的整个职能体系。

综合上述，现代成本会计是成本核算与现代经营管理的直接结合，它是以成本作为研究对象，根据成本核算资料，采用成本预测、决策、计划、控制和分析等专门方法，为管理者提供最优化成本信息的一门专业会计。

二、成本会计的研究对象和任务

（一）成本会计的研究对象

成本会计是指运用会计的原理和原则，采用技术方法，对各项费用和产品成本进行核算和监督的管理活动。成本会计也具备会计的基本特征：①以货币为主要的计量单位；②对其对象的核算和监督具有连续性、系统性、全面性、综合性。

成本会计的对象就是成本会计所要反映和监督的内容。成本会计的研究对象从其概念中可以总结出来：

（1）企业经营管理过程中发生的各项费用，如营业费用、管理费用、财务费用，以及已销产品（或劳务）的成本（转入“本年利润”视作费用）。

（2）企业产品生产过程中发生的各种耗费，即生产成本。

从以上两个内容可以看出，成本会计实质上是关于成本和费用的会计，这两个方面的内容都是其核算和监督的对象。

成本会计是会计的一个分支，因此，成本会计的对象也就是会计对象的一部分，即有关费用和成本的部分。在现实社会的经济生活中，由于各行业生产经营的特点各不相同，如制造业从事产品产销的生产经营活动、商品流通业进行商品购销的业务活动、服务业从事各种服务的经营活动，因而在不同行业，成本会计反映和监督的具体内容也不相同。但总的来说，可以将成本会计的对象概括为以下三个部分。

1. 各项业务的成本

在制造业，产品的生产过程要经过投料、加工、入库的程序。这一过程的生产耗费，包括劳动对象和活劳动耗费的价值，以及通过折旧方式的劳动资料磨损的转移价值。此外，生产单位为组织与管理生产也会发生各种费用。所有这些支出构成了产品制造过程的全部生产费用，而为生产一定种类、一定数量的产品所发生的各种生产费用的总和就构成了产品的制造成本。在商品流通业和服务业，虽没有产品的生产过程，但各项业务活动也会发生各种耗费，构成流通业的商品采购成本和服务业的营业成本。因此，各行业生产经营业务的成本，就成为成本会计反映和监督的主要内容。

2. 经营费用

企业为推销商品（劳务）会发生各种支出，如由企业负担的运输、装卸、包装、保险、检验、仓储、展览和广告等费用。这类支出在制造业称为“销售费用”。商品流通业和服务业分别称为“经营费用”和“销售费用”。名称虽不同，但性质却相同；虽不能计入业务成本，但仍需要用实现的业务收入加以补偿。因此，其支出与归集过程也是成本会计反映监督的内容。

3. 期间费用

在企业生产经营过程中还会发生各种与经营活动有关的必不可少的支出。资金是企业的血液，进行资金筹集会发生各项财务费用；而企业行政管理部门为管理和组织生产经营活动会发生诸如管理人员工资、固定资产折旧、办公费和坏账损失等各项管理费用。这些费用与产品没有直接联系，按发生的期间归集，故称为期间费用。但它们也需要由当期损益负担，因此，它们的支出与归集同样也应该成为成本会计反映和监督的内容。

（二）成本会计的任务

成本会计的任务也就是成本会计反映和监督职能的具体化。在市场经济条件下，成本会计的根本任务是促进企业不断降低成本，提高经济效益，这是由经济管理的客观要求决定的。

成本会计的任务具体分为以下几个方面。

1. 成本核算

成本核算是反映职能的体现。正确的成本资料和可靠的成本信息是企业劳动耗费和价值补偿的客观依据，也是实行成本会计的监督职能（具体可分为成本预测、决策、计划、控制、分析等工作环节）的重要基础。因此，成本核算是企业成本会计的中心任务。

2. 成本预测和决策

成本预测和决策是优化成本决策的客观需要。现代成本会计最重要的特征，是对企业资源的详细规划和有效利用。为此，应将成本控制开始在生产过程之前，这就必须收集和整理各种成本信息。分析企业内外各种影响因素的变化情况，按照科学的方法测算未来一定时期的成本水平，以便从若干可行方案中选择劳动耗费最低的方案，确定企业的目标成本。

3. 成本控制

加强成本控制是成本会计工作的核心，是降低成本任务实现的保证。成本控制是在产品成本形成过程中对实际成本的发生进行约束和限制，使其按既定的目标发生，防止和消灭生产损失。成本控制应贯穿于整个生产经营过程，实行全方位、全过程的控制。在此意义上，成本会计的所有职能无不体现控制。成本预测、决策和成本计划乃事前控制，成本核算和成本日常控制（包括产品质量、物耗、能耗和活劳动的耗费）是成本的事中控制，成本分析与考核则是事后控制。也就是说，全面的成本控制构成了成本会计的具体内容。

4. 成本分析

成本分析分为狭义和广义两种。狭义的成本分析指对成本的事后分析，包括对成本计划执行情况的定期分析，各种产品成本的对比分析，主要技术经济指标变动对成本的影响分析等。

广义的成本分析则伴随成本控制的全过程。在成本预测和决策的过程中，对成本核算提供的资料进行加工整理，对不同备选方案的耗费水平作出评价是事前分析；在生产经营过程中按目标成本对实际的劳动耗费进行规范和制约是事中分析；在一个阶段结束后，对该阶段的成本计划执行情况进行检验和总结，发现差距，查明原因是事后分析。成本分析是成本会计的重要环节，通过分析了解和掌握成本升降情况，发现和解决问题，达到降低成本的目的。

5. 成本考核

成本管理是涉及企业方方面面的一项重要工作。要控制消耗，降低成本，需要企业上下共同努力。成本控制除设立目标成本和科学的管理制度之外，必须通过成本考核，将成本管理与经济责任制相结合，以明确各单位和个人的成本责任，使企业的目标成本通过层层分解而得以落实。

6. 在产品管理

在产品包括在制品和半成品。在产品在生产过程中处于不断流动之中，容易丢失和损坏，而在产品数量是否正确关系到完工产品成本的正确性和企业的损益水平高低。因此，加强在产品的实物管理，也是成本会计的重要任务之一。

三、成本会计的工作组织

成本会计的工作组织包括两方面内容，即成本会计机构设置和人员配备、成本会计制度制订。

（一）成本会计机构设置和人员配备

成本会计机构是在企业中直接从事成本会计工作的职能单位。为此所配备的专门（或兼职）负责处理企业成本会计业务的人员称为成本会计人员。按国家所规定的成本会计法规，结合企业的实际情况，设置精干而有效率的成本会计机构，配备精通业务、高素质的成本会计人员，对建立成本会计工作的正常秩序，保证成本会计任务的实现具有重要意义。企业应根据内部管理要求以及成本会计所承担的职责和任务，设置成本会计机构和人员配备，使之与企业规模大小，业务繁简和管理要求相适应。

成本会计机构设置和人员配备通常有如下两种组织形式。

1. 集中核算形式

集中核算形式适合于小型企业，厂部设立成本会计组，配备专职人员，集中处理全厂从成本计划、核算到考核等各环节的全部成本会计工作。车间可以设兼职的材料核算员负责登记和汇总原始凭证。集中核算形式的好处是厂部可以较及时地掌握本厂的成本信息，可以减少核算层次和工作人员，但不便于基层单位掌握和控制成本，不利于调动职工参与成本管理的积极性。

2. 分级核算形式

分级核算形式适合于大中型企业，一般可分为厂部—车间—班组三级。班组一级可设专职或兼职的材料核算员一名，登记和汇总原始凭证，为车间成本管理提供资料。车间一级设专职的成本会计组，负责车间的成本计划、成本核算、成本分析和控制工作。厂部设成本会计科，负责对车间班组成本工作进行指导；将各车间上报的成本数据汇总为最终成本，定期编制成本动态简报以供各方面参考；进行成本预测、决策和成本控制工作；负责考核责任单位责任成本完成情况，对其实行奖惩；制订全厂的成本会计制度，配备必要的成本会计人员。分级核算形式的缺点是需要增加工作层次和人员，但便于车间、班组了解和控制成本，调动全厂上下关心成本、降低成本的积极性。

（二）成本会计制度

成本会计制度是企业组织和处理成本会计工作的具体规范，是企业会计制度的一个组成部分。建立和健全成本会计制度对规范成本会计工作，保证成本会计信息质量具有重要意义。

企业成本会计制度的制订必须与企业会计准则和相关法规保持一致；力求从企业生产经营活动的实际出发，适应生产经营特点，满足内部成本管理的需要，使之既能及时提供准确可靠的成本信息，又能简化会计处理程序。

成本会计制度有狭义和广义之分。狭义的成本会计制度主要是指成本核算方面的有关规定和办法。《会计基础工作规范》中的第 96 条明确指出：“实行成本核算的单位应当建立成本核算制度。主要内容包括成本核算对象；成本核算的方法和程序；成本分析等。”广义的成本会计制度是适应我国经济体制转轨需要而制订的现代成本会计制度，其内容包括对成本预测、决策、计划、核算、控制等成本管理全过程的有关规定。以制造业为例，具体有以下规定和办法。

（1）关于成本开支范围的规定。

（2）关于成本会计科目和成本项目的设置，以及成本计算方法的规定。

（3）关于成本核算制度和办法，包括成本计算对象和计算方法的选择，要素费用的核算和分配方法、生产费用的汇总和计入产品成本的程序、生产费用在完工产品和在产品之间的划分方法等。

（4）关于成本预测、决策和成本计划编制的制度和办法。

（5）关于成本控制、分析和考核的制度和办法。

（6）关于成本报表的制度和规定。

（7）成本会计制度的其他有关规定，如成本定额、内部结算、原始记录和成本责任制等管理办法。

从成本会计制度制订者角度讲，（1）、（2）两项由国家统一规定，其余各项由企业自行制订。从成本会计制度所起的作用角度讲，（1）、（2）、（3）明确了成本核算制度，为开展成本核算工作提供了工作规则；（4）、（5）、（6）、（7）强调了成本管理、分析的制度，为开展成本考核、分析等工作制订了工作规划。制度制订以后，关键是认真执行，不得随意变更。但成本会计制度也不是一成不变的，它也将随着社会经济的发展而不断发展和完善。在对成本会计制度进行修订、完善时，应坚持“实事求是、先立后破”的原则，以保持制度管理的连续性和严肃性。

四、成本会计的基础工作

成本会计的基础工作是指保证成本会计正常进行的基本条件。包括成本开支范围、成本费用分类、原始记录、计量验收、定额管理和内部结算等。成本开支范围和费用成本分类已如前述，现将其余各项分述如下。

（一）建立健全原始记录制度

原始记录是对企业生产经营活动的具体事实所做的最初书面记载，它是搞好成本会计工作重要的基础资料。成本会计所需的原始记录主要包括以下几个方面。

1. 反映材料消耗方面的原始记录

如领料单、限额领料单、材料入库单、废料回收单、材料报废单、委托加工材料领用单、多余材料退料单等。

2. 反映活劳动消耗方面的原始记录

如职工录用通知单、调出调入通知单、派工单、停工通知单、考勤表、假条、工资结算单、加班记录和工资分配表等。

3. 反映固定资产利用情况的原始记录

如工程竣工验收单、机器设备检验单、设备开动台时记录、报废及清理记录等。

4. 反映生产和产出方面的原始记录

如工序进程单、产品入库单、半成品入库及领用、调拨通知单、废品通知单、产品出库单和在产品盘存报告单等。

5. 反映费用开支的原始记录

如领款单、办公用品购买发票、差旅费报销单、公用费用结算凭证等。原始记录的设置应符合“简明、实用”的原则，既能满足管理的需要，又简便易行。原始记录的各种凭证必须按规定填制，包括填写份数、内容、金额、时间、经手人签章都要正确无误。填制好的原始凭证必须按规定的路线及时传递，并按国家规定归档保管。

（二）完善存货计量验收制度

完善存货的计量验收制度是保证原始记录正确无误的有效措施，如果没有准确的计量和严格的质量检测，会导致成本信息失真，企业存货的质量与安全完整无法保障，使整个成本会计工作的可信度降低。因此，企业对计量验收应予以高度重视。

搞好计量验收工作首先要完善计量和检测制度，对材料收发领退，以及半成品、产成品的入库、出库和内部转移活动，要配备必要的度量衡工具，由专人负责，实行严格的实物计量和验收，以保障存货物资的质和量。此外，由于企业存货品种规格繁多，进出频繁，因各种原因，可能会发生账实不符的情况。因此，对企业的各种存货，还应该进行定期或不定期的清查盘点，并按照永续盘存制的要求进行账务处理，以保证库存的真实性，使产品成本中的材料费用准确可靠。

（三）建立健全定额管理制度

定额是企业在一定的技术经济条件下，对生产经营活动中人、财、物的各种耗费所制订的消耗标准和要求。先进合理的定额，是企业成本管理的重要基础，实行定额管理，就是以科学的定额为依据组织和管理生产，控制消耗。《会计基础工作规范》第五章第九十二条指出“各单位应当建立定额管理制度。主要包括：定额管理的范围；制定和修订定额的依据、程序和方法；定额的执行；定额考核的奖惩办法等。”

定额按经济内容可分为反映人、财、物各方面的消耗标准。包括有关原材料、燃料、动力和工具模具等的消耗定额；有关设备利用的定额，如固定资产利用率等；有关劳动消耗的工时定额、产量定额、停工率、出勤率等；有关费用消耗的费用定额，如单位产品工资费用定额、办公费及差旅费的开支标准等。

定额是现代管理技术和经验智慧的结晶。制订定额应从企业现状出发，考虑生产发展趋势、劳动组织方式改进等因素，使定额平均先进、经过努力能够达到。各项定额应根据不同要求采用适当的方法制订，如经验估计法、统计分析法、技术分析法等。定额在实际运用的过程中，应随着生产技术条件的变化和经济形势的发展，适时地进行补充和修订，使之保持先进性和可行性，以充分发挥定额管理控制生产耗费的积极作用。

（四）完善企业内部结算制度

内部结算制度是企业内部各单位、各部门相互提供产品或劳务过程中，进行收付结算的相关规定，其内容包括结算方式和结算价格。企业内部结算制度是与实行内部经济核算、划分成本责任相联系的，完善的内部结算制度对加强成本管理、提高企业经济效益有着积极的促进作用。

内部结算的方式主要有厂币结算、支票结算和转账结算，内部结算业务一般通过企业的资金结算中心（也称内部银行）进行。内部结算必须以合理内部结算价格为依据。制订内部结算价格应由财会部门牵头，计划、劳资和生产技术部门共同参与，在广泛征求意见的基础上共同制订。内部结算价格是指企业对原材料、自制零部件、半成品以及内部各生产单位之间相互提供劳务而制定的在企业内部各生产单位之间进行结算的价格，通常有计划单位成本、单位定额成本和计划价格等表现形式，以采用计划成本和定额成本常见。

建立健全内部结算价格制度，以合理的结算价格作为企业内部结算和考核的依据，一定程度上可以分清内部各单位的经济责任，考核和分析内部各单位费用预算和成本计划的执行情况，并简化和加快企业的成本核算工作。

需要注意的是，以成本加成方式制订的计划价格作为内部计价依据，在实际运用中容易出问题，因材料物资、半成品劳务等只是在企业内部各单位之间转移，并未进入流通领域因而其价值并未实现，并且内部结算价格含较多的主观成分，很难准确，往往会在各单位之间引发矛盾，挫伤职工的积极性，这需要企业管理部门和成本核算机构因地制宜，研究制定科学合理的成本核算制度。

项目闯关测试

一、单项选择题

1．马克思关于产品成本的论述，是对成本（ ）的高度理论概括。

A．理论成本　B．实际成本　C．经济实质　D．理论性质

2．成本属于商品经济的（ ）范畴，它与特定的目的相关。

A．价值　B．经济　C．数量　D．理论

3．按生产费用计入成本的方式不同，可以分为（ ）。

A．直接成本与间接成本　B．理论成本与实际成本

C．材料成本与人工成本　D．变动成本与固定成本

4．直接成本是指能够根据费用发生时的原始凭证直接计入某种产品的成本，例如（ ）。

A．直接归集的原材料费用

B．几种产品共同发生的原材料费用

C．计时工资

D．生产几种产品的生产工人的计时工资

5．计算和确认产品成本应遵循“受益”原则，具体是指（ ）。

A．“谁受益、谁承担”　B．“谁负责、谁承担”

C．“谁管理、谁负责”　D．“谁生产、谁负责”

6．正确计算产品成本，应做好的基础工作是（ ）。

A．各种费用的分配　B．正确划分各种费用界限

C．建立健全原始记录制度　D．确定成本计算对象

7．成本的经济实质是（ ）。

A．生产过程中所耗费的生产资料转移价值的货币表现

B．劳动者为自己劳动所创造价值的货币表现

C．劳动者为社会劳动所创造价值的货币表现

D．企业在生产经营过程中所耗费的各项资金的总和

8．下列不应计入产品成本的费用是（ ）。

A．直接材料费用　B．辅助生产车间管理人员的工资

C．车间厂房折旧费　D．厂部办公楼折旧费

9．成本会计的对象是成本核算和监督的内容，包括（ ）。

A．产品生产成本和期间费用　B．资本性支出和收益性支出

C．营业外收入和营业外支出　D．职工福利费和税费

10．按成本的归集对象不同，可以将成本分为（　　）。

A．生产成本和制造费用　　B．产品成本和责任成本

C．变动成本和固定成本　　D．可控成本和非可控成本

二、多项选择题

1．在生产联产品的企业里，联产品的全部生产费用（　　）。

A．都不能直接计入各种产品成本　　B．都必须进行分配

C．主要的原材料都是间接成本　　D．以上的说法都对

2．成本会计的基础工作是指保证成本会计正常进行的基本条件，具体包括（　　）。

A．建立健全原始记录制度　　B．完善存货计量验收制度

C．建立健全定额管理制度　　D．完善企业内部结算制度

3．成本是商品经济中一个极为重要的经济范畴，其重要作用主要表现在（　　）。

A．成本是反映和控制劳动耗费的基本手段　　B．成本是补偿劳动耗费的主要尺度

C．成本是制定产品价格的重要依据　　D．成本是经营决策的重要基础

4．在成本核算中所涉及的原始记录主要有（　　）等。

A．领料单　　B．废料回收单　　C．产品入库单　　D．考勤表

5．在计算产品成本时，往往要根据（　　）作为费用分配的标准，因此制定各种消耗定额，是搞好生产管理、成本管理、成本核算的前提。

A．原材料的消耗定额　　B．工时的消耗定额

C．产量定额　　D．机器工时定额

6．从一定时期的角度看，企业的（　　）；从较长时期的角度看，企业的（　　），否则企业就不可能生存和发展。

A．劳动耗费与成本补偿不相等　　B．劳动耗费与成本补偿相等

C．劳动耗费都应当得到补偿　　D．劳动耗费不一定都能得到补偿

7．（　　）等因素与产品成本的大小有直接的关系。

A．产品种类　　B．产品数量

C．产品生产周期　　D．产品生产单位

8．现代成本会计的对象，应包括各行业的（　　）。

A．生产经营业务成本　　B．经营管理费用

C．专项成本　　D．机会成本

9．成本会计机构内部的组织分工有（　　）。

A．按成本会计的职能分工　　B．按成本会计的对象分工

C．按业务内容分工　　D．集中工作或分散工作

10．下列各项中，应计入产品成本的费用有（　　）。

A．车间的办公费　　B．季节性停工损失

C．生产原材料费用　　D．废品损失

三、判断题

1．成本是企业为生产产品、提供劳务而发生的各种耗费。因此，成本是对象化的生产费用。（　　）

2．成本属于价值范畴，成本是商品价值的货币表现。（　　）

3．产品生产成本是企业为生产一定种类和数量的产品所发生的各种耗费的总和，不包括管理费用、营业费用和财务费用。（　）

4．费用是与收入搭配的概念，它是指企业为销售商品、提供劳务等日常活动所发生的经济利益的流出。（　）

5．期间费用一般应当分配计入产品、劳务的成本。（　）

6．产品成本与生产费用在经济内容上是完全一致的。（　）

7．变动费用是指其总额随着产品产量（或业务量）的变动而成正比例变动的费用。（　）

8．直接计入费用是指由于生产工艺本身引起的各项费用。（　）

9．期间费用计入产品成本，可以提高企业的赢利水平。（　）

10．产品成本中直接成本的比重越大，产品成本就越真实。（　）

11．成本是商品经济条件下，生产经营过程中发生的资本耗费。它是商品价值中物化劳动和活劳动的货币表现。（　）

12．成本的补偿不需要通过流通过程，只要及时计算出准确的产品成本即可。（　）

13．成本补偿的标准是否真实反映了企业的实际耗费水平，关系到成本能否实现足额补偿以及企业的生存与发展。（　）

14．一定时期的实际耗费一定等于一定时期的成本补偿。（　）

15．通俗而言，成本对象就是费用的承担者。（　）

16．在估计总成本时，通常以单位成本来考虑变动成本，以总量来考虑固定成本。（　）

17．期间费用是按期间归集的，产品成本是按产品归集的；因此，前者称为期间化的费用，后者称为对象化的费用。（　）

18．一个月份的产品总成本一定小于两个月份的产品总成本。（　）

19．一个月份的期间费用不一定小于一个年度的期间费用。（　）

20．只要建立有严格的存货计量验收制度，就不需要对存货进行清产盘点。（　）

项目二　产品成本核算基本认知

【项目提要】

本项目主要阐述了成本核算的基本要求和一般程序，以及工业企业生产费用和期间费用的内容，侧重介绍了有关成本类会计科目和会计账户的设置方法及会计处理。

【知识目标】

通过对各项任务的教学，使学生对制造业的产品成本核算有一个总体的认识，了解成本核算的基本要求及费用界限的划分，熟知工业企业要素费用的分类，熟悉成本核算的账户设置。

【技能目标】 1. 能够正确划分各种费用界限
2. 能够对工业企业要素费用进行合理分类
3. 掌握成本核算的账户设置并能够正确运用

成本核算是成本计算与会计处理相结合的程序和方法。成本核算是对企业的生产费用进行确认、记录、计量、分配、计算的一系列行为过程。成本核算有广义与狭义之分。广义的成本核算是指各行各业各单位各种类型的成本进行的核算，狭义的成本核算仅指制造业的产品成本的核算。产品成本是指企业为生产一定种类和数量的产品所发生的各种耗费的总和。只有生产费用才计入产品成本。为此划分企业在生产经营活动中发生费用的类型，确定应计入产品成本的费用是准确计算产品成本的前提。

任务一　产品成本核算的内容和基本要求

一、产品成本核算的内容

产品成本核算是成本计算与会计处理相结合的程序和方法的综合体现。产品成本核算是对企业生产过程中发生的费用成本进行确认、记录、归集和分配等会计行为的一系列过程。成本核算有广义与狭义之分。广义的成本核算是对各行各业各单位各种类型的成本进行的核算，如制造业的成本核算、流通业的成本核算、农业的成本核算、航空运输业的成本核算、房地产业的成本核算等。狭义的成本核算仅指制造业的产品成本核算。

对于制造业来说，产品成本核算就是生产费用的核算和产品成本计算的总称。在制造成本法中，将生产经营过程中的生产费用划分为生产成本和期间费用。产品在制造过程中发生的直接耗费和间接耗费，分别按产品的种类和发生地点进行归集，并按费用的性质与用途，将产品生产中发生的直接耗费，分别按成本项目，直接计入产品生产成本。而产品在制造过程中发生的间接耗费，则需要按一定的标准分配计入产品生产成本。如此看来，制造业的生产成本就等于直接耗费、间接耗费以及制造费用的综合，用公式表示如下。

产品的制造成本＝直接材料耗费＋直接人工耗费＋制造费用　　(2-1)

期间费用是在生产经营过程中，企业为生产销售服务而发生的各种间接耗费。这些划分很容易确定其发生的期间费用，但是却难以判别出其所应归属的产品，所以，当发生期间费用时，一般是将其计入当期损益，而不计入产品成本。目前，我国普遍采用制造成本法。

二、产品成本核算的基本要求

为了完成成本核算的各项任务，充分发挥成本核算的作用，不断改善企业的生产经营管理，在产品成本的核算工作中，应准确地划分各种费用界限。

（一）正确划分各种支出的界限

一个会计主体在其业务活动中，会发生多种性质的支出。除了与正常生产经营活动有关的支出以外，还有资本性支出、福利性支出、营业外支出等。在企业支出中，只有与正常生产经营活动有关的支出，才称为生产经营费用（生产费用和期间费用）。为了正确计算产品成本和期间费用，首先应当正确划分应计入产品成本和期间费用的生产经营费用与不应计入产品成本和期间费用的其他各种支出的界限。正确划分各种支出的界限，即正确划分资本性支出与收益性支出的界限。这一界限的划分，也称为严格费用成本的开支范围。

例如，企业为购置和建造固定资产、无形资产和其他资产的支出，以及对外投资的支出等，都属于资本性支出，应计入有关资产的价值，不能计入费用成本；企业发生的医疗卫生支出、集体福利性支出等，应由从企业费用成本中提取的应付福利费开支，不能再计入费用成本；企业因各种原因支付的滞纳金、罚款、违约金、赔偿金，各种捐赠、赞助支出，以及被没收的财物等，都与企业正常生产经营活动没有直接关系，只能列入企业营业外支出或在企业缴纳所得税后的利润中开支，不能计入费用成本；此外，国家统一的会计制度规定不得列入费用成本的其他支出等，企业都不能擅自列入费用成本。

（二）正确划分各期费用成本的界限

对于可以计入费用成本的支出，应当根据权责发生制原则，正确划分各期费用成本的界限。按照权责发生制原则，凡是本期已经发生的费用成本，不论其款项是否已经付出，都应当作为本期费用成本入账；凡是不属于本期的费用成本，即使款项已经在本期付出，也不应当作本期的费用成本处理。正确划分各期费用成本的界限，是正确计算各期（月）产品成本和各期（月）营业损益的需要。

为了按期结算费用，计算产品成本，企业对于本期（月）已经支出，应由本期和以后各期负担的费用，应当记作待摊费用，分期摊入有关费用成本。企业一次支付，分期摊销的待摊费用，按照费用项目的受益期限确定各期分摊的数额，分摊期限一般不超过 1 年。企业发生的不能全部计入当年损益，应在以后年度内分期摊销的租入固定资产改良支出、固定资产修理支出以及摊销期限在 1 年以上的其他待摊费用，应当记作长期待摊费用，在受益期限内平均摊销。

企业应由本期（月）负担而尚未支付的费用，应当作为预提费用计入本期有关费用成本。为了防止虚列费用成本，在费用尚未发生以前，需要从费用成本（产品成本和期间费用）中预提的费用项目和标准，企业根据具体情况确定以后，应报主管财政机关备案。费用预提数与实际支付数发生差异时，应及时调整提取标准。企业预提费用的多提数一般应在年终冲减原多计的费用成本，年终财务决算时不留余额。预提费用年终需要保留余额的，应当在企业年度财务会计报告中予以说明。

严格掌握待摊费用、长期待摊费用和预提费用的摊销和预提，对于如实反映各期费用，正确计算各期产品成本有重要意义。要注意防止利用待摊费用、长期待摊费用和预提费用项目来调节各期费用成本，虚增或虚减企业利润的错误做法。

（三）正确划分费用和成本的界限

正确区分各种支出和各期费用成本的基础上还应当正确划分产品成本和期间费用的界限。企业生产经营费用包括生产费用和期间费用。生产费用构成产品制造成本，期间费用直接计入当期损益。为了正确计算产品成本和营业损益，对于应计入产品成本的费用，企业不得列为期间费用；应列为期间费用的支出，企业不得计入产品成本。

（四）正确划分各种产品成本的界限

为了正确计算各种产品的成本，可以计入本期产品成本的各项费用，还必须在各种产品之间进行划分。应计入本期产品成本的各项费用，有两种情况：一是能够直接计入某种产品成本的；二是多种产品共同发生的。正确划分各种产品成本的界限，要求凡是能够分清由某种产品负担的费用，应当直接计入该种产品的成本；凡是不能分清由哪种产品负担，即由几种产品共同负担的费用，则应按照“受益”原则，采用合理的分配标准，在各种产品之间进行分配之后，再计入各种产品成本。

（五）正确划分完工产品成本与期末在产品成本的界限

企业本期发生的生产费用，经过在各种产品之间进行划分，确定了各种产品应负担的费用。企业期末计算产品成本时，除了本期已完工产品外，还可能有未完工的产品（期末在产品）。这样，为了正确计算出本期完工产品的实际总成本和单位成本，必须正确划分本期完工产品成本与期末在产品成本的界限。期末计算产品成本时，企业应当注意核实期末在产品的数量和完工程度，采用合理的分配方法，将已计入该种产品成本的费用在本期完工产品和期末在产品之间进行分配，

正确计算完工产品的实际总成本和单位成本。企业不得以计划成本、估计成本或定额成本代替实际成本，不得任意压低或提高完工产品成本和期末在产品成本。

三、产品成本核算的一般程序

成本核算的程序就是按一定的顺序，对发生的生产费用进行归集和分配，将应计入产品成本的生产费用归集于各种产品，从而计算出各种产品的实际总成本和单位成本的过程。

企业可以根据生产经营特点、生产经营组织类型和成本管理的要求，自行确定成本计算方法。不同生产工艺过程和生产组织的企业，成本计算的具体方法是不同的，企业内部不同的生产单位（车间、分厂）也可以采用不同的成本计算方法。但是，产品成本计算的目的，总是在于控制生产过程中的耗费，计算出各个成本核算对象的实际总成本和单位成本。为了达到这一目的，首先，要对所发生的费用进行审核和控制，确定所发生的费用应计入产品成本和期间费用的数额；其次，将本期发生的应计入产品成本的费用在各个成本核算对象之间进行归集和分配，计算出各个成本核算对象本期发生的费用；再次，某成本核算对象如果既有本期已完工产品，又有期末在产品，还要在本期完工产品和期末在产品之间分配费用，以确定本期完工产品的实际总成本和单位成本。

因此，各个企业成本核算的一般程序是相同的，都可以归纳为以下三个步骤。

（一）费用的审核和控制

费用的审核和控制是以国家有关法律、法规，财政、财务、会计制度以及企业内部有关制度和管理办法等为依据，审核和控制费用的开支，以确定应计入产品成本的费用数额和期间费用的费用数额。

费用的审核和控制实际上就是要正确划分各种支出的界限、正确划分各期费用成本的界限、正确划分产品成本和期间费用的界限。企业应当严格遵守国家规定的费用、成本开支范围，严格按照企业内部财务会计制度和成本费用核算办法中规定的费用审核标准进行费用的审核和控制。只有对所发生的费用支出进行严格的审核和控制，才可以正确确定应计入产品成本和期间费用的费用数额。

（二）生产费用在各个成本核算对象之间进行分配和归集

成本核算对象是指企业承担费用的对象。确定了成本核算对象，也就解决了生产费用应由谁负担、分配给谁、按什么目标来归集等问题。企业所发生的费用，有的应当计入制造成本，有的应当计入期间费用。计入制造成本的生产费用，应由各种产品来负担。这样，各种产品就是工业企业的成本核算对象。工业企业的成本核算对象，除了产品品种以外，还可以是产品批次、产品类别或者生产步骤等。企业成本核算对象一经确定，不得随意变更，如需变更，应当根据管理权限，经股东大会或董事会，或经理（厂长）会议或类似机构批准并在会计报表附注中予以说明。

生产费用在各个成本核算对象之间的分配和归集，必须注意以下三点。

（1）分配和归集生产费用必须按成本项目进行。因为各不同成本项目的生产费用，在产品生产过程中发生的情况不同，分配方法是不同的。

（2）需要进行分配和归集的，只是本期发生的生产费用。因为以前各期发生的生产费用已经在当期分配给了各成本核算对象。

（3）尽管分配生产费用的方法多种多样，分配生产费用的原则只有一个，就是“受益原则”。按照受益原则分配和归集生产费用，对能直接计入各成本核算对象的生产费用，应当直接计入；不能直接计入的生产费用，按照受益程度的大小分配计入各成本核算对象。

经过费用的审核和控制以及生产费用在各成本对象之间的分配这两个步骤，确定了本期发生的应计入各成本核算对象的生产费用。如果没有期末在产品，则各成本核算对象所归集的生产费用就是本期完工产品成本；如果本期没有完工产品，则各成本核算对象所归集的生产费用就是期末在产品成本；如果既有本期完工产品，又有期末在产品，则还有下面的第三个步骤。

（三）生产费用在完工产品和期末在产品之间进行分配

各成本核算对象所承担的生产费用，如果既有完工产品又有期末在产品，还应当在完工产品和期末在产品之间进行分配。分配时，应当注意以下两点。

（1）费用的分配应当分成本项目进行。因为不同成本项目的费用发生情况不同，有的在生产开始时一次投入（如一次投入的原材料），有的在生产过程中陆续发生（如工资等费用）。

（2）分配的费用数额是该对象的生产费用合计数，即期初在产品成本加上本期发生的生产费用。

将生产费用在完工产品和期末在产品之间分配后，可以确定各成本核算对象本期完工产品的实际总成本，再除以总产量，就可以求得完工产品的单位成本。

生产费用在本期完工产品和期末在产品之间进行分配，即正确划分本期完工产品成本与期末在产品成本的界限。因此，成本核算基本要求中应划清五个方面的界限，是按照成本核算的一般程序的顺序来叙述的。工业企业产品成本核算的一般程序见表 2-1。

表 2-1　　产品成本核算一般程序

<table>
<tr><td colspan="7">生产经营管理费用</td><td rowspan="2">非生产经营管理费用</td></tr>
<tr><td colspan="4">本期生产费用</td><td>本期经营管理费用</td><td>待摊费用</td><td>预提费用</td></tr>
<tr><td>某产品生产费用</td><td>某产品生产费用</td><td colspan="2">某产品生产费用</td><td rowspan="3">直接计入当期损益</td><td rowspan="3">摊入本期和以后各期的成本费用</td><td rowspan="3">预提计入本期成本费用</td><td rowspan="3">计入固定资产价值或由特定资金来源开支</td></tr>
<tr><td colspan="4">（按成本项目分设专栏反映）</td></tr>
<tr><td>完工产品成本（全部完工）</td><td>在产品成本（全部未完工）</td><td>完工产品成本（部分完工）</td><td>在产品成本（部分未完工）</td></tr>
</table>

任务二　工业企业要素费用的认知

一、工业企业要素费用含义

费用是指企业在生产和销售产品（商品）、提供劳务等日常活动中所发生的经济利益的流出。工业企业在产品生产经营过程中发生的各种耗费，统称为要素费用。按照要素费用与产品成本的关系紧密程度分为生产费用和期间费用两类，二者合称为生产经营费用。

企业在生产活动中会发生各种耗费，这些耗费按与一定会计期间及生产经营活动的关系，可以分为资本性支出、收益性支出、营业外支出三类。营业外支出与生产经营没有直接联系，因而不能转化为生产费用，资本性支出与收益性支出能够表现或转化为生产费用。其中，资本性支出按照受益期限转化为生产费用，收益性支出则在发生支出时即表现为生产费用。生产费用又可以分为生产性经营管理费用和非生产性经营管理费用，前者是为生产产品或提供劳务而发生的费用，构成产品或劳务成本；后者指从事非生产活动而发生的费用，不构成产品或劳务成本。

二、工业企业要素费用的内容

（一）生产费用的内容

产品成本是对象化的生产费用，产品成本和计入产品成本的生产费用在经济内容上是完全一致的。生产费用的核算是产品成本计算的基础，产品成本核算过程，也就是归集和分配生产费用过程。因此，进行费用成本的核算，首先必须了解生产费用（产品成本）的内容。

由于企业生产经营特点不同，不同企业生产费用所包括的具体内容会有所差别。但从工业企业来说，生产费用一般可以按照以下不同标志来划分，也就是说，可以从以下不同分类来了解工业企业生产费用（产品成本）的内容。

1. 生产费用按其经济内容分类

生产费用的经济内容是指构成生产费用的费用项目本身的性质。生产费用按经济内容分类，也就是生产费用按费用性质分类。生产费用的构成要素一般称为费用要素。工业企业的生产费用，一般包括以下构成要素。

（1）外购材料，指企业为生产产品和提供劳务而耗费的由外部购入的原料及主要材料、外购半成品、辅助材料、包装物、修理用备件和低值易耗品等。

（2）外购燃料，指企业为生产产品和提供劳务而耗用的一切由外部购入的各种固体、液体、气体燃料。

（3）外购动力，指企业为生产产品和提供劳务而耗用的一切由外部购入的电力、蒸汽等各种动力。

（4）工资，指企业为生产产品和提供劳务而发生的职工工资。

（5）提取的职工福利费，指企业按照规定方法计提的上述职工的职工福利费。

（6）折旧费，指企业生产单位（车间、分厂）按照规定方法计提的固定资产折旧费用。

（7）修理费，指企业生产单位（车间、分厂）为修理固定资产而发生的修理费用。

（8）其他支出，指企业为生产产品和提供劳务而发生的不属于以上各要素的费用支出，如生产单位（车间、分厂）发生的办公费、差旅费、租赁费、外部加工费、保险费等。

生产费用按照经济内容分类是指计入产品生产成本的生产费用的分类。如果将生产费用和期间费用合并在一起按其经济内容分类，则上述费用要素的具体内容应当扩展到企业而不是企业的生产单位，并且还应当增加“利息支出”和税金等费用要素。

生产费用按照季节内容分类，可以了解生产过程中物化劳动和活劳动耗费的情况，为计算工业增加值等指标提供依据。

2. 生产费用按经济用途分类

生产费用的经济用途是指生产费用在生产产品和提供劳务过程中的实际用途。生产费用按经济用途分类，通常称为成本项目，即构成产品生产（制造）成本的项目。

工业企业产品生产（制造）成本的构成项目，一般可以分为以下几个。

（1）直接材料。包括企业生产过程中实际消耗的原材料、辅助材料、设备配件、外购半成品、燃料、动力、包装物以及其他直接材料。

（2）直接人工。包括企业直接从事产品生产人员的工资、奖金、津贴和补贴，以及按直接从事产品生产人员工资提取的职工福利费、“五险一金”等。

（3）制造费用。包括企业各个生产单位（分厂、车间）为生产产品和提供劳务所发生的各项间接费用。例如，生产单位管理人员工资、职工福利费，生产单位房屋、建筑物、机器设备的折旧费，原油储量有偿使用费、油田维护费、矿山维护检修费、租赁费（不包括融资租赁费）、修理费、机物料消耗、低值易耗品摊销、取暖费、水电费、办公费、差旅费、运输费、保险费、设计制图费、试验检验费、劳动保护费、季节性和修理期间的停工损失以及其他制造费用等。

企业应当根据其生产特点和成本管理要求，选择适合本企业的成本项目。例如，燃料和动力费用比重较大的企业，可以将直接材料成本项目分解成“原材料”、“燃料及动力”两个成本项目；经常有停工损失的企业，可以增设“停工损失”成本项目；需要单独核算废品损失的企业，可以增设“废品损失”成本项目等。企业的成本项目一经确定，不得随意变更。如需变更，应当根据管理权限，经股东大会或董事会、经理（厂长）会议或类似机构批准并在财务报表附注中予以说明。

上述成本项目中，原材料、燃料及动力、工资及提取的福利费等直接费用分别构成的成本项目中，是单一性的成本项目，也称为要素费用项目；废品损失、停工损失、制造费用等间接费用分别构成的成本项目，是综合性费用构成的成本项目，也称为综合费用项目。

生产费用按照经济用途分类，可以了解企业产品成本构成情况，为考核成本计划的执行情况，寻找降低产品成本的途径提供依据。

3. 生产费用按其计入产品成本的方式分类

按照计入产品成本的方式不同，工业企业的生产费用可以分为直接计入费用和间接计入费用。

（1）直接计入费用。直接计入费用是指为生产某种产品（成本核算对象）而发生的费用。在计算产品成本时，该类费用可以根据费用发生的原始凭证直接计入该种产品（成本核算对象）成本。如直接用于某种产品生产的原材料、生产工人的计件工资等，就可以根据有关领料单和工资结算单等原始凭证直接计入该种产品成本。

（2）间接计入费用。间接计入费用是指几种产品（成本核算对象）共同发生的费用。这类费用无法根据费用发生的原始凭证直接计入各种产品（成本核算对象）成本，需要采用适当的方法在各种产品之间进行分配以后，再分别计入有关产品（成本核算对象）成本。

生产费用按照计入产品成本的方式分为直接计入费用和间接计入费用，有利于企业正确计算产品成本。对于直接计入费用必须根据有关费用的原始凭证直接计入该产品（成本核算对象）的成本；对于间接计入费用则要选择合理的分配方法分配计入有关产品（成本核算对象）的成本。

4. 生产费用按其与产品产量的关系分类

按照生产费用与产品产量的关系，可以分为变动费用（成本）和固定费用（成本）。

（1）变动费用（变动成本）。变动费用是指费用总额随着产品产量（或业务量）的变动而成正比例变动的费用。如产品生产直接耗用的原材料及主要材料费用、生产工人计件工资等。若就单位产品成本而言，这类费用则是固定的。无论产品产量（或业务量）如何变动，单位产品应负担的这类费用基本不变。

（2）固定费用（固定成本）。固定费用是指在一定产量（或业务量）范围内，费用总额相对固定，即不随产品产量（或业务量）的变动而变动的费用。如生产单位管理人员的工资、房屋建筑物的折旧费等。若就单位产品成本而言，这类费用则是变动的。随着产品产量（或业务量）的增加，单位产品应负担的这类费用数额将随之减少。

根据费用与产品产量的依存关系，将生产费用区分为固定费用和变动费用，可以为寻找降低成本的途径提供资料。

5. 生产费用按其与生产工艺的关系分类

按照生产费用与生产工艺的关系，可以分为基本费用和一般费用。

（1）基本费用。基本费用是指由于生产工艺本身引起的各种费用。如生产工艺技术过程耗用的原料及主要材料、燃料及动力、产品生产工人工资及提取的福利费等。

（2）一般费用。一般费用是指企业内部各生产单位（车间、分厂）为组织和管理生产所发生的各项费用，如生产单位管理人员的工资、办公费、差旅费等。

根据生产费用与生产工艺的关系，将生产费用划分为基本费用和一般费用，有助于考察和分析企业的管理水平。因为企业管理水平越高，产品成本中一般费用比重会越低。

（二）期间费用的内容

生产企业直接计入当期损益的期间费用，按其经济用途，可以分为管理费用、财务费用和销售费用。

1. 管理费用

管理费用是指企业为组织和管理生产经营活动所发生的费用，包括企业的董事会和行政管理部门在企业的经营管理中发生的，或者应由企业统一负担的公司经费、工会经费、职工教育经费、劳动保险费、待业保险费、董事会费、咨询费、聘请中介机构费、诉讼费、排污费、绿化费、税金、土地使用费（海域使用费）、土地损失补偿费、技术转让费、研究与开发费、无形资产摊销、开办费摊销、业务招待费、坏账损失、存货跌价准备、存货盘亏、毁损和报废（减盘盈）以及其他管理费用。下面将分项加以说明。

（1）公司经费，是指企业行政管理部门职工工资、职工福利费、差旅费、办公费、折旧费、修理费、物料消耗、低值易耗品摊销等费用。

（2）工会经费，是指按照规定计提交给工会的经费。

（3）职工教育经费，是指企业为职工学习先进技术和提高文化水平而支付的费用，按职工工资总额的一定比例计提。

（4）劳动保险费，是指企业支付给离退休职工的退休金（包括按规定缴纳的离退休统筹金）、价格补贴和医药费（包括企业支付离退休人员参加医疗保险的费用）、职工退职金、六个月以上病假人员的工资，职工死亡丧葬补助费、抚恤费、按照规定支付给离休干部的各项经费等。

（5）待业保险费，是指企业按照规定缴纳的待业保险基金。

（6）董事会费，是指企业董事会及其成员为执行职能而发生的各项费用，包括差旅费、会议费、董事会成员津贴等。

（7）咨询费（含顾问费），是指企业在有关咨询机构进行科学技术、经营管理咨询所支付的费用，包括聘请经济技术顾问、法律顾问等支付的费用。

（8）聘请中介机构费，是指企业聘请中介机构所支付的费用，如聘请会计师事务所进行查账验资以及进行资产评估支付的费用等。

（9）诉讼费，是指企业因起诉或者应诉而发生的各项费用。

（10）排污费，是指企业按规定缴纳的排污费用。

（11）绿化费，是指企业对厂区、矿区进行绿化而发生的零星绿化费用。

（12）税金，是指企业按照规定缴纳的房产税、车船使用税、土地使用税、印花税等。

（13）土地使用费（海域使用费），是指企业使用土地（海域）而支付的费用。

（14）土地损失补偿费，是指企业在生产经营过程中破坏的国家不征用土地所支付的土地损失补偿费。

（15）技术转让费，是指企业使用非专利技术而支付的费用。

（16）研究与开发费，是指企业研究开发新产品、新技术、新工艺所发生的产品设计费、工艺规程制定费、设备调试费、原材料和半成品的试验费、技术图书资料费，未纳入国家计划的中间试验费，研究人员的工资、研究设备的折旧、与新产品试制和技术研究有关的其他经费，委托其他单位进行科研试制的费用以及试制失败损失等。

（17）无形资产摊销，是指企业专利权、商标权、著作权、土地使用权、非专利技术等无形资产的摊销。

（18）业务招待费，是指企业为业务经营的合理需要而支付的费用。业务招待费在规定的限额据实列支。

（19）坏账损失，是指企业按规定计提的坏账准备金，或不计提坏账准备金企业，直接核销的坏账损失。

（20）存货跌价准备，是指企业按规定计提的存货跌价准备。

（21）存货盘亏、毁损和报废（减盘盈），是指企业盘亏、毁损和报废（不包括应计入营业外支出的存货损失）的存货，扣除过失人或者责任人赔款和残料价值以后的净损失。盘盈的存货从本项目中减去。

（22）其他，指企业没有包括在上述项目中的其他管理费用。

2. 财务费用

财务费用是企业为筹集生产经营所需资金而发生的费用，包括企业生产经营期间发生的利息净支出（减利息收入）、汇兑净损失以及相关机构的手续费等。具体包括以下几个方面。

（1）利息净支出（减利息收入），指企业生产经营期间各种负债的应计利息支出减去各项存款利息收入以后的净额。企业长期负债的应付利息支出，筹建期间的，计入开办费；生产经营期间的，计入财务费用；清算期间的，计入清算损益。其中，与购建固定资产等有关的专门借款所发生的借款费用，在资产尚未交付使用或者虽已交付使用但尚未办理竣工决算之前，按规定应资本化的部分，计入购建资产的价值，不包括在“财务费用”账户的核算内容中。

（2）汇兑净损失，指企业生产经营期间发生的汇兑损失减去汇兑收益以后的净额。汇兑损益是指因汇率变动而导致的外币账户（包括外币现金、外币银行存款和外币债权、债务等账户），结账时的人民币金额（记账本位币金额）与账面人民币金额（记账本位币金额）之间的差额。汇兑损益中与购建固定资产等直接有关的，在资产尚未交付使用或者虽已交付使用但尚未办理竣工决算之前发生的，按规定应予以资本化的部分，计入购建资产的价值。

（3）手续费，指企业生产经营期间发生的，因筹集资金和办理各种结算业务而支付给银行和非银行金融机构等相关机构的各项手续费用。

3. 销售费用

销售费用是指企业在销售商品、产品和提供劳务过程中发生的各项费用以及专设销售机构（含销售网点、售后服务网点等）的各项经费。具体包括。

（1）一般销售费用，指应由企业负担的销售商品、产品、自制半成品和提供劳务而发生的各项费用，如运输费、装卸费、包装费、保险费、委托代销手续费（销售佣金）和销售服务费用等。

（2）广告费，指企业为推销商品、产品，所支付的宣传费和广告费。

（3）展览费，指企业为自己的商品、产品参加展览和展销活动而支付的费用。

（4）租赁费，指企业为销售商品、产品而租用外单位的固定资产和用具所支付的费用，不包括企业采用融资租赁方式租入固定资产时的融资租赁费。

（5）专设销售机构经费，指企业专设销售机构（含销售网点、售后服务网点等）所发生的人员工资、职工福利费、差旅费、办公费、折旧费、修理费、物料消耗、低值易耗品摊销以及其他费用。

任务三　工业企业要素费用总分类核算认知

工业企业要素费用的总分类核算包括会计账户的设置与会计处理程序方法。

一、产品成本（生产费用）核算的账户设置

为了核算和监督企业生产过程中发生的各项费用，正确计算产品和劳务成本，企业需要设置有关成本费用类账户，组织生产费用的总分类核算和明细分类核算，计算产品和劳务的实际总成本和单位成本。不同行业的企业，可以根据本行业生产特点和成本管理的要求，确定成本费用类账户的名称和核算内容。如工业企业一般设置“生产成本”和“制造费用”等成本类账户；施工企业一般设置“工程施工”等成本费用类账户；交通运输企业一般设置“劳务成本”等成本费用类账户等。下面，主要介绍工业企业的“生产成本”和“制造费用”账户。

（一）“生产成本”账户

“生产成本”账户用来核算企业进行工业性生产，包括生产各种产品（包括产成品、自制半成品和提供劳务）、自制材料、自制工具、自制设备等所发生的各项生产费用，计算产品和劳务实际成本。

工业企业的生产根据各生产单位任务的不同，可以分为基本生产和辅助生产。基本生产是指为完成企业主要生产任务而进行的商品产品生产或劳务供应。辅助生产是指为企业基本生产单位或其他部门服务而进行的产品生产或劳务供应，如企业内部的供水、供电、供气、自制材料、自制工具和运输、修理等生产。企业辅助生产单位的产品和劳务，虽然有时也对外销售一部分，但主要任务是服务于企业基本生产单位和管理部门。企业生产分为基本生产和辅助生产，根据企业生产费用核算和产品成本计算的需要，一般可以在“生产成本”这一总分类账户下，分设“基本生产成本”和“辅助生产成本”两个二级账户。也可以将“生产成本”这一账户，分设为“基本生产成本”和“辅助生产成本”两个总分类账户；业务量较小的企业，还可以将“生产成本”和“制造费用”两个总分类账户合并为“生产费用”一个总分类账户。本书按照一般工业企业的情况，设置“生产成本”和“制造费用”两个成本费用类总分类账户，在“生产成本”总分类账户下，设置“基本生产成本”和“辅助生产成本”两个二级账户。为了方便起见，在成本核算的账务处理中，直接将“基本生产成本”和“辅助生产成本”作为一级账户使用。

“生产成本——基本生产成本”账户的借方，登记企业从事基本生产活动的生产单位（车间、分厂）所发生的直接材料费用、直接人工费用、其他直接费用和自“制造费用”账户转入的基本生产单位发生的制造费用；该账户的贷方，登记结转的基本生产单位完工入库产品成本和已完成的劳务成本；该账户的期末余额在借方，表示基本生产单位期末尚未完工的在产品成本。

“生产成本——辅助生产成本”账户的借方，登记企业从事辅助生产活动的生产单位（分厂、车间）所发生的各项直接费用和自“制造费用”账户转入的辅助生产单位发生的制造费用；该账户的贷方，登记结转的辅助生产单位完工入库产品（如自制材料、工具等）成本和分配给各受益对象的已完成劳务（如修理服务）成本；该账户的期末余额在借方，表示辅助生产单位期末尚未完工的在产品（如自制材料、工具等）成本。

为了正确计算各种产品和劳务的实际总成本，在按照企业生产单位设置的生产成本二级账户下，还应按照各个生产单位的成本核算对象，设置产品（劳务）生产成本明细账。按成本核算对象设置的生产成本明细账，用来归集该成本核算对象所发生的全部生产费用，并计算出该对象的完工产品（或劳务）的实际总成本和期末在产品成本。因此，产品（劳务）生

产成本明细账也称产品（劳务）成本计算单。

企业按生产单位设置的基本生产成本二级账户和辅助生产成本二级账户，以及按成本计算对象设置的生产成本明细账户（产品成本计算单），都应当按成本项目设专栏组织生产费用的核算和产品成本的计算。期末，“生产成本”总分类账户应与所属的生产成本二级账户核对；生产成本二级账户应与所属生产成本明细账（产品成本计算单）户核对。不设生产成本二级账户的企业，“生产成本”总分类账户直接与所属的产品生产成本明细账（产品成本计算单）户核对。

（二）“制造费用”账户

“制造费用”账户用来核算企业各个生产单位（分厂、车间）为生产产品和提供劳务所发生的各项间接费用。该账户的借方登记企业各生产单位为生产产品和提供劳务而发生的各项间接费用；贷方登记期末分配结转（转入“生产成本”等账户）的制造费用；除季节性生产企业外，期末结转以后该账户应无余额。

“制造费用”账户应当按照企业生产单位设置明细账，并按费用项目设专栏进行明细核算。企业行政管理部门为组织和管理生产经营活动所发生的各项管理费用，企业在销售过程中发生的各项费用，以及企业为筹集生产经营资金所发生的各项费用，都应作为期间费用，不记入“制造费用”账户，分别记入“管理费用”、“销售费用”和“财务费用”账户。

二、跨期费用核算的账户设置

为了正确划分各期费用的界限，企业应当设置“待摊费用”、“长期待摊费用”、“预提费用”等核算跨期费用的账户。

（一）“待摊费用”账户

待摊费用是指企业已经支付，但应由本期和以后各期成本（费用）分别负担的费用。包括预付保险费、预付租入固定资产的租金、预付报刊订阅费以及一次领用费用较多的低值易耗品、出租出借的包装物、一次发生的数额较大的固定资产修理费等。

企业摊销期在 1 年以内的各项费用的发生和摊销，是通过设置“待摊费用”账户核算的。该账户的借方登记企业发生（支出）的各项摊销期在 1 年以内（包括 1 年）的待摊费用；贷方登记分期摊入有关成本费用的数额；期末余额在借方，表示企业已经发生（支出）尚未摊销的费用数额。

待摊费用应当按照费用的受益期限平均摊销。企业有些费用的受益期限，是可以明确肯定的。如预付全年的保险费、报刊订阅费等，费用的摊销期限就是 12 个月；预付半年租入固定资产租金，摊销期限就是 6 个月。而有些费用的受益期限不能明确肯定，如一次领用数量较大、费用较多的低值易耗品等。这时，只能根据具体情况对受益期限（分摊月份数）予以估计。记入“待摊费用”账户的费用摊销期限，不应超过 12 个月。

（二）“长期待摊费用”账户

长期待摊费用是指企业已经发生（支出），摊销期限在 1 年以上（不含 1 年）的各项待摊费用，包括固定资产大修理支出、租入固定资产的改良支出以及摊销期限在 1 年以上的其他费用。固定资产大修理支出在大修理间隔期内平均摊销；租入固定资产的改良支出应当在租赁期限与租赁资产尚可使用年限两者较短的期限内平均摊销。

企业在筹建期内发生的费用，包括企业筹建期间的人员工资、培训费、办公费、差旅费、印刷费、注册登记费以及不计入固定资产价值的借款费用等，在发生时，记入“长期待摊费用”账户的借方。该费用应当从企业开始生产经营的当月起，一次计入开始生产经营当月的损益，借记“管理费用”账户，贷记“长期待摊费用”账户。

长期待摊费用的发生和摊销是通过设置“长期待摊费用”账户核算的。该账户借方登记企业发生（支出）的各项长期待摊费用；贷方登记分期摊销计入制造费用、管理费用、销售费用等的数额；期末余额在借方，表示企业已经发生（支出）尚未摊销的长期待摊费用数额。

（三）“预提费用”账户

预提费用是指企业分期提取计入有关成本费用，但尚未实际支付的费用，包括预提的租入固定资产租金、生产单位和企业总部的财产保险费、固定资产大修理费等。

预提费用的具体期限应当根据费用的受益期限确定。企业各期必须预先提取多少费用以供费用发生时支付，有些能够事先确定。如固定资产大修理费用等，这类费用要事先制定费用预算，根据预算数额分期预提计入有关成本费用。企业实际支付的费用与预提费用的差额，应当计入（或冲减）费用支付期间相关的成本费用。为了防止企业利用预提费用虚增成本费用，企业确定从产品成本（制造费用）和期间费用中预提的费用项目和提取标准，应报主管财政机关备案。

预提费用的提取和支付，是通过设置“预提费用”账户核算的。该账户贷方登记企业按计划预提计入产品成本和期间费用的费用数额；借方登记实际支付的费用数额；期末余额在贷方，表示企业已经从有关成本费用中预提尚未支付的费用数额。

三、期间费用核算的账户设置

为了正确核算直接计入当期损益的期间费用，工业企业应当设置“管理费用”、“财务费用”、“销售费用”等账户。商品流通企业可以不单独设置“管理费用”账户，其核算内容并入“销售费用”。

1. “管理费用”账户

管理费用是指企业行政管理部门为组织和管理生产经营活动所发生的费用。管理费用的发生和结转是通过设置“管理费用”账户核算的。该账户借方登记企业本期发生的各项管理费用；贷方登记期末转入“本年利润”账户的管理费用数额；期末结转以后，该账户应无余额。

2. “财务费用”账户

财务费用是指企业为筹集生产经营资金所发生的各项费用。财务费用的发生和结转是通过设置“财务费用”账户核算的。该账户借方登记企业本期发生的各项财务费用（企业发生的应冲减财务费用的利息收入、汇兑收益等，用红字在借方登记）；该账户贷方登记期末转入“本年利润”账户的财务费用数额；期末结转以后，该账户应无余额。

3. “销售费用”账户

销售费用是指企业在销售商品产品和提供劳务等活动中发生的各项费用以及专设销售机构的各项经费。营业费用的发生和结转是通过设置“营业费用”账户核算的。该账户借方登记企业本期发生的各项营业费用；贷方登记期末转入“本年利润”账户的营业费用数额；期末结转后，该账户应无余额。

四、生产费用和期间费用总分类核算的程序

为了及时准确地将企业生产过程中发生的各种耗费归集和分配到专设的相关成本、费用类账户中，根据产品成本核算的基本要求，经如下核算程序，即可最终计算出完工产品的总成本与单位成本，以及期末在产品成本。

1. 登记本期发生（支付）的各项费用

企业本期发生的材料费、人工费、折旧费和其他各项费用，在贷记“原材料”、“应付职工薪酬”、“累计折旧”、“银行存款”和“库存现金”等资产、负债账户的同时，应当根据费用的用途和所属期间，分别记入有关成本费用账户、跨期费用账户和期间费用账户的借方。

例如，产品生产直接消耗的原材料、产品生产工人工资及提取的福利费等，记入“生产成本”账户的借方；生产单位（分厂、车间）管理部门机物料消耗、管理人员工资及提取的福利费、固定资产折旧费、办公费等，记入“制造费用”账户的借方；厂部（公司总部）管理部门机物料消耗、管理人员工资及提取的福利费、固定资产折旧费、办公费等，计入“管理费用”账户的借方；销售过程中领用包装物、专设销售机构的人员工资及提取的福利费、办公费等，记入“销售费用”账户的借方；企业发生（支付）的跨期费用，属于发生（支付）的尚待摊销的费用，分别记入“待摊费用”、“长期待摊费用”等账户的借方，属于支付已预提的费用，记入“预提费用”账户的借方。

2. 摊销和预提费用

按照权责发生制原则，应由本期成本费用负担尚未支付的费用，应当预提计入本期成本费用；已经发生或支付的费用，应当摊销计入本期成本费用。本期摊销和预提的费用，在记入“待摊费用”和“预提费用”等账户贷方的同时，分别记入“制造费用”、“管理费用”、“财务费用”、“销售费用”等账户的借方。

3. 分配结转制造费用

期末，应当将本期发生的制造费用，按照受益原则，分配给各种产品和劳务，在记入“制造费用”账户贷方的同时，记入“生产成本”账户的借方，由有关成本核算对象的成本负担。分配结转后，“制造费用”账户一般无余额。

4. 结转完工入库产品成本

期末，按照一定的方法计算出本期完工产品成本以后，应当将完工入库产品的总成本结转到“库存商品”、“自制半成品”等账户中。

结转本期完工入库产成品成本，在记入“生产成本”账户贷方的同时，记入“库存商品”账户的借方；结转本期完工入库自制半成品成本，在记入“生产成本”账户贷方的同时，记入“自制半成品”账户的借方；结转本期辅助生产单位对外修理、运输等已实现销售的劳务总成本，在记入“生产成本”账户贷方的同时，记入“主营业务成本”（或“其他业务成本”）账户的借方。

5. 结转期间费用

期末，应将“管理费用”、“财务费用”和“销售费用”等账户归集的期间费用，转入“本年利润”账户中。

结转期间费用在记入“管理费用”、“财务费用”和“销售费用”等账户贷方的同时，记入“本年利润”账户的借方；期末结转后，“管理费用”、“财务费用”和“销售费用”等账户应无余额。

上述生产费用和期间费用总分类核算的基本程序如图 2-1 所示。

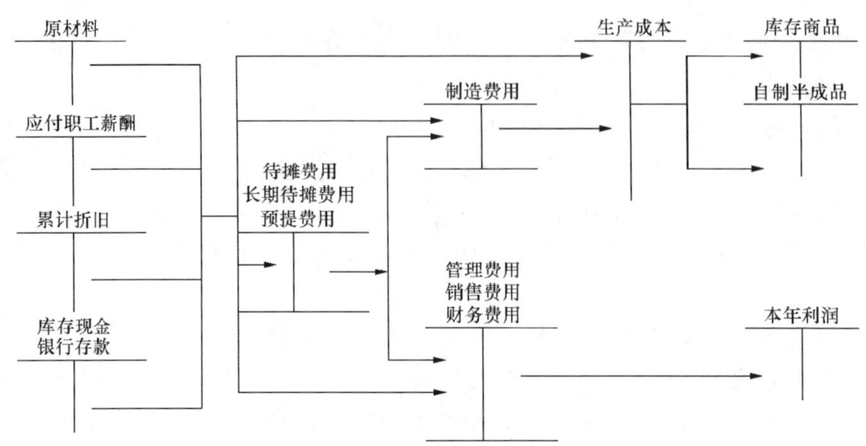

图 2-1 生产费用和期间费用总分类核算基本程序图

一、单项选择题

1．应由本期负担的费用如果列作待摊费用，（　　）。

A．会虚增本期利润　　B．会虚减本期利润

C．可以简化成本计算　　D．可以节约费用成本

2．不应由本期负担的费用，如果采用预提方式计入有关费用和成本，（　　）。

A．对企业费用成本没有影响　　B．对企业利润没有影响

C．会虚增企业费用成本　　D．会虚减企业费用、成本

3．成本核算对象是指（　　）。

A．企业承担费用的对象　　B．企业处理费用的会计人员

C．发生生产费用的部门　　D．会计机构的负责人

4．为了分期确定损益，企业需要分期（　　）。

A．对会计人员进行培训　　B．进行账实核对

C．进行岗位轮换　　D．计算产品成本

5．尽管分配生产费用的方法多种多样，分配生产费用的原则只有一个，就是（　　）。

A．统一性原则　　B．受益性原则

C．比例性原则　　D．谨慎性原则

6．下列支出不应计入产品成本的有（　　）。

A．产品生产用材料　　B．生产单位管理人员的工资

C．从事自制设备工程人员工资　　D．车间生产设备的折旧费

7．直接计入费用是指（　　）。

A．直接列作当期损益的费用

B．产品生产过程中的直接费用

C．可以直接计入某种产品（成本核算对象）成本的费用

D．由于产品生产工艺本身发生的费用

8. 工业企业“生产成本”账户的期末借方余额表示企业（　　）。

A. 自制半成品成本　　B. 尚未加工完成的各项在产品成本

C. 尚待摊销的成本　　D. 在产品和自制半成品成本

9. 待摊费用应当按照费用项目的（　　）分期摊销。

A. 受益对象　　B. 受益期限　　C. 平均摊销　　D. 支付期限

10. 如果待摊费用所应摊销的费用项目，不能再为企业带来利益，应将未摊销的待摊费用的摊余价值（　　）。

A. 全部转入制造费用　　B. 全部转入管理费用

C. 全部转入当期成本、费用　　D. 保留在“待摊费用”账户中

二、多项选择题

1. 正确计算费用、成本，必须正确划分（　　）等与费用成本的关系。

A. 产品生产工人和管理人员工资　　B. 购建固定资产、无形资产的支出

C. 医疗卫生费用支出　　D. 捐赠、赞助支出

2. 正确划分各期费用的界限，必须正确划分（　　）等与当期费用的界限。

A. 待摊费用　　B. 期间费用

C. 预提费用　　D. 长期待摊费用

3. 费用审核和控制的依据是（　　）。

A. 国家有关法律　　B. 国家统一的会计制度

C. 企业内部有关会计制度和办法　　D. 费用发生时有关人员的说明

4. 成本核算的一般程序是（　　）。

A. 进行费用的审核和控制

B. 生产费用在各个成本核算对象之间进行分配和归集

C. 生产费用在完工产品和期末在产品之间进行分配

D. 确定生产费用的类型

5. 企业已经支出，但应由本期和以后各期分别负担的各项费用，可以设置（　　）账户核算。

A. 待摊费用　　B. 长期待摊费用

C. 管理费用　　D. 待处理财产损益

6. 企业产品成本，是通过设置（　　）等账户来组织核算的。

A. 生产成本　　B. 财务费用　　C. 制造费用　　D. 营业费用

7. 下列项目中，属于产品成本项目的有（　　）。

A. 直接材料　　B. 直接人工　　C. 制造费用　　D. 管理费用

8. 属于产品成本类的核算账户有（　　）。

A. 生产成本　　B. 制造费用　　C. 期间费用　　D. 管理费用

9. 按生产费用的经济用途不同，可以将生产费用分为（　　）等成本项目。

A. 直接材料　　B. 直接人工　　C. 制造费用　　D. 废品损失

10. 按生产费用计入产品成本的方式不同，可以将生产费用划分为（　　）等。

A. 直接生产费用　　B. 间接生产费用

C. 直接计入费用　　D. 间接计入费用

三、判断题

1．产品成本与生产费用在经济内容上是完全一致的，在数额上也是相等的。（　　）

2．资本性支出应当计入本期产品成本。（　　）

3．正确划分各期成本费用的界限，是权责发生制原则的体现。（　　）

4．凡是能够分清楚由某种产品负担的费用，应当直接计入该种产品的成本。（　　）

5．成本项目是指构成产品生产成本的项目，它是生产费用按经济用途的分类。（　　）

6．直接计入费用是指由于生产工艺本身引起的各项费用。（　　）

7．变动费用是指其总额随着产品产量（或业务量）的变动而成正比例变动的费用。（　　）

8．“生产成本明细账”应当按照企业确定的成本核算对象分别进行设置。（　　）

9．直接生产费用都能够采用直接计入的方式，直接计入产品成本。（　　）

10．“生产成本——基本生产成本”账户的期末余额在贷方，表示基本生产单位已经完工转出的产品成本。（　　）

项目三　要素费用核算与分析

【项目提要】

本项目主要阐述了产品成本中直接材料费用、外购动力费用和直接人工费用等要素费用的核算，即要素费用计入产品成本的方法。各要素费用的核算则重点介绍了费用的计量、确认，以及费用的分配方法和费用计入产品成本的账务处理。

【知识目标】

通过对各项任务的教学和实训，使学生了解和熟知产品生产过程中耗用的材料费用、外购动力费用、人工费用和其他费用的归集和分配的方法，以及费用计入产品成本的账务处理。

【技能目标】 1. 能够正确归集和分配各种要素费用

2. 能够正确编制各种要素费用分配表

3. 能够正确进行要素费用分配的账务处理

要素费用是在产品生产过程中发生的各种经济性质单一的费用，包括材料费用、动力费用、人工费用、折旧费用等。要素费用在产品成本中占相当大的比重，做好要素费用的核算对提高成本计算的准确度具有重要意义。

按计入产品成本的方式不同，要素费用可以分为直接计入费用和间接计入费用两种。归集要素费用要按照费用的发生地点和经济用途，设置相应的成本费用账户。工业企业通常需要设置"基本生产成本"、"辅助生产成本"、"制造费用"、"财务费用"、"管理费用"、"销售费用"等一级账户，其所属明细账的内页格式按成本项目或费用项目设专栏登记本期发生的相关要素费用。凡能够根据原始凭证确定用途的直接费用，直接计入相应账户及其所属的明细账，多种产品共同耗用的费用，应按一定标准分配计入相应产品成本；对于间接用于产品生产的要素费用，或直接用于产品生产，但没有专设成本项目的费用，应先计入"制造费用"账户，期末再按一定程序、方法分配转入相应的成本计算对象账户栏目中。

需要分配计入产品成本的要素费用，其费用分配的常用公式可概括为

$$费用分配率=\frac{待分配费用}{分配标准总和} \tag{3-1}$$

某产品或某分配对象应负担费用＝该产品或该对象的分配标准×费用分配率

式（3-1）中费用的分配标准主要有以下三类。

（1）成果类，如产品的重量、产量、体积、产值等。

（2）消耗类，如生产工时、机器工时、材料费用等。

（3）定额类，如定额消耗量、定额费用等。分配标准的选择应遵照以下原则：①分配标准必须与被分配费用存在一定比例关系，以保证分配结果的正确性；②简便易行，资料容易获得，且便于操作，以简化会计核算。

任务一 材料费用核算与分析

一、材料费用构成认知

材料费用是产品成本的重要组成部分，在制造业，材料费用通常占产品成本的70%左右。材料费用指企业产品生产经营过程中实际消耗的各种物质资料的价值，包括原料及主要材料、辅助材料、备品配件、外购半成品、燃料、动力、包装物、低值易耗品等物品的原价和运输、装卸、整理等费用。

原料及主要材料是指经过加工构成产品实体的各种原料和材料。原料指直接取自自然界的劳动对象，如冶炼用的矿石，纺纱用的原棉等。材料是指经人类加工过的劳动对象，如机械制造耗用的钢材，织布所用的棉纱等。

辅助材料是指直接用于生产过程，有助于产品形成但不构成产品实体的各种材料。辅助材料按其作用可分为三种：①与原材料相结合而消耗的辅助材料，如染料、催化剂、油漆、漂白粉等；②为劳动工具保持性能所消耗的辅助材料，如润滑油、防锈剂等；③为创造正常劳动条件而耗用的辅助材料，如照明用的灯泡、保持清洁卫生所用的各种清扫工具等。

备品配件是指为修理本企业的机器设备、运输设备等而备用的各种专用零件、部件和配件，如特定规格的齿轮、轴承等。其余修理用的通用零件等，可以列入辅助材料中。

外购半成品是指为与本企业产品配套而从外部购入的各种产品、物品等，如电冰箱生产企业购入的压缩机、汽车生产企业购入的汽车轮胎等。

燃料是指用于产品的生产工艺过程燃烧发热的各种形态的燃料，如汽油、煤、天然气等。按其在生产过程中的作用，燃料应归属于辅助材料，但其在消耗量大时，应单列一类，以便核算和管理。

动力是指产品工艺制造过程耗用的电力、热力等。

包装物是指用于包装本企业产品，作为产品组成部分的各种包装容器，如桶、箱、瓶、袋等。

低值易耗品是指生产中领用的不属于以上各类的工具、用具、玻璃器皿等。

二、材料费用计算与分配基本认知

1. 材料费用归集的基础

材料费用的归集要求正确计算与确定材料的消耗数量与价格。为此，企业应采用永续盘存制，连续记录生产经营过程中材料的收发领用数量，并加强材料核算的原始凭证管理。与产品成本核算相关的记录材料消耗数量的原始凭证有“领料单”、“限额领料单”、“退料单”等。对于生产车间已领未用的材料，期末应填制“退料单”，办理退料或假退料手续，以提高材料消耗数量的正确性。

消耗材料价格的确定，应根据企业的实际情况，可以按实际成本，也可以按计划成本组织材料核算。按实际成本计价时，由于各批材料购入单价不同，因此在材料发出时，应根据企业的特点，合理选择先进先出、个别计价、加权平均、移动平均等方法来确定材料发出的单价。在按计划成本组织核算时，企业应正确计算消耗材料应分摊的材料成本差异，将消耗材料的计划成本调整为实际成本。

由于材料在生产经营过程中所起的作用不同，因此，材料费用的归集应划清产品成本与非产品成本的界限，应按材料的经济用途分别设立不同的成本费用账户，将发生的材料费用，按其用途归集到与之相应的各种账户中。产品生产直接耗费的各种材料，其价值应计入各种成本计算对象之中；车间一般耗用的各种材料，应按材料的耗费地点先行归集到制造费用，期末通过制造费用的分配，再计入各有关成本计算对象中；企业供销、行政管理等部门领用的材料，作为期间费用处理，不计入产品成本。

2. 材料费用归集的方式

按材料费用能否根据原始凭证确定的经济用途直接计入其最终的会计账户，材料费用的归集可分为直接归集和分配归集两种具体形式。直接归集方式归集的材料费用用途明确单一，可以根据有关凭证确定的数据直接列入“基本生产”、“管理费用”等账户中。分配归集的材料费用则用途广泛：一种是生产过程中间接材料费用的支出，在消耗过程中无法分清其受益的具体对象，则应先行按费用发生地点，归集到“辅助生产”、“制造费用”账户，然后再随辅助生产、制造费用的分配结转，计入最终受益对象的账户中，其分配方法在后面章节介绍；另一种是多种产品共同耗用的直接材料费用，虽然它们属于直接材料成本，但在领料凭证不能直接确定某成本计算对象的受益量大小时，则应采用一定的方法，将共同材料费用在各受益对象之间进行分配。

3. 共同材料费用的分配方法

多种产品共同耗用的材料，其费用的分配方法很多，如按产品产量、重量、体积等标准，代入要素费用分配的通项公式即可进行。在定额管理较健全，消耗定额比较准确的情况下，分配标准可以采用定额消耗量或定额费用比例分配。计算公式如下。

$$\left.\begin{aligned}\begin{matrix}\text{某产品材料定额消耗量}\\\text{（定额费用）}\end{matrix}&=\begin{matrix}\text{该产品}\\\text{实际产量}\end{matrix}\times\begin{matrix}\text{单位产品材料消耗定额}\\\text{（单位产品材料费用定额）}\end{matrix}\\\text{材料消耗量（材料费用）分配率}&=\frac{\text{共同耗用的材料数量（或材料费用）}}{\text{分配标准}}\\\begin{matrix}\text{某产品应分配的材料消耗量}\\\text{（或材料费用）}\end{matrix}&=\begin{matrix}\text{该产品材料定额消耗量}\\\text{（或定额费用）}\end{matrix}\times\begin{matrix}\text{费用}\\\text{分配率}\end{matrix}\end{aligned}\right\}\quad(3\text{-}2)$$

在式（3-2）中，应注意区分消耗定额和定额消耗量的概念。前者指定额管理的规定，单位产品所应消耗的数量或标准，如单位产品材料消耗定额、工时消耗定额、定额费用等；后者是指按产量和消耗定额计算的总体消耗量，如材料定额消耗量、定额工时、定额费用。

此外，在联产品的共同费用分配时，常将实际产量折算为标准产量，按标准产量比例法进行分配。计算公式如下。

$$\left.\begin{aligned}\text{材料费用分配率}&=\frac{\text{待分配材料费用}}{\text{标准产量之和}}\\\text{某产品分配的材料费用}&=\text{某产品的标准产量}\times\text{分配率}\\\text{某产品的产品系数}&=\frac{\text{某产品产量}}{\text{标准产品产量}}\\\text{某产品的标准产量}&=\text{某产品的实际产量}\times\text{该产品的产品系数}\end{aligned}\right\}\quad(3\text{-}3)$$

产品系数的确定，首先应选择产销稳定的某一种产品作为标准产品，以标准产品的重量、消耗定额（或定额成本）作为折算标准，将其产品系数定为 1，其他产品则按标准产品的同一标准与标准产品进行比较，计算出各自的产品系数。

【例 3-1】 某企业本月投产甲、乙两种产品，月末全部完工。甲、乙产品本月共耗用 A 材料 10 000kg，计划为 3 元/kg，材料价差率为 5%。甲产品产量 100 件，材料单位消耗定额为 6kg；乙产品产量为 200 件，材料单位消耗定额为 5kg。试分别按产量比例法、定额消耗量比例法（定额费用）、标准产量比例（设甲产品为标准产品）分配甲、乙产品各自应负担的材料费用。

解（1）按产量比例法分配。

$$甲、乙产品共同耗用材料的计划成本=10\ 000\times3=30\ 000（元）$$

$$材料费用分配率=\frac{30\ 000}{100+200}=100（元/件）$$

$$甲产品应负担的材料费用=100\times100=10\ 000（元）$$

$$乙产品应负担的材料费用=200\times100=20\ 000（元）$$

产品应负担的材料成本差异分别为

$$甲产品应负担的材料成本差异=10\ 000\times5\%=500（元）$$

$$乙产品应负担的材料成本差异=20\ 000\times5\%=1000（元）$$

（2）按定额消耗量比例法分配。

$$甲产品定额材料消耗量=100\times6=600（kg）$$

$$乙产品定额材料消耗量=200\times5=1000（kg）$$

$$材料费用分配率=\frac{30\ 000}{600+1000}=18.75（元/kg）$$

$$甲产品应负担的材料计划成本=600\times18.75=11\ 250（元）$$

$$乙产品应负担的材料计划成本=1000\times18.75=18\ 750（元）$$

产品应负担的材料成本差异。

$$甲产品应负担的材料成本差异=11\ 250\times5\%=562.50（元）$$

$$乙产品应负担的材料成本差异=18\ 750\times5\%=937.50（元）$$

（3）按材料定额费用比例法分配。

$$甲产品材料定额费用=100\times6\times3=1800（元）$$

$$乙产品材料定额费用=200\times5\times3=3000（元）$$

$$材料费用分配率=\frac{30\ 000}{1800+3000}=6.25$$

$$甲产品应负担的材料计划成本=1800\times6.25=11\ 250（元）$$

$$乙产品应负担的材料计划成本=3000\times6.25=18\ 750（元）$$

（4）按标准产量比例法分配。

已知甲、乙产品的单位产品售价分别为 40 元、30 元，企业确定甲产品为标准产品，以售价为标准计算产品系数，计算结果见表 3-1。

表 3-1　　共同材料费用分配表

产品	单位售价（元）	产品系数	实际产量（件）	标准产量	分配率	分配金额（元）	成本差异（差异率 5%）
甲	40	1	100	100		12 000	600
乙	30	0.75	200	150		18 000	900
合计	—		300	250	120	30 000	1500

表 3-1 中的产品系数计算如下：

甲产品＝1，即 40/40＝1；乙产品＝30/40＝0.75。

分配率计算为

$$标准产量材料费用分配率=\frac{30\,000}{250}=120（元/件）$$

从计算过程可以看出，分配标准的选择，对分配结果会产生一定的影响。因此，在选择分配标准时应遵循合理性与可操作性的原则。

三、直接材料费用计算与分配实务操作

产品成本中的直接材料费用，是指产品生产工艺过程中直接消耗的原料、外购半成品、包装材料以及燃料和动力等。直接材料费用的计算，就是要正确计算产品生产过程中材料消耗的数量和价格。

（一）消耗材料数量的计算

消耗材料数量的计算有两种方法：一是连续记录法（永续盘存制）；二是盘存计算法（实地盘存制）。

1. 连续记录法

连续记录法也称为永续盘存制，它是指每次收入、发出材料时，都根据有关收发材料的原始凭证将材料收入和发出（消耗）的数量记入材料明细账，材料消耗的数量是根据发出材料的原始凭证确定的，在材料明细账中能够随时计算出材料结存数量。

采取连续记录法能够正确计算生产过程中材料消耗数量，因此，企业应建立健全原始记录和计量验收制度，严格材料收入和发出的凭证手续，保证材料消耗数量的真实性。记录生产过程中材料消耗数量的原始凭证有"领料单"、"限额领料单"和"领料登记表"等。为了正确计算本期材料实际消耗量，期末，对于生产单位已领未用的材料，应填制"退料单"，办理退料手续或假退料手续，从当月领用数量中扣除。"退料单"也是记录材料消耗数量的原始凭证。期末，应根据全部领料凭证（包括用于抵减领料数的退料凭证）汇总编制"耗用（发出）材料汇总表"，确定计算直接材料费用的材料消耗量。耗用（发出）材料汇总表应按照领料用途和材料类别分别汇总，凡能分清某一成本核算对象的材料消耗，应单独列示；属于几个成本核算对象共同耗用的材料，应选择适当的分配方法，分配计入有关成本核算对象的直接材料费用项目。

2. 盘存计算法

盘存计算法也称实地盘存制，它是指每次材料发出时，都不做记录，材料消耗（发出）数量是根据期末实地盘点确定结存数量以后，倒挤出来的。其材料消耗量的计算式为

$$\begin{matrix}本期消耗\\材料数量\end{matrix}=\begin{matrix}期初结存\\材料数量\end{matrix}+\begin{matrix}本期收入\\材料数量\end{matrix}-\begin{matrix}期末结存\\材料数量\end{matrix} \tag{3-4}$$

从上述计算公式可以看出，采用这种方法计算的材料消耗量是不准确的。如果发生材料盗窃、损坏、丢失等情况，也会将其计算在材料消耗量中，显然不利于加强管理、堵塞漏洞。因此，企业一般不能采用这种计算材料消耗量的方法。

（二）消耗材料价格的计算

在实际工作中，有的企业按照实际成本计价组织材料的核算，有的企业按照计划成本计价组织材料的核算，无论采用哪种材料核算形式，生产过程中消耗的材料都应当是材料的实

际价格（实际成本）。

1. 按实际成本计价组织材料核算

采用实际成本计价组织材料核算时，同一品种、规格的材料由于购入的时间和地点不同，各批材料购进的实际价格很可能不一致，因此产生了消耗材料按哪种价格来计算的问题。在实际工作中，消耗材料实际价格（实际成本）的计算有先进先出法、加权平均法、移动加权平均法和个别计价法等。

先进先出法假定消耗材料是最先购入的各批，因此按先购入的各批材料的实际价格计价。在物价持续上涨的情况下，采用先进先出法，结存材料的价格偏高，消耗材料的价格则偏低。加权平均法以数量为权数计算材料的实际平均单价，消耗材料和结存材料的价格相同。移动平均法与加权平均法的计算原理相同，前者随时计算出材料实际的平均单价，计算的工作量较大，后者月末一次计算全月实际的平均单价，可以简化材料核算工作。个别计价法也称分批实际法，或个别辨认法，它只适用于材料整批购入、整批发出，或整批购入，分批发出，并能分清批次的材料，或少量单独保管的贵重材料，实际应用有一定的局限性。

2. 按计划成本计价组织材料核算

采用计划成本计价组织材料核算时，消耗材料仍应是其实际成本。材料实际成本等于材料计划成本加上应分摊的材料成本差异。分摊的材料成本差异为超支差异时（实际成本＞计划成本）与计划成本相加；材料成本差异为节约差异时（实际成本＜计划成本），与计划成本抵减（即加上一个负数）。企业应正确计算消耗材料应分摊的材料成本差异。

（三）材料费用汇总分配表编制实务操作

在实际工作中，材料费用的归集和分配通常是结合进行的，一般是通过编制“材料费用汇总分配表”，集中反映材料费用归集和分配的全部内容。

“材料费用汇总分配表”的编制依据是各单位领料单、退料单等领料凭证。领料凭证通常一式数份，分别作为车间、班组成本核算、仓库发料、财会部门进行总分类核算的依据。

“材料费用汇总分配表”的编制方法有两种：①由发料仓库和财会部门共同编制。即仓库在加强材料日常数量核算的基础上，月末将领料凭证按具体用途进行数量汇总，将汇总数字填制在“材料费用汇总分配表”相应的“数量”栏目中，将该表连同分类整理好的领料凭证一同报送财会部门，财会部门审核无误后进行计价或成本差异调整，以完成该表的编制；②由财会部门独立完成。即仓库只需在月末将领料凭证及时报送财会部门，财会部门在审核无误后，按其具体用途分类汇总，并进行计价、成本差异调整等处理，从而完成“材料费用汇总分配表”的编制，其基本格式见表 3-2。

【例 3-2】 仍沿用上例，某企业本月共耗用 A 材料 17 200kg。其中：甲、乙产品共同耗用 10 000kg，丙产品耗用 2500kg；一车间机物料消耗 1000kg，二车间机物料消耗 800kg；修理车间自制配件耗用 2000kg；产品销售机构消耗 500kg；行政管理部门耗用 400kg。该材料计划单价 3 元/kg，本月材料价差率 5%。甲、乙产品共同耗用材料按定额消耗量比例分配，计算结果见前例。

解 根据以上资料由仓库和财会部门共同编制“材料费用汇总分配表”，见表 3-2。

表 3-2　　材料费用汇总分配表

年　月　日

应借科目		成本或费用项目	直接计入	分配计入	材料成本差异（5%）	材料费用合计
总账科目	明细科目					
基本生产成本	甲产品	直接材料		11 250	562.50	11 812.50
	乙产品	直接材料		18 750	937.50	19 687.50
	丙产品	直接材料	7500		375	7875
小计			7500	30 000	1875	39 375
辅助生产成本	修理车间	直接材料	6000		300	6300
小计			6000		300	6300
制造费用	一车间	机物料	3000		150	3150
	二车间	机物料	2400		120	2520
小计			5400		2700	5670
销售费用		一般消耗	1500		75	1575
管理费用		一般消耗	1200		60	1260
合　计			21 600	30 000	2580	54 180

（四）材料费用分配结转的账务处理

在直接材料费用中，应将直接计入和分配计入的费用合并编制会计分录进行相应的账务处理。对于直接用于产品生产、专设成本项目的各种材料费用，应记入“基本生产成本”科目的借方及其所属的产品成本明细账的“直接材料”成本项目；直接用于辅助生产、专设成本项目的各种材料费用、用于基本生产和辅助生产但没有专设成本项目的各种材料费用、用于产品销售以及用于组织和管理生产经营活动等方面的各种材料费用，应分别记入“辅助生产成本”、“制造费用”、“销售费用”和“管理费用”等科目的借方。对于已发出消耗的各种材料费用总额，应记入“原材料”科目的贷方。

根据表 3-2 的计算结果，编制有关会计分录如下。

（1）领用材料费用的计划成本。

借：基本生产成本——甲产品　11 250
　　　　　　　　——乙产品　18 750
　　　　　　　　——丙产品　7500
　　辅助生产成本——修理车间　6000
　　　　制造费用——一车间　3000
　　　　　　　　——二车间　2400
　　销售费用　1500
　　管理费用　1200
　　　贷：原材料　51 600

（2）调整材料成本差异。

借：基本生产成本——甲产品 562.5
——乙产品 937.5
——丙产品 375
辅助生产成本——修理车间 300
制造费用——一车间 150
——二车间 120
销售费用 75
管理费用 60
贷：材料成本差异 2580

也可将（1）、（2）两个分录合并编制如下。

借：基本生产成本——甲产品 11 812.50
——乙产品 19 678.50
——丙产品 7875
辅助生产成本——修理车间 6300
制造费用——一车间 3150
——二车间 2520
销售费用 1575
管理费用 1260
贷：原材料 51 600
材料成本差异 2580

四、动力费用计算与分配实务操作

企业耗用的动力如电力、蒸汽、煤气等，分为外购和自制两种情况。动力费用的主要用途是产品生产工艺过程耗用，此外，企业的基层生产单位和行政管理部门组织管理生产也会发生动力费用的消耗，如车间、科室的照明用电等。

动力费用的核算按发生地点和用途进行，只要用途相同，无论外购和自制都可以归集在一起进行核算。产品生产工艺过程耗用的动力费用，在其数额不大时，可以并入“直接材料”项目进行核算；在数额较大时，可单独设立“燃料与动力”成本项目进行归集。

动力费用的归集分配，通常按能否依照仪表、仪器记录，确定数额直接列入受益对象，分为直接归集与分配归集。

1. 动力费用的直接归集

企业生产车间耗用的动力，若安装有计量的仪器仪表，可以根据计量仪器仪表直接确定各产品各部门的实际耗用量，再乘以动力相应的单价，计算出各受益对象应负担的动力费用。其计算公式如下：

某部门、某产品应负担的动力费用＝该部门、该产品实际耗用量（度数）×单价（3-5）

式（3-5）中，动力费用的单价分为外购和自制两种，其中，外购动力费用的单价可按供应单位收取的费用总额除以仪器仪表记录总和求得；自制动力的单价以辅助生产车间的单位成本为准。

2. 动力费用的间接归集

企业生产车间耗用的动力，若不能按产品分别安装仪器仪表直接确定其相应的用量，则需要按一定的标准，对车间多种产品共同耗用的动力费用进行分配归集。动力费用的分配标准是产品的机器工时（实际或定额工时）。计算公式如下。

$$\left.\begin{aligned}&\text{动力费用分配率}=\frac{\text{共同耗用动力费用总额}}{\text{机器工时（或定额工时）}}\\&\text{某产品应分配的动力费用}=\text{该产品机器工时（实际或定额工时）}\times\text{动力费用分配率}\end{aligned}\right\}\quad(3\text{-}6)$$

【例 3-3】 某企业某月耗用外购电力费用 152 900 元，各车间、部门电能表读数总和为 69 500kW • h，购入单价 2.20 元/（kW • h）。电能表记录各单位耗电情况为：一车间 A、B 产品生产工艺用电 30 000kW • h，车间照明用电 4000kW • h；三车间 C 产品生产工艺用电 16 000kW •h，照明用电 2000kW •h；修理车间维修用电 12 500kW •h，管理部门用电 5000kW •h。根据动力车间提供的“用电通知单”得知，某月各单位共同耗用自制动力 90 000kW • h，单位成本为 1.10 元/（kW •h）。各单位耗用情况分别为 A 产品耗电 30 000kW •h，B 产品耗电 15 000kW •h，C 产品耗电 23 000kW •h，修理用电 16 000kW •h；一、二、三车间照明用电分别为 3000kW •h、2000kW • h、1000kW • h；A、B 产品的机器工时分别为 1000h 和 500h。

动力费用的直接归集和分配归集都是根据编制动力费用分配表进行的。

解 根据以上资料编制“动力费用汇总分配表”，见表 3-3。

表 3-3　　动力费用汇总分配表

年　月　日

应借科目		外购动力							自制动力		合计
		直接归集		间接归集				小计			
总账科目	明细科目	耗用量（kW • h）	金额（元）	机器工时（h）	分配率［元/（kW •h）］	耗用量（kW • h）	金额（元）		耗用量（kW • h）	金额（元）	
基本生产成本	A 产品			1000		20 000	44 000	44 000	30 000	33 000	77 000
	B 产品			500		10 000	22 000	22 000	15 000	16 500	38 500
	C 产品	16 000	35 200					35 200	23 000	25 300	60 500
小计		16 000	35 200	1500	2.2	30 000	66 000	101 200	68 000	74 800	176 000
辅助生产成本	修理车间	12 500	27 500					27 500	16 000	17 600	45 100
制造费用	一车间	4000	8800					8800	3000	3300	12 100
	二车间								2000	2200	2200
	三车间	2000	4400					4400	1000	1100	5500
小计			13 200					13 200		6600	19 800
管理费用		5000	11 000					11 000	6000		11 000
合计		39 500	86 900				66 000	152 900	90 000	99 000	251 900

当企业生产多种产品时，外购动力费用需要在各种产品之间进行分配，其分配标准有生产工时、机器工时等，因而可以采用生产工时比例分配法、机器工时比例分配法进行动力费用的分配。表中间接归集动力费用分配可按式（3-6）计算，也可按下列公式计算。

$$\text{动力费用分配率}=\frac{\text{各种产品共同耗用的动力费用}}{\text{各种产品的耗电量之和}} \tag{3-7}$$

则

$$\text{某产品应负担的动力费用}=\text{该产品耗电量}\times\text{动力费用分配率} \tag{3-8}$$

3. 动力费用分配结转的账务处理

企业生产产品所耗用的工艺用动力，有外购的，也有自制的；既属于直接费用，又属于基本费用；在成本项目的设置上，有三种处理方法：当动力费用在产品成本中所占的比重较大时，为体现重要性原则和便于单独考核，一般是从直接材料费用中独立出来，单独设置“燃料及动力”（或“动力费用”）成本项目；当动力费用在产品成本中所占比重不大时，根据动力费用属于直接费用这一特点考虑，而是将其并入“直接材料”成本项目中反映；从简化核算角度考虑，根据动力费用一般为间接费用这一特点考虑，也可以将其并入“制造费用”成本项目反映。

分配结转外购动力费用的依据是有关付款凭证或应付账款凭证，以及动力费用分配表。

根据表 3-3 的计算结果，编制的会计分录如下。

（1）分配结转外购动力费用。

借：基本生产成本——A 产品　　44 000
　　　　　　　　——B 产品　　22 000
　　　　　　　　——C 产品　　35 200
　　辅助生产成本——修理车间　　27 500
　　　　制造费用——一车间　　8800
　　　　　　　　——三车间　　4400
　　管理费用　　11 000
　　贷：应付账款　　152 900

（2）分配结转自制动力费用。

借：基本生产成本——A 产品　　33 000
　　　　　　　　——B 产品　　16 500
　　　　　　　　——C 产品　　25 300
　　辅助生产成本——修理车间　　17 600
　　　　制造费用——一车间　　3300
　　　　　　　　——二车间　　2200
　　　　　　　　——三车间　　1100
　　管理费用　　11 000
　　贷：辅助生产成本——供电车间　　99 000

五、燃料费用的计算与分配

燃料属于材料，因而燃料费用计算和分配的程序和方法与直接材料费用的分配程序和方法相同。当燃料费用占产品成本的比重较大时，可与动力费用一起专设“燃料及动力”成本项目单独反映，以便加强对燃料的管理，同时，增设“燃料”会计科目，将燃料费用从原材料费用中独立出来。当某产品单独领用和消耗燃料时，可直接计入该种产品成本中，为两种及以上的产品共同领用和消耗燃料时，需要采用一定的分配标准，间接计入各种产品成本中。

会计处理为：借记“基本生产成本－×产品”，贷记燃料。通常可选用产品的重量、体积、所耗原材料的数量或费用、燃料的定额消耗量或定额费用等分配标准，分配燃料费用。燃料费用的计算和分配是通过编制“燃料领用汇总表”和“燃料费用汇总分配表”进行的。

六、周转材料费用的分配认知

1. 周转材料的基本认知

周转材料是指企业能够多次使用、逐渐转移其价值的但仍能保持其原有形态的不确认为固定资产的材料，包括包装物、低值易耗品，以及企业（建造承包商）的钢模板、木模板、脚手架等。

2. 周转材料的特点

（1）实物的流动性。周转材料的实物体积较小，价值低，与固定资产不同，通常将其归属于流动资产。

（2）价值的逐渐转移性。周转材料磨损较快、消耗较大，会计制度规定，其价值的核算通常采用推销的方法逐渐转移到产品成本中，或转化为期间费用。

3. 周转材料的核算方法

周转材料的价值转移，在会计上采用的是摊销的方法。对于包装物、低值易耗品通常采用的是一次摊销法和五五摊销法进行核算；企业（建造承包商）的钢模板、木模板、脚手架等可以分别采用一次摊销法、五五摊销法或者分次摊销法进行核算。

4. 周转材料核算会计科目的设置

在一次摊销法下，专设“周转材料”会计科目即可；在五五摊销法下，应在“周转材料”一级科目下增设“在库”、“在用”、“摊销”三个二级科目进行明细核算；在分次摊销法下还应设置“待摊费用——包装物”会计科目，以便进行相应的核算。如果企业的周转材料主要是低值易耗品，也可以使用“低值易耗品”作为会计科目。

如果企业的包装物和低值易耗品比较多，消耗量比较大，根据管理要求也可以单独设置“包装物”、“低值易耗品”会计科目进行核算。

5. 周转材料核算的处理原则

周转材料费用的处理原则与原材料的处理原则一致——“谁受益，谁负担”。一般根据领用的部门和用途做出相应的处理。

（1）包装物的核算。包装物是指为了包装本企业的产品而储备的各种包装容器，如箱、桶、坛、瓶、袋等。包装物的用途有四种：

1）生产过程中用于包装产品作为产品的组成部分。

2）随同产品出售但不单独计价。

3）随同产品出售单独计价。

4）出租出借给购买单位使用。

不同的用途有不同的处理方法。

用途一的处理：因其构成产品的实体，应计入产品成本。

用途二的处理：不单独计价的包装物属于产品销售费用，计入营业费用。

用途三的处理：单独计价的包装物属于其他经营业务的费用，应计入其他业务成本。

用途四的处理：出借包装物给购买单位，是为产品销售提供的必要条件，其价值摊销和修理费，均应作为产品销售费用，应计入营业费用；出租包装物给购买单位，因其有租金收入，属于企业的其他业务，为非主营业务，租金收入属于其他业务收入，而与之相匹配的包装物的价值摊销和修理费等均应作为其他业务成本。

（2）低值易耗品的核算。低值易耗品是指不作为固定资产核算的各种劳动手段，包括工具、管理用具、玻璃器皿，以及在经营过程中周转使用的包装容器等各种用具物品。

低值易耗品在领用以后，其价值应该摊销计入有关的成本、费用中。因低值易耗品在产品成本中所占比重较小，没有为其专设成本项目，而是根据其具体的用途与去向做相应的处理。

用于生产环节的，应计入产品成本；一般是通过摊销先计入制造费用。

用于组织管理经营活动的，应计入管理费用。

用于其他经营业务的，应计入其他业务成本。

低值易耗品的摊销，应根据具体情况采用一次摊销法、五五摊销法或者分次摊销法进行核算。

任务二　人工费用核算与分析

进行工资费用的核算，应该审核企业的各项工资支出是否符合国家关于工资总额组成的规定，同时应该根据企业计划的工资总额控制工资支出，以便于正确地核算工资费用，降低产品成本和经营管理费用中的工资费用。

一、工资总额的组成

工资是“劳动力的价格”（马克思语），是用人单位在一定时期内直接支付给职工的劳动报酬。按是否包括福利费用，工资总额可分为狭义工资和广义工资。按国家统计局现行规定，狭义工资总额包括标准工资、奖金、津贴和补贴、加班加点工资、国家规定的非工作时间支付的工资。广义工资总额则是狭义的工资总额加上按一定比例计提的职工福利费（目前为14%）、“五险一金”（各省计提比例不一）等。其具体内容如下。

1. 标准工资

标准工资是指按规定的等级工资标准计算的工资，主要形式分为计时工资和计件工资两种。计时工资是按各等级的计时工资标准（单位时间内应得的工资额）和工作时间计算应支付给职工的工资。这种工资形式应为不同职务、不同工种的职工规定相应的工资标准，计时工资主要包括：①对已做工作按计时工资标准支付的工资；②实行结构工资制的单位支付给职工的基础工资和职务（岗位）工资；③新参加工作职工的见习工资，学徒的生活费等。

计件工资是按职工完成的工作量和计件单价支付给职工的工资。这种工资形式是计时工资的转化形式，多为定额管理较完善的企业采用。计件单价是完成单位工作量应得的工资额，它是按计时工资标准和劳动定额计算的，主要包括：①实行超额累进计件、限额计件、超额计件等工资制，按劳动部门或主管部门批准的定额和计件单价支付给个人的工资；②按工作任务包干方法支付给个人的工资；③按营业额提成或利润提成办法支付给个人的工资等。计件工资包括个人计件工资和集体计件工资两种。

2. 奖金

奖金是对职工超额劳动的报酬，奖金分为经常性奖金和一次性奖金，前者如生产奖、节约奖、劳动竞赛奖等，计入工资总额；后者如创造发明奖、自然科学奖、科学技术进步奖、合理化建议奖、技术改进奖等，不计入工资总额。奖金的计算和支付应按照国家和本单位的有关规定执行。

3. 津贴和补贴

津贴和补贴是为补偿职工劳动消耗的特殊性和为保证职工生活水平不受物价变动影响而支付给职工的劳动报酬及补助。包括：①特殊工作环境的津贴，如井下津贴、野外津贴、夜班津贴、高空津贴、保健津贴等；②特殊工作岗位的津贴，如技术津贴等；③特殊工作年限的津贴，如工龄津贴；④物价补贴，如粮食补贴、副食品价格补贴等。

4. 加班加点工资

加班加点工资是指按职工加班加点的时间和相应工资标准支付给职工的报酬。

5. 特殊的非工作时间支付的工资

特殊的非工作时间支付的工资是指按国家有关法律、法规和政策规定在某些特殊情况下支付给职工的工资。包括：①按工资标准的一定比例支付给病假、产假、工伤、计划生育假、婚丧假、事假、探亲假、定期休假、停工学习、执行国家或社会义务等职工的工资；②附加工资和保留工资。

二、计算工资费用的原始记录认知

进行工资费用的核算，必须要有一定的原始记录作为依据。不同工资制度所依据的原始记录不同。一般来说，工资费用的原始记录主要包括考勤记录、产量和工时记录及其他凭证。计算计时工资费用的原始记录是以考勤记录中的工作时间为依据，计算计件工资是以产量记录中的产品数量和质量记录为依据。

（一）考勤记录

考勤记录是登记职工出勤和缺勤时间和情况的原始记录。做好考勤记录不仅为计算计时工资费用提供正确的依据，同时，对于加强劳动管理，严肃劳动纪律，提高出勤率和工作时间的利用率，以及提高劳动生产率都有着重要的作用。

考勤记录有考勤簿和考勤卡两种形式。

考勤簿按车间、部门设置，根据各单位在册人员出勤情况逐日登记，月末进行分类汇总。各单位如有职工调入、调出，应根据人事部门的通知，在考勤簿上作相应的调整。生产小组的考勤簿一般由负责考勤的工人在车间专职人员的指导下进行登记；车间管理人员考勤簿的登记和车间职工考勤记录的汇总，应由车间专职考勤人员或工资核算人员进行；企业各部门的考勤簿则由各该部门指定专人负责登记。考勤簿的一般格式见表3-4。

表3-4　　考　勤　簿

填报单位：　　年　　月

编号	姓名	职务或工种	出勤记录						考勤统计									备注
			1	2	3	…	30	31	出勤	夜班	加班加点	工伤	病假	事假	…	公假	迟到早退	

考勤卡是为每个职工设置的，每年或每月一张，在年初、月初或职工录用、调入时设立，在人员发生变动时，应根据人事部门的通知，将考勤卡在内部单位之间进行转移或注销。职

工上下班时，将自己的考勤卡交由出入口的考勤人员（或自动打卡机）做出相应的记录。考勤卡上的内容与考勤簿上完全一致，在月末分类统计职工的出勤情况。

（二）产量记录

产量记录也称产量及产品工时记录，是登记生产工人或生产班小组在出勤时间内完成产品的数量、质量以及生产产品所耗用工时数量的原始记录。它是计算计件工资，分配计时工资费用的直接依据。所以，做好产量记录，不仅可以为计算计件工资费用提供正确的依据，而且还可以为在各种产品之间分配与工时有关的费用提供合理的依据。

在不同企业里，由于生产工艺和管理要求不同，产量和工时记录的种类、格式等也不完全相同。但通常有工作通知单、工序进程单和工班产量记录等。下面以工作通知单为例说明产量记录的一般格式。

工作通知单也叫生产通知单、派工单或工票，一般按工人或班组从事的工作任务开设，用于通知职工完成规定的任务，记录送检的产品数量和实用工时。它主要适用于单件或小批生产。格式见表 3-5。

表 3-5　　　　工 作 通 知 单

车间：　　　　　　年　　月　　　　　　班组：

工人姓名			工号				工资等级			
工时利用情况					任务完成情况					
工时定额	定额工时	开工时间	完工时间	实用工时	任务数量	送检数量	合格品数量	返修数量	工废数量	料废数量

检验员：

工作通知单也可以班组为单位，记录每一工人的生产情况，其一般格式见表 3-6。

表 3-6　　　　生 产 通 知 单

年　　月

车间：　　　　　　生产班组：　　　　　　编号：

工人		加工件	工作时间		单件定额（分/件）	实际产量				完成定额工时数	实际工时	检验员
工号	姓名		开始	结束		送检数量	合格数量	废品数量	废品通知单号			

（三）其他凭证

涉及工资费用归集与分配的其他凭证主要有废品通知单、停工单以及各种奖金、津贴发放的通知单等。

1. 废品通知单

废品通知单也称为废品报告单，它是记录生产过程中发生废品的数量和原因，以及废品损失和责任者赔偿情况的原始凭证。检验员在发现废品时应区分是否可以修复，并根据产生废品的原因及时填制废品通知单。可以修复的废品应予以返修，不可修复的废品则予以报废。其中工废废品属生产工人过失造成，应在废品通知单内注明赔偿的金额。废品通知单一式三份，质检部门、生产车间、财会部门各执一份。月末，财会部门应根据废品单按产品汇总废品的数量和耗用工时，以便进行废品损失的核算。废品通知单的一般格式见表 3-7。

表 3-7　**废 品 通 知 单**

年　月　日

车间：　生产班组：　编号：

产品名称		产品类别		计量单位	
废品数量		可修复废品数量		不可修复废品数量	
废品发生原因					

可修复废品的修复费用		不可修复废品的生产成本	
其中：直接材料		减：回收残料价值	
直接人工		责任单位和责任人的赔偿	
燃料及动力			
制造费用			
合计			
减：责任单位和责任人的赔偿			
可修复废品的净损失		不可修复废品的净损失	

车间负责人：　技术检验员：　车间核算员：

2. 停工报告单

停工是指企业生产车间由于计划减产、停电、待料、设备故障等原因而造成的停产。生产单位发生停工时应编制停工报告单，说明停工情况。所以，停工报告单是记录生产车间或车间内某个班组停工时间、停工原因和责任人以及停工期间应计工资等事项的主要原始记录，会计部门应据以计算停工损失。因各种原因造成停工时，应及时填报停工单并由有关负责人签章。停工单应于停工结束后送交劳资部门，以便核定应付停工工资的比率，及时报会计部门计算停工工资和停工损失。停工报告单的一般格式见表 3-8。

表 3-8　**停 工 报 告 单**

年　月　日

车间：　生产班组：　编号：

停工性质	停工期间发生的费用	
停工范围：	费用项目	金额
	生产工人工资	
停工起讫时间：	维修工人工资	
责任单位或个人：	其他费用	
应否赔偿及理由：	合计	
	减：应收赔偿	
	停工净损失	

车间负责人：　车间核算员：

三、工资费用计算实务操作

工资费用的核算包括应付工资的计算、代发款项和代扣款项的计算，以及实发金额的计算和支付，同时，按照工资费用的用途分配工资费用，是其主要的内容。工业企业可以根据自身的实际情况，采用不同的工资制度，其中最主要的工资制度一是计时工资，二是计件工资。

在职工应付工资项目的各组成部分中，奖金、津贴和补贴及加班加点工资的计算应严格遵照国家政策或企业的有关规定进行，方法较为简单，此处不加详述，以下具体介绍计时工资、计件工资、特殊情况下支付的工资及职工福利费的计算。

（一）计时工资的计算

企业应付给职工的计时工资，是根据职工的工资标准，以及考勤记录登记的职工出勤或缺勤时间计算的。工资标准按其计算的时间不同，有月薪制、日薪制、小时工资制三种。

月薪制工资标准是最基本和应用最广泛的工资标准，因此下面将着重介绍月薪制下的计时工资计算。采用月薪制计算企业应付给职工的工资，由于各月日历日数不同，有的月份30日，有的月份31日，2月份则只有28日或29日，因而同一职工的日工资率不会完全一致。在实际工作中，为了简化日工资的计算工作，日工资率一般可以按以下两种方法计算：一是每月按固定30日计算，则日工资率等于月工资标准除以30日；一是按全年的日历日数365减去法定节假日和双休日，再除以12个月计算出月平均工作天数，以月工资标准除以月平均天数计算出日工资率。

从2008年开始，我们国家同时规定了制度工作日和制度计薪日。制度工作日为（365－104－11）/12＝20.83天/月，制度计薪日为（365－104）/12＝21.75天/月。制度工作日主要用于判断是否加班，用于加班管理；而制度计薪日则作为折算加班费的标准。按照法律规定，法定节假日是带薪的，劳动者不工作用人单位也要支付工资。此次国家调整职工全年平均工作时间和工资折算办法，厘清了“制度工作日”和“制度计薪日”两个概念。

其中，104天为全年52周的双休日，全年法定节假日（春节、十一各3天；五一、元旦、清明、端午、中秋各一天）为11天。我国历次法定节假日变化见表3-9。

表3-9　我国历次法定节假日变化

调整时间	周　日	法定节假日								假日总天数
		春节	五一	十一	元旦	清明	端午	中秋	小计	
1995年前	52	2	2	2	1				7	59
1995年	52×2	2	2	2	1				7	111
1999年	52×2	5	3	3	1				10	114
2008年	52×2	3	1	3	1	1	1	1	11	115

在2008年之前，“制度工作日”和“制度计薪日”是一致的，即都是按（365－52×2－10）/12月＝20.92天/月，月工作天数和日工资折算都按20.92天计算。

在按30日计算日工资的企业里，由于节假日也算工资，因而出勤期间的节假日也按出勤日计算工资；事病假在缺勤期间的节假日，也按缺勤日扣除工资。如果按21.75天/月计算，则节假日不得扣除工资。

在日薪制下，应付给职工的计时工资按日薪标准乘以职工出勤日数计算。若某日出勤时间不足8h的，应按日薪标准换算小时工资率，计算扣除缺勤的小时工资。临时工的计时工资多采用日薪制和小时工资制。

在月薪制下，不论各月日历日数多少，职工每月标准工资（全勤工资）相同。如果有缺勤，则需换算日工资率，再按出勤或缺勤日数计算计时工资。具体有两种计算方法：一是缺勤法（或称扣除法），即按月标准工资扣减缺勤工资计算计时工资；二是出勤法（或称应得法），即按出勤日数换算的日工资率计算计时工资。

在采用缺勤法计算应付计时工资的情况下，计算公式为

应付计时工资＝月标准工资－缺勤工资＋随工资发放的津贴、补贴、奖金等
＝月标准工资－（事假或旷工日数×日工资率）－（病假日数×日工资率×病假扣款率）＋随工资发放的津贴、补贴、奖金等　（3-9）

在采用出勤法计算应付计时工资的情况下，计算公式为

应付计时工资＝出勤工资＋病假工资＋随工资发放的津贴、补贴、奖金等
＝出勤日数×日工资率＋病假日数×日工资率×(1－病假扣款率）＋随工资发放的津贴、补贴、奖金等　（3-10）

实发工资＝应付计时工资－代扣款项

从式（3-9）、式（3-10）可见，计时工资的计算，首先要确定日工资率。日工资率的计算主要有以下两种方法。

（1）每月固定按30天计算，计算公式为

日工资率＝月工资标准÷30　（3-11）

采用这种方法，特点是休假日、节假日都计算工资，因此缺勤期间的休假、节假日都算缺勤，照扣工资。

（2）每月固定按平均计薪工作日数21.75计算

日工资率＝月工资标准÷21.75　（3-12）

采用以上方法计算日工资，特点是法定工作日才算工资，双休、节假日不计算工资。故缺勤期间休假日、节假日不扣工资。

此外，日工资率的计算还可以按当月日历日数、当月实际法定工作日数等。特点与上述方法分别相同，但由于各月实际日数和工作日数的变化，各月的日工资率也会不同。

下面举例说明应付计时工资的计算。

【例3-4】 某企业以21.75天作为月平均法定工作日数。职工刘某标准工资为950元，本月值夜班5次，每次夜班津贴10元；本月生产奖150元，另享受物价补贴40元，副食品价格补贴60元。代扣水电费30元及燃气费60元，养老保险费30元。该月刘某的出勤情况为事假2天，病假3天，按其工龄，其病假工资支付比率为90%。

刘某日工资率＝950÷21.75＝43.68（元/天）

解　1）按缺勤法计算

应付工资＝950－（43.68×2＋43.68×3×10%）＋5×10＋150＋40＋60＝1149.536（元）

实发工资＝1149.536－30－60－30＝1029.536（元）

2）按出勤法计算，该月刘某出勤16天（节假日除外）

应付工资＝16×43.68＋3×43.68×90%＋5×10＋150＋40＋60＝1116.816（元）

实发工资＝1116.816－30－60－30＝996.816（元）

在实际工作中，计算应付工资的方法有多种，具体采用哪种方法，由企业自行确定。由于各月实际法定工作日数和月平均法定工作日数往往不同，不同的计算标准所计算的应付工资有时会发生较大差异。因此，企业采用某种工资计算方法应保持相对稳定，不应随意变动。

（二）计件工资的计算

计件工资是计时工资的转化形式。企业应付给职工的计件工资是根据产量记录中登记的每一职工（或小组）的产品产量（或工作量）乘以规定的计件单价计算的。作为计算计件工资的产品产量包括工人完成的合格品数量和因企业提供的废料而造成的废料废品（不是由于工人本人过失造成的不合格品）数量，但是不包括由于生产工人本人过失造成的不合格品数量。一般情况下，计件单价是按照职工工资水平和劳动生产率确定的。计件工资有个人计件和集体计件两种。

1. 个人计件工资的计算

个人计件工资的计算标准为

应付计件工资＝Σ（各种产品的合格品产量×该种产品的计件单价） (3-13)

式（3-13）中，产品的合格品产量包括质量验收合格的产品数量以及由于原材料质量原因导致的废料废品的数量。因为废料废品并非是工人加工不当造成的，故应按规定的计件单价支付工资。计件单价则通常按单位产品所需工时定额和职工相应的小时工资率进行计算。计算公式如下。

工时定额＝定额工时÷计划产量

计件单价＝工时定额×小时工资率 (3-14)

【例 3-5】某企业二车间工人董某为 4 级工，月标准工资 336 元。4 月份完成合格品产量为：A 产品 120 件、B 产品 100 件。A、B 产品的工时定额分别为 30 分/件、60 分/件。则 4 月份董某应付计件工资可计算如下：

小时工资率＝336÷（21.75×8）＝1.93（元/h）

A 产品计件单价＝1.93×（30÷60）＝0.965（元/件）

B 产品计件单价＝1.93×（60÷60）＝1.93（元/件）

应付计件工资＝120×0.965＋100×1.93＝308.80（元）

在实际工作中，为简化计件工资的计算，还可以根据工人完成的定额工时数和小时工资率计算计件工资。由于产量记录和工序进程单都有相应的定额工时数，并且不同产品的定额工时可以加总，因此采用此法可达到简化的目的。

【例 3-6】 承［例 3-5］，工人董某完成的定额工时和相应计件工资为

A 产品定额工时＝（30÷60）×120＝60（h）

B 产品定额工时＝（60÷60）×100＝100（h）

应付计件工资＝（60＋100）×1.93＝308.80（元）

以上两种方法计算结果相同，但后一种方法更简便。

2. 集体计件工资的计算

以生产班小组为计算单位计算集体计件工资，方法与个人计件工资计算方法相同。

在集体计件工资的计算中，首先应按集体完成的合格品数量和计件单价确定集体应得的计件工资总额，然后再在集体内部各成员之间按各人贡献大小进行分配，通常是按每人的标

准工资和实际工作时间（工日或工时数）的综合比例分配。因为工资标准和工作时间可视为劳动的质与量的体现。

集体计件工资计算的公式为

$$\text{集体应付计件工资总额}=\Sigma\text{（完成各种合格品产品}\times\text{该种产品计件单价）}$$

$$\text{集体计件工资分配率}=\frac{\text{集体计件工资总额}}{\Sigma\text{[每人日工资率（或小时工资率）}\times\text{出勤日数（或工时数）]}} \quad (3\text{-}15)$$

$$\text{某工人应得计件工资}=\frac{\text{该工人出勤日数}}{\text{（或工时数）}}\times\frac{\text{该工人日工资率}}{\text{（或小时工资率）}}\times\text{集体计件工资分配率} \quad (3\text{-}16)$$

【例 3-7】 某生产班组本月完成甲产品 700 件，计件单价 2.5 元；乙产品 347 件，计件单价 1 元。该企业工资计算以 21.75 天/月平均法定工作日为基础。该班组由 3 人组成，各人完成实际工时分别为董某 168h、张某 164h、王某 152h，则该班组计件工资和各人应得计件工资可计算如下：

$$\text{班组计件工资总额}=700\times2.5+347\times1=2097\text{（元）}$$

班组计件工资分配见表 3-10。

表 3-10　班组（集体）计件工资分配表

集体单位：某生产班组　　　　年　　月

姓名	工资标准（元）	小时工资率（元/h）	实际工时（h）	小时工资率×实际工时（元）	小组工资分配率	计件工资（元）
董某	348	2	168	336		504
张某	522	3	164	492		738
王某	652.5	3.75	152	570		855
合计	—	—	484	1398	1.5	2097

表中，

$$\text{小时工资率}=\text{月工资标准}\div(21.75\times8)$$

$$\text{小组工资分配率}=2097\div1398=1.5$$

计件工资制度对促进工人钻研技术、提高劳动生产率有着重要意义。计件工资制度适合于机械化、自动化程度较低，依靠体力和以手工操作为主进行生产，又能单独计量的企业或生产车间工人工资的计算。

除上述计时和计件工资之外，职工的工资性奖金、各种津贴和补贴按有关规定计付；加班加点工资按加班时间（日数或小时）及相应日或小时工资率计算，法定节假日加班以双倍计付。

（三）非工作时间的工资计算

非工作时间的工资是按国家有关规定在某些特殊情况下支付给职工的工资，包括病假、产假、婚假、丧假、探亲假、公假等。如，按现行劳动保险条例规定，职工因病或非公负伤，按职工工资一定比例支付工资。病假工资支付标准如下。

（1）病假时间在 6 个月内的支付标准，见表 3-11。

表 3-11　6 个月内病假工资支付标准

工　龄	不满 2 年	2～4 年	4～6 年	6～8 年	8 年以上
支付比例（%）	60	70	80	90	100

（2）病假时间超过 6 个月以上的支付标准，见表 3-12。

表 3-12　6 个月以上病假工资支付标准

工　龄	不满 1 年	1～3 年	3 年以上
支付比例（%）	40	50	60

病假工资＝日工资率×支付本人工资的百分比×病假天数

职工因公负伤时，病假工资按工资标准全额支付，不受以上时间及支付比例的限制。按劳动保险条例及其他有关规定，除病假按上述条文执行外，职工产假、婚假、丧假、探亲假、公假，均按标准工资全额支付。

（四）职工福利费的计算

职工福利费是企业按职工工资总额的一定比例（目前为 14%）提取，用于职工医疗费用、福利开支、困难补助方面支出的基金。提取福利费时，计入有关成本费用，形成企业的一项流动负债。该项福利费的提取以职工工资总额为计算基础，工资总额的构成与统计上的口径相同，不作任何扣除。企业计提职工福利费的计算公式如下：

某月应计提职工福利费＝该月职工工资总额×14%　　(3-17)

需要指出的是，从成本费用中提取的职工福利费和按规定从税后利润中提取的职工奖励及福利基金是有区别的。前者是企业对职工的负债，主要用于职工个人福利方面的开支；后者是企业的所有者权益，主要用于企业集体福利设施的建设。

（五）“五险一金”的计提

从 2007 年 1 月 1 日起，企业应按照国家的有关规定为每一个职工计提和缴纳社会保险费（医疗保险、养老保险、失业保险、工伤保险、生育保险等，简称“五险”）和住房公积金（简称“一金”），具体计提的比例遵照所属省份的规定。

四、工资费用计算和分配的会计处理

（一）工资结算凭证的填制

企业的工资费用，在正确计算的基础上，需要按发生的地点和用途进行归集和分配。实际上，企业的工资计算工作是在填制工资结算凭证的过程中完成的，工资结算凭证是工资归集和分配的重要依据。一般企业使用的工资结算凭证分为工资结算单和工资结算汇总表。

1. 工资结算单

工资结算单也叫工资单，是最常见的工资结算凭证。工资结算单是工资结算的原始凭证，由财会部门分车间（部门）按月进行编制。工资单中除分别反映每一职工的应付工资额外，还应反映企业发给职工的，但不属于工资总额组成内容的其他结算款项，如电话费补贴、女工卫生费等，以及企业为职工代垫代付的各种应扣款。工资结算单一般一式三份，一份交劳资部门作为劳资统计的依据；一份经职工签收后作为工资结算和付款的原始凭证；另一份按职工姓名裁剪成工资条连同工资一起发给职工，以便职工进行核对。工资结算单的一般格式见表 3-13。

表 3-13　　**工 资 结 算 单**

编制单位：　　　　年　　月

<table>
<tr><th rowspan="2">顺序号</th><th rowspan="2">姓名</th><th rowspan="2">标准工资</th><th rowspan="2">日工资</th><th colspan="5">各种津贴</th><th colspan="3">扣缺勤工资</th><th rowspan="2">应付工资</th><th colspan="3">代扣款项</th><th rowspan="2">实发金额</th></tr>
<tr><th>奖金</th><th>煤气</th><th>副食</th><th>夜班</th><th>小计</th><th>病假</th><th>事假</th><th>小计</th><th>保险</th><th>住房公积金</th><th>小计</th></tr>
<tr><td></td><td></td><td></td><td></td><td></td><td></td><td></td><td></td><td></td><td></td><td></td><td></td><td></td><td></td><td></td><td></td><td></td></tr>
<tr><td></td><td></td><td></td><td></td><td></td><td></td><td></td><td></td><td></td><td></td><td></td><td></td><td></td><td></td><td></td><td></td><td></td></tr>
<tr><td></td><td></td><td></td><td></td><td></td><td></td><td></td><td></td><td></td><td></td><td></td><td></td><td></td><td></td><td></td><td></td><td></td></tr>
<tr><td></td><td></td><td></td><td></td><td></td><td></td><td></td><td></td><td></td><td></td><td></td><td></td><td></td><td></td><td></td><td></td><td></td></tr>
</table>

2. 工资结算汇总表

工资结算汇总表是由财会部门根据各车间、部门的工资结算单分各栏目汇总编制的，总括地反映企业工资结算情况，并据以进行工资总分类核算的汇总凭证。由于工资结算汇总表是按不同单位和工资的不同用途汇总的，所以它也是企业工资费用分配的依据。其一般格式见表 3-14。

表 3-14　　**工 资 结 算 汇 总 表**

年　　月

<table>
<tr><th rowspan="2">部门</th><th rowspan="2">职工类别</th><th rowspan="2">标准工资</th><th rowspan="2">各种奖金</th><th colspan="5">各种津贴</th><th colspan="3">扣缺勤工资</th><th rowspan="2">应付工资</th><th colspan="3">代扣款项</th><th rowspan="2">实发金额</th></tr>
<tr><th>煤气</th><th>副食</th><th>夜班</th><th>其他</th><th>小计</th><th>病假</th><th>事假</th><th>小计</th><th>保险</th><th>住房公积金</th><th>小计</th></tr>
<tr><td></td><td></td><td></td><td></td><td></td><td></td><td></td><td></td><td></td><td></td><td></td><td></td><td></td><td></td><td></td><td></td><td></td></tr>
<tr><td></td><td></td><td></td><td></td><td></td><td></td><td></td><td></td><td></td><td></td><td></td><td></td><td></td><td></td><td></td><td></td><td></td></tr>
<tr><td></td><td></td><td></td><td></td><td></td><td></td><td></td><td></td><td></td><td></td><td></td><td></td><td></td><td></td><td></td><td></td><td></td></tr>
<tr><td></td><td></td><td></td><td></td><td></td><td></td><td></td><td></td><td></td><td></td><td></td><td></td><td></td><td></td><td></td><td></td><td></td></tr>
</table>

工资结算汇总表中汇总的应付工资数是应计入有关成本费用的金额；代发款项是发工资时代为发放的款项，应计入有关的费用；代扣款项一般通过银行转账付给有关单位。表中的实发金额合计就是为工资和代发款项发放应向银行提现或向工资专户转储的金额。

（二）工资费用归集分配的核算

工资费用应按发生地点和用途归集，计入有关成本费用，与职工的岗位有密切关系。企业职工按岗位可分为以下几种。

1. 生产工人

生产工人指各个生产单位（分厂、车间）直接参加工业性生产的工人、学徒、勤杂工等。

2. 工程技术人员

工程技术人员指企业生产单位和技术部门组织和管理生产的各类工程技术人员。

3. 管理人员

管理人员指企业生产单位、行政管理部门组织和管理生产的各类管理人员。

4. 服务人员

服务人员指与企业生产没有直接联系的医务福利部门人员、文教人员等。

5. 其他人员

其他人员指不属于以上各类，由企业支付工资的其他人员，如在外学习人员、长病人员等。

生产人员包括生产工人、工程技术人员和生产单位管理人员，工资均应计入产品成本。其余人员属非生产人员，工资不得计入产品成本，而应计入有关费用和其他非生产性支出。具体如下。

企业生产工人的工资及计提的福利费，应直接计入各生产车间各有关产品的成本，列入“生产成本”账户的“直接人工”项目，企业生产单位（车间、分厂）工程技术人员和管理人员的工资及福利费，应记入“制造费用”账户的相应栏目，期末与其他间接费用一起分配计入各种产品成本。辅助生产车间人员的工资及福利费，应先记入辅助生产成本，期末按其用途再进行分配计入相应的产品成本和当期损益。企业行政管理人员和其他人员的工资及计提的福利费，应记入“管理费用”账户。医务及生活福利部门人员的工资，应记入“管理费用”账户，计提的福利费，则应记入“管理费用”账户。专设销售机构人员的工资及计提的福利费，应记入“销售费用”。从事在建工程人员的工资及福利费，应计入“在建工程”账户。

为总括反映企业职工工资结算和工资计划的执行情况，企业应设置“应付职工薪酬”总账及明细账进行核算。“应付职工薪酬”账户属负债类，其借方登记实发工资数额和各项代扣款数额；贷方登记应付工资数额（即计入有关成本费用的工资分配数）。“应付职工薪酬”账户的期末余额由于工资计算的方法不同而有差别。职工工资通常按上月应付工资标准分配计入有关成本费用，而工资计算的方法之一是以本月职工考勤情况和产量记录等原始记录为依据计算本月实发工资。这样，由于“应付职工薪酬”账户借贷两方金额计算的依据不同，则月末该账户会出现余额，余额可能表现在借方也可能表现在贷方，借方余额表示本月实发工资大于本月应付工资的差额，贷方余额表示本月应付工资大于本月实发工资的差额。方法之二，是以上月职工考勤情况和有关原始记录为依据计算本月的实发工资。此法由于“应付职工薪酬”账户借贷两方金额计算依据相同，则分配后“应付职工薪酬”账户无余额。以上两种方法各有利弊，前者符合权责发生制原则而后者较简便，可以加快成本计算的速度。因此应用更为广泛。

工资结算汇总表只能总括反映企业各单位工资结算情况，不能反映工资计入各种产品成本情况和计提职工福利费的情况。一般分配工资费用是在“工资结算汇总表”的基础上编制“工资费用分配汇总表”进行的。“工资费用分配表”的一般格式见表 3-15。

表 3-15　　工资费用分配表

年　月

应借科目		成本或费用项目	直接计入	分配计入			工资费用合计
总账科目	明细科目			分配标准	分配率	分配金额	

在计件工资形式下，生产工人的标准工资（计件工资）是直接成本，无需进行分配，应直接计入各种产品的“直接人工”成本项目。计件工人应得的津贴、补贴、奖金和非工作时间的工资，属于间接成本，可以按直接工资费用的比例进行分配。为了简便起见，一般不再单独对工人应得的津贴、补贴、奖金进行分配。

在计时工资形式下，工资费用计入产品成本时，应区别是由单一产品负担还是由多种产品负担，以便采用不同的计入方式。如果生产车间生产单一产品，则生产工人工资可以直接计入该产品的成本；在生产车间生产多种产品时，共同工资费用要依据一定的标准在有关的各种产品成本之间进行分配。

在计时工资形式下，共同工资费用的分配标准多采用实际或定额工时，因为生产工时的多少与工资费用的多少直接相关，因此，这种方法是比较合理的。其计算公式为

$$\text{工资费用分配率}=\frac{\text{应分配的直接人工费用}}{\text{各种产品实际生产工时之和}} \tag{3-18}$$

$$\text{某种产品应分配的工资总额}=\begin{matrix}\text{该种产品的}\\\text{实际（或定额）工时}\end{matrix}\times\begin{matrix}\text{工资费用分配率}\\\text{（平均小时工资率）}\end{matrix}$$

企业依据国家有关规定，按照职工工资总额的一定比例计提并用于职工医疗卫生和生活困难补助等的职工福利费，以及按规定计提并缴纳到社会专管部门的“五险一金”等，应通过编制“提取职工福利费计算表”、“计提‘五险一金’计算表”进行的，所计提的职工福利费和“五险一金”，应依据工资费用发生的部门和用途计入有关成本费用。为简便起见也可以与工资费用分配表合并在一起编制。职工福利及社会保险计提表的一般格式见表 3-16。

表 3-16　　职工福利及社会保险计提表

年　月

应借账户		工资总额（元）	计提比例（%）			计提金额（元）			合计
总账科目	明细科目		职工福利费	社会保险	住房公积金	职工福利费	社会保险	住房公积金	

（三）分配结转工资费用的账务处理

根据一定的分配标准对工资费用进行分配，确定了各收益对象（成本核算对象）应负担的直接人工费用后，应通过编制会计分录，将直接人工费用记入各成本核算对象的基本生产成本明细账。

企业产品生产工人的工资和计提的福利费以及社会保险和住房公积金计入基本生产成本中的“直接人工”成本项目；基本生产车间和辅助生产车间管理人员的工资和计提的福利费以及社会保险和住房公积金计入制造费用明细账；辅助生产车间生产工人的工资和计提的福利费以及社会保险和住房公积金计入辅助生产成本中的“直接人工”；企业管理人员的工资和福利费以及社会保险和住房公积金计入管理费用明细账；专设销售机构人员的工资和福利费以及计提的社会保险和住房公积金计入销售费用明细账；固定资产建造等工程人员的工资和福利费以及计提社会保险和住房公积金计入在建工程成本等。

应该指出，生产工人非工作时间的工资，例如职工调动期间的工资、病假、工伤、产假、探亲假、休假期间的工资，从理论上来说，与产品生产没有直接联系，不应计入产品成本而应作为期间费用处理；但实际工作中为简化核算，一般仍计入产品成本。此外，工资分配标准应按生产车间分别确定，以保证工资费用分配的相对准确性。

任务三　折旧费用核算与分析

固定资产在使用过程中其价值会由于有形损耗和无形损耗的发生而逐渐减少。固定资产的有形损耗是指固定资产因使用或受自然力作用而发生的实物损耗和价值降低；无形损耗则是指由于技术进步、劳动生产率提高等原因而引起的固定资产价值上的贬值或损失。固定资产由于各种损耗而减小的价值就是固定资产的折旧，折旧应以折旧费的形式按期计入有关的成本费用中，以便通过销售收入的实现而得到回收，为固定资产价值更新做准备。折旧费是产品成本计算的一个不可或缺的要素费用。

一、折旧的计提依据

固定资产折旧的计提依据主要有以下几个方面。

1. 固定资产的原值

固定资产的原值即固定资产的账面原值，反映企业购建固定资产的原始成本。由于企业取得固定资产的来源渠道不同，因而固定资产原值的构成也不同。企业购建的固定资产应以实际支出的价款为原值；融资租入的固定资产应以协议价值为原值；接受捐赠的固定资产应以公允价值为原值。计提折旧时，折旧总额应是固定资产原值减去净残值后的差额。

2. 预计净残值

计提折旧的目的是为了使固定资产损耗的价值得到补偿，而固定资产报废时，其残余价值能够变现回收而不应包括在折旧总额内。固定资产报废时发生的清理费用通常从其残值收入中扣除，因而固定资产报废回收的净价值称为净残值。固定资产净残值是事先估计的，按现行的制度规定，固定资产预计净残值率应为固定资产原值的3%～5%。

3. 预计使用年限

固定资产使用年限受多种因素影响而难以准确预计，因而确定固定资产使用年限具有一定的假定性。通常应考虑到有形损耗和无形损耗，按固定资产的经济寿命确定。

二、折旧的计提范围

企业拥有的固定资产并非全部都要计提折旧，根据制度规定，应计提折旧的固定资产有房屋建筑物；所有使用中的固定资产，包括季节性停用、大修理停用的固定资产；以经营租赁方式租出的固定资产；以融资租赁方式租入的固定资产。企业不应计提折旧的固定资产有已经提足折旧继续使用的固定资产；未提足折旧提前报废的固定资产；以经营租赁方式租入的固定资产，以及国家规定不计提折旧的固定资产（如土地）。实际工作中，计提折旧的固定资产原值是以月初余额为准的，因此，当月新增的固定资产，当月不计提折旧；当月减少的固定资产，在当月照提折旧。

三、折旧的计算方法

折旧的计提方法不仅影响到企业成本、费用的数额，而且影响到企业的收入和纳税。企业固定资产折旧的计算，一般采用的方法有直线法，符合有关规定的，也可以采用加速折旧法。

（一）直线法

直线法即各期计提折旧的数额大致均等的方法，这种方法适合于一般企业，各个时期使用情况大体相同的固定资产项目。具体有使用年限法和工作量法两种。

1. 使用年限法

使用年限法是指按固定资产的预计使用年限，在其使用年限内平均计算折旧的方法。计算公式为

$$\left.\begin{aligned}&\text{应计提折旧总额}=\text{固定资产原值}-\text{预计净残值}\\&\text{年折旧率}=\frac{1-\text{预计净残值}}{\text{预计使用年限}}\times100\%\\&\text{月折旧率}=\frac{\text{年折旧率}}{12}\\&\text{月折旧额}=\text{应计提折旧总额}\times\text{月折旧率}\end{aligned}\right\}\tag{3-19}$$

2. 工作量法

工作量法是使用年限法的转换形式，是将固定资产在预计使用年限内应计提的折旧总额均衡地分摊到固定资产应完成的预计工作量中的一种方法。计算公式为

$$\left.\begin{aligned}&\text{单位工作量折旧额}=\frac{\text{原值}\times(1-\text{预计净残值率})}{\text{预计工作总量}}\\&\text{某项固定资产月折旧额}=\text{该项固定资产当月完成的工作量}\times\text{单位工作量折旧额}\end{aligned}\right\}\tag{3-20}$$

（二）加速折旧法

加速折旧法是指为加快固定资产投资的回收，按固定资产使用前期的折旧额大于后期的折旧额，使用期内所提的折旧额呈逐年递减趋势的计提折旧的方法。在我国，加速折旧法被限制在电子工业、汽车工业和生产“母机”的机器制造业等行业内使用。常用的加速折旧法有双倍余额递减法、余额递减法和年数总和法。

1. 双倍余额递减法

双倍余额递减法是在事先不考虑固定资产残值的情况下，根据每期期初固定资产账面净值和双倍直线法折旧率计算折旧的一种方法。计算公式为

$$\left.\begin{aligned}&\text{年折旧率}=\frac{2}{\text{折旧年限}}\times100\%\\&\text{月折旧率}=\frac{\text{年折旧率}}{12}\\&\text{月折旧额}=\text{固定资产账面净值}\times\text{月折旧率}\end{aligned}\right\}\tag{3-21}$$

采用此法计提折旧，在折旧年限即将到期的最后两年内，应将固定资产净值扣除预计净残值后的净额平均分摊。

2. 余额递减法

余额递减法是用每期期初固定资产账面净值乘以固定折旧率来计算折旧额的一种方法。计算公式为

$$\left.\begin{aligned}&\text{固定折旧率}=\sqrt[\text{期数}]{1-\frac{\text{预计净残值}}{\text{原值}}}\\&\text{每期折旧额}=\text{固定资产账面净值}\times\text{固定折旧率}\end{aligned}\right\}\tag{3-22}$$

式（3-22）中期数可以是固定资产使用年数或月数。

3. 年数总和法

年数总和法是以固定资产原值扣减预计净残值后的净额乘以各期的系列递减分数来计算各期折旧额的方法。各期递减分数的计算方法为以固定资产的使用年数逐年相加之和作为分母，以该项固定资产在年度开始时尚可使用的年数作为分子，所得分数即为下一年度的折旧率。计算公式为

$$\left.\begin{aligned}\text{年折旧率}&=\frac{\text{折旧年限}-\text{已使用年限}}{\text{折旧年限}\times(\text{折旧年限}+1)\div 2}\\ \text{月折旧率}&=\frac{\text{年折旧率}}{12}\\ \text{月折旧额}&=(\text{固定资产原值}-\text{预计净残值})\times\text{月折旧率}\end{aligned}\right\}\qquad(3\text{-}23)$$

四、计提折旧的账务处理

固定资产折旧费是产品成本的组成部分，但在一般工业企业中，折旧费用在产品成本中所占比重不大，为简化核算，折旧费用不单独设置成本项目，而是将其作为间接费用，按使用地点和用途，分别计入有关的综合费用。如辅助生产车间使用固定资产的折旧费用，在不单设“制造费用”账户时，记入“辅助生产成本”，若单设“制造费用”账户，则记入车间的该账户；行政管理部门以及专设销售机构固定资产的折旧费，分别记入“管理费用”和“销售费用”账户。

折旧费用的计算与分配，通常由企业会计部门，以车间、部门为单位编制“折旧费用计算表”和汇总编制“折旧费用分配表”，其格式见表3-17和表3-18。

表3-17 折旧费用计算表

指标项目 / 固定资产类别	月初固定资产的原值（元）	月折旧率（%）	折旧额（元）
房屋			
机器设备			
专用设备			
工具器具			
合计			

表3-18 折旧费用分配表

应借账户	使用单位	月初固定资产原值	折旧额
制造费用——一车间	基本生产车间		
——二车间	基本生产车间		
——机修车间	辅助生产车间		
管理费用	管理部门		
合计	—		

根据折旧费用分配编制会计分录如下。

借：制造费用——一车间

　　　　　　——二车间

　　　　　　——机修车间

　　管理费用

　　贷：累计折旧

任务四　其他要素费用核算与分析

其他要素费用，是指除了上述外购材料、燃料、动力、人工费用、折旧费用等要素费用之外的其他要素费用，包括修理费用、利息支出、税金以及其他费用。

一、修理费用的核算

固定资产在较长的使用过程中，由于各组成部件的磨损情况以及耐用程度或使用寿命不同，往往会发生局部损坏的现象，为了保持固定资产的良好状况，应对其进行必要的修理，以恢复其正常性能。固定资产修理按管理要求和修理的规模大小不同，可分为日常修理（经常性修理）和大修理两种。

日常修理又称为经常性修理或小修理，它是为维护固定资产正常工作状态而进行的修理。它每次修理的范围和规模均较小，修理费用较低，修理次数频繁。日常修理在管理上一般不预先制订计划，随坏随修。由于其发生的修理费用较少，并且每次修理的受益期较短，因此日常修理费一般都作为当期损耗直接列入有关成本费用。按固定资产的使用部门，借记“制造费用”、“管理费用”、“销售费用”等账户，贷记“银行存款”、“原材料”等账户。

大修理是为恢复固定资产原生产能力的修理，在固定资产整个使用期内修理次数较少，每次修理的服务和规模较大而且支付的修理费用较高，因此在管理上一般都制订大修理计划。大修理费用一般不直接计入当期成本费用中，否则会使成本费用不均衡而影响当期损益，通常对固定资产大修理费用采取预提或待摊的方法，按受益期限将大修理费用平均摊入各月，其计算公式为

$$\begin{array}{c}\text{某固定资产每月应摊销}\\\text{或预提的费用}\end{array}=\frac{\text{该固定资产寿命期计划大修理次数}\times\text{每次计划大修理费用}}{\text{该固定资产预计使用年限}\times 12}\quad(3\text{-}24)$$

预提时借记有关成本费用，贷记“预提费用”；实际支用时借记“预提费用”，贷记“银行存款”等账户。大修理费用受益期通常都大于 1 年，故在采用待摊方式时需设置“长期待摊费用”账户，费用实际发生时，借记“长期待摊费用”，贷记“银行存款”等账户；分次摊销时，借记有关成本费用，贷记 “长期待摊费用”账户。

固定资产的修理工作可由企业自设的修理（机修）车间承担，也可由基本生产单位自行修理。如若是机修车间进行的修理，则发生的修理费用除材料费外均应先行归集到“辅助生产成本”账户中，月末采用一定的方法在各受益对象之间进行分配；所耗用的材料费按受益对象记入相应的成本费用账户。如果基本生产车间对所用固定资产自行修理，则发生的修理费用应直接列入该车间“制造费用”的相应栏目中。

二、利息支出的核算

利息支出属企业筹资费用，是财务费用的一个组成部分，这项支出并不构成产品的成本。企业短期借款发生的利息，一般按季结算并于季末支出。长期借款的利息，一般是按年度并于年末结算利息。如果利息金额不大，为简化核算，可于支出时全部计入支出月份的损益，根据付款凭证借记“财务费用”，贷记“银行存款”。如利息金额较大，为使费用均衡，对利息支出可按月份事先预提。各月预提利息费用时，借记“财务费用”，贷记“应付利息”；实际支付利息时，借记“应付利息”，贷记“银行存款”科目。季末对实际利息支出与预提费用的差额，应调整记入季末月份的财务费用。实际利息大于预提费用的差额，用蓝字补加；实际利息小于预提费用的差额，用红字冲减。

三、税金的核算

企业按规定计算的应计入管理费用的各项税金，如应交房产税、车船使用税、印花税和土地使用税，不能计入产品成本。

（一）印花税的核算

印花税是对书立、领受购销、加工、租赁、借款等合同和营业等凭证行为征收的税款，根据不同征税项目的性质分别按比例税率或计税定额计算应纳税额，实行由纳税人自行计算税额、自行购买印花税票并在印花税凭证上粘贴注销的完税方法。

由于企业一般采用预先购买印花税票，发生应缴税行为时，将印花税票粘贴并注销，不存在应付未付税款的情况。因此，现行会计制度规定，印花税不通过“应交税费”账户反映，直接根据缴纳的税款借记“管理费用”，贷记“银行存款”账户。若一次支付金额较大，也可通过“待摊费用”账户，根据使用情况分摊到当月和以后各月。

（二）房产税、土地使用税、车船使用税的核算

房产税是指在我国境内拥有房屋产权的单位和个人，以房产评估值为计税依据，按照一定的方法和规定税率计算的一种税。

土地使用税是以在我国境内使用土地的单位和个人为纳税义务人，以实际占用土地面积和不同等级的计税标准为计税依据计算的一种税。

车船使用税是指在我国境内拥有车船的单位和个人，按车船种类、数量、吨位等和规定的相应定额计算征收的一种税。

以上税，需要预先计算应交税，然后再交税。因此应设置“应交税费”账户。按规定计算出应交税时，借记“管理费用”，贷记“应交税费”账户；实际缴纳税款时，借记“应交税费”，贷记“银行存款”账户。

四、其他费用的核算

其他费用指除上述各项费用外的其他各项支出，包括差旅费、邮电费、劳动保护费、保险费、运输费、租赁费、印刷费、办公费、水电费、试验检验费、交通费补贴、无形资产摊销、职工技术培训费、业务招待费等。这些费用有的可以计入产品成本，但大多数属于期间费用。其中属于产品成本组成部分的各项费用，一般没有专设成本项目，属于间接费用。因此，在发生时应按发生地点和用途，分别借记“制造费用”、“辅助生产成本”账户（辅助生产未单设制造费用的车间），贷记“现金”、“银行存款”等账户；属于期间费用的费用，在发生时根据情况分别借记“管理费用”、“其他业务成本”、“待摊费用”、“预提费用”等账户，贷记“库存现金”、“银行存款”等账户。

项目闯关测试

一、单项选择题

1．确定消耗材料的数量，一般应采用（　　）。

A．加权平均法　　B．先进先出法

C．永续盘存制　　D．实地盘存制

2．下列分配方法中，不宜作为原材料费用分配方法的是（　　）。

A．定额费用比例分配法　　B．重量分配法

C．产量分配法　　D．生产工人工时比例分配法

3．下列各项中，不计入直接人工成本项目的是（　　）。

A．产品生产工人工资

B．按产品生产工人工资比例提取的福利费用

C．产品生产工人的津贴

D．生产车间管理人员的工资

4．下列单据中，不应作为记录材料消耗数量原始依据的是（　　）。

A．领料单　　B．限额领料单

C．退料单　　D．账存实存对比单

5．以下税金中，不属于要素费用的税金是（　　）。

A．房产税　　B．车船税　　C．印花税　　D．增值税

6．基本生产车间直接用于产品生产、构成产品实体的原材料和主要材料，应通过（　　）成本项目反映。

A．直接材料　　B．原材料

C．原料及主要材料　　D．外购材料

7．下列不得计入产品成本的费用是（　　）。

A．车间厂房折旧费　　B．车间机物料消耗

C．有助于产品实体形成的辅助材料　　D．房产税、车船税

8．企业行政管理人员工资应记入的会计科目是（　　）。

A．管理费用　　B．生产成本　　C．制造费用　　D．销售费用

9．应在本月计提折旧费用的固定资产是（　　）。

A．以经营租赁方式租入的房屋　　B．本月购进的机器设备

C．本月减少的设备　　D．已提足折旧继续使用的机器设备

10．用月标准工资除以全年平均工作日数计算计时工资时，全年平均每月的工作日数为（　　）。

A．30　　B．20.83　　C．26　　D．21.75

二、多项选择题

1．对于几种产品共同耗用的原材料，应采用一定的方法分配计入各种产品。常用的分配方法有（　　）。

A．定额耗用量比例法　　B．定额费用比例法

C．产量分配法　　D．定额工时比例法

2．计入产品成本的各项材料费用，按其用途不同，应记入（　　）账户的借方。

A．基本生产成本　　B．制造费用

C．辅助生产成本　　D．管理费用

3．用来核算生产过程中发生的费用，计算产品成本的账户主要有（　　）。

A．基本生产成本　　B．制造费用　　C．销售费用　　D．管理费用

4．我国现行采用的消耗材料实际价格的计算方法有（　　）。

A．先进先出法　　B．后进先出法

C．加权平均法　　D．个别计价法

5．某基本生产车间发生下列费用，应记入“制造费用”的有（　　）。

A．车间管理人员工资　　B．车间设备折旧费用

C．车间机物料消耗　　D．车间产品生产用原材料

6．几种产品共同耗用的外购动力费用，常用的分配标准有（　　）。

A．生产工时　　B．机器工时

C．产品重量　　D．生产工人工资

7．产品生产成本中的直接材料费用包括（　　）。

A．生产工艺过程中耗用的燃料费用

B．车间管理耗用的材料费用

C．构成产品实体的材料费用

D．与产品实体相结合的辅助材料

8．分配结转人工费用时，会计分录中借方科目主要有（　　）。

A．生产成本　　B．管理费用　　C．制造费用　　D．财务费用

9．下列固定资产，应计提折旧的有（　　）。

A．生产用机器设备　　B．房屋建筑物

C．已提足折旧继续使用的机器设备　　D．出租的设备

10．直接人工成本项目包括的内容主要有（　　）。

A．产品生产工人的计时工资

B．产品生产工人的奖金、津贴和补贴

C．产品生产工人加班工资

D．产品生产工人的计件工资

三、判断题

1．用于企业生产、照明的电费，应记入各基本生产成本明细账的“燃料和动力”成本项目。（　　）

2．在计件工资下，不合格产品不计算工资。（　　）

3．固定资产折旧费是产品成本的组成部分。因此，企业发生的折旧费用应全部计入产品成本。（　　）

4．为了简化折旧的计算工作，月份内开始使用的固定资产，当月开始计提折旧。（　　）

5．当燃料费用在产品成本中所占比重较大时，应单独设立成本项目或与动力费用合并设立“燃料与动力”成本项目。（　　）

6．材料按计划成本核算的企业，计入产品成本的材料费用，也应按计划成本计算。（　　）

7．因为加工原因而导致的废品，应照付计件工资。（　　）

8．外购动力费用的核算，一般应通过“应付账款”账户。（　　）

9．采用计件工资制时，产品生产工人工资属于直接计入费用。（　　）

10．采用盘存计算法能够准确地计算出消耗材料的数量。（　　）

项目综合实训

实　训　一

实训背景

大华企业设有一个基本生产车间以及供水、供电两个辅助生产车间。基本生产车间主要生产甲、乙、丙三种产品。成本会计制度规定，生产产品耗用材料必须履行领料手续，发出材料的成本采用个别计价法，月末一次汇总分配。

实训资料

1．本月各车间、部门领用材料

（1）生产甲产品领用A材料22 000元；

（2）生产乙产品领用B材料27 000元；

（3）生产丙产品领用C材料65 000元；

（4）生产甲、乙、丙产品领用D材料18 750元；

（5）供电车间一般消耗领用E材料1250元；

（6）供水车间领用低耗品2000元；

（7）供水车间一般性消耗领用E材料500元；

（8）供电车间领用低耗品4000元；

（9）基本生产车间一般性消耗领用E材料1000元；

（10）供水车间生产领用A材料1000元；

（11）供电车间生产领用B材料1500元；

（12）供电车间修理领用C材料1000元；

（13）基本生产车间修理领用C材料500元；

（14）管理部门修理领用C材料4000元；

（15）供水车间修理领用G材料2000元；

（16）基本生产车间领用低耗品3000元；

（17）管理部门领用低耗品2000元。

2．本月产品产量及消耗定额

甲、乙、丙产品共用D材料1250千克，单价15元/千克，共计18 750元。甲产品300件，单件消耗定额为4千克；乙产品200件，单件消耗定额3千克；丙产品75件，单件消耗定额1千克。甲、乙、丙产品按原材料定额消耗量比例分配D材料费用。

实训要求

（1）编制领用材料汇总表；

（2）编制材料费用汇总分配表；

（3）编制共同耗用材料分配表；

（4）编制领用材料费用的会计分录。

实 训 二

实训背景

大华企业设有一个基本生产车间以及供水、供电两个辅助生产车间。企业生产产品用电和其他用电均依靠外购。为了充分体现“受益”原则，各部门、车间均安装有计量仪表。成本会计制度规定，月末根据各电表读数和电价分配外购动力费用。

实训资料

（1）经查，各部门耗电量如表 3-19 所示。

表 3-19　　各部门耗电汇总表

年　　月　　单位：kW・h

部门	生产产品用电	其他用电	合计
生产车间	2500	500	3000
供水车间	1500	250	1750
供电车间	1200	240	1440
管理部门		300	300
合计	5200	1290	6490

（2）企业通过银行向电力公司支付本月电费 5192 元。

（3）基本生产车间本月共生产甲、乙、丙三种产品。各产品耗用生产工时分别为：2500h、1400h、1225h。

实训要求

（1）编制外购动力费用分配表；

（2）编制分配外购动力费用的会计分录；

（3）分配率保留 4 位小数，金额保留 2 位小数，尾差由丙产品负担。

实 训 三

实训背景

大华企业设有一个基本生产车间以及供水、供电两个辅助生产车间，另设有行政管理部门。职工工资严格按照工资总额的构成内容计算；为方便成本计算，工资核算员将职工按工作性质划分为生产工人和管理人员两大类。成本会计制度规定，按本月工资结算表中的应付工资分配结转人工费用，同时计提 14%的职工福利费。

实训资料

（1）某企业 3 月份实际发放工资 25 665 元，具体资料如表 3-20 所示。

表 3-20　　工资结算汇总表

×年 3 月　　单位：元

部门	人员	职工人数	应付工资	实发金额
基本车间	生产工人	8	9180	8530

续表

部门	人员	职工人数	应付工资	实发金额
基本车间	管理人员	4	3540	3440
	小计	12	12 720	11 970
供水车间	生产工人	3	3040	2940
	管理人员	2	1400	1360
	小计	5	4440	4300
供电车间	生产工人	3	3040	2940
	管理人员	2	2110	2050
	小计	5	5150	4990
管理部门		4	4505	4405
合计		26	26 815	25 665

（2）该企业 3 月份投产甲、乙、丙三种产品，各产品生产工时统计：甲产品 2500h，乙产品 1400h，丙产品 1225h。

实训要求

（1）编制工资费用分配表；

（2）编制计提职工福利费（14%）分配表；

（3）编制分配结转工资费用的会计分录；

（4）编制分配结转职工福利费的会计分录；

（5）分配率保留 4 位小数，金额保留 2 位小数，尾差由丙产品负担。

实　训　四

实训背景

某生产企业设有一个基本生产车间、两个辅助生产车间以及行政管理部门，根据工作需要，各部门均配置有房屋建筑物和机器设备两大类固定资产。为了使固定资产消耗的价值得到补偿，成本会计制度规定，决定采用使用年限法计提固定资产折旧，全年各月均采用相同的折旧率计提折旧。

实训资料

某企业固定资产类别、原值及折旧率如表 3-21 所示。

表 3-21　　**固定资产情况表**

×年 3 月

部门	固定资产名称	原值	月折旧率（‰）
生产车间	设备	200 000	8
	房屋	300 000	2
供水车间	设备	50 000	9
	房屋	60 000	4

续表

部门	固定资产名称	原值	月折旧率（‰）
供电车间	设备	30 000	7
	房屋	40 000	3
管理部门	设备	50 000	7
	房屋	300 000	4
合计		1 030 000	—

实训要求

（1）根据上述资料，编制固定资产折旧费用计算表见表 3-22；

表 3-22　　固定资产折旧费用计算表

×年 3 月

车间、部门		固定资产名称	原值	月折旧率（‰）	折旧额
基本生产	生产车间	设备	200 000	8	
		房屋	300 000	2	
辅助生产	供水车间	设备	50 000	9	
		房屋	60 000	4	
	供电车间	设备	30 000	7	
		房屋	40 000	3	
管理部门		设备	50 000	7	
		房屋	300 000	4	
合计			1 030 000		

（2）编制固定资产折旧费用分配表；

（3）编制分配折旧费用的会计分录。

项目四　制造费用核算与分析

【项目提要】

本项目主要阐述了制造费用归集和分配的方法。其中，侧重介绍了制造费用项目各项费用的核算方法，以及制造费用常用的生产工时比例分配法、机器工时比例分配法、生产工人工资比例分配法、年度计划分配率分配法等。

【知识目标】

通过对各项任务的教学和实训，使学生了解制造费用的组成内容，掌握"制造费用"总账账户及其明细账户借贷方的结构和登记方法，掌握制造费用归集和分配的各种方法及其相应的账务处理。

【技能目标】1. 掌握制造费用的归集程序

2. 能够熟练地运用不同分配方法，准确、合理地分配制造费用

3. 能够自主地完成制造费用分配的账务处理

制造费用是产品成本的重要组成部分。产品成本中的直接材料成本和直接人工成本都是直接成本，它们可以根据材料费用和工资费用发生的原始凭证加以汇总和分配后直接计入各成本计算对象的成本中。而制造费用通常是一种间接成本，当其发生时，一般无法直接确定它所归属的成本计算对象，通常是按制造费用发生的地点先行归集，月末再采用一定的方法在各成本计算对象之间进行分配。

任务一　制造费用基本认知

一、制造费用的内容及类型认知

制造费用是企业各生产单位（分厂、车间）为组织和管理生产所发生的性质综合、构成要素复杂多样的、应计入产品成本但是没有专设成本项目的各项直接和间接的要素费用。其内容如下。

（1）职工薪酬，指生产单位（分厂、车间）生产工人之外的管理人员、工程技术人员、其他人员的工资及按工资的一定比例计提的职工福利费、五险一金以及工会经费和职工教育经费等。

（2）折旧费，指生产单位的房屋、建筑物、机器设备等固定资产按规定的折旧方法计算的折旧费用。

（3）租赁费，指生产单位租用固定资产和专用工具而发生的租金，但不包括融资租赁费。

（4）机物料消耗，指生产单位为维护机器设备的正常运转而消耗的各种材料，如润滑油、擦拭用品等，不包括专门进行修理和劳动保护用的材料。

（5）低值易耗品摊销，指生产单位使用的价值低于固定资产的各种工具用具、管理用具等低值易耗品的摊销费。

（6）修理费，指生产单位使用的固定资产发生的各种修理费用，包括固定资产大修理和日常修理费用。

（7）取暖费，指生产单位用于职工工作环境防寒取暖而发生的费用，不包括支付给职工的取暖津贴。

（8）水电费，指生产单位管理耗用水、电所发生的费用，不包括生产工艺技术过程耗用的水、电费用。

（9）办公费，指生产单位为办理公务而耗用的文具、印刷、邮电、办公用品等费用，不包括图纸和制图用品费。

（10）差旅费，指生产单位职工因公出差而发生的交通、住宿、出差补助等费用。

（11）运输费，指生产单位耗用运输劳务而发生的厂内和厂外的运输费用。

（12）保险费，指生产单位应负担的财产保险费。从保险公司取得的赔偿金应从本项目中扣除。

（13）劳动保护费，指生产单位为保护职工劳动安全而发生的劳动用品费，如工作服、工作鞋、工作帽、劳保眼镜、手套等，不包括构成固定资产价值的安全装置、卫生设备、通风设备和设施等。

（14）设计制图费，指生产单位应负担的图纸费、制图用品费和委托设计部门设计图纸而发生的费用，不包括企业设计部门发生的费用。

（15）试验检验费，指生产单位应负担的对材料、半成品、产品进行试验或进行检查、化验、分析所发生的费用，包括企业中心实验室、检验部门为生产单位进行试验检验所消耗的材料、破坏性试验的样品，以及委托外单位检查试验所发生的费用。

（16）停工损失，指生产单位季节性、修理期间的停工损失，不包括单独组织生产损失核算的停工损失。

（17）其他。上述各项之外的应计入产品制造成本的其他制造费用。

上述费用可以概括为三个类型：一是（少部分）直接用于产品生产，但管理上没有单独要求专设成本项目的费用，如直接用于产品生产的机器设备的折旧费、修理费、租赁费、保险费、生产工具摊销、设计制图费和试验检验费等；二是（大部分）间接用于产品生产的费用，如机器设备的保养维护用物料消耗，车间生产用房屋建筑物的折旧费、修理费、租赁费、保险费，以及生产车间的照明费、运输费、劳动保护费、季节性停工期间的停工损失，生产用固定资产大修理期间的停工损失等；三是用于车间组织和管理生产活动的费用，如车间管理人员工资及计提的相关费用，车间管理用房屋和设备的折旧费、修理费、租赁费、保险费、车间管理用具摊销、照明费、水费、取暖费、差旅费、办公费，在产品盘亏、毁损和报废等。

二、制造费用的特点认知

综上所述可知，制造费用的特点有三：①综合性。制造费用是由多种费用内容组合而成的综合性费用，是一种综合费用。在核算产品成本时，没有针对复杂多样的费用专设成本项目，而是将各种费用综合在一起，统称为制造费用，一并通过“制造费用”科目核算。②间接性。制造费用大部分是间接费用，在发生时，一般无法直接分清所归属的成本计算对象，导致不能直接计入产品成本中；所以必须按费用发生的地点（车间、部门）和费用项目先行归集，于月末在各种产品之间进行分配，并以独立的成本项目计入产品成本。③复杂性。从制造费用包括的内容上看，即包含有直接用于产品生产的，但没有专设成本项目的生产费用，如生产过程中发生的劳动手段的价值消耗，主要表现为机器设备和劳动工具的价值消耗；也包含有间接用于产品生产的生产费用，以及生产车间用于组织管理的费用，其复杂性特点由此可见一斑。

三、制造费用项目认知

制造费用的组成要素较多，在组织制造费用核算时，应考虑费用金额大小及比重、发生频率和费用管理的要求，进行适当合并，以简化核算工作。一般的做法是：将性质相同的费用合并共用一个费用项目，性质不同的费用单设一个费用项目，所以一般应设置的制造费用项目有机物料消耗、职工薪酬、折旧费、修理费、保险费、租赁费、低值易耗品摊销、水电费、办公费、劳动保护费、试验检验费、设计制图费、取暖费、季节性和大修理期间的停工损失、在产品的盘亏、毁损和报废（减盘盈）等。制造费用计算分配的程序如图 4-1 所示。

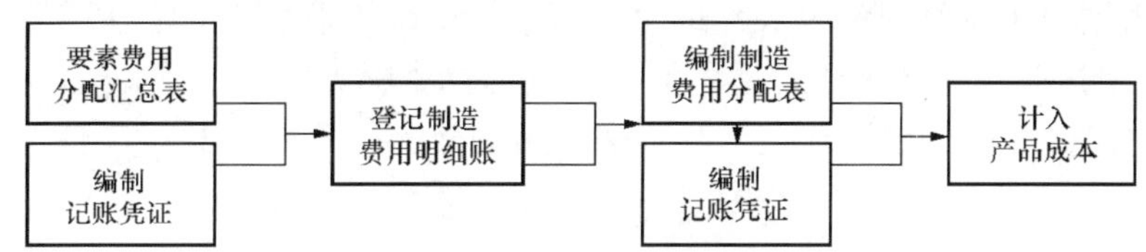

图 4-1　制造费用计算分配程序图

任务二　制造费用归集核算与分析

一、制造费用核算账户的设置

制造费用的归集和分配应通过设置“制造费用”会计科目和会计账户进行。“制造费用”会计科目是用来核算企业生产车间（部门）为生产产品和提供劳务而发生的各项应计入产品成本但没有专设成本项目的直接和间接的生产费用。该账户借方登记制造费用发生数，贷方登记月末制造费用分配计入有关成本核算对象的数额，除季节性生产企业外，本账户月末应无余额。

制造费用的明细核算应根据管理的需要，按不同车间、部门设置明细账，账内按费用项目设置专栏。为了便于对制造费用进行控制，企业基本生产车间，不论生产多种产品还是单一产品，都应单独设账核算制造费用；而辅助生产车间，若生产的产品或提供的劳务单一，并且制造费用金额较少，可不对制造费用单独设账，而直接计入“辅助生产成本”账户。

制造费用明细账的格式见表 4-1。

表 4-1　　**制 造 费 用 明 细 账**

生产车间：

年		凭证		摘　要	机物料消耗	职工薪酬	折旧费	修理费	租赁费	…	其他	合　计
月	日	字	号									

二、制造费用归集实务操作

制造费用的归集过程也就是各种生产费用汇总分配的过程。企业在生产过程中发生的各项直接和间接的费用，应按发生地点和用途，根据相关的原始凭证，分别编制“材料费用汇总分配表”、“工资费用汇总分配表”、“动力费用汇总分配表”、“折旧费用汇总分配表”、“待摊费用分配表”、“预提费用分配表”、“其他费用分配表”等汇总凭证，据此记入“制造费用”及其明细账的借方，同时记入“原材料”、“应付职工薪酬”、“累计折旧”、“待摊费用”、“预提费用”、“周转材料”（或“低值易耗品”）、“银行存款”等科目的贷方。现分别叙述几种主要费用项目的归集核算。

1. 职工薪酬的归集

生产车间管理人员工资以及按比例提取的职工福利费、五险一金、工会经费、教育经费等的归集，应根据“工资结算汇总表”或“工资费用分配汇总表”，确定并计入制造费用。

【例 4-1】 某企业各生产单位管理人员的工资结算资料见表 4-2，月末，成本核算人员应根据表 4-2 编制工资费用分配汇总表进行工资费用的分配，见表 4-3。

表 4-2　　工资结算汇总表

部门	职工类别	标准工资	各种奖金	各种津贴				扣缺勤工资		应付工资	代扣款项			实发金额
				粮贴	副食	夜班	小计	病假	事假		水电气	保险	小计	
一车间	管理人员	1373	280	90	180	100	370			2023	184	87	271	1752
二车间	管理人员	1600	200	150	120	80	350	38		2112	68	30	98	2014
三车间	管理人员	2350	700	430	480	300	1210		45	4215	310	170	480	3735
机修车间	管理人员	2150	370	184	240	120	544		86	2978	85	64	149	2829
合计	—	7473	1550	854	1020	600	2474	38	131	11 328	647	351	998	10 330

表 4-3　　工资费用分配汇总表

应借账户		管理人员工资	职工福利费（14%）	工会经费（2%）	职工教育经费（2.5%）	合　计
总账科目	明细科目					
制造费用	一车间	2023	283.22	40.46	50.58	2397.26
	二车间	2112	295.68	42.24	52.80	2502.72
	三车间	4215	590.10	84.30	105.37	4994.77
	机修车间	2978	416.92	59.56	74.45	3528.93
合　计		11 328	1585.92	226.56	283.20	13 423.68

根据工资费用分配汇总表，编制会计分录如下。

（1）按应付工资总额进行工资费用分配。

借：制造费用——一车间　　2023

　　　　　　——二车间　　2112

——三车间 2415

——机修车间 2978

贷：应付职工薪酬——工资 11 328

（2）按工资的 14%计提福利费。

借：制造费用——一车间 283.22

——二车间 295.68

——三车间 590.10

——机修车间 416.92

贷：应付职工薪酬——职工福利 1585.92

（3）按工资的 2%计提工会经费。

借：制造费用——一车间 40.46

——二车间 42.24

——三车间 84.30

——机修车间 59.56

贷：应付职工薪酬——工会经费 226.56

（4）按工资 2.5%计提职工教育经费。

借：制造费用——一车间 50.58

——二车间 52.80

——三车间 105.37

——机修车间 74.45

贷：应付职工薪酬——职工教育经费 283.20

对于按工资总额计提的“五险一金”等费用，国家规定了计提比例的，企业应当执行国家规定的计提比例；没有规定计提比例的，企业应当根据历史经验数据和实际情况合理预计，按照职工提供服务的受益对象，计入相关资产的成本或当期损益。

2. 折旧费的归集

固定资产的折旧费用从其与生产工艺过程的关系看，属于直接费用，但管理上没有为其专设成本项目，所以为了简化核算，实际工作中折旧费用是通过按月编制的“折旧费用计算表（或分配表）”，确定本期应计提的折旧费用后，计入制造费用。

企业的会计部门应当采用分类法，根据本企业月初应计折旧的固定资产总值和分类折旧率，编制“固定资产折旧费用计算表”和“折旧费用分配表”，并据以编制会计分录进行折旧费用的分配。

【例 4-2】 某企业会计部门编制的“固定资产折旧费用计算表”（见表 4-4）和“折旧费用分配表”（见表 4-5）。

表 4-4　　固定资产折旧费用计算表

生产车间	固定资产类别	月初应计折旧固定资产原值（元）	分类折旧率（‰）	月折旧额（元）
一车间	房屋建筑物	400 000	2.7	1080
	机器设备	200 000	8.1	1620
	小计	600 000		2700

续表

生产车间	固定资产类别	月初应计折旧固定资产原值（元）	分类折旧率（‰）	月折旧额（元）
二车间	房屋建筑物	600 000	2.7	1620
	机器设备	500 000	8.1	4100
	小计	1 100 000		5720
三车间	房屋建筑物	200 000	2.7	540
	机器设备	200 000	8.1	1620
	小计	400 000		2160
机修车间	房屋建筑物	160 000	2.7	432
	机器设备	200 000	5.6	1120
	小计	360 000		1552
合计		2 460 000		12 132

表 4-5　　折旧费用分配表

应 借 账 户		使 用 单 位	折旧额（元）
总账科目	明细科目		
制造费用	一车间	基本生产车间	2700
	二车间	基本生产车间	5720
	三车间	基本生产车间	2160
	机修车间	辅助生产车间	1552
合计			12 132

根据表 4-5 编制折旧费用分配的会计分录如下。

借：制造费用——一车间　　2700
　　　　　　——二车间　　5720
　　　　　　——三车间　　2160
　　　　　　——机修车间　　1552
　贷：累计折旧　　12 132

3. 修理费用的归集

固定资产的修理费用没有专门设立成本项目，因而应在发生修理费用的时候，按照被修理固定资产所在的车间或部门，计入制造费用或管理费用等科目。

基本生产单位固定资产的修理有小（日常）修理和大修理两种情况，对于日常修理费用在发生时可以直接计入当期的制造费用中；对于大修理费用，要根据修理费用发生的期间不同做不同的处理：①先修后用的修理费用通常作为待摊费用处理；②先用后修的修理费用通常作为预提费用处理。故这种修理费的归集与跨期费用的分配相联系，即根据待摊费用或预提费用分配表进行归集。

【例 4-3】某企业会计制度规定，当固定资产发生日常修理费用时采用一次计入有关成本费用的核算方法。本月发生固定资产修理费用 4000 元，以银行存款一次支付。其中基本生产第一车间 1000 元，第二车间 1400 元，辅助生产部门的供电车间 600 元，企业管理部门 1000 元。根据资料编制会计分录如下。

借：制造费用——第一车间 1000
——第二车间 1400
——供电车间 600
管理费用 1000
贷：银行存款 4000

【例 4-4】沿用［例 4-3］，假如该企业会计制度规定，当固定资产发生大修理费用时应适时采用分期摊销的方法处理。该企业本月以银行存款支付基本生产第三车间固定资产的大修理费用 24 000 元，计划分 12 个月平均摊销。根据资料编制会计分录如下。

（1）支付修理费用时。

借：待摊费用——待摊大修理费用 24 000
贷：银行存款 24 000

（2）分期摊入制造费用时。

借：制造费用——第三车间 2000
贷：待摊费用——待摊大修理费用 2000

【例 4-5】沿用［例 4-4］。该企业会计制度规定对于先用后修的新型机器设备的修理费用采用按计划预提固定资产大修理费用的核算方法。该企业第一车间年计划预提大修理费用 30 000 元；在年末，进行固定资产大修理时，实际以银行存款支付修理费用 31 000 元。根据资料编制会计分录如下。

（1）按计划各月预提计入制造费用的修理费用如下。

全年各月预提：30 000÷12＝2500（元）

借：制造费用——第一车间 2500
贷：预提费用——预提修理费用 2500

（2）年末发生实际修理费用时。

借：预提费用——预提修理费用 31 000
贷：银行存款 31 000

全年实际发生数大于预提数：31 000－30 000＝1000（元），表示修理费用超支，在会计上应将超支的 1000 元修理费用计入支付月份的制造费用。

则年末月份或支付月份应

借：制造费用——第一车间 1000
贷：预提费用——预提修理费用 1000

为了简化核算工作，也可以将上述两个会计分录合并，编制如下的会计分录。

借：预提费用——预提修理费用 30 000
制造费用——第一车间 1000
贷：银行存款 31 000

如果实际发生的修理费用比预提数小时，表示修理费用节约了，会计上应将多预提的修理费用冲减支付月份的制造费用。注意，超支或节约的会计分录借贷方会计科目不变，只是超支时用蓝字补加一笔，节约时用红字冲减一笔。

对于辅助生产修理车间发生的费用，月末应根据一定的方法，分配计入有关成本费用，由各受益对象负担。

4. 机物料消耗的归集

制造费用中的机物料消耗主要包括用于机器设备的润滑油、清洁工具、擦拭用具等。机物料消耗一般是根据领料凭证或“耗用材料汇总表”确定应计入制造费用的金额。

5. 低值易耗品摊销

低值易耗品是不作为固定资产管理的劳动手段，包括各种工具、模具和管理用具等。生产单位的低值易耗品的消耗从其与生产工艺过程的关系看，有些属于基本费用，有些属于一般费用，前者如辅助生产单位生产的专用工具、模具等，后者如管理用具等。因此在计入成本费用的方式上，有些低值易耗品费用可以记入单独设置的专用工具、模具等成本，有些则应计入生产单位的制造费用。

低值易耗品属于劳动手段，但因其价值较低又容易损耗，为了简化核算，企业一般将其列入流动资产管理。低值易耗品的价值可以一次计入有关成本费用，也可以分期摊入有关成本费用。采用一次摊销法时，生产单位领用的低值易耗品价值，一般可以与领用其他材料一起，汇总编制“耗用材料汇总表”，并据以直接计入成本费用。采用分次摊销法时，生产单位领用的低值易耗品价值要按其使用期限分月摊入有关成本费用；摊销期限在 1 年内（包括 1 年）的，列作待摊费用分月摊销计入有关成本费用，摊销期限在 1 年以上的转作长期待摊费用分月摊销；采用五五摊销法时，在领用低值易耗品时就摊销其领用价值的一半，报废时，再摊销其价值的另一半。对于分期摊销的低值易耗品费用，应当按月编制“低值易耗品摊销计算表”，并据以计入有关成本费用。

【例 4-6】 某企业的会计制度规定，低值易耗品按计划成本进行核算。月末，根据“本月耗用材料汇总表”提供的资料，该企业第一车间领用生产用工具用具一批，计划成本 3000 元，成本差异率为节约 1%；第二车间生产领用管理用具一批，计划成本 6000 元，成本差异率为超支 1%。根据领用低值易耗品额度的大小，该企业会计制度规定，第一车间采用一次摊销法核算，第二车间采用分次摊销法核算，摊销期限为 1 年。

根据资料编制会计分录如下。

（1）领用低值易耗品时

借：制造费用——第一车间　　2970（3000－30）
　　待摊费用——管理用具　　6060（6000＋60）
　　贷：周转材料——低值易耗品　　9000
　　　　材料成本差异——低值易耗品成本差异　　30（60－30）

（2）第二车间分次摊销时

借：制造费用——第二车间　　505（6060÷12）
　　贷：待摊费用——管理用具　　505

根据上述各项资料，登记第一生产车间制造费用明细账、第二生产车间的制造费用明细账，见表 4-6、表 4-7。

表 4-6　　制造费用明细账（一）

生产车间：第一车间

年		凭证		摘要	职工薪酬	折旧费	修理费	低值易耗品摊销	合计
月	日	字	号						
		略		分配车间管理人员工资	2023				2023
		略		计提职工福利费	283.22				283.22
		略		计提工会经费	40.46				40.46
		略		计提职工教育经费	50.58				50.58
		略		计提本月固定资产折旧		2700			2700
		略		支付日常小修理费用			1000		1000
		略		预提大修理费			2500		2500
		略		领用生产工具				2970	2970
				月末合计	2397.26	2700	3500	2970	11 567.26

表 4-7　　制造费用明细账（二）

生产车间：第一车间

年		凭证		摘要	职工薪酬	折旧费	修理费	低值易耗品摊销	合计
月	日	字	号						
		略		分配车间管理人员工资	2112				2112
		略		计提职工福利费	295.68				295.68
		略		计提工会经费	42.24				42.24
		略		计提职工教育经费	52.80				52.80
		略		计提本月固定资产折旧		5720			5720
		略		支付日常小修理费用			1400		1400
		略		领用管理用具				505	505
				月末合计	2502.72	5720	1400	505	10 127.72

任务三　制造费用分配核算与分析

由于各车间制造费用水平不同，所以制造费用应该分车间进行分配，而不得将各车间的制造费用统一起来在整个企业范围内进行分配，也就是说，制造费用的分配一般应按生产车间或部门进行。如果车间生产产品、提供劳务单一，则该车间的制造费用可以直接分配转入该产品或劳务的成本；如果车间同时生产多种产品、提供多种劳务，则该车间的制造费用需要在多个成本计算对象之间进行分配，分别由相应的产品或劳务成本负担。

一、影响制造费用的因素认知

企业生产单位（车间或分厂）制造费用明细账所归集的费用，应于月末结转或分配，由相应的产品（或劳务）成本负担。如果某生产单位只生产一种产品或只提供一种劳务时，那么该生产单位归集的制造费用全部由该产品或劳务负担，计入该产品或劳务的成本。如果生产多种产品或提供多种劳务时，归集的制造费用就应采用适当的分配方法转入该车间、部门的各种产品或劳务的成本中。

合理分配制造费用的关键在于选择合适的分配标准。选择什么样的分配标准，需要对所分配费用的性质、特点进行分析。从制造费用的构成项目来看，主要有机物料消耗、职工薪酬、机器设备和房屋建筑物的折旧费、修理费、租赁费、保险费等。在采用计时工资的条件下，车间管理人员的劳动报酬大小将受到其劳动时间的直接影响；机物料消耗以及固定资产的折旧费、修理费、租赁费、保险费等大小的变化，将受到机器设备运转时间多少的直接影响；或者说当加工对象（劳动资料，即原材料、燃料、动力）增加时，当产品产量增大时，无论是生产工人的劳动时间，抑或是机器设备的运转时间都将增加。所以在分配制造费用时，经常选择的分配标准有生产工人工时、生产工人工资、机器工时、原材料消耗数量或成本、产品产量等。一般的做法是，选择与制造费用中所占比重较大的费用项目关系紧密的分配标准作为生产车间制造费用的分配标准。但这无疑将影响到制造费用分配的准确程度，较为合理的做法是，分别制造费用的费用项目选择不同的分配标准进行逐一分配，但这无疑又将会大大增加分配的工作量。

企业应根据各生产车间（或分厂）组织和管理生产活动的特点、性质，选择合理的分配标准。

二、选择制造费用分配标准原则的认知

一般情况下，应选择与制造费用有密切联系，资料比较容易取得，易于正确计量的分配标准。具体来说，应遵循以下几条原则。

（1）分配标准的“共有性”。这一原则是针对各个分配对象来说的，即所选择的分配标准应该是各分配对象所共有的因素，以使各分配对象都能够分配到某种费用，防止遗漏。

（2）分配标准的“比例性”。从受益原则出发，谁受益谁负担，多受益多负担，少受益少负担。所以，所选择的分配标准应同被分配的费用之间存在一种因果关系，即受益大参与分配的标准就高，所分配到的费用就多；受益小，参与分配的标准就低，所分配到的费用就少。换句话说，参与分配的标准高，说明受益大，就应多负担费用；参与分配的标准低，说明受益小，就应少负担费用。由此可以得出如下结论：分配标准与所负担费用之间存在一种比例关系且表现为正比例的关系。

（3）分配标准的“易取性”和“可计量性”。作为分配标准的资料应该是容易取得的，并且能够客观地计量。制造费用分配中所选择的分配标准，一般为现存的统计资料或会计资料。“易取”和“可计量”，便于及时地分配所归集的制造费用，计算产品成本。

（4）分配标准的“稳定性”。从会计核算原则出发，分配标准一经选用，不得随意变更，否则将影响各期产品成本的比较。因为不同的分配标准，将产生不同的分配结果。因此，分配标准一经选用，不得随意变更，以便同各期成本进行比较。

（5）分配标准的“综合性”。从理论上来说，分配制造费用应按费用项目逐项选择不同的分配标准依次进行分配；但这样做会使分配计算工作过于繁琐，还会影响产品成本计算的及时性。所以在实际中是将各类费用进行合并，选择与大额费用关系密切的标准进行分配，以简化制造费用分配计算工作，提高成本计算的效率。

三、制造费用分配方法的运用与分析

一般来说，辅助生产车间的制造费用多属于直接计入费用，因而可以将其直接转入辅助生产成本；基本生产车间的制造费用多属于间接计入费用，需要采用不同的分配方法分别计入有关产品的成本中。

制造费用的分配方法很多，通常采用的方法有生产工人工时比例法、生产工人工资比例法、机器工时比例法和年度计划分配率法等。企业具体采用哪种分配方法，由企业自行决定。分配方法一经确定，不得随意变更。如需变更，应当在会计报表附注中予以说明。

1. 生产工人工时比例法

生产工人工时比例法，是指按照各种产品所用生产工人实际工时数的比例分配制造费用的方法。这种方法能够将劳动生产率与产品负担的费用水平联系起来，使分配结果较为合理。计算公式为

$$\left.\begin{aligned}\text{制造费用分配率}&=\frac{\text{本期发生的制造费用}}{\text{该车间生产工人工时数量}}\\\text{某产品应负担制造费用}&=\text{制造费用分配率}\times\text{该产品生产工人工时}\end{aligned}\right\}\qquad(4\text{-}1)$$

【例 4-7】　某环保公司第一基本生产车间生产甲、乙两种产品，本月份甲产品生产工人工时 15 000h，乙产品生产工人工时 5000h，制造费用为 20 420 元。按该生产工人工时比例分配制造费用，计算分配为

$$\text{制造费用分配率}=\frac{20\,420}{15\,000+5000}=1.021\text{（元/h）}$$

$$\text{A 产品负担的制造费用}=1.021\times 15\,000=15\,315\text{（元）}$$

$$\text{B 产品负担的制造费用}=1.021\times 5000=5105\text{（元）}$$

将计算过程编制制造费用分配表，见表 4-8。

表 4-8　　**制造费用分配表**

车间：第一生产车间　　　　年　　月　　日

借方账户	生产工人工时	分配率	分配金额
基本生产成本——甲产品	15 000		15 315
——乙产品	5000		5105
合计	20 000	1.021	20 420

根据制造费用分配表，编制分配结转制造费用的会计分录如下。

借：基本生产成本——甲产品　　15 315

　　　　　　　　——乙产品　　5105

　贷：制造费用——第一车间　　20 420

2. 生产工人工资比例法

生产工人工资比例法是指按照计入各种产品成本的生产工人实际工资的比例分配制造费用的方法。由于工资费用分配表可以提供生产工人工资的资料，因而采用这种分配方法核算工作比较简便。它适用于各种生产的机械化程度相差不大的产品。

$$\left.\begin{aligned}\text{制造费用分配率}&=\frac{\text{本期发生的实际制造费用}}{\text{该车间生产工人工资总额}}\\ \begin{matrix}\text{某产品负担的}\\ \text{制造费用}\end{matrix}&=\begin{matrix}\text{制造费用}\\ \text{分配率}\end{matrix}\times\begin{matrix}\text{该产品生产}\\ \text{工人工资}\end{matrix}\end{aligned}\right\}\qquad(4\text{-}2)$$

【例 4-8】 接［例 4-7］，某环保公司第二基本生产车间生产 A、B 两种产品，本月份 A 产品生产工人工资 8000 元，B 产品生产工人工资 4500 元，制造费用为 16 580 元。按该生产工人工资比例分配制造费用，计算分配为

$$\text{制造费用分配率}=\frac{16\,580}{8000+4500}=1.3264$$

$$\text{A 产品负担的制造费用}=1.3264\times8000=11\,611.20\text{（元）}$$

$$\text{B 产品负担的制造费用}=1.3264\times4500=5968.80\text{（元）}$$

将计算过程编制成制造费用分配表，见表 4-9。

表 4-9　　制造费用分配表

车间：第二生产车间　　　　年　　月

借方账户	生产工人工资	分配率	分配金额
基本生产成本——A 产品	8000		10 611.20
——B 产品	4500		5968.80
合计	12 500	1.3264	16 580

根据制造费用分配表，编制分配结转制造费用的会计分录如下。

借：基本生产成本——A 产品　　10 611.20
　　　　　　　　——B 产品　　5968.80
　贷：制造费用——第二车间　　　16 580.00

3. 机器工时比例法

机器工时比例法，是指按照生产各种产品所用机器设备运转时间的比例分配制造费用的方法，这种方法适用于产品生产的机械化程度较高的车间，因为在这种车间中，折旧费用、修理费用的大小与机器运转的时间有密切联系。采用这种方法，必须具备各种产品所用机器工时的原始记录，以保证工时的准确度。该方法的计算程序、原理和生产工时比例法基本相同，其计算公式为

$$\left.\begin{aligned}\begin{matrix}\text{制造费用}\\ \text{分配率}\end{matrix}&=\frac{\text{本期发生的制造费用总额}}{\text{该车间机器生产工时总数}}\\ \begin{matrix}\text{某产品负担的}\\ \text{制造费用}\end{matrix}&=\begin{matrix}\text{制造费用}\\ \text{分配率}\end{matrix}\times\begin{matrix}\text{该产品所用}\\ \text{机器工时数}\end{matrix}\end{aligned}\right\}\qquad(4\text{-}3)$$

4. 年度计划分配率法

年度计划分配率法，是指按照年度开始前确定的全年度适用的计划分配率分配制造费用的方法。假定以定额工时作为分配标准，其计算公式为

$$\left.\begin{aligned}\text{年度计划分配率}&=\frac{\text{年度制造费用计划总额}}{\text{年度各种产品计划产量的定额工时总数}}\\ \begin{matrix}\text{某月某产品}\\ \text{应负担的制造费用}\end{matrix}&=\begin{matrix}\text{该月该产品实际产量的}\\ \text{定额工时数}\end{matrix}\times\begin{matrix}\text{年度计划}\\ \text{分配率}\end{matrix}\end{aligned}\right\}\qquad(4\text{-}4)$$

通过式（4-4）可以发现，分配给本期某产品的制造费用采用的是年度计划分配率，而没有使用实际分配率。因此，在这种分配方法下，“制造费用”科目平时各月份可能有余额，余额可能在借方，也可能在贷方。这个差异平时一般不调整，除非出现差异异常。年末，将其制造费用余额分配结转到“基本生产成本”科目的借方，如果实际发生的制造费用大于按年度计划分配率分配的制造费用，用蓝字结转；反之，用红字结转。这种方法适用于季节性生产的企业。

在季节性生产企业，生产活动呈现明显的淡季和旺季，甚至存在停工的情况，各月完工的产品产量波动较大。为了体现“受益”原则，各月产品成本所负担的制造费用大小，与当月完工的产品产量和生产总工时之间应呈正比例变化。因此，无论各月的产量有何变化，均按年度计划分配率分配结转制造费用；至年末，制造费用全年实际发生额与按计划分配率分配转出额之间的差额，无论是超支（表现为借方余额）还是节约（表现为贷方余额），均应借记“基本生产成本”科目，贷记“制造费用”科目。若制造费用的发生是为下一年开工生产做准备，可留待下一年分配。

当生产车间生产一种产品时，可将制造费用账户的年末余额，直接计入该产品的成本账户；当生产车间生产两种及以上产品时，还需将制造费用账户的年末余额在两种及以上产品之间分配。常用的分配标准是各产品已分配（负担）的制造费用数额。计算公式为

$$\left.\begin{aligned}&\text{制造费用差额分配率}=\frac{\text{年度制造费用差额}}{\text{全年各产品已分配（负担）的制造费用之和}}\\&\text{年末：各产品应负担的制造费用差额}=\text{制造费用差额分配率}\times\text{各该产品已分配（负担）的制造费用}\end{aligned}\right\}\quad(4\text{-}5)$$

【例 4-9】 某工厂一车间 2008 年全年制造费用预算为 446 600 元，全年各种产品计划产量和生产工时见表 4-10。

表 4-10　　生产情况统计表

产品名称	单位产品生产工时（h）	产品产量（件）	
		全年	1 月
甲产品	6	3200	720
乙产品	4	12 000	1000
丙产品	7	2000	150
合计	—	17 200	1870

要求：

（1）计算 2008 年制造费用计划分配率；

（2）分配 2008 年 1 月份的制造费用；

（3）计算 2008 年 1 月份制造费用的余额。

根据题意，计算公式为

$$\text{全年定额总工时}=3200\times6+12\,000\times4+2000\times7=81\,200\text{（h）}$$

$$\text{制造费用计划分配率}=446\,600/81\,200=5.5\text{（元/h）}$$

1 月份分配制造费用如下。

甲产品应分配＝720×6×5.5＝23 760（元）

乙产品应分配＝1000×4×5.5＝22 000（元）

丙产品应分配＝150×7×5.5＝5775（元）

根据计算结果，编制结转制造费用的会计分录如下。

借：基本生产成本——甲产品　　23 760

——乙产品　　22 000

——丙产品　　5775

贷：制造费用　　51 535

1 月份实际制造费用 31 000 元，已分配 51 535 元，贷方差额为 20 535 元保留在“制造费用”账户中，需要通过以后各月发生的制造费用进行调整。

按年度计划分配率分配法分配制造费用，计算过程比较简便，也有利于成本费用的日常控制。但是计划分配率的确定必须接近实际，如果计划分配率与实际分配率差异较大，就会影响产品成本计算的正确性。在季节性生产企业，由于生产的淡季和旺季月产量差异较大，一般应采用按年度计划分配率分配法分配制造费用，以便于成本考核和分析。

综上所述，制造费用归集和分配账务处理程序如图 4-2 所示。

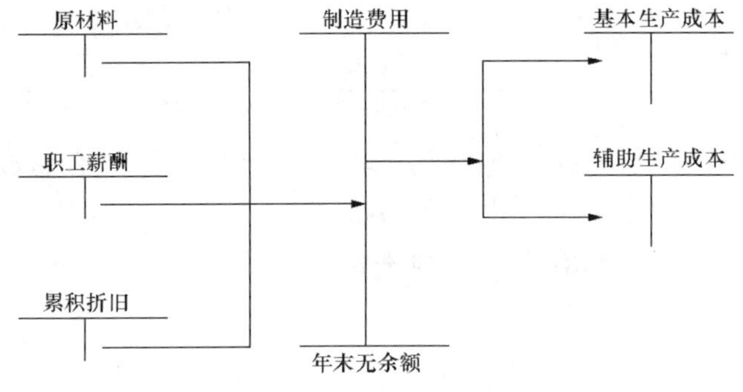

图 4-2　制造费用归集和分配账务处理程序图

项目闯关测试

一、单项选择题

1．为便于对制造费用进行控制，企业基本生产车间，不论生产多种产品还是单一产品，（　　）。

A．都应单独设账核算制造费用　　B．均应直接计入产品成本

C．均应直接计入管理费用　　D．均应直接计入基本生产成本

2．“制造费用”账户（　　）。

A．一般有借方余额

B．一般有贷方余额

C．转入“本年利润”账户后，期末应无余额

D．除季节性生产企业外，期末应无余额

3．生产单位租入固定资产的改良支出，计入长期待摊费用后，应当在租赁期限与租赁资产尚可使用年限两者孰短的期限内平均摊销，摊销时记入“（　　）”账户。

A．生产成本　　B．制造费用

C．管理费用　　D、营业费用

4．采用生产工人工时分配法分配制造费用，分配标准是（　　）。

A．该生产单位产品生产工人工时　　B．该生产单位产品生产工时

C．该企业产品生产工人工时　　D．该生产单位的单位产品定额工时

5．归集和分配生产车间为组织和管理生产所发生的性质综合、构成复杂的生产费用，是通过设置（　　）账户进行的。

A．职工薪酬　　B．制造费用

C．管理费用　　D．辅助生产费用

6．“制造费用”账户的年末余额，即实际发生额与计划分配额的年度差额，应于（　　）。

A．年末调整计入 12 月份的产品成本

B．追加分配至以前各月份的产品成本中

C．年末们留在“制造费用”账户中

D．以上处理均不正确

7．基本生产车间的制造费用分配转出的对象是（　　）。

A．基本生产成本　　B．辅助生产成本

C．制造费用　　D．完工产品成本

8．年末当制造费用的实际发生额小于计划分配额时，其差额应（　　）。

A．用蓝字补加　　B．用红字冲减

C．计入产品成本　　D．计入在产品成本

9．机器工时比例分配法分配制造费用的适合条件是（　　）。

A．机械化程度相差较大的企业或车间　　B．机械化和自动化程度较高

C．劳动密集型的企业　　D．多步骤生产的企业

二、多项选择题

1．企业已经支出，但应由本期和以后各期分别负担的各项费用，可以设置（　　）账户核算。

A．待摊费用　　B．长期待摊费用

C．管理费用　　D．待处理财产损益

2．制造费用是企业各生产单位（分厂、车间）为组织和管理生产所发生的性质综合、构成要素复杂多样的、应计入产品成本但是没有专设成本项目的各项直接和间接的要素费用，其特点有（　　）。

A．属于综合性质的费用　　B．一般是间接费用

C．主要是材料费用　　D．一般是管理费用

3．合理分配制造费用的关键在于选择合适的分配标准。一般的做法是，选择与制造费用中所占比重较大的费用项目关系紧密的分配标准作为生产车间制造费用的分配标准。经常选择的分配标准有（　　）等。

A．生产工人工时　　B．生产工人工资

C．机器工时　　D．原材料消耗数量或成本

4．制造费用（　　）。

A．属于间接费用 B．一般为间接计入费用

C．其他综合性费用项目 D．属于基本费用

5．生产单位一次计入和分次计入成本的固定资产修理费用，在借记“制造费用”账户的同时，贷记“（ ）”账户。

A．原材料 B．应付工资

C．待摊费用 D．长期待摊费用

6．生产单位消耗的低值易耗品价值，采用一次摊销法或分次摊销法计入成本。在借记“制造费用”账户的同时，贷记“（ ）”账户。

A．低值易耗品 B．待摊费用

C．长期待摊费用 D．生产成本

7．选择制造费用的分配标准应遵循的原则有（ ）。

A．分配标准的共有性 B．分配标准的比例性

C．分配标准的易取性 D．分配标准的稳定性

8．制造费用分配记入产品成本的方法有（ ）。

A．生产工时比例分配法 B．生产工人工资比例分配法

C．机器工时比例分配法 D．年度计划分配率分配法

9．下列属于工业企业制造费用的是（ ）。

A．车间的机物料消耗 B．分厂的管理用具推销

C．机器设备的折旧费 D．应付融资租入设备租赁费

10．制造费用大部分是企业为生产产品和提供劳务而发生的各项间接生产费用，比如（ ）等。

A．生产车间的办公费 B．生产车间厂房折旧费

C．生产车间的劳动保护费 D．生产车间的照明用电费

11．在借记“制造费用”时，可能贷记的科目有（ ）。

A．“原材料” B．“应付职工薪酬”

C．“累计折旧” D．“停工损失”

三、判断题

1．辅助生产单位发生的制造费用，都应当直接计入辅助生产成本明细账。（ ）

2．制造费用是各生产单位发生的间接计入费用。（ ）

3．制造费用成本项目属于综合性费用项目。（ ）

4．企业应当按照制造费用项目设置制造费用明细账。（ ）

5．资本性支出应当计入“本期制造费用”账户。（ ）

6．制造费用大部分都是生产车间的直接生产费用。（ ）

7．不论采用何种分配方法，制造费用账户月末都不会有余额。（ ）

8．当全年的制造费用实际发生额与计划分配额之间存在差额时，一般应在年末调整计入12个月的产品成本中。（ ）

9．无论采用哪种分配方法，都不需要编制制造费用分配表。（ ）

10．采用机器工时比例法分配制造费用的情况下，日常必须组织各种产品所耗用机器工时的记录工作，以提高制造费用分配结果的准确度。（ ）

11．产品机械化程度的高低与制造费用分配方法的选择无直接关系。　（　　）

项目综合实训

实　训　一

实训背景

某纤维有限公司为一般纳税企业，主要生产锦纶纤维和锦纶弹力丝等纺织用材料。设有一个基本生产车间。成本会计制度规定，制造费用按车间归集，并按费用项目设置专栏，月末按机器工时分配结转制造费用。

实训资料

基本生产车间本月发生的有关制造费用的经济业务如下：

（1）购置车间办公用品 1006 元；

（2）支付车间剪板加工费 313.21 元；

（3）购置车间劳保用品 1150 元；

（4）该公司支付本月水费共计 3692 元，各部门用水量统计分别为：基本生产车间一般耗用 910t，辅助生产车间一般耗用 410t，厂部管理部门一般耗用 100t；

（5）该公司支付本月电费 20 373.60 元，经查，各部门耗用电量分别为：基本生产车间一般耗用 18 900kW • h，辅助生产车间一般耗用 12 056 元，厂部管理部门一般耗用 3000kW • h；

（6）本月固定资产折旧计提分别为：基本生产车间 6000 元，辅助生产车间 1600 元，管理部门 300 元；

（7）摊销本月应负担的租赁费分别为：基本生产车间 1500 元，厂部管理部门 1000 元；

（8）本月应付职工工资分别为：基本生产车间管理人员工资 10 000 元；辅助生产车间管理人员工资 7500 元；管理部门人员工资 12 013 元。同时按工资总额计提 14%的职工福利费，其他费用暂不计提；

（9）本月基本生产车间一般耗用辅助材料 17 000 元；

（10）锦纶纤维机器工时 4250h，锦纶弹力纤维机器工时 2570h。

实训要求

（1）编制相关费用分配表；

（2）编制费用分配会计分录；

（3）等级基本生产车间“制造费用明细账”（借方多栏式）；

（4）编制“制造费用分配表”，分配结转基本生产车间制造费用；

（5）分配率保留 4 位小数，金额保留 2 位小数。

实　训　二

实训背景

某企业第三基本生产车间主要生产甲、乙两种产品，根据成本会计制度的规定，该车间制造费用采用年度计划分配率分配方法核算；该车间全年的制造费用预算数为 52 500 元。全年计划产量分别为甲产品 2000 件，乙产品 2200 件；产品的工时定额分别为：甲产品 4h/件，乙产品 5h/件。

实训资料

（1）该企业第三基本生产车间 12 月份的产品实际产量的总工时分别为：甲产品 1100h，乙产品 800h；本月的实际制造费用为 4600 元。

（2）该企业第三基本生产车间制造费用明细账户全年借方实际发生额为 55 000 元，贷方全年计划分配额 55 600 元，其中：甲产品已分配 30 580 元，乙产品已分配 25 020 元。

实训要求

（1）计算年度计划分配率；

（2）编制 12 月份的制造费用分配表；

（3）编制分配 12 月份制造费用的会计分录；

（4）以“T”型账户登记 12 月份的“制造费用”账户，并结出余额；

（5）分配结转 12 月份制造费用余额。

实　训　三

实训背景

某工具厂第二基本生产车间主要生产甲、乙、丙三种工具。根据成本会计制度规定，该车间制费用采用年度计划分配率分配方法分配制造费用；该车间全年的制造费用预算总额为 420 000 元；三种工具全年的计划产量分别为：甲 5000 件，乙 6000 件，丙 1600 件；单位产生的生产工时分别为：甲 40h，乙 70h，丙 50h。

实训资料

工具厂第二基本生产车间本月份生产三种工具的产量分别为：甲 600 件，乙 400 件，丙 300 件。本月份实际发生的制造费用为 40 100 元。经查，上月末“制造费用——第二基本生产车间”明细账有贷方余额 400 元。

实训要求

根据以上资料

（1）计算全年的制造费用计划分配率；

（2）编制“制造费用分配表”，计算本月份三种产品应负担的制造费用；

（3）编制本月份分配制造费用的会计分录；

（4）以“T”型账户格式，登记“制造费用——第二基本生产车间”明细账户，并结出余额；

（5）分析说明制造费用账户出现借方余额或贷方余额的影响因素，以及如何处理账户余额。

项目五　辅助生产费用核算与分析

【项目提要】

本项目主要阐述了辅助生产费用的核算特点以及辅助生产费用归集和分配的方法。其中侧重介绍了分配辅助生产费用常用的方法：直接分配法、顺序分配法、交互分配法、代数分配法、计划成本分配法等。

【知识目标】

通过对各项任务的教学和实训，使学生了解辅助生产的类型，了解辅助生产费用的内容，熟悉辅助生产费用的归集程序，了解各种辅助生产费用分配方法的特点和程序，熟悉辅助生产费用核算账户的设置和运用；

【技能目标】 1. 掌握辅助生产费用归集的不同程序

2. 能够正确归集辅助生产费用
3. 能够熟练地运用各种分配方法准确、合理地分配辅助生产费用
4. 能够自主完成辅助生产费用分配的账务处理

辅助生产费用是企业辅助生产车间为基本生产和其他部门提供服务所发生的费用。辅助生产为基本生产服务产生的费用，要间接计入产品制造成本之中，只有辅助生产费用确定并分配之后，基本生产产品的成本才能随之确定。

任务一　辅助生产费用基本认知

一、辅助生产类型认知

辅助生产是指为基本生产车间、企业行政管理部门等单位服务而进行的产品生产和劳务供应。辅助生产对外提供的劳务通常有供电、供水、供汽、供风、修理、运输等服务类型，所生产的产品主要有工具、用具、模具、修理用备件等，但不同于基本生产车间生产的产品均属于企业自用，一般不对外销售。辅助生产有两种类型：①单品种辅助生产，这类辅助生产只提供一种劳务或生产一种产品；②多品种辅助生产，这类辅助生产生产多种产品或提供多种劳务。

二、辅助生产费用内容认知

辅助生产车间为生产产品或提供劳务所发生的各项生产费用，构成辅助生产产品或劳务的成本。辅助生产费用的内容包括辅助生产车间自身发生的费用和从其他车间分配转入的费用。

（一）辅助生产车间自身发生的费用

1. 直接材料

直接材料指辅助生产车间为产品生产或劳务供应而消耗的各种物质资料，如原料及辅助材料、外购半成品、燃料、动力、备品配件、包装物等。

2. 直接人工

直接人工指辅助生产车间生产工人的工资及按规定比例计提的职工福利费等。

3. 制造费用

制造费用指辅助生产车间为组织和管理生产而发生的各项间接生产费用。如车间管理人员工资、奖金、福利费等；车间有关固定资产的折旧、修理、租赁等费用，以及车间发生的机物料消耗、低值易耗品摊销、水电费、办公费、差旅费、运输费、取暖费、劳动保护费，季节性、修理期间的停工损失等。

（二）其他车间分配转入的费用

企业若设置两个以上的辅助生产车间，就会存在辅助车间之间相互提供产品或劳务的可能，如修理车间为运输车间提供修理服务，运输车间为修理车间提供运输服务等。在辅助生产费用进行交互分配时，其他辅助生产车间提供的产品或服务都会产生相应的费用，这样各辅助生产车间归集的费用还应包括从其他辅助生产车间转入的费用，从而使辅助生产费用分配更加复杂和准确。

三、辅助生产费用核算程序认知

辅助生产的根本任务是为企业的基本生产和其他部门提供服务。其产品和劳务，虽有时也对外销售，但这不是它的主要任务。从辅助生产自身角度看，其费用性质多样综合，既包括直接费用，又包括间接费用。但从整个企业角度看，辅助生产费用是一种综合的间接费用，应于月末全部结转分配给各受益对象，即由企业基本生产产品成本、管理费用等承担。因此，辅助生产成本是一种需要结转分配的费用，称为辅助生产费用。其费用发生的高低以及分配是否合理，直接影响到企业的产品成本水平；同时，也只有辅助生产产品（劳务）的成本确定并分配之后才能进一步计算企业基本生产的产品成本。可见辅助生产费用核算，对正确计算产品成本、控制和降低产品成本及期间费用具有重要意义。

（一）辅助生产费用归集程序认知

辅助生产费用的归集程序决定于辅助生产车间制造费用的归集方法，一般，辅助生产车间的制造费用有两种归集程序和方法。

1. 辅助生产车间的制造费用单独归集

一般情况下，辅助生产车间的制造费用与基本生产车间的制造费用归集一样，需要先通过“制造费用”科目进行归集，然后转入“辅助生产成本”科目，计入辅助生产产品或劳务的成本。

当辅助生产车间为组织和管理生产活动耗费一些性质综合、构成复杂多样、应计入辅助生产成本但没有专设成本项目的间接和直接费用时，借记“制造费用”科目，贷记有关费用科目；期末，将制造费用账户的借方余额，结转记入“辅助生产成本”账户的借方。辅助生产车间为生产产品或控供劳务耗费的原料及辅助材料、外购半成品、燃料、动力、备品配件、包装物，以及生产工人的工资和按工资总额计提的职工福利费等，借记“辅助生产成本”科目，贷记有关费用科目。

2. 辅助生产车间的制造费用不单独归集

在辅助生产车间规模很小、费用额很少的情况下，为了简化核算工作，辅助生产车间的制造费用可以不通过“制造费用”科目核算，而是将其直接记入“辅助生产成本”科目，计入辅助生产产品或劳务的成本。当辅助生产车间为生产产品或提供劳务消耗各要素费用时，直接借记“辅助生产成本”科目，贷记有关费用科目。

辅助生产成本明细账应根据“材料费用分配表”、“工资及福利费分配表”、“折旧费用分配表”、“制造费用（辅助生产多品种生产车间）分配表”以及其他有关原始凭证进行登记。在辅助生产车间之间相互提供劳务、作业的情况下，还需根据“辅助生产费用分配表”进行登记，根据以上凭证借记“辅助生产成本”，贷记“原材料”、“应付职工薪酬”、“制造费用”等。

（二）辅助生产费用分配去向分析

归集在“辅助生产成本”及其明细账借方的辅助生产费用，于月终应将其结转或分配转出。提供有形产品生产的多品种辅助生产，应将完工产品的成本从“辅助生产成本”账户的贷方分别转入“原材料”、“周转材料”或“低值易耗品”等账户的借方；提供单一劳务作业服务的辅助生产所发生的费用，则要采用一定的方法在各受益单位之间进行分配。实际工作中，辅助生产费用的分配通过编制“辅助生产费用分配表”进行。根据费用分配表，按不同受益单位，借记“基本生产成本”、“制造费用”、“管理费用”、“销售费用”等账户，贷记“辅助生产成本”。

辅助生产单位生产费用归集和分配的一般程序如图 5-1 所示。

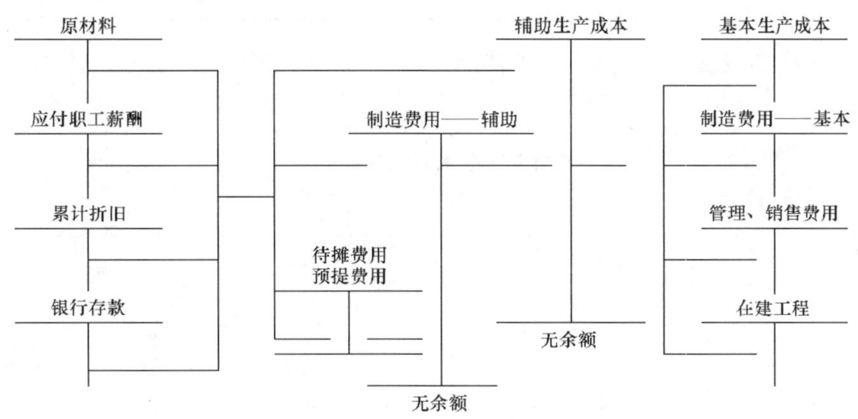

图 5-1　辅助生产单位生产费用归集和分配一般程序图

任务二　辅助生产费用归集核算与分析

一、辅助生产费用核算账户的设置

为反映和监督辅助生产车间发生费用的归集和分配情况，一般企业可在“生产成本”账户下，设置“辅助生产成本”二级账户。如果辅助生产规模较大，为加强对辅助生产费用的控制，可将“生产成本”账户所属的二级账户上升为一级账户，设置“基本生产成本”、“辅助生产成本”两个总分类账户，这样辅助生产费用可通过“辅助生产成本”账户进行核算。该账户为成本类账户，其借方反映辅助生产所发生的一切耗费，既包括各辅助生产车间本身发生的直接费用和间接费用，也包括从其他辅助生产车间分配转入的费用；账户贷方反映辅助生产费用的结转分配数，登记辅助生产车间向各受益单位提供劳务、作业成本的分配数，以及完工入库的各类工具、模具等有形产品的生产成本的结转数。该账户除从事多品种生产的辅助生产车间期末有余额外（余额表示在产品的成本），单品种辅助生产一般无余额，该账户通常按车间及产品、劳务、作业的种类组织明细核算，按成本项目分设专栏。单品种生产的辅助生产，也可按辅助生产车间设置明细账，并根据管理上的要求按成本项目或费用项目设置专栏。

在单独核算制造费用的情况下，“辅助生产成本”明细账账内按成本项目设专栏，其格式见表 5-1。“制造费用”明细账格式见项目四。

表 5-1 **辅助生产成本明细账（一）**

生产车间： 产品：

年		凭证		摘要	直接材料	直接人工	制造费用	合计
月	日	字	号					

在不单独核算制造费用的情况下，“辅助生产成本”明细账账内仍按费用项目设专栏，其格式见表 5-2。

表 5-2 **辅助生产成本明细账（二）**

生产车间： 产品：

年		凭证		摘要					合计
月	日	字	号						

当辅助生产车间为生产产品或提供服务消耗原料及主要材料、外购半成品、燃料、动力、备品配件、包装物；以及生产工人的工资费用时，借记“辅助生产成本”科目、贷记有关成本费用科目；辅助生产车间为组织和管理生产活动消耗的性质综合，构成要素复杂多样、应计入辅助生产成本但没有专设成本项目的各项直接和间接的费用时，借记“制造费用”科目，贷记有关费用科目；期末，将“制造费用”账户的借方余额，全部转入“辅助生产成本”账户的借方；如果辅助生产车间从事工具、用具、模具等产品的生产，应按照生产工时或机器工时分配结转制造费用。

在不单独归集制造费用的情况下，辅助生产车间发生的各种要素费用的消耗，均直接记入“辅助生产成本”科目的借方，贷记有关费用科目。

二、辅助生产费用归集实务操作

辅助生产费用的归集过程即各种生产费用汇总分配的过程。企业在生产过程中发生的各项直接和间接的生产费用，按发生的地点和用途，根据相关的原始凭证，遵循“受益”原则，分别编制各种费用分配表等汇总凭证，从事辅助生产费用核算的成本会计人员，应根据各种费用分配表，分别是否单独核算制造费用的情况，编制费用分配的会计分录，登记辅助车间的“制造费用”明细账和“辅助生产成本”明细账。现以实例通过实际操作，说明辅助生产费用的归集程序。

（一）企业的基本情况

某工厂除基本生产车间以外，设置有机修车间、运输车间两个辅助生产车间，为基本生产和厂部管理提供服务。

（二）成本会计制度

该厂的成本会计制度规定，辅助生产车间生产费用的归集分别单独归集制造费用和不单独归集制造费用两种程序进行核算。在单独归集制造费用的时，需要设置“辅助生产成本”明细账和“制造费用”明细账；在不单独归集制造费用时，只需设置“辅助生产成本”明细账。同时还规定：“辅助生产成本”账账内按“直接材料”、“直接人工”、“制造费用”等成本项目设专栏，“制造费用”明细账按费用项目设专栏。

（三）从各种费用分配表中得知，本月辅助生产车间发生的生产费用

生产费用如下。

（1）从材料库领用生产用主要材料：机修车间2000元，运输车间1600元。同期领用车间一般消耗性物料：机修车间1000元，运输车间400元。

（2）生产消耗动力费用：机修车间900元，运输车间600元。车间一般照明：机修车间300元，运输车间200元。

（3）生产工人工资：机修车间7000元，运输车间4000元；车间管理人员工资：机修车间3000元，运输车间1000元，计提14%职工福利费，2%职工教育经费。

（4）计提固定资产折旧：机修车间6000元，运输车间4000元。

（5）摊销本月应负担的费用：应由机修车间负担的修理费800元，应由机修车间负担的保修费200元，应由运输车间负担的保险费500元。

（6）用银行存款支付车间办公费：机修车间160元，运输车间200元。

（7）用银行存款支付劳动保护费：机修车间140元，运输车间120元。

（8）用银行存款支付其他费用：机修车间100元，运输车间180元。

（四）账务处理操作

1. 单独归集制造费用的账务处理

（1）编制费用分配的会计分录。

①分配材料费用

借：辅助生产成本——机修车间　　2000
　　　　　　　　——运输车间　　1600
　　制造费用——机修车间　　1000
　　　　　　——运输车间　　400
　贷：原材料　　5000

②分配动力费用

借：辅助生产成本——机修车间　　900
　　　　　　　　——运输车间　　600
　　制造费用——机修车间　　300
　　　　　　——运输车间　　200
　　贷：应付账款——应付电费　　2000

③$\frac{1}{3}$分配工资费用

借：辅助生产成本——机修车间　　7000
　　　　　　　　——运输车间　　4000
　　制造费用——机修车间　　300
　　　　　　——运输车间　　200
　　贷：应付职工薪酬——工资　　15 000

③$\frac{2}{3}$计提职工福利费

借：辅助生产成本——机修车间　　980
　　　　　　　　——运输车间　　560
　　制造费用——机修车间　　420
　　　　　　——运输车间　　140
　　贷：应付职工薪酬——职工福利费　　2100

③$\frac{3}{3}$计提职工教育经费

借：辅助生产成本——机修车间　　140
　　　　　　　　——运输车间　　80
　　制造费用——机修车间　　60
　　　　　　——运输车间　　20
　　贷：应付职工薪酬——职工教育经费　　300

④计提固定资产折旧费

借：制造费用——机修车间　　6000
　　　　　　——运输车间　　4000
　　贷：累计折旧　　10 000

⑤$\frac{1}{2}$摊销本月应负担的修理费

借：制造费用——机修车间　　800
　　贷：待摊费用——待摊修理费　　800

⑤$\frac{2}{2}$摊销本月应负担的保险费

借：制造费用——机修车间　　200
　　　　　　——运输车间　　500
　　贷：待摊费用——待摊保险费　　700

⑥用银行存款支付车间办公费

借：制造费用——机修车间　160

　　　　　　——运输车间　200

　贷：银行存款　360

⑦用银行存款支付劳动保护费

借：制造费用——机修车间　140

　　　　　　——运输车间　120

　贷：银行存款　260

⑧用银行存款支付其他费用

借：制造费用——机修车间　100

　　　　　　——运输车间　180

　贷：银行存款　280

⑨分配结转制造费用

借：辅助生产成本——机修车间　12 180

　　　　　　　　——运输车间　6760

　贷：制造费用——机修车间　12 180

　　　　　　　——运输车间　6760

（2）根据费用分配的会计分录登记“制造费用明细账”（见表 5-3、表 5-4）和“辅助生产成本明细账”（见表 5-5、表 5-6）。

表 5-3　　制造费用明细账（一）

车间：机修车间

年		凭证		摘要	机物料消耗	水电费	职工薪酬	折旧费	修理费	保险费	办公费	劳保费	其他	合计
月	日	字	号											
			①	分配材料费用	1000									1000
			②	分配动力费用		300								300
			③$\frac{1}{3}$	分配车间管理人员工资			3000							3000
			③$\frac{2}{3}$	分配车间管理人员职工福利费			420							420
			③$\frac{3}{3}$	分配车间，管理人员职工教育经费			60							60
			④	计提固定资产折旧				6000						6000
			⑤$\frac{1}{2}$	摊销本月应负担的修理费					800					800
			⑤$\frac{2}{2}$	摊销本月应负担的保险费						200				200
			⑥	用银行存款支付车间办公费人							160			160

续表

年		凭证		摘要	机物料消耗	水电费	职工薪酬	折旧费	修理费	保险费	办公费	劳保费	其他	合计
月	日	字	号											
			⑦	用银行存款支付劳动保护费								140		140
			⑧	用银行存款支付其他费用									100	100
				本月合计	1000	300	3480	6000	800	200	160	140	100	12 180
				本月结转	1000	300	3480	6000	800	200	160	140	100	12 1800

表 5-4　　制造费用明细账（二）

车间：运输车间

年		凭证		摘要	机物料消耗	水电费	职工薪酬	折旧费	修理费	保险费	办公费	劳保费	其他	合计
月	日	字	号											
			①	分配材料费用	400									400
			②	分配动力费用		200								200
			③$\frac{1}{3}$	分配车间管理人员工资			1000							1000
			③$\frac{2}{3}$	分配车间管理人员职工福利费			140							140
			③$\frac{3}{3}$	分配车间管理人员职工教育经费			20							20
			④	计提固定资产折旧				4000						4000
			⑤$\frac{2}{2}$	摊销本月应负担的保险费						500				500
			⑥	用银行存款支付车间办公费							200			200
			⑦	用银行存款支付劳动保护费								120		120
			⑧	用银行存款支付其他费用									180	180
				本月合计	400	200	1160	4000		500	200	120	180	6760
				月末结转	400	200	1160	4000		500	200	120	180	6760

表 5-5　　辅助生产成本明细账（一）

车间：机修车间

年		凭证		摘要	直接材料	直接人工	制造费用	合计
月	日	字	号					
			①	分配材料费用	2000			2000
			②	分配动力费用	900			900

续表

年		凭证		摘要	直接材料	直接人工	制造费用	合计
月	日	字	号					
			③$\frac{1}{3}$	分配生产工人工资		7000		7000
			③$\frac{2}{3}$	分配生产工人职工福利费		980		980
			③$\frac{3}{3}$	分配生产工人职工教育经费		140		140
			⑨	分配结转制造费用			12 180	12 180
				本月合计	2900	8120	12 180	23 200

表 5-6　　辅助生产成本明细账（二）

车间：运输车间

年		凭证		摘要	直接材料	直接人工	制造费用	合计
月	日	字	号					
			①	分配材料费用	1600			1600
			②	分配动力费用	600			600
			③$\frac{1}{3}$	分配生产工人工资		4000		4000
			③$\frac{2}{3}$	分配生产工人职工福利费		560		560
			③$\frac{3}{3}$	分配生产工人职工教育经费		80		80
			⑨	分配结转制造费用			6760	6760
				本月合计	2200	4640	6760	13 600

2. 不单独归集制造费用的账务处理

（1）编制费用分配的会计分录。

①分配材料费用

②$\frac{1}{2}$生产领用主要材料

借：辅助生产成本——机修车间　　2000

　　　　　　　　——运输车间　　1600

　　贷：原材料　　　　　　　　　　3600

①$\frac{2}{2}$领用一般性物料

借：辅助生产成本——机修车间　　1000

　　　　　　　　——运输车间　　 400

　　贷：原材料　　　　　　　　　　1400

②分配动力费用

②$\frac{1}{2}$生产消耗动力费用

借：辅助生产成本——机修车间 900

——运输车间 600

贷：应付账款——应付电费 1500

②$\frac{2}{2}$车间一般消耗动力费用

借：辅助生产成本——机修车间 300

——运输车间 200

贷：应付账款——应付电费 500

③分配工资费用

③$\frac{1}{6}$分配生产工人工资

借：辅助生产成本——机修车间 7000

——运输车间 4000

贷：应付职工薪酬——工资 10 000

③$\frac{2}{6}$分配车间管理人员工资

借：辅助生产成本——机修车间 300

——运输车间 200

贷：应付职工薪酬——工资 5000

③$\frac{3}{6}$计提生产工人职工福利费

借：辅助生产成本——机修车间 980

——运输车间 560

贷：应付职工薪酬——职工福利费 1540

③$\frac{4}{6}$计提车间管理人员职工福利费

借：辅助生产成本——机修车间 420

——运输车间 140

贷：应付职工薪酬——职工福利费 560

③$\frac{5}{6}$计提生产工人职工教育经费

借：辅助生产成本——机修车间 140

——运输车间 80

贷：应付职工薪酬——职工教育经费 220

③$\frac{6}{6}$计提车间管理人员职工教育经费

借：辅助生产成本——机修车间 60

——运输车间　20

贷：应付职工薪酬——职工教育经费　80

④计提固定资产折旧费

借：辅助生产成本——机修车间　6000

——运输车间　4000

贷：累计折旧　10 000

⑤$\frac{1}{2}$摊销本月应负担的修理费

借：辅助生产成本——机修车间　800

贷：待摊费用——待摊修理费　800

⑤$\frac{2}{2}$摊销本月应负担的保险费

借：辅助生产成本——机修车间　200

——运输车间　500

贷：待摊费用——待摊保险费　700

⑥用银行存款支付车间办公费

借：辅助生产成本——机修车间　160

——运输车间　200

贷：银行存款　360

⑦用银行存款支付劳动保护费

借：辅助生产成本——机修车间　140

——运输车间　120

贷：银行存款　260

⑧用银行存款支付其他费用

借：辅助生产成本——机修车间　100

——运输车间　180

贷：银行存款　280

（2）根据费用分配的会计分录登记“辅助生产成本明细账”（见表 5-7、表 5-8）。

表 5-7　辅助生产成本明细账（一）

车间：机修车间

年		凭证		摘要	直接材料	直接人工	制造费用	合计
月	日	字	号					
			①$\frac{1}{2}$	生产领用主要材料	2000			2000
			①$\frac{2}{2}$	领用一般性物料			1000	1000
			②$\frac{1}{2}$	生产消耗用动力	900			900
			②$\frac{2}{2}$	车间照明用动力			300	300

续表

年		凭证		摘要	直接材料	直接人工	制造费用	合计
月	日	字	号					
			③$\frac{1}{6}$	分配生产工人工资		7000		7000
			③$\frac{2}{6}$	分配车间管理人员工资			3000	3000
			③$\frac{3}{6}$	计提生产工人职工福利费		980		980
			③$\frac{4}{6}$	计提车间管理人员职工福利费			420	420
			③$\frac{5}{6}$	计提生产工人职工教育经费		140		140
			③$\frac{6}{6}$	计提车间管理人员职工教育经费			60	60
			④	计提本月折旧			6000	6000
			⑤$\frac{1}{2}$	摊销本月应负担的修理费			800	800
			⑤$\frac{2}{2}$	摊销本月应负担的保险费			200	200
			⑥	支付车间办公费			160	160
			⑦	支付车间劳动保护费			140	140
			⑧	支付车间其他费用			100	100
				本月合计	2900	8120	12 180	23 200

表 5-8 **辅助生产成本明细账（二）**

车间：运输车间

年		凭证		摘要	直接材料	直接人工	制造费用	合计
月	日	字	号					
			①$\frac{1}{2}$	生产领用主要材料	1600			1600
			①$\frac{2}{2}$	领用一般性物料			400	400
			②$\frac{1}{2}$	生产消耗用动力	600			600
			②$\frac{2}{2}$	车间照明用动力			200	200
			③$\frac{1}{6}$	分配生产工人工资		4000		4000
			③$\frac{2}{6}$	分配车间管理人员工资			1000	1000

续表

年		凭证		摘要	直接材料	直接人工	制造费用	合计
月	日	字	号					
			③$\frac{3}{6}$	计提生产工人职工福利费		560		560
			③$\frac{4}{6}$	计提车间管理人员职工福利费			140	140
			③$\frac{5}{6}$	计提生产工人职工教育经费		80		80
			③$\frac{6}{6}$	计提车间管理人员职工教育经费			20	20
			④	计提本月折旧			4000	4000
			⑤$\frac{2}{2}$	摊销本月应负担的保险费			500	500
			⑥	支付车间办公费			200	200
			⑦	支付车间劳动保护费			120	120
			⑧	支付车间其他费用			180	180
				本月合计	2200	4640	6760	13 600

任务三 辅助生产费用分配核算与分析

辅助生产提供的产品或劳务，主要是为基本生产车间和企业的管理部门服务的。但在辅助生产车间之间也有相互提供产品或劳务的情况。例如，修理车间为运输车间提供修理服务，供电车间为修理车间提供电力服务，修理车间为供电车间提供修理服务等。因此，为了正确计算辅助生产产品或劳务的单位成本，并且将辅助生产费用较准确地分配计入基本生产成本和经营管理费用，在分配辅助生产费用时，首先应在各辅助生产车间之间进行费用的交互分配，准确地计算出每一辅助生产车间在提供服务和接受服务过程中所发生的费用。

辅助生产费用分配的方法有很多，常用的方法有直接分配法、一次交互分配法、代数分配法、计划成本分配法和顺序分配法等。

一、直接分配法运用与分析

直接分配法是一种不考虑辅助生产车间相互提供产品或劳务的情况，而将各辅助生产车间所发生的费用直接分配给辅助生产车间以外的各受益单位负担的方法。其计算公式为

$$\left.\begin{aligned}&\text{某辅助生产车间费用分配率}=\frac{\text{辅助生产费用总额}}{\text{该辅助车间提供产品（或劳务）总量}-\text{其他辅助车间耗用产品（或劳务）总量}}\\&\text{某受益单位应负担费用额}=\text{该受益单位耗用产品（劳务）数量}\times\text{分配率}\end{aligned}\right\}\quad(5\text{-}1)$$

【例 5-1】 某企业设有供电、修理两个辅助生产车间，在分配结转前，“辅助生产成本”账户归集的辅助生产费用分别为供电车间 18 000 元，修理车间 15 000 元。本月辅助生产车间

提供劳务数量见表 5-9。

表 5-9　　辅助生产车间劳务供应量汇总表

年　　月

受益对象			供电数量（kW·h）	修理工时（h）
供电车间			—	1000
修理车间			5000	—
基本生产车间	A 产品		10 000	
	一车间	一般耗用	15 000	2000
	二车间	一般耗用	13 000	1400
行政管理部门			2000	600
合计			45 000	5000

根据资料，采用直接分配法编制辅助生产费用分配表，分配辅助生产费用，见表 5-10。

表 5-10　　辅助生产费用分配表（直接分配法）

项目			供电车间	修理车间	合计
待分配费用（元）			18 000	15 000	33 000
辅助生产车间对外提供劳务量			40 000	4000	—
费用分配率（单位成本）			0.45	3.75	—
基本生产	A 产品	耗用量	10 000		—
		分配金额	4500		4500
	一车间	耗用量	15 000	2000	—
		分配金额	6750	7500	14 250
	二车间	耗用量	13 000	1400	—
		分配金额	5850	5250	11 100
行政管理部门		耗用量	2000	600	—
		分配金额	900	2250	3150
合计			18 000	15 000	33 000

采用直接分配法进行分配，辅助生产单位之间相互提供劳务的情况不予以考虑，因此在计算费用分配率（即产品或劳务的单位成本）时，应剔除辅助生产单位相互提供的产品或劳务数量。表 5-10 中，辅助生产费用分配率计算如下。

供电车间费用分配率，即 kW·h 电的单位成本：

18 000/（45 000－5000）＝0.45［元/（kW·h）］

修理车间费用分配率，即每修理 1h 的单位成本：

$$15\ 000/（5000-1000）=3.75（元/h）$$

根据辅助生产费用分配表，编制分配结转辅助生产费用的会计分录如下。

借：基本生产成本——A 产品　　4500
　　制造费用——一车间　　14 250
　　　　　　——二车间　　11 100
　　管理费用　　3150
　贷：辅助生产成本——供电车间　　18 000
　　　　　　　　　——修理车间　　15 000

采用直接分配法分配辅助生产费用，计算方法比较简单，但这种方法没有考虑各辅助生产车间之间相互提供劳务的情况，因而其分配结果的准确度不高。一般适宜在辅助生产车间内部相互提供产品或劳务不多、不进行费用的交互分配对辅助生产成本和基本生产车间的产品成本影响不大的情况下采用。

二、一次交互分配法运用与分析

一次交互分配法是对各辅助生产车间的成本费用进行两次分配。首先，根据各辅助生产车间、部门相互提供的产品或劳务的数量和交互分配前的单位成本（费用分配率），在各辅助生产车间之间进行第一次交互分配，即先对内分配，然后将各辅助生产车间、部门交互分配后的实际费用（交互分配前的费用加上交互分配转入的费用，减去交互分配转出的费用）按提供产品和劳务的数量和交互分配后的单位成本（费用分配率），在辅助生产车间、部门以外的各受益单位进行分配，即再对外分配。

采用一次交互分配法分配辅助生产费用，应遵循的分配原则：先对内，后对外。

其计算公式如下。

（1）交互分配的计算公式：

$$\left.\begin{array}{l}\text{交互分配费用分配率}=\dfrac{\text{辅助生产车间发生的费用总额}}{\text{辅助生产车间提供的劳务总量}}\\ \begin{array}{c}\text{某辅助生产车间应负担}\\\text{的辅助生产费用}\end{array}=\begin{array}{c}\text{该辅助生产车间}\\\text{受益的劳务数量}\end{array}\times\begin{array}{c}\text{交互分配}\\\text{费用分配率}\end{array}\end{array}\right\}\qquad(5\text{-}2)$$

（2）对外分配的计算公式：

$$\left.\begin{array}{l}\text{辅助生产费用分配率}=\dfrac{\text{交互分配后的费用}}{\text{辅助生产车间以外的各受益对象的受益总量}}\\ \begin{array}{c}\text{辅助生产车间以外的各受益对象}\\\text{应负担的辅助生产费用}\end{array}=\begin{array}{c}\text{该受益对象的}\\\text{受益数量}\end{array}\times\begin{array}{c}\text{辅助生产费用}\\\text{分配率}\end{array}\end{array}\right.\qquad(5\text{-}3)$$

其中，$\begin{array}{c}\text{交互分配后的}\\\text{费用}\end{array}=\begin{array}{c}\text{辅助生产车间}\\\text{发生的费用}\end{array}+\begin{array}{c}\text{交互分配}\\\text{转入的费用}\end{array}-\begin{array}{c}\text{交互分配}\\\text{转出的费用}\end{array}$

【例 5-2】 某工业企业设有修理车间和运输车间两个辅助生产部门。该企业在 4 月份的会计期末，辅助生产成本账户归集的费用总额分别为修理车间 4773 元，运输车间 7324 元；两个辅助生产车间为其他部门提供的劳务数量经统计见表 5-11。该辅助生产车间的制造费用不通过“制造费用”科目单独核算。企业决定采用交互分配法分配辅助生产费用。

表 5-11　　辅助生产车间劳务供应量汇总表

×年 4 月

受益对象		修理工时（h）	运输工作量（t·km）
修理车间		—	200
运输车间		48	—
基本生产车间	一车间	850	4250
	二车间	812	1850
行政管理部门		300	1100
合计		2010	7400

根据资料，采用交互分配法编制辅助生产费用分配表，分配辅助生产费用，见表 5-12。

表 5-12　　辅助生产费用分配表（交互分配法）

×年 4 月

项目			对内分配（交互分配）			对外分配		
辅助生产车间			修理	运输	小计	修理	运输	小计
待分配辅助生产费用			4773	7324	12 097	4856.96	7240.04	12 097
供应劳务数量			2010	7400		1962	7200	
费用分配率（单位成本）			2.376 4	0.989 7		2.475 5	1.005 6	
辅助生产	修理车间	耗用量		200				
		分配金额		197.94	197.94			
	运输车间	耗用量	48					
		分配金额	113.98		113.98			
	小计		113.98	197.94	311.92			
基本生产	一车间	耗用量				850	4250	
		分配金额				2104.18	4273.63	6377.81
	二车间	耗用量				812	1850	
		分配金额				2010.11	1860.29	3870.40
	小计					4114.29	6133.92	10 248.21
行政管理部门		耗用量				300	1100	
		分配金额				742.67	1106.12	1848.79
合计						4856.96	7240.04	12 097

表 5-12 中有关费用分配率计算如下。

（1）对内交互分配率：

$$修理车间费用分配率=\frac{4773}{2010}=2.376\ 4（元/h）$$

$$运输车间费用分配率=\frac{7324}{7400}=0.989\ 7\ [元/（t \cdot km）]$$

（2）对外分配的费用：

修理车间对外分配的费用＝4773＋197.94－113.98＝4856.96（元）

运输车间对外分配的费用＝7324＋113.98－197.94＝7240.04（元）

（3）对外提供的劳务数量：

修理车间对外提供的修理工时＝850＋812＋300＝1962（h）

运输车间对外提供的运输数量＝4250＋1850＋1100＝7200（t·km）

（4）对外提供劳务的费用分配率：

$$修理车间对外费用分配率=\frac{4856.96}{1962}=2.4\,755（元/h）$$

$$运输车间对外费用分配率=\frac{7240.04}{7200}=1.0056\ [元/（t\cdot km）]$$

根据辅助生产费用分配表，分配结转辅助生产费用应编制会计分录如下。

1）交互分配的会计分录。

借：辅助生产成本——修理车间　197.94
　　　　　　　　——运输车间　113.98
　贷：辅助生产成本——修理车间　113.98
　　　　　　　　　——运输车间　197.94

2）对外分配的会计分录。

借：制造费用——一车间　6377.81
　　　　　　——二车间　3870.40
　　管理费用　1848.79
　贷：辅助生产成本——修理车间　4856.96
　　　　　　　　　——运输车间　7240.04

采用一次交互分配法分配辅助生产费用，在各辅助生产车间之间进行一次交互分配，提高了计算分配结果的准确度，但由于各辅助生产车间的费用分配率都需要计算两次，使得计算工作量比直接分配法有所增加。同时由于交互分配的费用分配率是根据交互分配前的待分配费用计算的，不是各辅助生产车间的实际单位成本，与对外分配的分配率（单位成本）也不相等，因此，一次交互分配法计算分配结果也不是很准确。在各月辅助生产费用水平相差不大的情况下，为了简化计算工作，也可用上月的辅助生产单位成本作为本月交互分配的费用分配率。因此，这种方法适合于辅助生产车间相互提供劳务作业较多、受益大小无顺序且不平衡而辅助生产车间不太多的企业。

三、代数分配法运用与分析

代数分配法是根据数学中解多元一次联立方程的原理，对辅助生产费用进行分配。这种方法是通过设立未知数表示各辅助生产车间的劳务的单位成本，并根据各辅助生产车间发生的辅助生产费用和相互提供产品或劳务的情况建立联立方程，求解方程中的未知数进而分配辅助生产费用的方法，准确地计算出各受益对象应负担的费用。

现以例 5-2 为准，设修理车间提供每小时修理服务的实际单位成本为 x，设运输车间提供每吨公里运输服务的实际单位成本为 y，根据两个辅助生产车间相互提供劳务的关系及各个车间辅助生产成本账户的费用总额，建立二元一次联立方程如下。

$$\begin{cases}4773+200y=2010x\\7324+48x=7400y\end{cases}$$

解联立方程，得　$x=2.474\,704\,6$（元/h）

$y=1.005\,781$（元/t • km）

上述方程式的原理为

辅助生产车间直接发生的费用＋受益的劳务数量×受益劳务的实际单位成本＝提供的劳务总量×提供劳务的实际单位成本

则

各受益对象应分配的辅助生产费用＝各该受益对象的受益数量×实际单位成本

（其中，劳务的实际单位成本是根据建立的联立方程求得的）。

根据所求解的修理车间和运输车间的单位成本，依据各辅助生产车间的劳务量统计资料，通过编制辅助生产费用分配表，分配辅助生产费用，见表 5-13。

表 5-13　　辅助生产费用分配表（代数分配法）

×年 4 月

辅助生产车间			修 理 车 间	运 输 车 间	合　计
待分配辅助生产费用			4773	7324	12 097
供应劳务数量			2010	7400	
费用分配率（用代数算出的实际单位成本）			2.4 747 046	1.005 781	
辅助生产	修理车间	耗用量		200	
		分配金额		201.16	201.16
	运输车间	耗用量	48		
		分配金额	118.78		118.78
	小计		118.78	201.16	319.94
基本生产	一车间	耗用量	850	4250	
		分配金额	2103.50	4274.57	6378.07
	二车间	耗用量	812	1850	
		分配金额	2009.47	1860.69	3870.16
	小计		4112.97	6135.26	10 248.23
行政管理部门		耗用量	300	1100	
		分配金额	742.41	1106.36	1848.77
合计			4974.16	7442.78	12 416.94

根据辅助生产费用分配表，分配结转辅助生产费用应编制会计分录如下。

借：辅助生产成本——修理车间　　　　　　　201.16

——运输车间　118.78

制造费用——一车间　6378.07

——二车间　3870.16

管理费用　1848.77

贷：辅助生产成本——运输车间　7442.78

——修理车间　4974.16

代数分配法运用数学手段分配辅助生产费用，使两步分配率合一，分配结果最精确。其遵循的分配原则是，按实际单位成本同时对全部受益对象分配费用。但在辅助生产车间较多的情况下，解方程的计算较为复杂，因而此法适合于电算化程度较高的企业采用。

四、计划成本分配法运用与分析

计划成本分配法是按照一种事先确定的产品或劳务的计划单位成本（或称计划单价），代替各辅助生产车间的交互分配率，以此达到简化核算目的的一种辅助生产费用分配方法。

采用计划成本分配法分配辅助生产费用，当辅助生产车间实际发生的费用与按计划单位成本分配转出的费用之间存在差额时，表示辅助生产的成本差异。从理论上来说，应该再次将差异分配给辅助生产车间以外的各受益单位，但在实际工作中为了减少计算工作量，一般是将差异全部计入当期管理费用。其遵循的分配原则：①按计划成本对全部受益对象分配费用；②结转成本差异。

计划成本分配法的核算步骤有两步：第一步，各辅助生产车间按计划单位成本对全部受益对象进行费用分配；第二步，计算辅助生产实际成本与计划成本之间的差异，追加分配差异或将差异全部计入“管理费用”账户。

各步骤所用计算公式如下。

1. 整体交互分配

$$\begin{matrix}\text{各受益对象应负担}\\\text{的计划成本}\end{matrix}=\begin{matrix}\text{各该受益对象}\\\text{的受益数量}\end{matrix}\times\begin{matrix}\text{单位计}\\\text{划成本}\end{matrix}$$

2. 计算辅助生产的成本差异，或将差异对外追加分配

$$\begin{aligned}\begin{matrix}\text{辅助生产车}\\\text{间成本差异}\end{matrix}&=\begin{matrix}\text{辅助生产车间}\\\text{发生的费用}\end{matrix}+\begin{matrix}\text{交互分配}\\\text{转入的费用}\end{matrix}-\begin{matrix}\text{按计划单位成本分}\\\text{配转出的总计划费用}\end{matrix}\\&=\text{辅助生产车间实际总成本}-\text{辅助车间计划总成本}\end{aligned}\tag{5-4}$$

如若将辅助生产成本差异对外进行追加分配，则有以下计算公式：

$$\left.\begin{aligned}\begin{matrix}\text{某受益单位应负担}\\\text{的成本差异}\end{matrix}&=\begin{matrix}\text{该单位耗用的产品}\\\text{或劳务数量}\end{matrix}\times\text{追加分配率}\\\text{追加分配率}&=\frac{\text{辅助生产成本差异}}{\text{辅助生产车间提供的劳务总量}-\text{对内提供的劳务量}}\\&=\frac{\text{辅助生产成本差异}}{\text{辅助生产车间对外提供的劳务总量}}\end{aligned}\right\}\tag{5-5}$$

现以直接分配法下［例 5-1］为准，假设该企业确定的计划单位成本分别为修理成本 2.8 元/h，供电成本 0.6 元/（kW·h），采用计划成本分配法，分配结转辅助生产车间的生产费用。

根据所提供的计划单位成本和各辅助生产车间提供劳务量的资料，通过编制辅助生产费用分配表，分配辅助生产费用，见表 5-14。

表 5-14　　辅助生产费用分配表（计划成本分配法）

辅助生产车间			修理车间	供电车间	合　计
待分配辅助生产费用			15 000	18 000	33 000
供应劳务数量			5000	45 000	
费用分配率（计划单位成本）			2.8	0.6	
辅助生产	修理车间	耗用量		5000	
		分配金额		3000	3000
	供电车间	耗用量	1000		
		分配金额	2800		2800
	小计		2800	3000	5800
基本生产	一车间	A 产品耗用		10 000	
		分配金额		6000	6000
		一般耗用	2000	15 000	
		分配金额	5600	9000	14 600
	二车间	一般耗用	1400	13 000	
		分配金额	3920	7800	11 720
	小计		9520	22 800	32 320
行政管理部门		耗用量	600	2000	
		分配金额	1680	1200	2880
按计划成本分配金额合计			14 000	27 000	41 000
辅助生产实际成本			18 000	20 800	38 800
辅助生产成本差异			＋4000	－6200	－2200

在辅助生产费用分配表中，各辅助生产车间的劳务实际成本计算如下。

修理车间劳务实际成本＝15 000＋5000×0.6＝18 000（元）

供电车间供电实际成本＝18 000＋1000×2.8＝20 800（元）

由于各辅助生产车间分配转入（也即分配转出）的费用（3000 元与 2800 元）是按计划成本计算的，因而这种实际成本并不是真正意义上的实际成本。

根据辅助生产费用分配表，分配结转辅助生产费用应编制会计分录如下。

第一步：按计划成本整体交互分配

（1）按计划成本分配转出修理车间的辅助生产费用。

借：辅助生产成本——供电车间　　2800
　　制造费用——一车间　　5600
　　　　　　——二车间　　3920
　　管理费用　　1680
　　贷：辅助生产成本——修理车间　　14 000

（2）按计划成本分配转出供电车间的辅助生产费用。

借：基本生产成本——A 产品　6000

　　辅助生产成本——修理车间　3000

　　　　制造费用——一车间　9000

　　　　　　　　——二车间　7800

　　　　管理费用　1200

　　贷：辅助生产成本——供电车间　27 000

第二步：分配结转辅助生产成本差异

追加分配辅助生产成本差异，各辅助生产车间追加分配率计算如下。

修理车间：$\frac{4000}{5000-1000}=1$（元/h）

供电车间：$\frac{6200}{45\,000-5000}=0.155$［元/（kW·h）］

则

各受益单位应负担的成本差异＝该受益单位所接受的劳务量×该受益单位的追加分配率

辅助生产成本差异追加分配结果见表 5-15。

表 5-15　　辅助生产成本差异追加分配表

辅助生产车间			修 理 车 间	供 电 车 间	合　计
辅助生产成本差异			＋4000	－6200	－2200
对外提供的劳务量			4000	40 000	
追加分配率			1	0.155	
辅助生产	修理车间	耗用量			
		分配金额			
	供电车间	耗用量			
		分配金额			
	小计				
基本生产	一车间	A 产品耗用		10 000	
		分配金额		－1550	－1550
		一般耗用	2000	15 000	
		分配金额	2000	－2325	－325
	二车间	一般耗用	1400	13 000	
		分配金额	1400	－2015	－615
	小计		3400	－5890	－2490
行政管理部门		耗用量	600	2000	
		分配金额	600	－310	＋290
分配金额合计			4000	－6200	－2200

根据辅助生产成本差异分配表，分配结转辅助生产成本差异应编制会计分录如下。

分配结转修理车间超支的成本差异。

借：制造费用——一车间 2000

——二车间 1400

管理费用 600

贷：辅助生产成本——修理车间 4000

分配结转供电车间节约的成本差异。

借：基本生产成本——A 产品 1550

制造费用——一车间 2325

——二车间 2015

管理费用 310

贷：辅助生产成本——供电车间 6200

在实际工作中，如果辅助生产实际费用与按照计划成本分配结果差额较小的情况下，为了简化核算工作，可以将辅助成本差异全部转入管理费用，不再进行追加分配，则上例中发生的成本差异节约数 2200 元直接冲减当期的管理费用，应编制会计分录如下。

借：管理费用 2200

贷：辅助生产成本——修理车间 4000

——供电车间 6200

采用计划成本分配法，各辅助生产车间提供产品或劳务的计划单位成本是事先计算确定的，只要统计出辅助生产车间向各受益对象提供的产品或劳务数量，便可依据计划单位成本进行费用分配，而不必等到各辅助生产车间本期实际成本的计算确定，从而加快了成本计算工作。按计划成本分配辅助生产费用，排除了辅助生产实际费用对各受益对象成本的影响，便于考核和分析各受益对象成本计划的执行情况。但采用这种分配方法，要求企业应有较高的成本计划水平，所制定的各单位提供劳务或产品的计划单位成本必须比较准确，否则会影响各受益对象成本的准确计算。

五、顺序分配法运用与分析

顺序分配法是指各辅助生产车间之间的费用分配，是按照受益多少的顺序依次排列，受益少的排在前面，先将费用分配出去，受益多的排在后面，后将费用分配出去。顺序分配法的辅助生产费用分配表的下线呈梯形，因而这种方法也称为梯形分配法。比如，计划成本分配法中的举例，修理车间受益小，供电车间受益大，其分配顺序为修理车间在前，供电车间在后；先分配修理车间的费用，再分配供电车间的费用。其基本分配步骤如下。

第一顺序分配

$$\left.\begin{aligned}\begin{matrix}\text{某辅助生产车间}\\\text{费用分配率}\end{matrix}&=\frac{\text{该车间辅助生产费用总额}}{\text{该车间提供劳务总量}}\\\begin{matrix}\text{某受益单位}\\\text{应负担的费用}\end{matrix}&=\begin{matrix}\text{该单位耗}\\\text{用劳务量}\end{matrix}\times\begin{matrix}\text{费用}\\\text{分配率}\end{matrix}\end{aligned}\right\}\qquad(5\text{-}6)$$

第二顺序分配

$$\text{某辅助生产车间费用分配率}=\frac{\text{该车间辅助生产费用总额}+\text{从第一顺序分配转入的费用}}{\text{该车间提供劳务总量}-\text{前序车间耗用的劳务量}} \quad (5\text{-}7)$$

现以直接分配法例 5-1 为准，采用顺序分配法分配结转各辅助生产车间的辅助生产费用，见表 5-16。

表 5-16　　辅助生产费用分配表（顺序分配法）

<table>
<tr><td colspan="3">辅助生产车间</td><td>修理车间</td><td>供电车间</td><td>合计</td></tr>
<tr><td colspan="3">辅助生产费用总额（元）</td><td>15 000</td><td>18 000</td><td>33 000</td></tr>
<tr><td colspan="3">顺序分配费用总额</td><td>15 000</td><td>21 000</td><td></td></tr>
<tr><td colspan="3">对外提供的劳务量</td><td>5000</td><td>45 000</td><td></td></tr>
<tr><td colspan="3">费用分配率</td><td>3</td><td>0.525</td><td></td></tr>
<tr><td rowspan="5">辅助生产</td><td rowspan="2">修理车间</td><td>耗用量</td><td></td><td></td><td></td></tr>
<tr><td>分配金额</td><td></td><td></td><td></td></tr>
<tr><td rowspan="2">供电车间</td><td>耗用量</td><td>1000</td><td></td><td></td></tr>
<tr><td>分配金额</td><td>3000</td><td></td><td></td></tr>
<tr><td colspan="2">小计</td><td>3000</td><td></td><td>3000</td></tr>
<tr><td rowspan="4">基本生产</td><td rowspan="4">一车间</td><td>A 产品耗用</td><td></td><td>10 000</td><td>—</td></tr>
<tr><td>分配金额</td><td></td><td>5250</td><td>5250</td></tr>
<tr><td>一般耗用</td><td>2000</td><td>15 000</td><td>—</td></tr>
<tr><td>分配金额</td><td>6000</td><td>7875</td><td>13 875</td></tr>
<tr><td rowspan="3">基本生产</td><td rowspan="2">二车间</td><td>一般耗用</td><td>1400</td><td>13 000</td><td></td></tr>
<tr><td>分配金额</td><td>4200</td><td>6825</td><td>11 025</td></tr>
<tr><td colspan="2">小计</td><td>10 200</td><td>19 950</td><td>30 150</td></tr>
<tr><td colspan="2" rowspan="2">行政管理部门</td><td>耗用量</td><td>600</td><td>2000</td><td>—</td></tr>
<tr><td>分配金额</td><td>1800</td><td>1050</td><td>2850</td></tr>
<tr><td colspan="3">分配转出合计</td><td>15 000</td><td>21 000</td><td>36 000</td></tr>
</table>

表中，第一次顺序分配率为

$$\text{修理车间费用分配率}=\frac{15\ 000}{5000}=3\ (\text{元/h})$$

第二次顺序分配率为

$$\text{供电车间费用分配率}=\frac{18\ 000+3000}{45\ 000-5000}=0.525\ [\text{元/}(\text{kW}\cdot\text{h})]$$

在顺序分配法下的辅助生产费用分配表也可以是以下的格式，其呈现的梯形状态更为明显，见表 5-17。

表 5-17 **辅助生产费用分配表（顺序分配法）**

受益车间或部门	修理车间			供电车间			基本生产车间						管理部门		分配金额合计
							A 产品		一般耗用						
									一车间		二车间				
	劳务量	待分配费用	分配率	劳务量	待分配费用	分配率	耗用量	分配金额	耗用量	分配金额	耗用量	分配金额	耗用量	分配金额	
分配前	5000	15 000		45 000	18 000										
分配修理费用	−5000	−15 000	3	1000	3000				2000	6000	1400	4200	600	1800	15 000
	供电费用合计				21 000										
	分配供电费用			−40 000	−21 000	0.525	10 000	5250	15 000	7875	13 000	6825	2000	1050	21 000
				分配金额合计				9750		13 875		11 025		2850	33 000

采用这种方法，辅助生产费用既要分配给辅助生产以外的受益单位，又要分配给排列在后面的其他辅助生产车间、部门，因而增加了计算工作量，但较之交互分配法简化。由于是单向分配，即排列在前面的辅助生产车间不负担排列在后面的辅助生产车间的费用，因而，分配的结果不够准确。这种方法只适用于各辅助生产车间之间相互受益程度有着明显顺序的企业。

项目闯关测试

一、单项选择题

1. 辅助生产费用的归集应按（　　）进行。

A. 辅助生产车间　　B. 辅助生产的成本项目

C. 全部辅助生产成本车间汇总　　D. 辅助生产与基本生产车间汇总

2. 下列方法中，不属于辅助生产费用分配方法的有（　　）。

A. 直接分配法　　B. 约当产量法

C. 顺序分配法　　D. 一次交互分配法

3. 如果辅助生产车间为产品生产而完工的模具在入库时，应借记的会计科目是（　　）。

A. 基本生产成本　　B. 辅助生产成本

C. 原材料　　D. 周转材料

4. “辅助生产成本”科目月末（　　）。

A. 一定有余额

B. 如果有余额，余额一定在借方

C. 如果有余额，余额一定在贷方

D. 可能有借方余额或贷方余额

5. 采用辅助生产费用分配的交互分配法，对外分配的费用总额是（　　）。

A. 交互分配前的费用

B．交互分配前的费用加上交互分配转入的费用

C．交互分配前的费用减去交互分配转出的费用

D．交互分配前的费用加上交互分配转入的费用减去交互分配转出的费用

6．为了简化辅助生产费用的分配，辅助生产计划成本与实际成本差异一般全部计入（　　）科目。

A．“基本生产成本”科目　　B．“辅助生产成本”科目

C．“制造费用”科目　　D．“管理费用”科目

7．分配辅助生产成本时，能够提供准确的费用分配资料的方法是（　　）。

A．直接分配法　　B．交互分配法

C．代数分配法　　D．计划成本分配法

8．辅助生产费用分配的一次交互分配法，一次交互分配是在（　　）。

A．辅助生产以外的受益单位之间进行分配

B．各受益单位之间进行分配

C．各受益的基本生产车间之间进行分配

D．各受益的辅助生产车间之间进行分配

9．辅助生产费用的各种分配方法中，便于考核和分析各受益单位的成本，有利于分清企业内部各单位经济责任的是（　　）。

A．直接分配法　　B．交互分配法

C．代数分配法　　D．计划成本分配法

10．采用一次交互分配法，各种辅助生产费用（　　）。

A．都要计算一个费用分配率　　B．都要计算两个费用分配率

C．不需要计算费用分配率　　D．费用分配率的计算视情况而定

二、多项选择题

1．企业进行辅助生产费用分配时，可能借记的会计科目有（　　）。

A．“基本生产成本”科目　　B．“辅助生产成本”科目

C．“制造费用”科目　　D．“管理费用”科目

2．下列方法中，不属于辅助生产费用分配方法的有（　　）。

A．直接分配法　　B．约当产量法

C．分步法　　D．计划成本分配法

3．下列条件中，属于辅助生产车间的制造费用可以直接计入“辅助生产成本”科目条件的有（　　）。

A．制造费用较少

B．辅助生产车间规模很小

C．辅助生产车间数量很少

D．辅助生产车间不对外单位提供产品或劳务

4．辅助生产费用分配的一次交互分配法，具有下列特点：（　　）。

A．核算工作十分简便　　B．核算工作量大

C．核算结果较正确　　D．需要计算 2 个费用分配率

5．采用代数分配法分配辅助生产费用，（　　）。

A．能够提供准确的分配计算结果
B．能够简化费用分配计算工作
C．便于分析考核各受益单位的成本
D．适用于实行电算化的企业

6．下列费用在发生时，可以计入“辅助生产成本”科目的有（　　）。
A．辅助生产车间领用的材料
B．辅助生产车间发生的办公费
C．辅助生产车间发生的维修费
D．辅助生产车间发生的业务招待费

7．采用顺序分配法分配辅助生产费用时，辅助生产应该（　　）。
A．按车间规模大小顺序排列
B．按车间受益多少顺序排列
C．按车间规模大小或受益多少顺序排列
D．受益少的车间先将费用分配出去

8．辅助生产费用分配的直接分配法，具有下列特点：（　　）。
A．核算工作简便
B．核算工作量大
C．核算结果最正确
D．是辅助生产费用分配最基本的分配方法

9．辅助生产费用进行两次或以上分配的分配方法是（　　）。
A．一次交互分配法
B．计划成本分配法
C．代数分配法
D．直接分配法

10．辅助生产费用分配转出时，可以（　　）。
A．借记“制造费用”账户
B．借记“管理费用”账户
C．借记“在建工程”账户
D．贷记“辅助生产成本”账户

三、判断题

1．直接分配法也需要考虑各辅助生产车间相互提供产品或劳务的情况。（　　）

2．如果辅助生产车间不生产产品，则本期发生的费用应于期末全部分配出去。（　　）

3.采用计划成本分配法分配辅助生产费用,辅助生产的成本差异可全部计入“管理费用”。（　　）

4．采用直接分配法分配辅助生产费用，就是“只对外不对内”。（　　）

5．在辅助生产费用分配方法中，计算结果最准确的方法是交互分配法。（　　）

6．在企业只有一个辅助生产车间的情况下，才能采用辅助生产费用分配的直接分配法。（　　）

7．辅助生产车间提供的产品或劳务，都是为基本生产服务的。（　　）

8．采用计划成本分配法分配辅助生产费用，不必在辅助生产车间之间进行交互分配。（　　）

9．辅助生产费用的交互分配法核算简便，有利于考核辅助生产费用计划的完成情况。（　　）

10．采用计划成本分配法分配辅助生产费用时，发生的成本差异应等于本期分配前的实际成本减去分配出去的计划成本的差额。（　　）

项目综合实训

实　训　一

实训背景

某金属制品企业设有两个辅助生产车间——机修车间、供电车间。成本会计制度规定，该企业辅助生产车间的制造费用不通过“制造费用”科目核算。为了更好适应企业内部经济核算，本月将辅助生产费用分配方法由“直接分配法”改为“计划成本法”，会计核算采用未来适用法。

实训资料

（1）根据材料费用分配表得知：机修车间领用水泵性材料 4000 元，领用修理用备件 3200 元；供电车间领用水泵性材料 1500 元，领用燃料 20 5000 元；

（2）根据工资费用分配表得知：机修车间工资费用 5200 元；供电车间工资费用 3500 元；同时按工资总额的 14%计提职工福利费；

（3）根据折旧费用分配表得知：机修车间固定资产折旧费 560 元，供电车间固定资产折旧费 400 元；

（4）本月用银行存款支付其他费用：机修车间 550 元，供电车间 720 元；

（5）本月机修车间为其他部门提供劳务量（修理工时）分别为：供是间 600 工时，基本生产车间 2500 工时，行政管理部门 300 工时；

（6）本月供电车间为其他部门提供劳务量（用电量）分别为：机修车间 2200kW·h；基本生产车间：产品耗电 21 000kW·h，照明用电 4300kW·h；行政管理部门 3000kW·h。

（7）计划单位成本分别为：机修车间每工时 4.70 元，供电车间每度电 0.96 元。

实训要求

（1）编制费用分配的会计分录；

（2）登记“辅助生产成本明细账”；

（3）编制“辅助生产费用分配表”；

（4）编制分配辅助生产费用的会计分录；

（5）结转辅助生产费用；

（6）分配结转辅助生产成本差异（为简便起见，差异结转管理费用）；

（7）分配率保留 4 位小数，金额保留 2 位小数。

实　训　二

实训背景

某机械厂设有供水、供电两个辅助生产车间，主要为基本生产车间和行政管理部门提供服务。该厂成本会计制度规定，辅助生产车间的制造费用不通过“制造费用”科目核算。按照受益原则，月末，应将本月发生的辅助生产费用分配结转给各受益对象。

实训资料

1．月末，辅助生产成本明细账归集的生产费用总额分别为：供水车间 6000 元，供电车间 40 000 元；

2．月末，经统计，供电车间和供水车间对外提供的劳务量如表 5-18 所示。

表 5-18 辅助生产车间劳务供应量汇总表

受益单位	供水数量（t）	供电数量（kW·h）
辅助生产车间		
供水车间		5000
供电车间	800	
基本生产车间		
甲产品	1200	40 000
乙产品	1000	20 000
丙产品	600	10 000
行政管理部门	400	5000
合计	4000	80 000

实训要求

（1）分别采用直接分配法、一次交互分配法、代数分配法、顺序分配法分配辅助生产费用（编制分配表）。

（2）假设该企业确定的计划单位成本分别为供水车间水价为 1.5 元/t，供电车间电价 0.6 元/（kW·h），请采用计划成本分配法分配辅助生产费用，如果产生成本差异，直接转入当期的管理费用。

（3）编制会计分录。

（4）结转各辅助生产成本明细账。

（说明：分配率能除尽的要除尽，不能除尽的保留四位小数，分配金额保留两位数。）

项目六　生产损失性费用核算与分析

【项目提要】

本项目主要阐述了生产损失中的废品损失和停工损失的含义，以及核算此类损失所需设置的账户及归集和分配的方法。其中，侧重说明了废品损失中可修复废品的修复费用和不可修复废品的生产成本的计算方法；同时，还侧重说明了因不同原因引起的停工损失及其处理方法。

【知识目标】

通过对各项任务的教学和实训，使学生了解生产损失的内容，熟悉产生废品损失和停工损失的原因，为加强成本管理和生产管理提供可靠的信息依据。重点了解各种生产损失计入产品成本的程序，以及废品损失和停工损失的归集和分配的会计处理方法。

【技能目标】 1. 能够准确区分生产性损失费用和非生产性损失费用

2. 掌握废品损失和停工损失归集的程序和方法
3. 掌握废品损失、停工损失分配结转的账务处理
4. 能够自主地归集和分配生产性损失费用

生产损失是企业在生产过程中，因生产组织不合理、经营管理不善、生产工人未能严格执行技术操作规程等原因而造成的人力、物力和财力的各种损失，如产生废品和次品的损失，机器设备发生故障引起停工而产生的损失，在产品盘亏、毁损、变质所产生的损失等。这些生产性损失与产品生产直接相关，是产品成本的组成部分。

任务一　废品损失核算与分析

一、废品损失的含义

废品，是指在质量上不符合设计规定的质量标准和技术要求，不能按原定用途使用，或者需要加工修复后才能按原定用途使用的产成品、半成品和在产品等。

废品按其产生的原因不同有工废和料废两种。工废是指在产品的加工过程中，因违反操作规程、提供的设计图纸出错等原因而造成的废品；料废是指由于提供的加工原材料质量不合格而造成的废品。料废应由原材料的供应部门或连续加工的上一步骤或工序负责，工废则应由本道工序的加工人员负责。区分废品产生的原因，可以明确经济责任，正确地计算工资费用，从而准确地计算产品成本。

废品按其废损情况不同，分为可修复废品和不可修复废品两种。可修复废品是指在技术上可以修复且修复费用在经济上合算的废品；不可修复废品是指在技术上不被修复或修复费用在经济上不合算的废品。修复费用在经济上合算是指，在废品的修复过程中所发生的费用不高于同一产品的重新制造支出。区分不同的废品废损情况，既是正确核算废品损失的前提，又是准确计算产品成本的必然要求。

废品损失，是指由于产生废品而发生的损失。废品损失因废品的废损情况不同也有两种：一是可修复废品损失；二是不可修复废品损失。具体来说，可修复废品损失，是指在修复废品的过程中所发生的修复费用，包括在修复中耗用的直接材料、直接人工以及制造费用等；不可修复废品的损失，是指在不可修复废品在生产中已耗费的实际生产成本扣减回收废料价值后的差额。不论废品的废损情况如何，均应根据废品发生的原因做相应处理。凡是因工废造成的废品损失，应向责任人索赔，则责任人的赔偿可以冲减废品损失。

需要指出的是，废品损失的计算只是计算了因产生废品而发生的直接损失，还不包括因发生废品给企业造成的各种间接损失，比如，因违约延误交货期限而发生的违约赔款，更有甚者是企业的信誉损失。

凡是因为生产的原因所造成的废品，无论是在生产过程中发现的，还是在产品入库后和销售后发现的，均应列入废品损失。但是合格品在入库后因保管不善、运输不当等原因而造成的变质和损坏的损失，属于管理问题，不应列入废品损失；在实行包修、包换、包退即“三包”售后服务的企业，所发生的修理费、运杂费等，不应计入废品损失，往往是通过预提和待摊的方式计入当期损益；此外，在企业产品质检过程中，经检验虽然次品的质量不符合规定的技术标准，但不需要返修而可以降价出售的次品、等外品等不合格品的降价损失，视作销售费用，不应列入废品损失。

二、废品损失核算账户的设置

企业是否需要单独核算废品损失，既要考虑正确计算产品成本的要求，更要考虑企业对产品成本管理的要求。如果废品损失发生的额度很小，在不经常发生的情况下，可以不专门核算废品损失，而是将其直接计入产品成本的各有关成本项目或在制造费用栏目反映即可；在经常发生废品损失的企业里，为了考核和控制各生产单位（车间、分厂）的废品损失，需要单独核算废品损失，一方面需要专门增设“废品损失”产品成本项目，另一方面还需要专门设置“废品损失”会计科目并开设账户，以便于会计核算。

废品损失的会计处理方法因企业的管理要求不同而有所区别。在对生产损失单独组织核算的企业里，应当增设“废品损失”总分类账户，同时在“基本生产成本”明细账中增设“废品损失”成本项目。“废品损失”账户既可以作为一级账户，也可以作为二级账户，该账户应按照产品分别设立明细账，账户内按成本项目分设专栏反映某一会计期间发生的废品损失的构成情况。“废品损失”账户的借方登记可修复废品的修复费用和不可修复废品的生产成本；贷方登记不可修复废品的残料价值和过失人或责任单位的赔偿金额；月末，应将废品净损失由该账户的贷方转出，计入“基本生产成本”账户的借方，由当期的合格品成本负担。“废品损失”账户月末应无余额。“废品损失明细账”的基本格式见表 6-1。

表 6-1 **废品损失明细账**

年		凭证		摘　要	直接材料	直接人工	制造费用	合计
月	日	字	号					

三、废品损失的核算与分析

（一）废品损失归集

1. 计算废品损失的原始凭证

计算废品损失的原始凭证主要是“废品通知单”，其格式前已述及此略。“废品通知单”是在产品质量检验时，由产品质量的检验人员或产品的生产车间、班组填制，具体载明废品的种类、数量、产生废品的原因、废品的生产工时、可修复废品的修复费用和不可修复废品的生产成本等。“废品损失通知单”一般一式三联，一联由生产单位存查，一联由质量检验部门留存，一联交会计部门作为核算废品损失的依据。会计部门和质量检验部门应对“废品损失通知单”中的各项目进行审核，只有审核无误的“废品损失通知单”才能作为核算废品损失的原始凭证。

2. 废品损失的归集实务操作

废品损失的归集即生产过程中发生的废品损失计入明细账的过程。由于废品损失包括可修复废品损失和不可修复废品的生产成本两种，因两者发生耗费的程序不同，各自的计算和确定也有所不同。

（1）可修复废品损失的归集。可修复废品损失是废品在修复过程中发生的修复费用，主要包括修复废品所耗用的原材料、燃料和动力以及人工费用和应负担的制造费用等，均应计入“废品损失”账户的借方。材料费用一般可以根据领料凭证直接确定；人工费用如果是计件工资则能够直接确定，如果是计时工资则应采用直接相关的分配标准，通过分配计算确定；废品应负担的制造费用一般不能直接确定，可以根据修复废品实际消耗的生产工时和小时费用率计算确定。如果产生废品的原因属于人为操作不当引起的，则应由责任者赔偿，将赔偿款项计入“废品损失”账户的贷方。需要说明的是，可修复废品在修复前发生的生产费用，不必结转“废品损失”账户，仍留在“基本生产成本”明细账中或“库存商品”（入库后发现废品）明细账中。

在不单独核算废品损失的企业里，不专门设立“废品损失”会计科目和成本项目，在需要修复废品时，对于所发生修复废品所耗用的材料费用、人工费用以及应负担的制造费用等直接借记“基本生产成本”并计入该产品成本明细账中的“直接材料”、“直接人工”、“制造费用”等成本项目；当发生回收废品的残料价值时，可以直接借记“原材料”，贷记“基本生产成本”，并从有关产品成本明细账的“直接材料”成本项目中扣除残料价值；这样核算是很简便的，但是由于合格品中，同时包括合格品的生产成本以及废品的修复费用，甚至还包括不可修复废品的生产成本，不能对废品损失进行单独的核算和反映，因而对废品损失的分析和控制是十分不利的。

应该明确的是，可修复废品损失的归集是指当月实际发生的修复费用，与发现可修复废品的时间没有关系。也就是说，不论废品是否在本月发现，只要在本月发生了修复费用，即应作为本月的废品损失进行归集。遇到修复废品的工作跨月进行时，则各月发生的修复费用计入各月的废品损失，这样操作的前提是各月投产的产品是同种产品。

【例 6-1】 某生产企业的精加工车间，本月生产完工甲产品 1000 件，在质量检验部门进行检验时发现有 10 件属于可修复废品。该精加工车间及时进行了修复并完工入库。根据本月“材料费用分配表”提供的资料，在修复甲产品时领用的材料实际成本为 500 元；根据本月“人工费用分配表”和“制造费用分配表”提供的资料，在修复甲产品过程中实际耗用生产工时为 200h，人工费用为 4.60 元/h，制造费用为 3.5 元/h。按规定计提 14%的职工福利费，“五险一金”暂不计提。按规定发生的 10 件废品应由过失人赔偿 150 元。根据资料编制会计分录并登记“废品损失明细账”。

可修复废品的修复费用计算如下。

500＋200×4.6＋200×4.6×14%＋200×3.5＝2248.80（元）

1）归集修复废品的修复费用时

借：废品损失——甲产品　　2248.80

　　贷：原材料　　500

　　　　应付职工薪酬——工资　　920

　　　　　　　　　　——职工福利　　128.80

　　　　制造费用　　700

2）过失人赔偿时

借：其他应收款　　150

　　贷：废品损失——甲产品　　150

3）计算和结转废品净损失：2248.80-150＝2098.80（元）

借：基本生产成本——甲产品　　2098.80

　　贷：废品损失——甲产品　　2098.80

根据上述会计分录，登记“废品损失明细账”，见表 6-2。

表 6-2　　废品损失明细账

产品：甲产品

年		凭证		摘　　要	直接材料	直接人工	制造费用	合计
月	日	字	号					
		略		修复废品领用材料	500			500
		略		修复废品应负担的人工费用		920		920
		略		计提职工福利费		128.80		128.80
		略		修复废品应负担的制造费用			700	700
		略		过失人赔偿		150		150
				本月废品净损失	500	898.80	700	2098.80
		略		结转废品净损失	500	898.80	700	2098.80

（2）不可修复废品损失的归集。不可修复废品的损失是指不可修复废品的生产成本扣减回收的残料价值和责任单位及个人赔偿后的净损失。由于不可修复废品的生产成本包括在合格品的成本之中，因此进行不可修复废品损失的归集，应采用一定的方法先计算和确定废品的生产成本，将其从合格品的成本中转出，然后扣减残值和应收赔款，计算出废品净损失再计入“废品损失”账户中。

不可修复废品的生产成本可以按废品所耗实际费用计算，也可以按废品所耗定额费用计算。

1）按废品所耗实际费用计算不可修复废品的损失。当企业决定采用按废品所耗实际费用计算不可修复废品损失的方法时，核算工作将简单明了。由于废品报废之前所发生的各项费用与合格品是在一起计算的，并且同在“基本生产成本”明细账中，此时只需要采用适当的分配方法，选择合理的分配标准，将各项生产费用在合格品与废品之间进行分配即可计算出不可修复废品的生产成本，然后将计算出的废品的实际成本，从“基本生产成本”科目的贷方转入“废品损失”科目的借方即可。

采用废品所耗实际费用计算不可修复废品的损失，是将每一项生产费用在合格品与废品之间进行分配。其通用的计算公式为

$$\left.\begin{aligned}&\text{某项生产费用分配率}=\frac{\text{该项生产费用总额}}{\text{合格品与废品的某种分配标准合计}}\\&\begin{array}{c}\text{废品应负担的}\\\text{某项生产费用}\end{array}=\text{废品的分配标准}\times\text{费用分配率}\end{aligned}\right\}\quad(6\text{-}1)$$

分配标准的选择应遵循资料容易取得、便于计算，且与待分配的费用之间有着较高的相关性等原则进行。一般来说，如果废品的发现是在入库后或接近完工时，则以产量为分配标准分配所有的生产费用。其分配计算公式为

$$\left.\begin{aligned}&\text{某项生产费用分配率}=\frac{\text{该项生产费用总额}}{\text{合格品产量}+\text{废品产量}}\\&\begin{array}{c}\text{废品应负担的}\\\text{某项生产费用}\end{array}=\text{废品产量}\times\text{费用分配率}\end{aligned}\right\}\quad(6\text{-}2)$$

如果废品是在生产过程中发现的，则应考虑原材料的投入方式。当原材料在生产开始时一次投入，则直接材料费用可以按照产量标准进行分配［同式（6-2）］，而加工费用则应选择产品的生产工时作为分配标准，计算公式为

$$\left.\begin{aligned}&\text{某项加工费用的分配率}=\frac{\text{该项加工费用}}{\text{合格品生产工时}+\text{废品生产工时}}\\&\begin{array}{c}\text{废品应负担的}\\\text{该项生产费用}\end{array}=\text{废品生产工时}\times\text{加工费用分配率}\end{aligned}\right\}\quad(6\text{-}3)$$

当原材料在生产过程中是陆续分次投入时，则各项费用应以废品的约当产量为标准进行分配，计算公式为

$$\left.\begin{aligned}&\text{某项费用的分配率}=\frac{\text{该项生产费用总额}}{\text{合格品产量}+\text{废品的约当产量}}\\&\begin{array}{c}\text{废品应负担的}\\\text{某项生产费用}\end{array}=\text{废品的约当产量}\times\text{费用分配率}\end{aligned}\right\}\quad(6\text{-}4)$$

其中：　　废品的约当产量＝废品产量×废品的完工程度（%）

如果产品成本中的材料费用所占比重较大时，为了简化计算，也可以采用废品只负担直接材料费用，其他费用则由合格品成本负担。

【例 6-2】 某企业第一生产车间本月生产乙产品 600 件，在生产过程中发现不可修复废品 40 件，其中废品的完工程度达到 80%。全部产品实际耗用生产工时为 3000h，其中废品的生产工时为 200h。乙产品基本生产成本明细账中归集的实际生产费用总额为 64 500 元，其中直接材料 21 000 元，直接人工 24 000 元，制造费用 19 500 元。该产品开工时材料一次投入生产过程。本月废品回收的残料价值为 360 元，责任人赔偿损失 100 元。根据资料，计算不可

修复废品损失，并编制会计分录。小数位保留两位。

根据资料，材料费用按产量比例分配，加工费用按废品的约当产量比例分配，有关计算如下。

直接材料费用分配率＝21 000/（560＋40）＝35（元/件）

40 件不可修复废品应负担的材料费用＝40×35＝1400（元）

直接人工费用分配率＝24 000/（560＋32）＝40.54（元/件）

40 件不可修复废品应负担的人工费用＝32×40.54＝1297.28（元）

制造费用分配率＝19 500/（560＋32）＝32.94（元/件）

40 件不可修复废品应负担的制造费用＝32×32.94＝1054.08（元）

将以上计算结果通过编制“不可修复废品损失计算表”则更为直观，见表 6-3。

表 6-3　不可修复废品损失计算表

年　月

生产车间：第一车间　　废品名称：乙产品　　废品数量：40 件

项　目	产量（件）	直接材料	直接人工	制造费用	合　计
生产费用总额	600	21 000	24 000	19 500	64 500
分配标准		560＋40	560＋32	560＋32	
费用分配率		35	40.54	32.94	
废品生产成本		1400	1297.28	1054.08	3751.36
减：过失人赔偿			100		100
残料价值		360			360
废品净损失		1040	1197.28	1054.08	3291.36

根据表 6-3 编制废品损失归集的会计分录如下。

A．结转不可修复废品生产成本

借：废品损失——乙产品　　3751.36

　　贷：基本生产成本——乙产品　　3751.36

B．回收废品残料价值

借：原材料　　360

　　贷：废品损失——乙产品　　360

C．责任人赔偿款项

借：其他应收款　　100

　　贷：废品损失——乙产品　　100

D．结转废品净损失

借：基本生产成本——乙产品　　3291.36

　　贷：废品损失——乙产品　　3291.36

仍以本例资料为准，若材料费用按产量比例分配，加工费用按工时比例分配，则有如下计算。

直接材料费用分配率＝21 000/（560＋40）＝35（元/件）

40 件不可修复废品应负担的材料费用＝40×35＝1400（元）

直接人工费用分配率＝24 000/（2800＋200）＝8（元/ h）

40 件不可修复废品应负担的人工费用＝200×8＝1600（元）

制造费用分配率＝19 500/（2800＋200）＝6.5（元/h）

40 件不可修复废品应负担的制造费用＝200×6.5＝1300（元）

将以上计算结果通过编制“不可修复废品损失计算表”则更为直观，见表 6-4。

表 6-4　　不可修复废品损失计算表

年　月

生产车间：第一车间　　　　废品数量：40 件

废品名称：乙产品　　　　废品生产工时：200h

项　目	产量（件）	直接材料	生产工时	直接人工	制造费用	合　计
生产费用总额	600	21 000	3000	24 000	19 500	64 500
分配标准		560＋40		2800＋200	2800＋200	
费用分配率		35		8	6.5	
废品生产成本	40	1400	200	1600	1300	4300
减：过失人赔偿				100		100
残料价值		360				360
废品净损失		1040		1500	1300	3840

根据表 6-4 的计算结果编制会计分录，借贷方会计科目不变，只需要将有关的金额作调整即可（编制过程略）。

在单独核算废品损失的企业，必须根据废品损失计算的结果和相关的会计分录登记“废品损失明细账”，同时应在“基本生产成本明细账”中进行登记，见表 6-5 和表 6-6。

表 6-5　　废品损失明细账

生产车间：第一车间　　　　产品：乙产品

年		凭证		摘　要	直接材料	直接人工	制造费用	合　计
月	日	字	号					
		略		不可修复废品生产成本	1400	1297.28	1054.08	3751.36
		略		过失人赔款		100		100
		略		回收残料价值	360			360
		略		废品净损失	1040	1197.28	1054.08	3291.36
		略		结转废品净损失	1040	1197.28	1054.08	3291.36

表 6-6　　基本生产成本明细账

生产车间：第一车间　　　　产品名称：乙产品

投产产量：600 件　　　　合格品产量：560 件

年		凭证		摘　要	直接材料	直接人工	制造费用	废品损失	合　计
月	日	字	号						
				生产费用总额	21 000	24 000	19 500		64 500

续表

年		凭证		摘要	直接材料	直接人工	制造费用	废品损失	合计
月	日	字	号						
		略		转出废品生产成本	1400	1297.28	1054.08		3751.36
		略		转入废品净损失				3291.36	3291.36
				合格产品总成本	19 600	22 702.72	18 445.92	3291.36	64 040
				合格产品单位成本	35	40.540 5	32.939 1	5.877 4	114.35 7

从表 6-6“基本生产成本明细账”中可以看出，在结转废品损失前，乙产品的生产总成本为 64 500 元，由于转出废品生产成本 3751.36 元，而转入废品净损失为 3291.36 元，结转废品损失后，乙产品的总成本为 64 040 元，比结转前减少了 460 元；但这并不意味着由于产生了废品，产品成本反而降低了。因为在生产过程中由于产生了废品，减少了合格品数量，合格品的单位成本却因此提高了 5.877 4 元（废品损失），所以并没有减低产品单位成本。

按废品所耗实际费用计算不可修复废品的损失，符合生产实际情况，但是核算工作量较大，并且必须要等到“基本生产成本明细账”中实际生产费用汇总之后才能计算和结转废品损失，这势必会影响及时核算废品损失的要求。

2）按废品所耗定额费用计算不可修复废品的损失。为了简化核算，在企业的消耗定额和费用定额比较健全的情况下，也可以按废品所耗定额费用计算不可修复废品的生产成本。即按废品的实际数量和各项消耗定额以及费用定额计算不可修复废品的生产成本，不考虑废品的实际生产费用。按这种方法，废品只负担定额成本，实际成本与定额成本之间的差异，全部由合格品负担。常用的计算公式如下。

$$\left.\begin{array}{c}\text{废品的材料定额成本}=\text{废品数量}\times\text{材料费用定额}\\ \text{废品的定额人工费用}=\text{废品的实际生产工时}\times\text{人工费用定额}\\ \text{废品的定额制造费用}=\text{废品的实际生产工时}\times\text{制造费用定额}\\ \text{废品定额成本}=\text{废品定额材料费用}+\text{废品定额人工费用}+\text{废品定额制造费用}\\ \text{废品净损失}=\text{废品定额成本}-\text{废品回收残值}-\text{责任赔款}\end{array}\right\}\quad(6\text{-}5)$$

【例 6-3】 沿用［例 6-2］。某生产企业第一生产车间本月生产的乙产品发现不可修复废品 40 件，原材料在生产开始时一次投入，废品已完成的定额生产工时为 200h。乙产品单位产品原材料消耗定额为 65 元/件，工时消耗定额为 5h/件。每小时的费用定额分别为直接人工费用 4.20 元，制造费用 3.00 元。废品回收残料价值 360 元，已交原材料仓库；按规定过失人赔偿 100 元。根据资料计算 40 件不可修复废品的生产成本以及废品净损失如下。

不可修复废品的定额生产成本为

直接材料＝40×65＝2600（元）

直接人工＝200×4.20＝840（元）

制造费用＝200×3.00＝600（元）

废品的定额生产成本＝2600＋840＋600＝4040（元）

不可修复废品的净损失为

废品净损失＝4040－360－100＝3580（元）

根据计算结果编制会计分录如下。

A．结转废品的定额生产成本

借：废品损失——乙产品　　4040

　　贷：基本生产成本——乙产品　　4040

B．回收废品残料价值

借：原材料　　360

　　贷：废品损失——乙产品　　360

C．责任人赔款

借：其他应收款　　100

　　贷：废品损失——乙产品　　100

D．结转废品净损失

借：基本生产成本——乙产品　　3580

　　贷：废品损失——乙产品　　3580

根据会计分录登记“基本生产成本明细账”，见表 6-7（废品损失明细账的登记从略）。

表 6-7　　基本生产成本明细账

生产车间：第一车间　　产品名称：乙产品

投产产量：600 件　　合格品产量：560 件

年		凭证		摘　　要	直接材料	直接人工	制造费用	废品损失	合　　计
月	日	字	号						
				生产费用总额	21 000	24 000	19 500		64 500
		略		转出废品定额生产成本	2600	840	600		4040
		略		转入废品净损失				3580	3580
				合格产品总成本	18 400	23 160	18 900	3580	64 040
				合格产品单位成本	32.857 1	41.357 1	33.75	6.392 9	114.357 1

按废品的定额费用计算废品的定额生产成本，由于费用定额事先已经规定好，不仅计算工作比较简便，而且还可以使计入产品成本的废品损失数额不会受到废品实际费用水平高低的影响，即废品损失大小只受废品数量差异（量差）的影响，不受废品成本差异（价差）的影响，从而有利于废品损失和产品成本的分析和考核。但是，采用这一方法计算和分配废品损失，企业必须具备比较准确的消耗定额和费用定额的资料。因此这种方法适用于定额管理基础较好的企业。

（二）废品损失分配去向分析

在废品损失明细账中所归集的各项废品损失，于月末扣除回收残料价值和责任赔款后的净损失，应由本月同种产品的合格品成本负担，即废品净损失由当月同种产品的完工产品成本负担，月末在产品和半成品一般不负担废品损失。通常，废品损失应直接计入废品所属的同种产品成本之内；对于已经入库和出售的产品，经发现为废品，其损失计入本月生产的同种产品或同类产品的成本；若本月未生产同种或同类产品，则将废品损失按一定的标准，在其他种类的产品成本间进行分配。

在单件小批的生产企业里，不论该订单的生产任务是否完成，生产过程中发生的废品损失还是应该计入该份订单的生产成本。

从加强成本管理和控制损失性费用角度出发，在产品发生的盘亏、毁损和报废计入制造费用。废品净损失由完工产品成本负担，有利于分清成本责任，及时解决生产中存在的问题，防止废品损失继续发生。

单独核算废品损失的账务处理程序如图 6-1 所示。

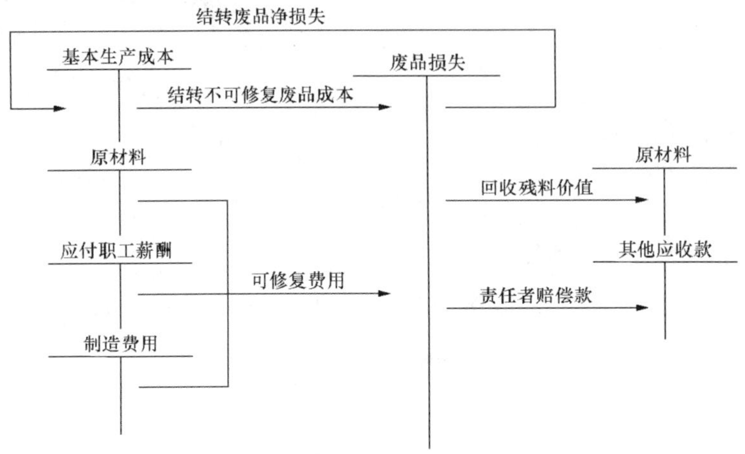

图 6-1 单独核算废品损失的账务处理程序图

任务二 停工损失核算与分析

一、停工损失的含义

（一）停工损失的含义

工业企业在组织和管理生产经营活动中，可能会因为某种原因造成生产活动暂时停止，俗称停工。企业所发生的停工，从管理角度考虑主要分为计划内停工和计划外停工。计划内停工是计划所规定的停工，如计划减产、季节性停工、计划大修理停工等；计划外停工是非人为因素造成的停工，如停电、原材料供应中断、机器设备故障、设计图纸和工艺文件缺乏或出错、意外事故、自然灾害等原因造成的停工。从责任划分角度考虑，可以分为外部责任停工和内部责任停工两种。外部责任单位包括企业以外的电力供应部门、原材料供应商等，企业以内的主要是供水、修理等辅助生产车间，以及企业的质量检验部门等；内部责任单位和个人主要有生产车间、班组的管理人员、生产技术人员和操作人员等。

停工损失是指基本生产车间因停工而发生的各项费用，包括停工期内发生的材料（燃料、动力）费用、应支付的生产工人工资和计提的福利费，以及应分摊的制造费用等。

（二）停工损失的计算范围

从理论上来说，不论何种原因，任何停工都会给企业造成损失，但并非所有的停工损失都要计入产品成本。为了简化核算，生产单位（车间、班组）不满一个工作日的停工，一般不计算停工损失，期间所发生的生产费用计入制造费用；季节性和修理期间发生的生产费用，由开工期内的生产成本负担，不作为停工损失，可计入制造费用；因计划减产造成全厂连续

10 天以上停产、企业的主要生产车间连续一个月以上停产、自然灾害造成的停产等所发生的生产费用属于停工损失，但不计入产品成本，而应计入营业外支出。所谓连续停产是指不中断的停产，停产时间的计算可以跨月累积计算。

二、停工损失核算的账户设置

为了考核和控制企业停工期间发生的各项费用，在会计科目中应增设“停工损失”会计科目，在产品成本项目中应增设“停工损失”成本项目，以便于组织停工损失的核算。

“停工损失”会计科目是为了归集和分配停工损失而设立的。该科目应按车间设立明细账，账户内按成本项目设专栏，以进行明细核算。该账户的借方登记停工期间发生的应计入停工损失的各项费用，如停工期间支付的生产工人工资以及按一定比例计提的职工福利费、燃料、动力、应负担的制造费用等；贷方登记责任者赔款和分配结转的停工净损失。该账户月末一般无余额；如有余额，也是属于跨月连续停工的情况，余额一定在借方。

应该说明的是，在单独核算停工损失的企业里，在制造费用明细账的费用项目中，可以不再设立“季节性和修理期间的停工损失”费用项目。

三、停工损失的核算与分析

（一）停工损失的归集

1. 计算停工损失的原始凭证

计算停工损失的原始凭证主要是“停工报告单”，简称“停工单”。停工报告单主要记录停工时间、停工原因、责任人员，以及停工期间生产工人应计工资等信息。当生产单位因各种原因发生停工时，车间和班组的值班人员应及时向值班负责人和生产单位负责人报告，并迅速查明原因，采取措施恢复生产。如果停工超过一定时间又不能恢复生产，生产车间的值班人员应立即填写“停工报告单”，并由值班负责人签字后上报。如果属于企业外部原因和自然灾害造成的停工，除了填写“停工报告单”外，还应编写专门的报告并附有关凭证，以便准确地处理停工损失。

出现停工后，企业的生产计划调度部门和有关的生产单位，应及时安排停工人员做其他的工作并做好有关记录，作为计算生产工人工资的依据。

“停工报告单”应于停工结束后及时送交企业的劳资部门，作为计算停工工资和停工损失的依据。劳资部门应当对“停工报告单”所列的停工范围、停工时间数、停工原因以及过失单位等内容进行审核，并查明原因，明确责任单位和个人。只有经过审核的“停工报告单”才能作为计算停工损失的原始凭证。

2. 停工损失归集实务操作

在停工期间发生的原材料、水电费、生产工人工资及计提的福利费等，一般都可以根据原始凭证直接计入停工损失账户；制造费用能够直接确定的尽量直接计入，不能直接确定的，可以按停工时间数和小时制造费用分配率（计划或实际）分配计入。

【例 6-4】 某企业粗加工车间本月由于设备发生故障连续停工 5 天，停工期间应支付的生产工人工资为 3000 元，应计提的福利费为 420 元，应分摊的制造费用为 600 元。该企业的精加工车间由于外部供电线路问题造成停工 3 天，停工期间损失的材料费用为 5000 元，应支付的生产工人工资为 4000 元，应计提的福利费为 560 元，应分摊的制造费用为 800 元。根据资料编制会计分录如下。

借：停工损失——粗加工车间　　4020
　　　　　　——精加工车间　　10 360
　贷：原材料　　5000
　　　应付职工薪酬——工资　　7000
　　　　　　　　　——职工福利　　980
　　　制造费用——粗加工车间　　600
　　　　　　　——精加工车间　　800

（二）停工损失分配去向分析

“停工损失”账户归集的停工损失，应于月末根据发生停工的原因进行分配和结转。对于发生的计划内停工损失，一般可以通过预提和待摊的方式，由开工期间的产品成本负担，即计入产品成本中的“制造费用”。对于发生的计划外的停工损失，如果可以获得赔偿的应当积极索赔，并冲减停工损失；如果是由于自然灾害等引起的其他原因造成的损失，应当计入营业外支出；除此之外，因其他原因造成的停工损失均应计入产品成本。在全月均停工的情况下，“停工损失”账户归集的停工损失由下月开工的产品成本负担。

如果发生停工的生产车间、班组只生产一种产品，可以将停工损失直接计入该种产品的生产成本明细账中单独设置的“停工损失”成本项目；如果发生停工的车间、班组生产多种产品，应按一定的标准在该种产品之间进行分配以后，分别计入各该产品的生产成本明细账中的“停工损失”成本项目。鉴于停工损失核算反映的是生产活动停止期间发生的生产费用，可选择生产工时作为分配标准分配停工损失。各产品的生产工时多少影响和决定各产品所负担的停工损失大小，符合“受益”原则。

从加强成本管理和控制损失性费用的角度考虑，停工损失一般应由完工产品成本负担，在产品和半成品不负担停工损失。

在单独核算停工损失的企业里，为了简化核算工作，基本生产成本明细账中也可以不专门设置“停工损失”成本项目和专栏，将停工损失直接计入“制造费用”项目内。

在停工损失发生很少的企业，一般不单独组织停工损失的核算，可以将停工期间发生的费用，分别计入“基本生产成本”明细账内的“直接材料”、“直接人工”、“制造费用”等各有关成本项目内。

单独核算停工损失的账务处理程序如图6-2所示。

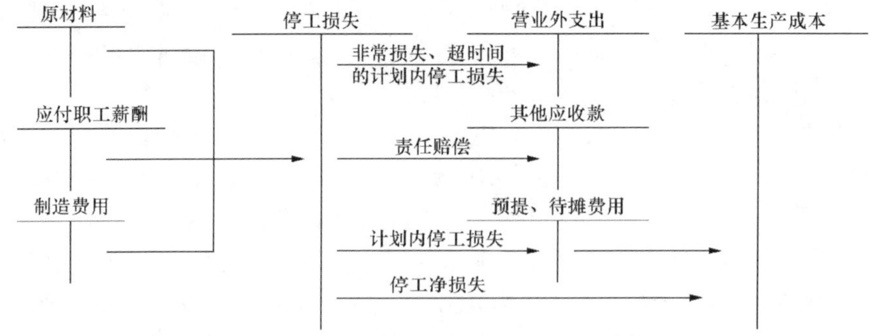

图6-2　单独核算停工损失账务处理程序图

项目闯关测试

一、单项选择题

1. 经鉴定不需要返修可以降价出售的不合格品，其售价与生产成本的差额体现为（　　）。

A. 废品损失　　B. 销售损益
C. 修复费用　　D. 营业外支出

2. 废品净损失应由（　　）。

A. 同种合格产品成本负担　　B. 营业成本负担
C. 营业外支出负担　　D. 税后利润负担

3. 废品损失中，应由过失人赔偿的款项，应记入（　　）。

A. “废品损失”明细账户的借方　　B. “废品损失”明细账户的贷方
C. “营业外支出”账户的贷方　　D. “其他应收款”账户的贷方

4. 因个人或单位原因产生的生产损失，企业应向责任者索取赔偿，会计上应通过（　　）核算。

A. 废品损失　　B. 停工损失
C. 其他应收款　　D. 其他应付款

5. 为了简化核算，不满一个工作日的停工，在会计处理上可以不计算停工损失，而是将其直接计入（　　）。

A. 废品损失　　B. 管理费用
C. 制造费用　　D. 以上都不是

6. 在不单独核算废品损失的企业中，一般不专门设置“废品损失”会计科目，只是在回收废品的残料时，借记“原材料”会计科目，贷记（　　）会计科目。

A. 基本生产成本　　B. 制造费用
C. 其他应收款　　D. 废品损失

7. 在单独核算停工损失的企业里，在制造费用明细账内的费用项目中，（　　）。

A. 需要单独设立“季节性和大修理期间的停工损失”
B. 不需要单独设立“季节性和大修理期间的停工损失”
C. 需要设立“停工损失”会计科目
D. 不需要设立“停工损失”会计科目

8. 由于自然灾害造成的非正常停工损失，应计入（　　）。

A. 营业外收入　　B. 营业外支出
C. 管理费用　　D. 生产成本

9. 单独核算停工损失的企业，（　　）应列为停工损失。

A. 辅助生产车间发生的停工损失
B. 季节性生产企业停工期间发生的费用
C. 生产车间不满一个工作日的停工
D. 机器设备故障导致某生产车间停工三天

10. 下列属于废品损失的是（　　）。

A. 直接降价出售的不合格品

B．出售后发生的退货、索赔损失

C．入库后由于保管不善造成的损坏、变质损失

D．入库时发现属于生产过程原因造成的废品修复费用

二、多项选择题

1．计算不可修复废品净损失应考虑的因素有（　　）。

A．不可修复废品的生产成本

B．废品回收材料和废料价值

C．应由造成废品的过失人负担的赔偿

D．应由企业负担的销售退回废品的运输费用

2．结转停工损失的会计分录中，对应的借方科目主要有（　　）。

A．生产成本—基本生产成本　　B．制造费用—基本生产车间

C．营业外支出　　D．主营业务成本

3．与废品损失明细账户贷方对应的借方科目主要有（　　）。

A．生产成本——基本生产成本　　B．原材料

C．其他应收款　　D．银行存款、现金等

4．废品损失包括的内容有（　　）。

A．不可修复废品的净损失　　B．销售退回废品的生产成本

C．可修复废品的修复费用　　D．保管不善产生废品的报废费用

5．停工损失包括的内容有（　　）。

A．季节性生产企业停工期内的费用

B．停工期内支付的生产工人工资及提取的应付福利费

C．停工期内耗用的燃料和动力费

D．停工期内应负担的制造费用

6．废品损失中废品的范围包括（　　）。

A．生产过程中发现的废品

B．入库以后发现的生产过程造成的废品

C．入库以后保管不善等原因造成的废品

D．不需要返修就可以出售的不合格品

7．在单独核算停工损失的企业里，（　　）。

A．需要设立“停工损失”会计科目

B．需要设立“季节性和大修理期间的停工损失”费用项目

C．不需要设立“停工损失”会计科目

D．不需要设立“季节性和大修理期间的停工损失”费用项目

8．废品按其是否可以修复和是否值得修复分为（　　）。

A．工废　　B．料废

C．可修复废品　　D．不可修复废品

9．可修复废品必须具备（　　）等条件。

A．在技术上可以修复　　B．在经济上合算

C．只要修复后可以使用　　D．三个条件同时具备

10．“停工损失”科目贷方的对应科目可能有（　　）。

A．“制造费用”　　B．“其他应收款”

C．“营业外支出”　　D．“基本生产成本”

三、判断题

1．损失性费用没有创造价值，不应计入产品成本。（　　）

2．可修复废品是指技术上可以修复的废品。（　　）

3．不可修复废品是指技术上不能修复，或者支付修复费用在经济上不合算的废品。（　　）

4．销售后发现的废品，包括废品的生产成本和运输费用等，都应列作废品损失。（　　）

5．产品入库以后由于保管不善等原因而损坏变质的损失，应作为管理费用处理。（　　）

6．不论是什么性质的损失，只要是发生在生产车间、班组的，均应计入当期的产品生产成本。（　　）

7．废品损失应在完工产品和在产品之间进行分配，以确保产品成本计算的准确性。（　　）

8．只要在技术上可以修复废品，即为可修复废品。（　　）

9．“停工损失”科目的贷方对应的科目有“其他应付款”。（　　）

10．不可修复废品的修复费用应计入废品损失。（　　）

项目综合实训

实　训　一

实训背景

某自行车制造厂设有零件、部件、装配三个流水线式的基本生产车间和一个修理车间。为保证完成产品的质量，各车间的产品均须经过该厂的质检部门质量检验。为了将废品损失控制到最小，成本会计制度规定应单独核算废品损失。按实际成本计算和结转废品损失。

实训资料

（1）基本生产第一车间本月生产产品 500 件，实际完成的生产工时为 2000h；

（2）生产过程中发现不可修复废品 20 件，废品的完工程度为 80%，其实际生产工时为 100h；

（3）该产品的“基本生产成本”明细账归集的生产费用分别为：直接材料 10 500 元，直接人工（已含职工福利费）12 000 元，制造费用 9150 元；

（4）该废品回收的残料价值为 190 元；

（5）按规定由责任人赔偿材料费 120 元；

（6）该产品投料方式为生产开始时一次投入。

实训要求

（1）计算各成本项目的费用分配率；

（2）计算不可修复废品的生产成本；

（3）编制不可修复废品损失计算表；

（4）登记“废品损失”明细账；

（5）登记“基本生产成本”明细账；

（6）编制计算和分配结转废品损失的会计分录；

（7）分析说明废品损失对完工产品成本的影响程度。

实　训　二

实训背景

某机械制造厂为平行装配式的生产组织，分别设有四个基本生产车间，各自生产加工不同的零部件。为保证装配完工的产品质量，企业规定各车间生产的零部件均须经过企业质检部门的质量检验。成本管理要求，发现废品必须及时准确地报告、核算。成本会计制度规定，不可修复废品的生产成本按废品所耗定额费用计算和分配。

实训资料

（1）基本生产第三生产车间本月生产产品过程中，发现不可修复废品 20 件；废品已完成的定额工时为 160h；

（2）该产品的单位产品原材料费用定额 60 元/件；直接人工为 3.5 元/h；制造费用为 4 元/h；

（3）不可修复废品的残料作价 500 元；

（4）应由过失人赔偿 60 元。

实训要求

（1）计算不可修复废品的定额生产成本；

（2）计算不可修复废品的净损失；

（3）编制计算和结转废品损失的会计分录。

项目七　完工产品与在产品成本计算与分析

【项目提要】

本项目主要阐述了在产品数量的核算和在产品成本的核算。确定在产品数量和计算在产品成本，是为了准确地计算出完工产品成本，也就是将生产费用累计数在完工产品和在产品之间合理分配。其中侧重介绍了不计算在产品成本法、固定在产品成本法、在产品只计算材料成本法、约当产量法、定额成本法、定额比例法、在产品按完工产品成本计算法等。

【知识目标】

通过对各项任务的教学和实训，使学生理解广义在产品和狭义在产品的含义和区别，以及在产品和完工产品之间的内在关系，了解在产品数量控制和会计处理方法；熟悉计算完工产品成本的各种方法。

【技能目标】 1. 正确掌握在产品数量的核算方法

2. 能够正确地划分完工产品与在产品的费用
3. 能够自主运用不同的分配方法计算和结转完工产品成本
4. 能够自主编制完工产品成本汇总表

前面项目二～项目六所讲述的内容，是企业生产过程中发生的各项生产费用，按照一定的程序与方法，在企业的各成本计算对象之间所进行的归集和分配。至此，企业生产过程中发生的各项耗费，已归集到"基本生产成本"明细账中。在会计期末有完工产品（或有完工产品）产出时，需要确定完工产品的总成本与单位成本，还需要采用一定的分配标准，将"基本生产成本"账户中所归集的总费用，在完工产品与在产品之间进行划分。

任务一　在产品数量核算的基本认知

一、在产品的认知

工业企业的在产品，通常指处在生产过程中，但尚未最后完工，不能作为商品产品对外销售的产品，其含义有狭义和广义之分。广义的在产品包括正在车间加工中的在产品、需要继续加工的半成品、等待验收入库的产成品、正在返修和等待返修的废品等。对外销售的自制半成品，属于商品产品，验收入库后不应列入在产品之内。不可修复废品也不包括在在产品之内。广义的在产品是从整个企业来说的。狭义的在产品是针对某一车间或某一生产步骤来说的，所以狭义的在产品只包括该车间或该生产步骤正在加工中的那部分在产品，车间或生产步骤已完工的半成品不包括在内。这里所讲的在产品是狭义在产品。

二、在产品与完工产品成本计算模式认识

企业在生产产品过程中所发生的各项费用，在经过分配后，都归集在"基本生产成本"明细账和各种产品成本计算单中。这些费用的总和减去交库的废料价值后，就是本月发生的生产费用。当月初、月末没有在产品时，本月发生的生产费用就等于本月产成品的成本；如

果月初、月末有在产品，则本月发生的生产费用加上月初在产品成本之后，还必须在完工产品和月末在产品之间进行分配，才能计算出本月完工产品成本。月初在产品成本、本月生产费用、本月完工产品成本和月末在产品成本之间的关系可用下式表示：

月初在产品成本＋本月生产费用＝本月完工产品成本＋月末在产品成本　　(7-1)

完工产品和月末在产品成本的计算一般有以下三种模式。

(1) 先计算完工产品成本，然后将生产费用合计减去完工产品成本，其余额就是在产品成本。完工产品成本既可以通过完工产品产量与完工产品单位成本两个因素的乘积取得，也可以由完工产品所耗费的直接材料、直接人工、制造费用之和求得。

(2) 先计算月末在产品成本，将生产费用合计减去在产品成本，其余额就是完工产品成本。月末在产品成本可以由月末在产品数量与月末在产品的单位成本乘积取得。

(3) 采用适当的方法，将生产费用在完工产品与月末在产品之间进行分配，同时计算出完工产品成本和月末在产品成本。

但是，无论采用哪一种计算模式，都必须正确组织在产品收发结存的核算，取得在产品动态和结存的数量资料。

在产品成本和完工产品成本之间存在着此消彼长的关系。一般企业的在产品数量较大，品种规格繁多，流动性又很强，如果不加强管理，很容易丢失。其结果是，不但浪费资源，加大损耗，使企业的成本上升，削弱企业的对外竞争力，而且在产品实物失控还会影响到产品成本计算的准确度。所以要保证完工产品与在产品成本划分的准确度，除了正确地确认、归集和分配各项生产耗费外，还必须明确各部门在产品实物管理的责任，搞好在产品收发、结存的数量控制。

三、在产品数量核算的基础工作

在产品结存的数量，不仅关系到在产品的实物安全，更重要的是会影响到产品成本核算的准确性，因而同其他材料物资结存的数量一样，应同时具备账面核算资料和实际盘点资料。企业一方面要做好在产品收入、发出和结存日常核算的工作；另一方面要对在产品进行定期和不定期的清查盘点。做好这两项工作，既可以从账面上随时掌握在产品的动态，又可以清查在产品的实际数量。这不仅对正确计算产品成本，加强生产资金管理，以及保护企业财产有着重要意义，而且对掌握生产进度，加强生产管理也有着重要意义。

为了加强对在产品数量的日常核算，应重点做好以下几项基础工作。

1. 建立健全各项原始记录和在产品台账制度

企业产品生产过程中发生的在产品投入、产出、送检、入库、盘存等环节的工作，都应填制相应的原始凭证，真实反映在产品的动态和结存情况。例如，在产品在各工序之间转移时，各个工序都应填制记录产量的原始凭证，及时办理在产品转移手续；对于完工的半成品送交半成品仓库暂时存放时，必须填制自制半成品的入库单；在产品在转移验收过程中，如果发生短缺、毁损或报废时，应填制在产品短缺单或报废单等。

在产品各流转环节所填制的各种原始凭证反映的是在产品流动的某一个方面，企业还必须设立“在产品台账”，以完整地反映在产品的动态。期末在进行在产品清查时，“在产品盘存表”的有关数据应与“在产品台账”核对一致。“在产品台账”可由车间核算人员登记，也可由各班组工人登记，由车间核算人员审核汇总。“在产品台账”的基本格式见表 7-1。

表 7-1　　　　**在 产 品 台 账**

零部件名称、编号：　　　　　　　　　　　　　　车间名称：

月	日	摘　要	收　入		转　出			结　存		备注
			凭证号	数量	凭证号	合格品	废品	完工	未完工	
		合　计								

2. 做好在产品的转移交接工作

在产品在企业内部各部门之间的转移工作，应以制度保证在产品每次转移都能严格交接手续，做到事事有人负责，步步填制凭证，点数严格，交接清楚。

3. 加强半成品仓库的管理工作

企业的半成品仓库主要保管的是产品的毛坯、自制的零部件等。如果企业设立有半成品仓库，则意味着半成品的收发较频繁，所以在管理上应重点抓好以下几点：①应区分半成品设立半成品明细账，并根据半成品的收发凭证及时登记，以反映半成品的收发、结存情况。在大批量单步骤生产的企业或者企业的成本管理不要求提供半成品价值信息的多步骤生产的企业里，半成品明细账只登记半成品的数量，假如半成品仓库由生产车间管理，半成品明细账和在产品台账可以合二为一。当企业的半成品具有独立的经济意义时，半成品明细账还需要按半成品的不同计价标准列示其价值信息。②核定半成品的合理储备量。半成品仓库应根据企业的生产实际情况，核定每一半成品的最低和最高储备量，以防止存量不足和占用资金等情况的发生。③建立半成品仓库的配套性检查制度。做到经常检查各种半成品的库存配套情况，以保证均衡生产。④加强半成品的盘点清查工作。对于一般的半成品应定期进行盘点清查；对于重要的半成品，还应不定期地进行盘点。

四、在产品数量计算方法认知

在产品数量的计算方法因采用盘存制度不同而不同。企业对在产品的管理可以采用实地盘存制或永续盘存制。在实地盘存制下，不论生产组织方式与工艺流程有何不同，存在于各生产车间或生产步骤的在产品，均可以通过实地盘点取得，或通过“期初在产品量＋本期投入量＝完工产品量－期末在产品量”的关系式推算求得。在永续盘存制下，企业通常是对具有独立经济意义的半成品（广义上的在产品）建立“自制半成品台账”或“在产品台账”进行数量的记录，但需要期末进行实地盘点，做到账存在产品量与实存在产品量相符。不相符可能是发生在产品的减少毁损、报废，一般不会发生在产品的溢余，除非“台账”登记有误。实际工作中，两种盘存制度可结合使用。

从在产品的广义与狭义的涵义角度出发，可根据在产品所处的环节不同、表现形态不同，采用一定的技术性方法，确定在产品数量。对于正处于某车间（步骤）加工中的在产品，可根据指标之间的关系推算求得，即：期末在产品量＝期初在产品量＋本期投入量－完工产品量。对于已完成所有加工步骤等待验收入库的产成品（视同在产品），可实地点验以确定其数量。对于正在修复和等待修复的废品（视作在产品），可根据生产车间填制的“废品通知单”确定其数量。对于需要继续加工的半成品（广义上的在产品），可根据某生产步骤的完工记录确认；而完成本步骤加工的在产品等同于上述第一种情况。

五、在产品清查的账务处理

为了核实在产品的数量，保护在产品的安全完整，企业必须认真做好在产品的清查工作。在产品盘点后，应将盘点结果记入“在产品盘点报告表”，并重点载明溢缺数量、溢缺金额、溢缺原因等。如果在产品的盘存盈亏是由于没有办理领料或交接手续，或者由于某种产品的零件为另一种产品挪用，则应补办手续，及时转账更正。如果在产品的入库、领用等手续健全，原始凭证俱全，仍然发生了溢余、短缺，可根据具体原因，经批准后作相应的账务处理。具体操作如下。

1. 在产品盘盈的核算

（1）发生盘盈时：

借：基本生产成本（计划成本或定额成本）

　　贷：待处理财产损溢——待处理流动资产损溢

（2）经批准核销盘盈时：

借：待处理财产损溢——待处理流动资产损溢

　　贷：制造费用

2. 在产品盘亏、毁损和报废的核算

（1）发生盘亏、毁损、报废时：

借：待处理财产损溢——待处理流动资产损溢

　　贷：基本生产成本（计划成本或定额成本）

（2）收回报废、毁损的残值时

借：原材料

　　贷：待处理财产损溢——待处理流动资产损溢

（3）向责任单位、个人索赔时：

借：其他应收款

　　贷：待处理财产损溢——待处理流动资产损溢

（4）意外事故、自然灾害造成的损失：

借：营业外支出

　　贷：待处理财产损溢——待处理流动资产报溢

（5）结转净损失（即一般性经营损失）：

借：制造费用

　　贷：待处理财产损溢——待处理流动资产损溢

为了正确、及时地归集和分配制造费用，有关在产品盘存盈亏处理的核算，应该在制造费用结账以前进行。

辅助生产的在产品数量核算与基本生产基本相同，但辅助生产在产品清查的结果，应在“辅助生产成本”科目中核算，而不通过“基本生产成本”科目核算。

任务二　完工产品与月末在产品成本计算与分析

生产费用在完工产品和期末在产品之间的分配，即在产品成本的计算，这是成本核算的最后一个步骤。当在产品的数量较大，品种规格较多且完工程度不一时，成本核算将是比较复杂的。

一、完工产品成本与在产品成本的价值关系

企业为了准确计算各月的损益，其成本核算工作一般是按月进行的。当月末有完工产品产出并入库时，应将完工产品的成本从“基本生产成本”明细账中转入“库存商品”账户中。如果本月投产的产品全部完工，则“基本生产成本”明细账中归集的生产费用即是完工产品的成本；如果本月投产的产品部分完工部分未完工，则“基本生产成本”明细账中归集的生产费用就需要在完工产品和在产品之间进行分配。本月生产费用、本月完工产品成本以及月初、月末在产品成本之间的关系见任务一。

由式（7-1）可以看出，月初在产品成本和本月生产费用是已知的，为了计算出本月完工产品成本，需要将公式左侧的两项费用之和在公式右侧完工产品与月末在产品之间进行分配。则月初在产品成本、本月生产费用、本月完工产品成本和月末在产品成本之间的等式演变为

本月完工产品成本＝本月生产费用＋月初在产品成本－月末在产品成本　（7-2）

这一等式运用的前提是，必须先确定月末在产品成本，然后再确定完工产品成本。这需要采用一定的方法对月末在产品先进行计价，然后倒挤完工产品成本。

另一种方法是，同时确定完工产品成本与月末在产品成本。这需要选择一种分配标准，将生产费用在完工产品与在产品之间进行分配，同时确定出完工产品成本和月末在产品成本。

二、完工产品与月末在产品成本计算方法

当月末有在产品时，企业应该根据在产品数量的多少、各月在产品数量变化的大小、各项费用比重的大小，以及定额管理基础的好坏等具体条件，采用适当的分配方法，将生产费用在完工产品和在产品之间进行分配，从而计算出本月完工产品成本和月末在产品成本。

生产费用在完工产品和在产品之间的分配核算，常用的方法有在产品不计算成本法和在产品计算成本法两种。其中，在产品计算成本法主要有按年初数固定计算在产品成本法、在产品按所耗原材料费用计价法、在产品按约当产量计算法（约当产量比例法）、在产品按完工成本计算法、在产品按定额成本计价法和定额比例法等。在产品成本计算方法一经确定，没有特殊情况，不应经常变动。

（一）在产品不计算成本法运用与分析

采用这种分配方法时，虽然有月末在产品，但不计算成本。这种方法适用于各月月末在产品数量很小的产品。根据式（7-2）可以看出，如果各月月末在产品的数量很小，那么，月初和月末在产品成本就很小，月初在产品成本与月末在产品成本的差额更小，算不算各月在产品成本对于本月完工产品成本的影响很小。因此，为了简化成本核算工作，可以不计算在产品成本，将发生的全部生产费用都由完工产品成本负担。这时，本月发生的生产费用，就是完工产品的总成本，用总成本除以产量，就是单位产品成本。例如，煤炭工业的采煤，由于工作面小，在产品数量很少，月末在产品就可以不计算成本。所以此法主要适用于在产品数量很少，或者无在产品的企业，如采掘企业、自来水公司等。

【例 7-1】 某企业大量生产甲产品，月末在产品数量很小，采用不计算在产品成本法。本月甲产品发生的生产费用总额为 400 000 元，其中，直接材料 200 000 元，直接人工 120 000 元，制造费用 80 000 元。甲产品本月完工 1000 件，产品成本计算单见表 7-2。

表 7-2 产品成本计算单

产品：甲产品 产量：1000 件 ×年×月 单位：元

摘 要	直接材料	直接人工	制造费用	合 计
本月生产费用	200 000	120 000	80 000	400 000
结转完工产品成本	200 000	120 000	80 000	400 000
完工产品单位成本	200	120	80	400

根据计算结果，编制会计分录如下。

借：库存商品——甲产品 400 000

贷：基本生产成本——甲产品 400 000

（二）在产品按年初固定成本计算法运用与分析

采用这种分配方法时，各月末在产品成本按年初数固定计算。这种方法适用于各月末在产品数量较少，或者在产品数量虽大，但各月之间变化不大的产品。这是因为，如果月末的在产品数量不是很少，仍然不计算在产品成本，会使产品成本核算反映的在产品资金占用不实，不利于资金管理；这些在产品不计价入账，成为账外财产，还会影响企业对这些财产实行会计监督。对于月末在产品数量较少的产品来说，由于月初和月末在产品成本较小，月初在产品成本与月末在产品成本的差额很小，算不算各月在产品成本的差额对于计算完工产品成本的影响不大；对于各月末在产品数量较大的产品来说，月初和月末在产品成本虽然较大，但由于各月末在产品数量变化不大，因而月初、月末在产品费用的差额仍然不大，各月在产品费用的差额是否计算对于完工产品费用的影响仍然不大。因此，为了简化产品成本计算工作，上述两种产品的每月在产品成本都可以按年初数固定计算。

【例 7-2】某企业生产的 201 号产品月末在产品数量较少，采用按年初数固定计算在产品成本法。该产品年初在产品成本为 12 000 元，其中直接材料 5960 元，直接人工 2400 元，制造费用 3640 元。3 月份发生生产费用 108 000 元，其中直接材料 51 800 元，直接人工 21 600 元，制造费用 34 600 元。201 号产品本月完工 20 000 件，产品成本计算单见表 7-3。

表 7-3 产品成本计算单

产品：201 号 产量：20 000 件 ×年 3 月 单位：元

摘 要	直接材料	直接人工	制造费用	合 计
月初在产品成本	5960	2400	3640	12 000
本月生产费用	51 800	21 600	34 600	108 000
生产费用合计	57 760	24 000	38 240	120 000
月末在产品成本	5960	2400	3640	12 000
结转完工产品成本	51 800	21 600	34 600	108 000
完工产品单位成本	2.59	1.08	1.73	5.4

根据计算结果，编制会计分录如下。

借：库存商品——201 号　　　　108 000

　　贷：基本生产成本——201 号　　　　108 000

采用这种分配方法的产品，每月发生的生产费用，全部作为当月该种完工产品的成本。但在年末，应该根据实际盘点的在产品数量，具体计算在产品成本，据以计算 12 月份产品成本，并将算出的年末在产品成本作为下一年度各月固定的在产品成本，以免在产品成本与实际出入过大，影响产品成本计算的正确性。采用这种分配方法，1～11 月份各月月末在产品成本是固定的，极大地简化了成本核算工作；而且从全年来看，因为年初和年末在产品都经过实地盘点，全年完工产品总成本的计算也是正确的。炼铁企业和化工企业的产品，由于高炉和化学反应装置的容积固定，在产品数量都较稳定，可以采用这种方法。

（三）在产品按所耗原材料费用计算法运用与分析

当产品成本中的某成本项目费用占产品成本比重较大时，而且各月月末在产品数量较多，或者各月月末在产品数量不均衡，为了简化核算，在产品成本可以按占成本项目比重大的成本项目的实际费用（或定额费用）计算成本。采用这种分配方法时，月末在产品只计算其所耗用的原材料费用（直接材料），不计算工资及福利费等加工费用，即产品的加工费用全部由完工产品成本负担。

这种分配方法适用于各月末在产品数量较大，各月在产品数量变化也较大，但原材料费用在产品成本中所占比重较大的产品。这是因为，各月末在产品数量较大，各月在产品数量变化也较大的产品，既不能采用第一种分配方法，也不能采用第二种分配方法，而必须具体计算每月末的在产品成本。但是，由于该种产品的原材料费用比重较大，工资及福利费等加工费用比重不大，因而，在产品成本中的加工费用，以及月初、月末在产品加工费用的差额不大，月初和月末在产品的加工费用基本上可以互相抵消。因此，为了简化成本计算工作，在产品可以不计算加工费用。这样，产品的全部生产费用，减去按所耗原材料费用计算的月末在产品成本，就是本期完工产品成本。纺织、造纸和酿酒等工业的产品，由于原材料费用比重较大，都可以采用这种分配方法。

如果原材料在生产开始时一次性投入，月末在产品成本与完工产品成本可按下列公式计算

$$\text{原材料费用分配率}=\frac{\text{月初在产品成本}+\text{本月发生的原材料费用}}{\text{完工产品数量}+\text{月末在产品数量}} \tag{7-3}$$

$$\text{月末在产品成本}=\text{月末在产品数量}\times\text{原材料费用分配率} \tag{7-4}$$

或

$$\begin{aligned}\text{完工产品成本}&=\text{完工产品数量}\times\text{原材料费用分配率}+\text{本月发生的加工费用} \\ &=\text{月初在产品成本}+\text{本月生产费用}-\text{月末在产品成本}\end{aligned} \tag{7-5}$$

如果原材料在生产过程中陆续投入，式（7-3）～式（7-5）中的“月末在产品数量”改为“月末在产品约当产量”，具体折算方法可比照约当产量比例法的计算方法。

【例 7-3】某企业生产乙产品，月初在产品成本为 6000 元，本月共发生原材料费用 54 000 元，原材料在生产开始时一次性投入。本月完工产品数量为 80 件，月末在产品数量为 20 件。本月发生工资及福利费 24 000 元，制造费用 18 000 元。该企业规定在产品按所耗原材料费用计价法计算。根据资料，编制产品成本计算单见表 7-4。

表 7-4 **产品成本计算单**

产品：乙产品　　产量：80 件　　×年×月　　单位：元

摘　要	直接材料	直接人工	制造费用	合　计
月初在产品成本	6000			6000
本月生产费用	54 000	24 000	18 000	96 000
生产费用合计	60 000	24 000	18 000	102 000
月末在产品成本	12 000			12 000
结转完工产品成本	48 000	24 000	18 000	90 000
完工产品单位成本	600	300	225	1125

（1）原材料费用分配率 $=\dfrac{6000+54\ 000}{80+20}=600$（元/件）

（2）月末在产品成本 $=20\times600=12\ 000$（元）

（3）完工产品成本 $=80\times600+24\ 000+18\ 000=90\ 000$（元）

或 $=6000+54\ 000+24\ 000+18\ 000-12\ 000=90\ 000$（元）

根据计算结果编制会计分录如下。

借：库存商品——乙产品　　90 000

　贷：基本生产成本——乙产品　　90 000

（四）在产品按约当产量计算法运用与分析

采用这种分配方法时，将月末在产品数量按照完工程度折算为完工产品的数量，即约当产量，然后按照完工产品产量与月末在产品约当产量的比例分配计算完工产品成本和月末在产品成本。

这种分配方法适用于月末在产品数量较大，各月末在产品数量变化也较大，产品成本中原材料费用和工资及福利费等加工费用的比重相差不多的产品。对于这种产品的完工产品和月末在产品既要分配计算原材料费用，又要分配计算各项加工费用，以提高产品成本计算的正确性。

约当产量比例法的计算公式如下。

$$\text{月末在产品约当产量}=\text{在产品数量}\times\text{在产品完工程度（或投料程度）} \tag{7-6}$$

$$\text{费用分配率}=\frac{\text{月初在产品成本}+\text{本月生产费用}}{\text{完工产品产量}+\text{月末在产品约当产量}} \tag{7-7}$$

$$\text{完工产品成本}=\text{完工产品产量}\times\text{费用分配率} \tag{7-8}$$

$$\text{月末在产品成本}=\text{月末在产品约当产量}\times\text{费用分配率} \tag{7-9}$$

采用约当产量比例法时，应注意按产品的成本项目计算在产品约当产量。通常，原材料费用应按产品的投料程度计算约当产量，而其他加工费用则按产品的完工程度计算约当产量。

1. 投料程度的确定

（1）原材料在生产开始时一次性投入，在产品的投料程度为 100%。这样，直接材料成本项目应按完工产品数量和在产品数量比例进行分配。

（2）原材料随生产工序分次投入，且在每道工序开始时一次性投入，月末在产品投料程度的计算公式如下。

$$\text{某道工序上的投料程度}=\frac{\text{到本工序为止的累计材料消耗定额}}{\text{完工产品材料消耗定额}}\times 100\% \qquad (7\text{-}10)$$

【例 7-4】 某企业生产的丙产品依次经过三道工序加工，原材料分次在各工序生产开始时一次性投入，丙产品单位产品原材料消耗定额为 2000 元，其中第一工序投入 1000 元，第二工序投入 600 元，第三工序投入 400 元。本月丙产品月末在产品为 300 件，其中第一工序 120 件，第二工序 100 件，第三工序 80 件。其月末在产品投料程度和约当产量的计算结果见表 7-5。

表 7-5　　在产品投料程度及约当产量计算表

产品：丙产品　　×年×月

工　序	各工序投料定额（元）	投料程度（%）	在产品数量（件）	约当产量（件）
一	1000	$\frac{1000}{2000}\times 100\%=50\%$	120	120×50%=60
二	600	$\frac{1000+600}{2000}\times 100\%=80\%$	100	100×80%=80
三	400	$\frac{1000+600+400}{2000}\times 100\%=100\%$	80	80×100%=80
合　计	2000		300	220

（3）原材料随生产工序分次投入，且在每道工序陆续投入，月末在产品投料程度的计算公式如下。

$$\text{某道工序上的投料程度}=\frac{\text{前面各工序的累计材料消耗定额}+\text{本道工序材料消耗定额}\times 50\%}{\text{完工产品材料消耗定额}}\times 100\% \qquad (7\text{-}11)$$

【例 7-5】 仍以［例 7-4］资料为准。若原材料在各道工序陆续投入，其月末在产品投料程度和约当产量的计算结果见表 7-6。

表 7-6　　在产品投料程度及约当产量计算表

产品：丙产品　　×年×月

工　序	各工序投料定额（元）	投料程度（%）	在产品数量（件）	约当产量（件）
一	1000	$\frac{1000\times 50\%}{2000}\times 100\%=25\%$	120	120×25%=30
二	600	$\frac{1000+600\times 50\%}{2000}\times 100\%=65\%$	100	100×65%=65
三	400	$\frac{1000+600+400\times 50\%}{2000}\times 100\%=90\%$	80	80×90%=72
合　计	2000		300	167

（4）若原材料随生产过程陆续、均衡地投入，直接材料的投料程度与生产工时的投入进度一致，分配直接材料成本的在产品约当产量可按完工程度计算。

2. 完工程度的确定

当各工序的在产品数量和单位产品在各工序的加工量都相差不多时，后面各工序在产品多加工的程度可以抵补前面各工序在产品少加工的程度，这样，全部在产品的完工率均可近似地按50%平均确定。若不具备这两个条件，则各工序的完工率就要按工序分别确定。计算公式为

$$\text{某道工序的在产品完工率}=\frac{\text{前面各工序的累计工时定额}+\text{本道工序工时定额}\times 50\%}{\text{完工产品工时消耗定额}}\times 100\% \tag{7-12}$$

在式（7-12）中，本道工序（即在产品所在工序）的工时定额乘以50%，是因为在产品在本道工序加工之中，处在本道工序中的各单位在产品的完工程度也各不相同，为了简化计算，完工率均按50%计算。在产品从上一道工序转入下一道工序时，其上一道工序已经完工，因而前面各道工序的工时消耗定额应按100%计算。可见，式（7-12）中的分子是指在产品至本道工序的累计工时消耗定额。

【例7-6】 仍以［例7-5］资料为准。丙产品的工时消耗定额为400h，其中第一工序200h，第二工序100h，第三工序100h。其月末在产品完工程度和约当产量的计算结果见表7-7。

表7-7　　在产品完工程度和约当产量计算表

产品：丙产品　　×年×月

工　序	各工序工时定额（h）	完工程度（%）	在产品数量（件）	约当产量（件）
一	200	$\frac{200\times 50\%}{400}\times 100\%=25\%$	120	120×25%=30
二	100	$\frac{200+100\times 50\%}{400}\times 100\%=62.5\%$	100	100×62.5%=62.5
三	100	$\frac{200+100+100\times 50\%}{400}\times 100\%=87.5\%$	80	80×87.5%=70
合　计	400		300	162.5

【例7-7】 丙产品月初在产品成本为18 305元，其中直接材料10 300元，直接人工4775元，制造费用3230元。本月发生生产费用76 120元，其中直接材料44 600元，直接人工20 800元，制造费用10 720元。本月完工入库丙产品1000件。月末在产品资料见［例7-6］。采用约当产量比例法计算丙产品本月完工产品成本和月末在产品成本，计算结果见表7-8。

表7-8　　产品成本计算单

生产单位：基本生产车间　　产品：丙产品

摘　　要	直接材料	直接人工	制造费用	合　　计
月初在产品成本	10 300	4775	3230	18 305
本月发生生产费用	44 600	20 800	10 720	76 120
生产费用合计	54 900	25 575	13 950	94 425
完工产品产量	1000	1000	1000	1000

续表

摘 要	直接材料	直接人工	制造费用	合 计
在产品约当产量	220	162.5	162.5	—
产量与约当产量合计	1220	1162.5	1162.5	—
费用分配率（单位成本）	45	22	12	79
完工产品总成本	45 000	22 000	12 000	79 000
月末在产品成本	9900	3575	1950	15 425

根据计算结果，编制会计分录如下。

借：库存商品——丙产品　　　　79 000

　贷：基本生产成本——丙产品　　　　79 000

（五）在产品按完工产品计算法运用与分析

采用这种分配方法时，在产品视同完工产品分配费用。这种方法适用于月末在产品已经接近完工或者已经完工、只是尚未包装或尚未验收入库的产品。因为这种情况下的在产品成本已经接近完工产品成本，为了简化产品成本计算工作，在产品可以视同完工产品，按两者的数量比例分配直接材料费用和各项加工费用。

【例 7-8】 假定企业某产品的月初在产品成本为直接材料 24 120 元，直接人工 7260 元，制造费用 23 970 元，合计 55 350 元；本月生产费用为直接材料 62 280，直接人工 13 540 元，制造费用 27 630 元，合计 103 450 元。本月完工产品 700 件，月末在产品 100 件。月末在产品都已完工，尚未验收入库，可以视同完工产品分配各项费用。分配计算过程见产品成本计算单（见表 7-9）。

表 7-9　　产品成本计算单

生产单位：基本生产车间　　　　产品：×产品

摘 要	直接材料	直接人工	制造费用	合 计
月初在产品成本	24 120	7260	23 970	55 350
本月发生生产费用	62 280	13 540	27 630	103 450
生产费用合计	86 400	20 800	51 600	158 800
完工产品数量	700	700	700	700
在产品数量	100	100	100	—
分配数量合计	800	800	800	—
费用分配率（单位成本）	108	26	64.5	198.5
完工产品总成本	75 600	18 200	45 150	138 950
月末在产品成本	10 800	2600	6450	19 850

根据计算结果，编制会计分录如下。

借：库存商品——某产品　　　　138 950

　贷：基本生产成本——某产品　　　　138 950

表 7-9 中所列各项费用分配率，应根据各该费用的累计数，除以完工产品数量与月末在产品数量之和计算；以各项费用分配率分别乘以完工产品数量和月末在产品数量，即为各该

费用的完工产品费用和月末在产品费用。

（六）在产品按定额成本计算法运用与分析

在产品按定额成本计价法是指以产品的各项消耗定额为标准计算在产品成本的一种方法，即月末在产品成本按其数量和单位定额成本计算。某种产品的全部生产费用（月初在产品成本加本月生产费用）减去月末在产品定额成本，就是本月完工产品成本。也就是说，每月实际费用脱离定额的差异（节约或超支），全部计入当月完工产品成本。

这种分配方法适用于定额管理基础较好，各项消耗定额或费用定额比较准确、稳定，而且各月末在产品数量变化不大的产品。对于该产品来说，不仅月初和月末单位在产品成本脱离定额的差异不大，而且月初在产品成本脱离定额差异总额与月末在产品成本脱离定额差异总额也不会大，因而月末在产品按定额成本计价，不计算成本差异，对完工产品成本的影响不大，为简化产品成本计算工作，可以这样分配计算。

在产品按定额成本计价法的计算程序是，先计算在产品的定额成本，然后，将生产费用合计减去在产品的定额成本，其余额就是完工产品成本。其计算公式为

$$\left.\begin{aligned}\text{月末在产品定额成本}&=\text{月末在产品数量}\times\text{在产品单位定额成本}\\\text{完工产品成本}&=\text{月初在产品成本}+\text{本月生产费用}-\text{月末在产品定额成本}\end{aligned}\right\}\quad(7\text{-}13)$$

在计算过程中，应特别注意在产品定额成本的计算。若原材料是在生产开始时一次性投入的情况下，完工产品和在产品的定额材料成本是一样的；若原材料是随着生产进度陆续投入的，则完工产品和在产品的定额材料成本不同，应根据在产品的数量进行折算，计算在产品的材料定额成本。而加工工时一般都是随着生产进度陆续发生的，所以，在计算在产品的定额工时时，应将定额工时按生产进度进行折算。一般情况下，为了简化核算工作，将定额工时的 50%作为在产品的定额工时。

【例 7-9】 某企业生产某产品，某月月初在产品成本和本月发生的生产费用共计 57 160 元，其中直接材料 38 000 元，直接人工 6960 元，制造费用 12 200 元。本月完工产品 500 件，月末在产品 200 件；该产品所耗原材料是在生产开始时一次性投入的，月末在产品完成工时定额 1000h。该产品的定额资料为单位产品的原材料定额成本 55 元，单位定额工时的直接人工 1.2 元，单位定额工时的制造费用 2.2 元，则该产品的完工产品成本和月末在产品成本计算过程见产品成本计算单（见表 7-10）。

表 7-10　　产品成本计算单

生产单位：基本生产车间　　产品：×产品

摘　要	直接材料	直接人工	制造费用	合　计
生产费用合计	38 000	6960	12 200	57 160
月末在产品成本	200×55＝11 000	1000×1.2＝1200	1000×2.2＝2200	14 400
完工产品总成本	27 000	5760	10 000	42 760
完工产品数量（件）	500	500	500	500
单位成本	54	11.52	20	85.52

根据计算结果，编制会计分录如下。

借：库存商品——某产品　　42 760

贷：基本生产成本——某产品　　42 760

采用这种分配方法，在修订消耗定额或费用定额的月份，月末在产品按新的定额成本计价所发生的差额，也要包括在当月完工产品成本中，这会给成本考核和分析完工产品成本带来一定的困难。可见，采用这种分配方法，对于消耗定额或费用定额既要求比较准确，又要求比较稳定、不需要经常修订。

在采用这种分配方法时，如果产品成本中原材料费用所占比重较大，或者原材料费用与工资及福利费之和所占比重较大，为了进一步简化成本计算工作，月末在产品成本也可以只按定额原材料费用，或者按定额原材料费与定额工资及福利费之和计算。也就是说，月末在产品的这一项或这两项费用脱离定额的差异，以及其他各项实际费用都可以计入完工产品成本。

（七）定额比例计算法运用与分析

采用定额比例法的产品，其生产费用按照完工产品与月末在产品定额消耗量或定额费用的比例进行分配。其中直接材料费用，按直接材料的定额消耗量或定额费用比例分配。直接人工、制造费用等加工费用，可以按各该定额费用的比例分配；也可按定额工时（即工时的消耗量）比例分配。由于直接人工、制造费用等加工费用的定额费用一般根据定额工时乘以每小时的各该费用定额计算，因而这些费用一般按定额工时比例分配，以节省各该定额费用的计算工作。

定额比例法适用于定额管理基础较好，各项消耗定额或费用定额比较准确、稳定，但各月末在产品数量变动较大的产品。因为对于这种产品来说，月初和月末单位在产品成本脱离定额的差异虽然都不大，但月初在产品成本脱离定额差异总额与月末在产品成本脱离定额差异总额的差额会较大，如果仍采用在产品按定额成本计价法，月初、月末在产品成本脱离定额差异的差额全部计入完工产品成本，就会对完工产品成本的正确性发生较大的影响，甚至出现完工产品成本是负数的情况。例如，某种产品各月在产品数量变动很大，月初没有在产品，月末在产品为 1000 件，本月完工产品为 1 件，则 1000 件月末在产品所应负担的成本差异全部量由 1 件完工产品成本负担，这 1 件完工产品的成本就会很不正确、很不合理：如果成本差异是超支差异，这 1 件完工产品成本就会很高；如果成本差异是节约差异，这 1 件完工产品成本就可能会是一个负数，而且是一个很大的负数。因此，在上述条件下，就应采用定额比例法，分配计算完工产品和月末在产品的实际成本。

按定额消耗量比例分配的计算公式为

$$\text{消耗量分配率}=\frac{\text{月初在产品实际消耗量}+\text{本月实际消耗量}}{\text{完工产品定额消耗量}+\text{月末在产品定额消耗量}} \tag{7-14}$$

$$\text{完工产品实际消耗量}=\text{完工产品定额消耗量}\times\text{消耗量分配率} \tag{7-15}$$

$$\text{完工产品费用}=\text{完工产品实际消耗量}\times\text{原材料单价（或单位工时的工资、费用）} \tag{7-16}$$

$$\text{月末在产品实际消耗量}=\text{月末在产品定额消耗量}\times\text{消耗分配率} \tag{7-17}$$

$$\text{月末在产品费用}=\text{月末在产品实际消耗量}\times\text{原材料单价（或单位工时的工资、费用）} \tag{7-18}$$

按照式（7-14）～式（7-18）分配，不仅可以提供完工产品和在产品的实际费用资料，而且可以提供它们的实际消耗量资料，便于考核和分析各项消耗定额的执行情况；但分配核算工作量较大，这在所耗原材料的品种较多的情况下更是如此。为了简化分配计算工作，也可以按照下列公式分配

$$\text{原材料费用分配率}=\frac{\text{月初在产品实际原材料费用}+\text{本月实际原材料费用}}{\text{完工产品定额原材料费用}+\text{月末在产品定额原材料费用}} \quad (7\text{-}19)$$

$$\text{完工产品原材料费用}=\text{完工产品定额原材料费用}\times\text{原材料费用分配率} \quad (7\text{-}20)$$

$$\text{月末在产品原材料费用}=\text{月末在产品定额原材料费用}\times\text{原材料费用分配率}$$

或

$$=\frac{\text{月初在产品实际}}{\text{原材料费用}}+\frac{\text{本月实际}}{\text{原材料费用}}-\frac{\text{完工产品}}{\text{原材料费用}} \quad (7\text{-}21)$$

$$\text{工资费用分配率}=\frac{\text{月初在产品实际工资费用}+\text{本月实际工资费用}}{\text{完工产品定额工时}+\text{月末在产品定额工时}} \quad (7\text{-}22)$$

$$\text{完工产品工资费用}=\text{完工产品定额工时}\times\text{工资费用分配率} \quad (7\text{-}23)$$

$$\text{月末在产品工资费用}=\text{月末在产品定额工时}\times\text{工资费用分配率}$$

或

$$=\frac{\text{月初在产品}}{\text{实际工资费用}}+\frac{\text{本月实际}}{\text{工资费用}}-\frac{\text{完工产品}}{\text{工资费用}} \quad (7\text{-}24)$$

【例 7-10】 假定某种产品月初在产品费用为直接材料 1800 元，直接人工 600 元，制造费用 400 元，合计 2800 元。本月生产费用：直接材料 8600 元，直接人工 3000 元，制造费用 2000 元，合计 13 600 元。完工产品 1800 件，定额直接材料 8000 元，定额工时 11 000h。月末在产品 200 件，定额直接材料 2000 元，定额工时 4000h。在完工产品与月末在产品之间，直接材料费用按定额费用比例分配，其他各项费用按定额工时比例分配。

根据上述资料，其分配计算过程见产品成本计算单（见表 7-11）。

表 7-11　　　　**产品成本计算单**

生产单位：基本生产车间　　　　产品：×产品

成本项目			直接材料	直接人工	制造费用	合计
①	月初在产品费用		1800	600	400	2800
②	本月生产费用		8600	3000	2000	13 600
③=①+②	生产费用累计		10 400	3600	2400	16 400
④=③÷（⑤+⑦）	费用分配率		1.04	0.24	0.16	—
⑤	完工产品费用	定额	8000	11 000h	11 000h	—
⑥=⑤×④		实际	8320	2640	1760	12 720
⑦	月末在产品费用	定额	2000	4000h	4000h	
⑧=⑦×④		实际	2080	960	640	3680

在式（7-19）～式（7-24）中，费用分配率的计算公式就是式（7-19）、式（7-20）。这一分配计算表，实际上就是采用定额比例法时产品成本明细账的格式之一。

按照式（7-19）、式（7-20）分配费用，必须取得完工产品和月末在产品的定额消耗量或定额费用资料。完工产品的原材料定额消耗量和工时定额消耗量，可以根据完工产品数量乘以原材料消耗定额和工时消耗定额计算求得；月末在产品的原材料定额消耗量和工时定额消耗量，可以根据月末在产品盘存表和账面所记在产品结存数量乘以原材料消耗定额和工时消耗定额计算求得。完工产品和月末在产品的定额费用，可以根据完工产品和月末在产品的原材料定额消耗量和工时定额消耗量，乘以原材料计划单价或单位小时工资及福利费等定额求得。

采用上述方法，如果在产品的种类和生产工序繁多，计算工作量就很繁重。因此，有的企业，月末在产品定额资料不根据月末在产品数量具体计算，而采用简化的倒挤方法计算。其计算公式如下（以定额消耗量为例）

$$\frac{\text{月末在产品}}{\text{定额消耗量}}=\frac{\text{月初在产品}}{\text{定额消耗量}}+\frac{\text{本月投入的}}{\text{定额消耗量}}-\frac{\text{本月完工产品}}{\text{定额消耗量}} \tag{7-25}$$

在式（7-25）中，除了本月完工产品定额消耗量按前述方法计算以外，月初在产品定额消耗量也就是上月末的在产品定额消耗量；本月投入的定额消耗量中的原材料定额消耗量，可以根据限额发料凭证所列原材料定额消耗量等资料计算求得，工时定额消耗量可以根据有关定额工时的原始记录计算求得。根据这一公式计算月末在产品定额消耗量，虽然可以简化计算工作，但在发生在产品盘盈盘亏的情况下，据以计算求得的成本资料就不能如实反映产品成本的水平。为了保证在产品账实相符，计算在产品盈亏对完工产品的影响，提高成本计算的正确性，必须每隔一定时期（一季或半年）对在产品进行一次盘点，根据在产品的实存数计算一次定额消耗量。

在具备了月初、月末在产品定额消耗量（定额费用）、本月投入生产的定额消耗量（定额费用），以及本月完工产品定额消耗量（定额费用）资料的情况下，既可按式（7-19）、式（7-20）两个分配费用的公式分配费用，也可按下列公式分配费用：

$$\text{费用分配率}=\frac{\frac{\text{月初在产品}}{\text{实际费用}}+\text{本月实际费用}}{\frac{\text{月初在产品定额}}{\text{消耗量（定额费用）}}+\frac{\text{本月投入的定额}}{\text{消耗量（定额费用）}}} \tag{7-26}$$

完工产品和月末在产品费用的计算公式同前。

式（7-19）、式（7-20）与式（7-26）可以通用，因为分母中月初在产品与本月投入的定额消耗量（定额费用）之和，同完工产品与月末在产品的定额消耗量（定额费用）之和相等。

【例 7-11】 假定某产品月初在产品的定额费用为直接材料 3520 元，直接人工 2400 元，制造费用 1300 元，合计 7220 元；月初在产品的实际费用为直接材料 3600 元，直接人工 2440 元，制造费用 1350 元，合计 7390 元。本月定额生产费用为直接材料 57 200 元，直接人工 38 500 元，制造费用 16 300 元，合计 112 000 元；本月实际生产费用为直接材料 59 600 元，直接人工 42 000 元，制造费用 14 580 元，合计 116 180 元。本月完工产品的定额费用为直接材料 50 600 元，直接人工 33 100 元，制造费用 14 290 元，合计 97 990 元。

根据上列资料，分配计算结果见表 7-12。

表 7-12　　　**产 品 成 本 计 算 单**

生产单位：基本生产车间　　　　产品：×产品

成 本 项 目			直接材料	直接人工	制造费用	合　计
①	月初在产品成本	定额	3520	2400	1300	7220
②		实际	3600	2440	1350	7390
③	本月生产费用	定额	57 200	38 500	16 300	112 000
④		实际	59 600	42 000	14 580	116 180

续表

成本项目			直接材料	直接人工	制造费用	合计
⑤=①+③	生产费用累计	定额	60 720	40 900	17 600	119 220
⑥=②+④		实际	63 200	44 440	15 930	123 570
⑦=⑥÷⑤	费用分配率		1.0408	1.0866	0.9051	
⑧	完工产品成本	定额	50 600	33 100	14 290	97 990
⑨=⑧×⑦		实际	52 664.48	35 966.46	12 933.88	101 564.82
⑩=⑤－⑧	月末在产品成本	定额	10 120	7800	3310	21 230
⑪=⑥－⑨		实际	10 535.52	8473.54	2996.12	22 005.18

在上述分配计算表中，费用分配率的计算公式为式（7-26）。在采用这一公式分配费用时，产品成本明细账应该采用上述格式。其中月末在产品定额费用，可以根据各工序不同完工程度在产品的数量分别乘以各该费用的定额资料具体计算，也可以按照前列倒挤方法的公式计算。上列各项费用都是按定额费用比例分配的，这样分配可以根据本月发生的和完工产品的各项定额费用考核各该实际费用的水平，但计算各该定额费用的工作量较大。为了简化计算工作，其中工资及福利费等加工费用都可以按定额工时比例分配。

上例中的月末在产品应分配的实际费用也可以根据月末在产品的定额费用乘以费用分配率计算求得。

可以看出，采用定额比例法分配完工产品与月末在产品费用，不仅分配结果比较合理，而且还便于将实际费用与定额费用相比较，考核和分析定额的执行情况。在采用式（7-26）分配时，由于公式中的分子和分母都是月初在产品和本月发生的费用，分子是实际数，分母是定额数，便于互相比较，因而这一优点体现得更为明显。

上述的各种分配方法中，在产品按完工产品计算法、在产品按约当产量计算法、定额比例计算法等三种方法，符合生产费用在完工产品与月末在产品之间分配的基本要求，方法具有科学性，计算结果准确；而在产品不计算成本法、在产品按所耗材料费用计算法、在产品按固定成本计算法、在产品按定额成本计算法等四种方法，采用倒推的原理计算完工产品成本，因而具有一定的局限性，计算结果不准确。

三、完工产品成本结转实务操作

生产费用在各种产品之间及在完工产品与月末在产品之间，进行横向和纵向分配和归集以后，就可以计算出各种完工产品的实际成本，据以考核和分析各该产品成本计划的执行情况。

工业企业的完工产品，包括产成品以及自制的材料、工具和模具等。在完工产品成本算出以后，它的成本应从“生产成本——基本生产成本”账户和各种产品成本明细账的贷方转入各有关账户的借方：其中完工入库产品的成本，应转入“库存商品”账户的借方；完工自制材料、工具、模具等的成本，应分别转入“原材料”和“周转材料”（或“低值易耗品”）等账户的借方。“生产成本——基本生产成本”账户的月末借方余额，就是基本生产月末在产品的成本，即占用在基本生产过程中的生产资金，应与所属各种产品成本明细账中月末在产品成本之和核对相符。

在计算出完工产品成本后，如工业企业生产多种产品，应将各种完工产品的成本进行汇总，编制“完工产品成本汇总表”。

【例 7-12】 某企业生产甲、乙两种产品，月末编制完工产品汇总表见表 7-13。

表 7-13　　完工产品汇总表

×年×月　　单位：元

产品名称	直接材料	直接人工	制造费用	合　计
甲产品	200 000	120 000	80 000	400 000
乙产品	48 000	24 000	28 000	100 000
合　计	248 000	144 000	108 000	500 000

根据完工产品汇总表，编制会计分录如下。

借：库存商品——甲产品　　400 000

　　　　　——乙产品　　100 000

　贷：基本生产成本——甲产品　　400 000

　　　　　　　　——乙产品　　100 000

项目闯关测试

一、单项选择题

1．在产品数量的日常核算，设置的账簿是指（　　）。

A．生产成本明细账　　B．在产品台账

C．制造费用明细账　　D．原材料明细账

2．采用固定在产品成本法，1～11 月各月完工产品成本等于（　　）。

A．月初在产品成本　　B．本月发生生产费用

C．生产费用合计数　　D．生产费用累计数

3．采用约当产量法，如果产品生产过程中直接人工费用和制造费用的发生都比较均衡，在产品完工程度可按（　　）计算。

A．25%　　B．50%　　C．60%　　D．100%

4．某厂生产的甲产品顺序经过第一、二两道工序加工，原材料在第一工序生产开始时投入 90%，第二工序生产开始时投入 10%，则第二工序月末在产品的投料率为（　　）。

A．10%　　B．90%　　C．5%　　D．100%

5．某厂生产的 A 产品顺序经过第一、二两道工序加工，单位产品定额工时为 100h，其中第一工序为 60h，第二工序为 40h，各工序加工费用发生比较均衡，则第二工序月末在产品的完工率为（　　）。

A．20%　　B．40%　　C．80%　　D．100%

6．当某成本项目的总额占产品成本比重较大时，且各月月末在产品数量较多或在产品数量不均衡时，为了简化核算，在产品成本可以采用（　　）计算。

A．计算在产品成本法

B．不计算在产品成本法

C．在产品按固定成本计算法

D．在产品成本按比重较大的成本项目费用计算法

7．完工产品成本＝完工产品应负担的材料成本＋本期直接人工成本＋本期制造费用成本，是采用（　　）计算的。

A．在产品不计算成本法　　B．在产品按固定成本计算法

C．在产品支付单材料费用　　D．在产品按约当产量计算法

8．（　　）属于狭义在产品。

A．入库的半成品　　B．正在修复中的废品

C．准备修复的废品　　D．加工中的产品

9．不计算在产品成本法的适用范围是（　　）。

A．月末无在产品　　B．月末在产品数量很少

C．月末在产品数量较多　　D．月末在产品已接近完工

10．（　　）不属于完工产品与月末在产品之间分配费用的方法。

A．约当产量比例法　　B．不计算在产品成本法

C．定额比例法　　D．定额成本法

二、多项选择题

1．登记在产品台账的依据有（　　）。

A．有关领料（或结转自制半成品）凭证　　B．在产品内部转移凭证

C．产品检验凭证　　D．产品交库单

2．本月发生的加工费用，不计入月末在产品成本的方法有（　　）。

A．不计算在产品成本法　　B．定额成本法

C．在产品计算材料成本法　　D．在产品按完工产品成本计算法

3．在产品按完工产品成本计价法只能适用于（　　）等情况。

A．月末在产品已经接近完工

B．月末在产品已经完工，但尚未包装

C．月末在产品已经完工，但尚未验收入库

D．月末在产品已经完工，并且已验收入库

4．定额比例法的分配标准是指产品的（　　）。

A．原材料定额消耗总量　　B．原材料定额总成本

C．工时定额消耗总量　　D．定额总费用

5．属于同时确定完工产品成本与月末在产品成本的方法有（　　）。

A．在产品按固定成本计算法　　B．约当产量比例法

C．定额比例法　　D．在产品按完工产品成本计价法

6．在常用的生产费用在完工产品与月末在产品之间分配方法中，属于先确定月末在产品成本，然后确定完工产品成本的方法有（　　）。

A．在产品按固定成本计算法　　B．在产品按定额成本计算法

C．定额比例法　　D．在产品按约当产量比例法

7．将“直接材料费用分配率、直接人工费用分配率、制造费用分配率”加总，即可得出单位产品成本的方法有（　　）。

A．在产品按所耗原材料费用计价法　　B．约当产量法

C．定额比例法　　D．在产品视同完工产品计价法

8．需要按完工程度确定在产品约当产量进行分配的生产费用有（　　）。

A．材料费用　　B．人工费用

C．燃料及动力费用　　D．制造费用

9．选择生产费用在完工产品和在产品之间的分配方法时，应考虑（　　）等因素。

A．在产品的数量　　B．各月末在产品的变化大小

C．定额管理基础的好坏　　D．各月费用比重大小

10．按约当产量法计算在产品成本的适用条件是（　　）。

A．各个成本项目所占比重相差较大　　B．各个成本项目所占比重相差不大

C．月末在产品数量较多　　D．各月末在产品数量变化大

三、判断题

1．企业本月完工产品总成本等于本月生产费用累计数。（　　）

2．正确计算完工产品成本，关键是正确计算期末在产品成本。（　　）

3．月末在产品数量变化较大时，可以采用固定在产品成本法计算在产品成本。（　　）

4．在产品约当产量也就是在产品盘点数量。（　　）

5．定额比例法的分配标准是单位完工产品和在产品的消耗定额或费用定额。（　　）

6．分别采用定额比例法和定额成本法计算在产品成本，其完工产品成本应是相同的。（　　）

7．企业最常用的在产品成本计算法是约当产量比例法。（　　）

8．在产品按完工产品成本计算法，是将在产品视同完工产品计算，分配生产费用。（　　）

9．只要期末存在在产品，就应当计算期末在产品成本，以便正确确定完工产品成本。（　　）

10．材料费用约当产量的确定，取决于产品生产过程中的投料程度。（　　）

项目综合实训

实　训　一

实训背景

某生产企业长期从事甲、乙、丙、丁四种产品的生产活动。成本会计制度规定，根据各种产品月末在产品数量的变化及完工程度，分别选择适宜的生产费用在完工产品与在产品之间的分配方法。其中：甲产品月末在产品数量较少，不计算月末在产品成本；乙产品的原材料在生产开始时一次投入，且原材料费用在产品总成本中占比较大，按所耗原材料费用计算在产品成本；丙产品月末在产品数量较大，但各月末在产品数量变化不大，按年初固定成本计算月末在产品成本，丁产品月末在产品已完成所有加工工序，只是尚未验收入库，视同其完工。

实训资料

（1）该企业本月完工产品和月末在产品产量资料如表 7-14 所示。

表 7-14 完工产品和月末在产品产量

产品	完工产品产量（件）	月末在产品	
		产量（件）	完工程度（%）
甲	200	2	20
乙	800	200	60
丙	200	100	80
丁	360	40	98

（2）该企业本月月初及本月发生的生产费用资料如表 7-15 和表 7-16 所示。

表 7-15 本月初在产品成本

产品	直接材料	直接人工	制造费用	合计
甲				
乙	56 000			56 000
丙	192 000	104 000	48 000	344 000
丁	330 330	47 200	34 800	412 300
合计	578 300	151 200	82 800	812 300

表 7-16 本月发生的生产费用

产品	直接材料	直接人工	制造费用	合计
甲	84 567	39 673	8956	133 196
乙	244 000	40 000	10 000	294 000
丙	432 000	216 000	144 800	792 800
丁	920 200	892 800	133 200	1 946 200
合计	1 680 767	1 188 473	296 956	3 166 196

实训要求

（1）登记甲产品成本计算单，计算甲产品的完工总成本和单位成本；
（2）登记乙产品成本计算单，分配计算乙产品完工产品成本和月末在产品成本；
（3）登记丙产品成本计算单，计算本月丙产品完工产品的总成本和单位成本；
（4）登记丁产品成本计算单，计算本月丁产品完工产品总成本和单位成本；
（5）编制产品完工入库的会计分录；
（6）编制完工产品成本汇总表；
（7）分配率保留 4 位小数，金额保留 2 位小数。

实 训 二

实训背景

某生产企业主要生产甲、乙、丙、丁四种产品，各产品均需经过两道工序加工完成，各成本项目占比相差不大。企业的成本会计制度规定，根据各种产品投料方式及月末在产品完工程度决定采用约当产量法计算各种产品的月末在产品成本以及完工产品成本。

实训资料

（1）该企业月初及本月发生的生产费用资料如表 7-17 所示。

表 7-17　月初、本月发生的生产费用

产品	直接材料		直接人工		制造费用		合计	
	月初	本月	月初	本月	月初	本月	月初	本月
甲	20 200	303 000	12 300	120 000	11 200	94 100	43 700	517 100
乙	120 000	755 000	12 300	112 700	35 000	215 000	167 300	1 082 700
丙	58 000	290 000	12 300	22 500	23 300	46 300	93 600	358 800
丁	61 800	103 200	9000	40 000	15 200	24 000	86 000	167 200
合计								

（2）甲产品经两道工序制成，原材料在生产开始时一次投入。本月完工 120 件，月末在产品 40 件，月末在产品完工程度 37.5%；

（3）乙产品经两道工序制成，原材料在生产开始时一次投入。本月完工 670 件，乙产品在两道工序的工时定额及在产品数量如表 7-18 所示。

表 7-18　乙产品工时定额及在产品数量

工序	工时定额（h/件）	在产品数量（件）
一	35	450
二	25	280
合计	60	730

注　在产品在各工序的完工程度均按 50%计算。

（4）丙产品经两道工序加工完成，原材料在生产工程中陆续投入，其投入程度与完工程度相近，本月完工 100 件，每道工序在产品数量及完工程度如表 7-19 所示。

表 7-19　丙产品在产品数量及完工程度

工序	在产品数量（件）	在产品完工程度（%）
一	10	20
二	20	70
合计	30	—

（5）丁产品经两道工序加工完成，原材料随加工进度在生产过程中陆续分次投入，但在每道工序开始时一次投入，本月完工 390 件。各道工序在产品数量、材料定额及工时统计如表 7-20 所示。

表 7-20　丁产品在产品数量及定额

工序	在产品数量（件）	工时定额（h/件）	材料定额（元/件）
一	120	60	350
二	80	40	150
合计	200	100	500

注　各工序在产品的完工程度均为 50%。

实训要求

（1）登记甲产品成本计算单（或明细账），计算甲产品的完工产品成本和月末在产品成本；

（2）编制乙产品在产品约当产量计算表，登记乙产品成本计算单（或明细账），计算乙产品的完工产品成本和月末在产品成本；

（3）编制丙产品在产品约当产量计算表，登记丙产品成本计算单（或明细账），计算丙产品的完工产品成本和月末在产品成本；

（4）编制丁产品的原材料在产品约当产量计算表和加工费用在产品约当产量计算表，登记丁产品成本计算单（或明细账），计算丁产品的完工产品成本和月末在产品成本；

（5）编制完工产品成本汇总表；

（6）分析总结约当产量法的优缺点及适用范围。

实 训 三

实训背景

某生产企业主要从事甲产品的生产活动。该企业的定额管理基础较好，各项消耗定额和费用定额比较准确、稳定。但各月末的在产品数量不稳定，经常发生较大变动。成本会计制度规定，采用定额比例法计算本月完工产品成本和本月在产品成本。

实训资料

（1）该企业本月月初及本月的生产费用及定额资料如表 7-21 所示。

表 7-21 甲产品生产费用及定额资料

项目		直接材料	直接人工	制造费用	合计
月初在产品成本	定额	6000	4000 工时		
	实际	7000	5000	3000	15 000
本月发生生产费用	定额	14 000	6000 工时		
	实际	15 000	7000	5000	27 000

（2）甲产品本月完工 200 件，单位产品直接材料定额成本 80 元/件，单位产品工时消耗定额 40 小时/件。

实训要求

（1）根据上述资料，登记甲产品的成本计算单（或明细账）；

（2）计算费用分配率（定额比例）；

（3）计算甲产品的完工产品成本和月末在产品成本；

（4）分析总结定额比例法的优缺点和适用范围。

实 训 四

实训背景

光达生产企业主要生产甲、乙两种产品。该企业的定额管理基础较好，产品的各项消耗定额或费用定额比较准确、稳定，且各月末在产品数量变化不大。因而，成本会计制度规定采用定额成本计价法确定月末在产品成本，然后计算完工产品成本。

实训资料

（1）甲、乙产品本月完工产量与月末在产品产量如表7-22所示。

表7-22　　甲、乙产品产量资料

产品	本月完工	月末在产品
甲	1900	500
乙	900	600

（2）甲、乙产品月末在产品定额成本如表7-23所示。

表7-23　　甲、乙产品月末在产品定额成本资料

产品		直接材料	直接人工	制造费用
单位产品	甲	31kg	32.5工时	32.5工时
消耗定额	乙	55.4kg	50工时	50工时
计划单价	甲	2.50元	0.90元	1.10元
	乙	1.25元	0.995元	1.25元

（3）甲、乙产品月初在产品成本及本月发生的生产费用如表7-24所示。

表7-24　　甲、乙产品月初在产品成本及本月发生的生产费用

项目		直接材料	直接人工	制造费用	合计
月初在产品成本	甲	74 800	20 500	25 900	121 200
	乙	76 200	26 700	31 900	134 800
本月发生的生产费用	甲	128 000	63 500	84 500	276 000
	乙	108 000	73 800	92 300	274 100

实训要求

（1）登记甲、乙产品成本计算单（或明细账）；
（2）计算甲、乙产品的月末在产品定额成本；
（3）倒挤推算甲、乙产品本月完工总成本和单位成本；
（4）编制会计分录，结转完工入库的产品成本；
（5）分析总结在产品按定额成本计价法的优缺点及适用条件。

项目八　产品成本计算方法认知

【项目提要】

本项目从工业企业生产类型的角度出发，重点阐述了如何根据企业生产经营特点和成本管理要求来确定产品成本计算的具体方法。主要介绍了企业生产经营特点和成本管理要求对成本计算对象、成本计算期、生产费用在完工产品和在产品之间分配等方面的影响。阐述与之相适应的三种产品成本计算的基本方法，以及常用的辅助成本计算方法。

【知识目标】

通过对各项任务的教学，使学生了解企业生产类型和成本管理要求与成本计算方法之间的关系，掌握生产组织、工艺过程的特点和管理的要求对产品成本计算的影响；熟悉产品成本计算方法的种类。

【技能目标】 1. 能够根据企业生产类型特点和管理要求选择合适的成本计算方法

2. 熟知产品成本计算的基本方法和辅助方法

产品成本计算方法是指适应企业生产特点和成本管理要求，确定成本计算对象，按一定程序归集生产费用，并按期计算出各成本对象的总成本和单位成本的技术方法。产品成本计算方法主要受成本计算对象、成本计算期、成本项目、生产费用分配方法等因素的直接影响。其中，成本计算对象是诸多影响因素中最重要的因素，它直接决定了基本生产成本明细账的设置和其他因素的组合方式。

任务一　企业生产类型及特点认知

企业的产品成本是指产品在生产过程中发生的耗费的总和，因此企业采用何种生产方式、生产何种产品、生产产量大小等，都是确定产品成本计算方法时必须要考虑的。所以学习产品成本计算方法应首先了解企业的生产类型。企业生产类型是指企业或车间按照生产特点划分的类别。企业生产特点主要是指生产产品的工艺技术过程特点和生产产品的组织方式。

一、企业生产类型认知

工艺技术过程，是指产品从投料到完工的工艺技术加工程序，它与产品工艺流程的复杂性相关，按产品生产过程是否间断或者能否分散进行，生产类型具体分为简单生产（单步骤）和复杂生产（多步骤）两种。

1. 简单生产

简单生产又称为单步骤生产，是指产品的生产工艺技术过程不能间断，或指产品只能在一个地点进行的生产。这类生产工艺技术较为简单，生产周期较短，产品品种较少且稳定，一般只能由一个企业整体进行，而不能由几个车间协作进行，如采掘、发电等企业的生产。

2. 复杂生产

复杂生产，又称多步骤生产，是指产品的生产工艺技术过程由几个可以间断的生产步骤组成的生产。即生产活动可以在不同的时间、地点进行。复杂生产的生产工艺较为复杂，生产周期较长，产品品种较多且不稳定，一般由企业的若干车间或步骤协作进行生产。复杂生产按产品的加工协作方式，又可分为连续式（顺序式）复杂生产和平行式（装配式）复杂生产两种。

（1）连续式（顺序式）复杂生产。连续式（顺序式）复杂生产是指从投料到产品完工，要按顺序经过若干步骤（车间）加工的生产，前一步骤的半成品即是后一步骤的加工对象，直到最后步骤生产出产成品，如纺织、冶金、水泥、造纸等企业的生产。例如，在纺织品生产中，棉花作为原材料投入生产后，分别经过清棉、梳棉、纺条、粗纺、细纺等工序制成棉纱，棉纱作为半成品再经过络筒、整经、浆纱、穿经、织造等工序，最后织成棉布。将这一生产活动用工艺流程图表示出来，能更直观地看出多步骤连续加工的过程。

（2）平行式（装配式）复杂生产。平行式（装配式）复杂生产是指各生产步骤或车间在不同的时间和地点，将原材料平行加工成零部件，最后由企业的总装车间将各种零部件装配组成产成品的生产，如车辆、仪表、机械等企业的生产。

二、生产组织特点认知

生产组织是指保证生产过程各个环节、各个因素相互协调的工作方式。生产的组织方式是指企业依赖一定的生产条件，结合产品生产的工艺特点，对产品的生产所做的安排。具体可分为大量生产、成批生产和单件生产三种类型。

1. 大量生产

大量生产是指不断大量重复一种或几种相同产品的生产。这种生产类型具有产品品种少、产量大、工艺成熟、重复性强、专业化程度高等特征，如采掘、发电、冶金、纺织、造纸、化肥等企业的生产。

2. 成批生产

成批生产是指按规定的产品批别和数量进行的生产。这种生产类型的特点是产量较大、品种较多，生产有一定的重复性，如农机、服装、电动机等的生产。成批生产按产品批量的大小，又可以分为大批生产和小批生产。大批生产因产品批量大而性质接近大量生产；小批生产因产品批量小，一批产品一般可同时完工，其性质近似于单件生产。在实际工作中，大量与大批的界限难以绝对分清，通常合称为大量大批生产；小批生产与单件生产性质相近，故往往合称为小批单件生产。其中大批生产的特点类似于大量生产，小批生产的特点类似于单件生产。

3. 单件生产

单件生产是指按照客户的特殊要求，生产特殊规格的、性质独特的个别产品的生产，如重型机械制造和远洋船舶的生产等。这种生产类型的特征是产品品种多、产量少（一件或几件）、一般不重复，专业化程度不高，产品的稳定性差，一般以通用设备进行加工。

简单生产和连续式复杂式生产，一般都是大量或大批生产；平行装配式复杂生产，可能是大量大批生产，也可能是小批单件生产。将产品工艺技术过程的特点与生产组织的特点相结合，企业生产可划分为大量大批简单生产、大量大批连续式复杂生产、大量大批平行装配式复杂生产、小批单件平行装配式复杂生产四种类型。

应该指出，某一企业的生产类型是由其主要基本生产车间的生产特点决定的。因为对同一企业来说，其各个生产车间的工艺流程与生产组织可能具有不同的特点。例如，一家船舶制造企业，其基本生产特点决定它属于小批单件平行装配式复杂生产企业，但其内部为基本生产服务的发电车间的生产特点是大量大批的简单生产，进行零部件加工的金工车间是大量大批的连续式复杂生产。

上述两种划分方法对生产类型的划分不是相互独立的，所划分的各种生产类型之间，既有差异性又有关联性，综合起来看，生产的类型表现为以下几种形态，如图 8-1 所示。

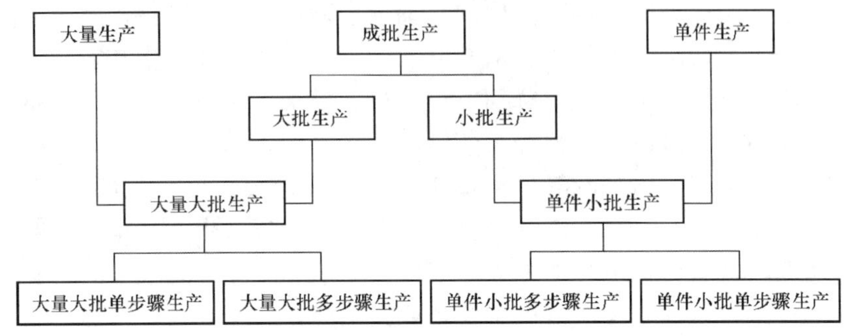

图 8-1 企业生产基本类型图

任务二 影响产品成本计算方法因素认知

一、生产类型对产品成本计算方法的影响

企业的生产类型不同，对成本管理的要求也不一样，因此必然对产品成本计算方法产生影响。产品成本计算方法，是指适应企业生产特点和成本管理的要求，确定成本计算对象，按一定程序归集生产费用，并按期计算各对象的总成本和单位成本的方法。产品成本计算方法主要包含成本计算对象的确定、成本计算期的确定、成本项目的设置、生产费用归集及计入产品成本的程序、间接费用分配标准的确定、完工产品成本与在产品成本的划分、产品总成本与单位成本计算等要素。

在产品成本计算方法的诸多因素中，成本计算对象是最重要的因素，它决定了基本生产明细账的设置和其他因素相互组合的方式。生产类型对产品成本计算方法的影响主要体现在成本计算对象和成本计算期的确定以及生产费用是否需要在完工产品和在产品之间进行划分等方面。

（一）生产类型对产品成本计算对象的影响

成本计算对象是产品生产费用的承担者，是设置基本生产明细账（或产品成本计算单）的依据。产品成本计算对象的确定，主要取决于企业的生产特点和成本管理的要求。

1. 大量大批单步骤生产类型对成本计算对象的影响

在大量大批简单生产的情况下，由于是单步骤生产，工艺技术过程不能间断，月末不存在在产品，也就不需要分步骤计算产品成本；同时生产组织是大量大批生产，不需要区分批别组织生产，因而也不需要按批别计算产品成本。因此，这种生产类型的成本计算对象只能是产品的品种。

2. 大量大批多步骤生产类型对成本计算对象的影响

在大量大批连续式复杂生产企业中，产品生产要按顺序经过各生产步骤的加工，由于生产工艺技术过程可以间断，因此各生产步骤往往有自制半成品存在，客观具备了分步骤计算产品成本的条件，所以在半成品具有独立的经济意义时，成本计算对象是各加工步骤的半成品和最终步骤的各种产成品；在半成品不具有独立经济意义时，成本计算对象则只能是最终步骤的各种产品。

在大量大批装配式复杂生产企业中，在生产工艺上是先平行加工零部件，然后再由最后步骤将零部件组装为产成品，在产品种类较单一时，半成品没有独立经济意义，因此不需要按步骤计算半成品成本，而以最终产品作为成本计算对象；但在多种产品生产时，各生产步骤提供的零部件“通用件”、“标准件”可为各种产品使用，因此应将各步骤的半成品和最终步骤的产成品作为成本计算对象。

此外，从生产组织的特点看，大量大批复杂生产企业中，生产的重复性很强，原材料不断投入生产过程，流水线上相同的产品陆续完工。在这种情况下，半成品生产的批别和数量与产品生产的批别和所需半成品的数量往往不一致，因此无法分批别计算产品成本，只能以不同品种的产品作为成本计算对象。

3. 单件小批生产类型对成本计算对象的影响

小批单件的平行装配式复杂生产企业，由于生产是按批别或订单组织的，并且产品生产批量小，一批产品一般可以同时完工，因此应按产品批别、订单计算成本，所以其成本计算对象是产品的批别或订单。

（二）生产类型对成本计算期的影响

成本计算期是完工产品成本计算的时间长度。成本计算期主要取决于生产组织的特点。

1. 大量大批生产类型对成本计算期的影响

在大量大批生产情况下，由于生产是连续不断进行的，每月都有完工产品，因此产品成本计算只能按月定期在月末进行，成本计算期与会计报告期一致，与生产周期不一致。

2. 单件小批生产类型对成本计算期的影响

在小批单件生产情况下，生产按单件或小批量进行，各批、各件产品的生产周期往往不同，且不重复或少重复；所以，产品成本只能在该批、该件产品完工后进行计算，因此成本计算期与生产周期一致，而与会计报告期不一致。

（三）生产类型对在产品成本计算的影响

从前面的阐述可知，企业生产组织的特点对产品成本计算期有重大影响。在单件小批生产情况下，成本计算是在产品全部完工后进行，成本计算期与生产周期一致；在大量大批生产情况下只能按月定期进行成本计算，成本计算期与会计报告期一致。但是，产品成本计算期并不等于产品成本核算的分期，为了便于计算各期损益，成本核算的分期必须与会计报告期一致，按月定期确定产品成本、费用资料。这就要求成本日常计算工作经常进行，将生产费用在完工产品和月末在产品之间及时分配。月末在产品成本计算与生产类型有着密切关系。

在大量大批简单生产情况下，因生产过程不能间断，生产周期也短，一般没有在产品，因此不必计算在产品成本，当期的全部生产费用就是该期完工产品总成本。

1. 大量大批多步骤生产类型对在产品成本计算的影响

在大量大批复杂生产情况下，生产过程由可以分散在不同时间、地点的多阶段（步骤）组成，各阶段期末在产品数量较多，是否需要在完工产品与在产品之间分配费用，取决于在产品有无独立的经济意义。在产品具有独立经济意义时，需要将基本生产明细账集中的生产费用在当期完工产品和期末在产品之间进行分配。

2. 单件小批复杂生产类型对在产品成本计算的影响

在单件小批复杂生产情况下，由于成本计算期与生产周期一致，所以在批别（订单）规定的产品产量完工前，基本生产明细账中所归集的生产费用就是在产品的成本，无需在完工产品和在产品之间进行分配，从而使产品成本的计算程序较为简单；如果批别（订单）规定的产品分期跨月完工，则月末同时存在完工产品和在产品，月末需要采用一定的方法，将生产费用在完工产品和月末在产品之间进行分配。

（四）生产类型对成本项目的影响

生产类型对成本项目的影响较小，因为多数情况下，产品成本都是由直接材料、直接人工和制造费用组成的，生产类型不同，有时会影响到成本项目的内容，以及各项目费用的归集与分配方法，但基本项目不会改变。

（五）生产类型对成本费用分配的影响

生产类型的特点对成本分配的影响主要有三种情况。

1. 单步骤生产类型对成本费用分配的影响

单步骤生产类型的明显特点是生产步骤单一，生产周期较短，无论是大量大批单步骤生产，还是单件小批单步骤生产，一般都具有这样的特点。由此决定这种类型的生产，在月末大都没有在产品，不需要计算在产品成本，或者是在产品数量很少、金额较小，不计算在产品成本关系不大。因此，当月归集的生产费用无需在完工产品和在产品之间进行分配，可全部视为当月完工产品成本。

2. 单件小批多步骤生产类型对成本费用分配的影响

因单件小批多步骤生产类型的生产具有成本计算期与生产周期一致的特点，所以当月归集的生产费用不需要在完工产品与在产品之间进行分配。这可能有两种结果：一是当某件或某批产品完工时，即意味着所生产的产品在本期内全部完工，所归集的生产费用均为完工产品成本；二是当某件或某批产品未完工时，即意味着所生产的产品在本期内都未完工，所归集的生产费用均为在产品成本。

3. 大量大批多步骤生产类型对成本费用分配的影响

大量大批多步骤生产类型具有产品生产周期较长，生产按步骤循环进行的特点，各步骤生产出一定数量的在产品。所以，月末计算产品成本时，必须采用适当的方法，在完工产品和在产品之间分配所归集的生产费用。

以上生产类型特点对成本计算方法的影响归纳见表8-1。

表8-1　生产类型特点对成本计算方法影响情况表

生产类型	生产特点	对成本计算方法的影响			
		成本计算对象	成本计算期	成本计算程序	成本分配
大量大批单步骤	生产连续不间断，品种少，重复生产	产品品种	按月计算	按品种归集和分配	无需分配
大量大批多步骤	间断多步骤生产，品种少，重复生产	产品品种或生产步骤	按月计算	按品种或生产步骤归集和分配	需分配

续表

生产类型	生　产　特　点	对成本计算方法的影响			
		成本计算对象	成本计算期	成本计算程序	成本分配
单件小批单步骤	生产连续不间断，品种单一小批量，不稳定	产品品种或产品批别	不定期计算	按品种或产品批别归集和分配	无需分配
单件小批多步骤	间断多步骤生产，品种单一小批量，不稳定	产品品种或批别、步骤	不定期计算	按品种或批别步骤归集和分配	无需分配

二、成本管理要求对成本计算方法的影响

（一）成本管理要求对成本计算对象的影响

成本计算对象受生产类型特点影响，可能是产品品种、产品批别和产品生产步骤等三种中的一种或两种。但在实际中，成本计算对象不是由产品生产类型唯一确定的，通常情况下，要确定成本计算对象不仅要考虑生产类型的特点，还要同时考虑成本管理的要求。对于大量大批单步骤生产，工艺过程单一，品种少，管理上较单纯，所以对象较明确。对于大量大批多步骤生产，工艺过程复杂，为加强各步骤的成本管理，就有必要按生产步骤计算成本。但如果企业规模小，单件产品生产周期较短，管理上不要求按生产步骤计算成本，则只按产品品种计算即可。当然，在特定的管理模式下，大量大批生产类型的成本计算对象也可以是批别。对于单件小批单步骤生产，因为单件与小批相近，所以归为同类，从管理要求看，有必要分析考核件别或批别的产品成本水平，又不必考虑多步管理，所以按批别计算产品成本。对于单件小批多步骤生产，管理上一般不要求分步计算成本，所以也以批别为成本计算对象。

（二）成本管理要求对成本计算期的影响

在生产类型特点影响下，有两种成本计算期：一种是定期按月计算，另一种是不定期计算。从成本管理要求看，首先考虑应定期按月计算成本；其次，考虑的是尽量做到成本计算期与会计报告期、生产周期一致；再次，才考虑不定期计算成本，由此影响所确定的成本计算期与生产类型特点影响的结果基本一致。

（三）成本管理要求对成本计算程序的影响

管理要求对成本计算程序的影响主要在多步骤生产类型方面。因为单步骤生产情况下，无论是大量大批生产，还是单件小批生产，以产品品种或产品批别为对象归集和分配生产费用比较明确。而多步骤生产情况下，除按产品品种或产品批别归集和分配生产费用外，还要考虑是否按生产步骤归集和分配生产费用。如果管理上要求分步计算产品成本，则必须同时以两个成本对象归集和分配生产费用。

（四）成本管理要求对成本项目的影响

成本项目受生产类型影响较小。不同的生产类型，产品的成本项目一般包括直接材料、直接人工、制造费用等三项。但是，如果成本管理上有特别要求，成本项目就会增多，例如，有些企业，为加强成本控制，搞好成本分析，单独设立废品损失、停工损失等成本项目。

（五）成本管理要求对成本分配的影响

一定时期的生产费用是否在完工产品与在产品之间进行分配，不仅要看生产上是否有在产品或在产品的多少，更要看管理上的要求。如果管理方面规定必须计算在产品成本，则进

行成本分配，否则，就不进行分配。

综合生产类型的特点和成本管理要求对产品成本计算方法的影响，可得出这样的结果，见表 8-2。

表 8-2　成本管理要求对产品成本计算方法的影响

管理要求	生产类型	对成本计算方法的影响				
		成本计算对象	成本计算期	成本计算程序	成本项目	成本分配
不要求分步计算产品成本	大量大批单步骤或大量大批多步骤生产	产品品种	按月计算	按产品品种归集和分配生产费用	直接材料 直接人工 制造费用	单步骤不分配，多步骤适当分配
	单件小批单步骤或单件小批多步骤生产	产品批别	不定期计算	按产品批别归集和分配生产费用	直接材料 直接人工 制造费用	一般不需要分配
要求分步计算产品成本	大量大批多步骤生产	产品品种和生产步骤	按月计算	按产品品种和生产步骤归集分配生产费用	直接材料 直接人工 制造费用	一般需要分配
要求增设成本项目	全部类型				直接材料 直接人工 制造费用 增设项目	

任务三　产品成本计算方法认知

一、产品成本计算的基本方法认知

企业生产类型对成本计算对象、成本计算期、在产品成本计算等方面都有重大影响，而这些均是产品成本计算方法的最基本因素，尤其是产品成本计算对象。

产品成本计算对象的确定制约和影响着其他因素，而它们均由企业生产类型决定，可以说企业生产类型决定了与其相适应的不同的产品成本计算方法。产品成本计算方法包括以产品品种为成本计算对象的品种法；以产品批别为成本计算对象的分批法；以产品生产步骤或产品品种为成本计算对象的分步法。

（一）品种法

品种法是指以产品品种为成本计算对象归集和分配生产费用，计算产品成本的方法。产品成本计算的品种法是成本计算方法中最基本的方法，因为从最终的产品成本看，不管采用什么方法计算成本，都要计入具体的产品品种。

（二）分批法

分批法是指以产品批别为成本计算对象归集和分配生产费用，计算产品成本的方法。由于在实际生产中，每批产品的品种和批量通常是由客户的订单确定的，所以该方法又称订单法。

（三）分步法

分步法是指以产品生产步骤为成本计算对象归集和分配生产费用，计算产品成本的方法。由于在实际生产中，上一步骤的半成品是下一步骤的加工对象，所以还必须按产品品种结转各步骤成本，这就使得这种方法不是单一的方法。

基本成本计算方法具有以下两方面的作用。

1．为企业计算成本提供技术手段

基本成本计算方法具有技术性特点，这表明其中的任何一种方法都是处理成本问题的一种技术手段，运用这些方法可以计算出产品的成本。它比制度成本计算方法的作用更现实，因为制度成本计算方法只确定计算范围，具体的生产费用如何归集和分配，还要运用基本成本计算方法。

2．基本成本计算方法是其他成本计算方法的基础

在成本计算方法体系中，基本成本计算方法处于基础性地位，为其他成本计算方法的运用提供技术支持，甚至有些成本计算方法是由基本成本计算方法派生或变异得出的，所以没有基本成本计算方法，其他成本计算方法就不会或不能存在。

二、产品成本计算的辅助方法认知

由于企业的产品生产在一定的生产类型下具体情况多种多样，企业管理条件和方法也存在着差异，为充分利用管理条件，借助管理方法，简化成本计算工作和加强成本管理，在运用基本成本计算方法的同时，还可以采用一些辅助方法。目前，常用的辅助成本计算方法主要有分类法和定额法两种。

（一）分类法

分类法是指以产品类别为成本计算对象计算成本的方法。在企业的实际生产中，由于产品品种、规格繁多，以品种为对象计算成本比较烦琐。为了简化计算工作，可以先以产品的类别归集生产费用，计算出各类产品的成本，然后按一定标准在该类产品之间进行分配，计算各种产品的成本。

（二）定额法

定额法是指以产品定额成本为基础，将符合成本定额的生产费用和偏离成本定额的差异分别核算的一种产品成本计算方法。该方法适用于定额管理工作基础较好的生产企业。

分类法和定额法与企业的生产类型没有直接关系，因为这两种方法不是计算成本必不可少的，只是对基本成本计算方法起辅助作用，所以称为辅助成本计算方法。显然，它应与基本成本计算方法结合运用。

除上述三种基本方法外，实际工作中，在基本方法的基础上还延伸出许多产品成本计算的辅助方法，例如，与品种法相联系的“分类法”；与分批法相联系的“分批零件法”；与分步法相联系的“零件工序法”，以及用于成本计算和控制的“定额法”、“标准成本法”等。但成本计算的辅助方法只能与基本方法结合使用，而不能单独运用。

应当指出，无论哪种成本计算方法，最终都必须按照产品品种计算产品成本，因此，品种法是产品成本计算方法中最基本的方法。

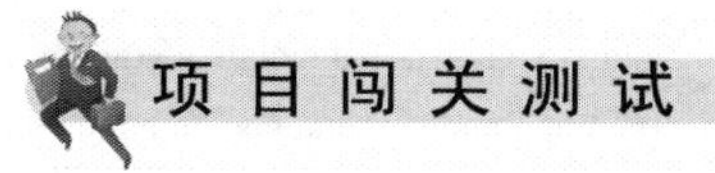

一、单项选择题

1．企业应当根据（　　），确定适合本企业的成本计算方法。

A．经营特点和管理要求　　B．职工人数多少

C．生产规模的大小　　D．生产车间的多少

2．冶金、纺织、造纸、服装等企业的生产属于（　　）。

A．简单生产　　B．单步骤生产

C．连续式多步骤生产　　D．装配式多步骤生产

3．单件小批生产的成本计算期通常（　　）。

A．与产品生产周期一致　　B．与会计报告期一致

C．与日历年度一致　　D．与生产费用发生期不一致

4．在各种成本计算方法中，品种法成本计算程序（　　）。

A．最具有特殊性　　B．最具有代表性

C．与其他方法的成本计算程序完全不同　　D．最不完善

5．在大批大量单步骤的生产类型下，产品成本的计算对象只能是（　　）。

A．产品的品种　　B．生产步骤

C．会计期间　　D．生产周期

6．在纺织品生产活动中，当棉花作为原材料投入生产，分别经过清棉、梳棉、纺条、粗纺、细纺等工序制成棉纱，这一生产活动用工艺流程图表示出来，可以直观地看出属于（　　）的过程。

A．多步骤连续加工　　B．多步骤平行加工

C．简单连续加工　　D．简单平行加工

7．下列方法中不属于产品成本计算基本方法的是（　　）。

A．品种法　　B．分批法　　C．分析法　　D．定额法

8．不适合运用品种法计算产品成本的企业有（　　）。

A．发电厂　　B．小型水泥厂　　C．拖拉机厂　　D．煤矿

9．产品成本计算对象的确定，主要取决于（　　）。

A．企业的生产特点和成本管理要求　　B．企业的会计机构和会计人员

C．生产车间的设置数量　　D．产品生产成本明细账的设置数量

10．在产品成本计算方法的诸多因素中，（　　）是最重要的因素，它决定了基本生产成本明细账的设置。

A．成本计算对象　　B．成本计算期

C．成本项目的设置　　D．间接费用的分配标准

二、多项选择题

1．汽车制造、机器制造等生产属于（　　）。

A．单步骤生产　　B．装配式多步骤生产

C．大量生产　　D．连续式多步骤生产

2．采掘、发电、自来水等生产属于（　　）。

A．单步骤生产　　B．大量生产

C．多步骤生产　　D．成批生产

3．生产特点和管理要求对成本计算方法的影响，主要表现在对（　　）的影响等方面。

A．成本核算对象

B．成本计算期

C．生产费用在完工产品与期末在产品之间的分配

D．生产费用在成本核算对象之间的分配

4．企业确定的成本核算对象主要有（　　）。

A．产品品种　B．产品批别

C．产品品种及其生产步骤　D．产品生产计划或订货单

5．某工厂生产的产品需要经过铸造、加工、装配三个车间加工，该产品有可能以一种成本计算方法为主结合采用（　　）等成本计算方法。

A．品种法　B．分步法

C．约当产量法　D．定额比例法

6．受生产类型和成本管理要求影响，产品成本计算的对象有（　　）。

A．产品品种　B．产品类别

C．产品批别　D．产品生产步骤

7．复杂生产又称多步骤生产。按产品加工协作方式不同又可分为（　　）。

A．连续式复杂生产　B．平行式复杂生产

C．连续式简单生产　D．平行式简单生产

8．产品成本计算方法主要包括（　　）等诸多因素。

A．成本计算对象的确定　B．成本计算期间的确定

C．成本项目的设置　D．间接费用分配标准的确定

9．基本的成本计算方法具有（　　）等作用。

A．为企业计算成本提供技术手段　B．是其他成本计算方法的基础

C．对企业生产进行分类　D．编制成本报表

10．生产类型对成本项目的影响较小，因为在多数情况下，产品成本都是由（　　）等组成的；生产类型不同，有时会影响到成本项目的内容，但基本项目不会改变。

A．直接材料　B．直接人工

C．制造费用　D．制造成本

三、判断题

1．按照生产工艺过程的特点，工业企业的生产可以分为连续式和装配式两种类型。（　　）

2．品种法和分步法的成本计算期与生产周期不一致。（　　）

3．按照生产组织的特点，工业企业的生产可以分为大批生产和小批生产两种类型。（　　）

4．一个企业不得同时采用多种成本计算方法。（　　）

5．计算某种产品成本时，可以以一种成本计算方法为主，将几种成本计算方法结合运用。（　　）

6．企业的生产类型对成本计算期有着直接的影响，对月末在产品成本的计算也有着密切的关系。（　　）

7．产品成本计算方法是按一道程序归集生产费用，并按期计算各对象的总成本和单位成本的方法。（　　）

8．当在产品具有独立的经济意义时，需要将基本生产成本明细账中的生产费用在当期完工产品和期末在产品之间进行分配。（　　）

9．月末在产品成本的计算与企业的生产类型有着密切的关系。（ ）

10．生产类型不同，会影响到各费用项目的归集与分配的方法，但不会影响基本成本项目的改变。（ ）

项目九　品种法的运用与分析

【项目提要】

品种法是产品成本计算方法中最基本的方法。不论是分批计算产品成本，还是分步计算产品成本，或者是其他任何几种方法的结合运用，最终都必须按照产品的品种计算出产品的成本。本项目重点阐述了品种法的含义、适用范围，以及品种法的成本计算程序，并通过实例说明品种法的具体应用。

【知识目标】

通过对各项任务的教学和实训，使学生熟悉品种法的适用范围和特点，掌握品种法的核算程序和核算方法，为进一步学习分批法和分步法等成本计算方法奠定基本的方法基础。

【技能目标】1. 掌握品种法计算产品成本的基本程序

2. 能够自主运用品种法计算产品成本

成本会计工作的最终目的是计算产品成本，反映生产耗费。不论是何种生产类型的企业，也不论企业的生产工艺组织方式有何不同，不论采用何种成本计算方法，经过对本期发生的生产费用的归集和分配，最终都必须计算出某种产品的总成本和单位成本。所以按照产品品种计算产品成本是最基本的要求，因此品种法是工业企业产品成本计算的最基本的方法。

任务一　品 种 法 的 认 知

一、品种法的含义和特点

产品成本计算的品种法是以产品品种为成本计算对象，归集和分配生产费用，计算产品成本的一种方法。采用品种法计算产品成本既不要求按照产品的批别计算成本，也不要求按照产品的生产步骤计算成本，只要求按照产品的品种计算产品成本。在实际工作中，无论采用哪种成本计算方法，最终都要计算出产品品种的实际总成本和单位成本。因此品种法是成本计算最简单的计算方法，也是最基本的成本计算方法。其主要特点表现在以下几个方面。

1. 成本计算对象是产品品种

品种法下的产品成本计算对象既不是产品生产的批别又不是产品生产的步骤，而是企业生产的某种产品。在品种法下，产品成本计算只有一个对象，就是企业生产的某一种产品。成本计算对象的单一性特征很明显。

按照产品的生产类型和成本计算的繁简程度，可将品种法分为单一品种的品种法和多品种的品种法。

在生产过程表现为单步骤简单生产，且企业（或生产车间）只生产一种产品，成本计算对象即该种产品的产成品，产品生产过程中发生的各项要素费用都属于直接计入费用，包括制造费用在内，不需要在各种产品之间进行费用分配；同时由于大批量生产单一的产品，产品的生产周期较短，一般没有或极少有在产品，则月末也不需要在完工产品和在产品之间进行费用的分配。在供水、供电、采掘等企业即采用这种单一的品种法，实际中又称简单法。如果企业生产产品品种较多时，则成本的计算对象即所生产的各种产品，产品生产过程中发生的各项要素费用，凡能分清成本计算对象的则直接计入该成本计算对象，凡是不能分清应由哪种产品负担的生产费用，则应采用适当的分配方法，分别计入各成本计算对象。多品种的品种法简称为品种法。

简单法的命名只体现了费用归集和分配方面的特点，没有体现成本计算对象是成本计算方法命名的依据这一特点。

2. 成本计算期限是会计期间

在品种法下，产品成本的计算是定期按月进行的，即产品成本的计算期是固定的。成本计算期与会计报告期一致，与产品生产周期不一致。即使在大量大批生产的组织方式下，产品的生产周期可能长于或短于一个月，但成本的计算期只能是会计期间，而不是生产周期。

3. 成本计算程序简单明了

在大量大批生产某种或某几种产品的生产组织方式下，以及成本计算对象的单一性，决定了只需要按产品品种设置成本计算账户，直接归集产品生产中发生的各项生产费用，并根据计入成本账户的生产费用，计算出产品成本。

4. 月末一般不需要进行生产费用的分配

在品种法下，月末一般不需要进行生产费用的分配。在简单生产组织方式下，因其月末无在产品或在产品数量很少，所以不计算在产品成本，也没必要进行生产费用的分配。在不需要提供在产品完整信息的复杂生产的企业，多采用简化的方式，将产品生产成本明细账中归集的全部生产费用，在完工产品与月末在产品之间分配，计算出完工产品成本和在产品成本。

二、品种法的适用范围

品种法的特点决定了其只有适用于大批大量的简单生产，如发电、采掘等企业，故又称简单法。在这种生产类型的企业，产品的生产工艺流程是单步骤的，并且只能在同一个地点加工完成，因此不需要按生产步骤计算产品成本。其次，在大量大批的复杂生产企业，如果企业或车间的规模较小，或车间是封闭式的，即从投料到产品完工都在一个车间内进行；或者生产是按流水线组织的，管理上并不要求提供半成品成本信息资料，也可以采用品种法计算产品成本。例如小型的砖瓦厂、糖果厂等，此外，企业内部为基本生产提供劳务供应的辅助生产车间，如供电、修理、运输等，其成本计算也可以采用品种法。

三、品种法的计算程序

采用品种法计算产品成本，一般应按下列程序操作。

1. 设置成本明细账

在品种法下应按产品品种设置基本生产成本明细账或成本计算单。为了全面反映各项成本费用的耗费情况，了解核心费用对产品成本的影响，要求成本明细账按成本项目设置专栏。同时，与产品成本计算有关的辅助生产成本明细账、制造费用明细账均应按照会计制度的要求相应地也要一并设置，并规定其成本项目和费用项目。

2. 归集和分配本期（月）发生的各项要素费用

根据生产过程中各项要素费用发生的原始凭证和其他有关凭证，编制各种成本、费用分配表，根据各种费用分配表编制记账凭证，根据记账凭证登记所开设的成本费用明细账。

3. 分配辅助生产费用

根据辅助生产成本明细账中归集的本月辅助生产费用总额，按照企业确定的辅助生产费用的分配方法，编制“辅助生产费用分配表”分配辅助生产费用，并根据分配的结果编制记账凭证，分别记入有关产品成本明细账、制造费用明细账或期间费用明细账等。

辅助生产车间发生的制造费用，如果通过“制造费用”账户归集，应在分配辅助生产费用之前，将辅助生产车间的制造费用分别转入各辅助生产成本明细账，并入该辅助生产单位的本期成本费用总额。

4. 分配基本生产车间的制造费用

根据各基本生产车间制造费用明细账归集的本月制造费用，按照企业确定的制造费用的分配方法，分别编制各生产车间的“制造费用分配表”分配制造费用；并根据分配的结果编制记账凭证，分别记入有关产品的生产成本明细账或成本计算单。

5. 计算完工产品成本

根据产品生产成本明细账归集的生产费用的累计数（期初在产品成本加上本期生产费用），在完工产品和在产品之间进行分配，计算出本月完工产品的实际总成本和月末在产品成本。各产品完工产品实际总成本分别除以其实际完工总产量，即该产品的本月实际单位成本。

6. 结转完工产品成本

根据产品成本计算的结果，编制本月“完工产品成本汇总表”，编制结转本月完工产品成本的会计分录，并分别登记有关产品成本明细账和库存商品明细账。

品种法的成本计算程序如图 9-1、图 9-2 所示。

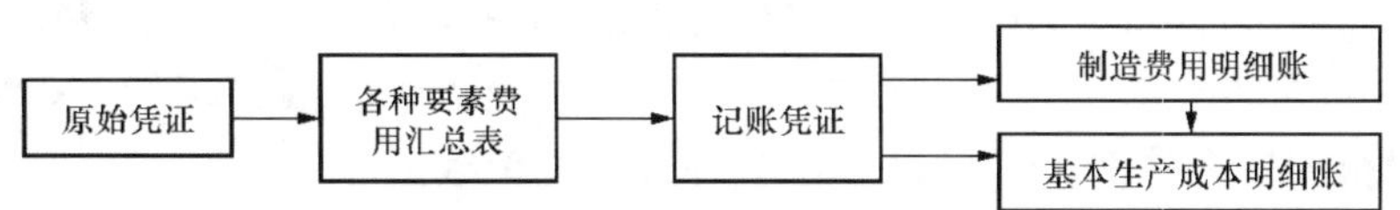

图 9-1　单品种的品种法成本计算程序图

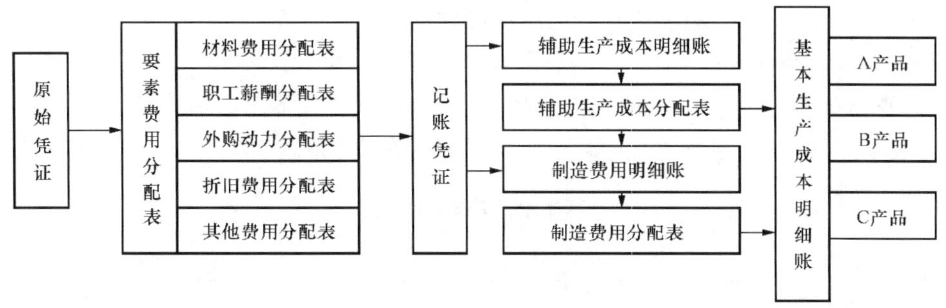

图 9-2　多品种的品种法成本计算程序图

任务二　品种法的运用与分析

一、品种法的基本形式

品种法具有两种基本形式，即单一品种的品种法和多品种的品种法。

单一品种的品种法多适合于大批量生产的简单生产企业。由于生产过程是单步骤生产，产品品种单一且没有月末在产品，因此生产费用归集后既不需要在各种产品之间分配，又不需要在完工产品和月末在产品之间分配，成本计算过程相当简单，故此法又被称为简单法。

多品种的品种法，适用于大量大批的单步骤生产或管理上不要求分步骤计算半成品成本的复杂生产企业。由于产品品种相对较多且月末又有在产品，因此这种方法的成本计算要比简单法复杂，因为生产费用既要在各种产品之间分配，又要在完工产品和在产品之间进行分配。

二、品种法的会计处理实务操作

现举例说明品种法的成本计算。

（一）企业的基本情况

北原煤矿以生产无烟煤为主，其生产工艺技术过程为单步骤生产。该煤矿基本生产部门为采掘部，根据生产特点和管理要求，决定采用品种法计算该煤矿所生产的无烟煤的生产成本。该煤矿另设辅助生产部门维修部为企业各单位提供修理服务。本月生产无烟煤 50 000t。月初月末在产品数量较少，不予考虑。

（二）企业的会计制度

基本生产成本明细账按成本项目设置专栏反映和记载主要生产费用的发生情况，其成本项目为“原材料”、“燃料及动力”、“直接人工”、“制造费用”。辅助生产成本明细账专栏的设置与基本生产成本明细账相同，因辅助生产规模较小，不单独设置“制造费用”会计科目核算辅助生产的制造费用，在发生时，直接计入“辅助生产成本”科目的有关成本项目中。由于辅助生产部门单一，规模较小，企业规定采用直接分配法分配辅助生产费用。

基本生产车间的制造费用需要专设“制造费用明细账”进行归集，账内按“机物料消耗”、“职工薪酬”、“折旧费”等费用项目设专栏进行费用的记载。

为了充分说明产品成本的核算过程，只列示成本类账户。

（三）成本计算及账务处理

该企业 2013 年 8 月的无烟煤的成本计算程序如下。

1. 设置成本明细账

根据企业会计制度要求，在计算产品成本时，应开设“基本生产成本明细账”（见表 9-1）、“辅助生产成本明细账”（见表 9-2）、“制造费用明细账”（见表 9-3）；其他账簿从略。

表 9-1　　基本生产成本明细账

产品名称：无烟煤　　　　产品产量：50 000t

年		凭证		摘　要	原材料	燃料及动力	直接人工	制造费用	合　计
月	日	字	号						

表 9-2　　**辅助生产成本明细账**

车间名称：维修部

年		凭证		摘　要	原材料	燃料及动力	直接人工	制造费用	合　计
月	日	字	号						

表 9-3　　**制造费用明细账**

车间名称：基本生产车间

年		凭证		摘　要					合　计
月	日	字	号						

2. 归集和分配本月发生的各项要素费用

（1）根据领料单、限额领料单及退料单，编制“材料费用分配表”，见表 9-4。

表 9-4　　**材料费用分配表**

2013 年 8 月　　单位：元

应借科目			辅助材料	备品配件	其他材料	合　计
总账科目	明细科目	成本或费用项目				
基本生产成本	无烟煤	原材料	120 000	40 000	20 000	180 000
辅助生产成本	维修部	原材料	60 000			60 000
制造费用	基本生产车间	机物料消耗			10 000	10 000
管理费用		其他			8000	8000
合计			180 000	40 000	38 000	258 000

根据“材料费用分配表”，编制会计分录并登记所开设的有关成本费用账。

① 借：基本生产成本——无烟煤　　180 000
　　　辅助生产成本——维修部　　60 000
　　　制造费用——基本生产车间　　10 000
　　　管理费用　　8000
　　　贷：原材料　　258 000

（2）根据 8 月份的工资结算汇总表，编制“职工薪酬分配表”（见表 9-5）。

表 9-5　　职工薪酬分配表

应借科目			应付工资			职工福利费（14%）	职工教育经费（2.5%）	工会经费（2%）	合计
总账科目	明细科目	成本或费用项目	生产工人工资	管理人员工资	小计				
基本生产成本	无烟煤	直接人工	80 000		80 000	11 200	2000	1600	94 800
辅助生产成本	维修部	直接人工	15 000	5000	20 000	2800	500	400	23 700
制造费用	基本生产车间	职工薪酬		5000	5000	700	125	100	5925
管理费用		职工薪酬		15 000	15 000	2100	375	300	17 775
合计			95 000	25 000	120 000	16 800	3000	2400	142 200

根据“职工薪酬分配表”编制会计分录并登记所开设的有关成本费用账。

② 借：基本生产成本——无烟煤　　94 800
　　辅助生产成本——维修部　　23 700
　　制造费用——基本生产车间　　5925
　　管理费用　　17 775
　　贷：应付职工薪酬——工资　　120 000
　　　　——职工福利　　16 800
　　　　——职工教育经费　　3000
　　　　——工会经费　　2400

（3）根据外购电费的付款凭证，编制“外购动力费用分配表”（见表 9-6）。

表 9-6　　外购动力费用分配表

应借账户			工艺用电	照明用电	合计
总账科目	明细科目	成本或费用项目			
基本生产成本	无烟煤	燃料及动力	126 000		126 000
辅助生产成本	维修部	燃料及动力	6000	2000	8000
制造费用	基本生产车间	水电费		3000	3000
管理费用		水电费		2000	2000
合计			132 000	7000	139 000

根据外购动力费用分配表，编制会计分录并登记所开设的有关成本费用账。

③ 借：基本生产成本——无烟煤　　126 000
　　辅助生产成本——维修部　　8000
　　制造费用——基本生产车间　　3000
　　管理费用　　2000
　　贷：应付账款　　139 000

（4）根据固定资产折旧费用计提（算）表，编制“固定资产折旧费用分配表”（见表 9-7）。

表 9-7　　固定资产折旧费用分配表

应借账户			本月应计提折旧额	合计
总账科目	明细科目	成本或费用项目		
辅助生产成本	维修部	制造费用	5000	5000
制造费用	基本生产车间	折旧费	30 000	30 000
管理费用		折旧费	3000	3000
合计			38 000	38 000

根据固定资产折旧费用分配表，编制会计分录并登记所开设的有关成本费用账。

④ 借：辅助生产成本——维修部　5000
　　制造费用——基本生产车间　30 000
　　管理费用　3000
　　贷：累计折旧　38 000

（5）根据有关资料编制“待摊费用分配表”（见表 9-8）。

表 9-8　　待摊费用分配表

应借账户			低值易耗品	保险费	租赁费	合计
总账科目	明细科目	成本或费用项目				
辅助生产成本	维修部	制造费用	200	800	200	1200
制造费用	基本生产车间	折旧费	700	1200	300	2200
管理费用		折旧费	100	200		300
合计			1000	2200	500	3700

根据待摊费用分配表，编制会计分录并登记所开设的有关成本费用账。

⑤ 借：辅助生产成本——维修部　1200
　　制造费用——基本生产车间　2200
　　管理费用　300
　　贷：待摊费用——低值易耗品　1000
　　　　　　——保险费　2200
　　　　　　——租赁费　500

（6）以银行存款支付办公费 4600 元，其中基本生产车间 2100 元，维修部门 1500 元，管理部门 900 元。

根据有关资料编制会计分录并登记所开设的有关成本费用账。

⑥ 借：辅助生产成本——维修部　1500
　　制造费用——基本生产车间　2100
　　管理费用　900
　　贷：银行存款　4600

将本月发生的各项要素费用，按其用途归集和分配到有关的成本费用账户之后，需要将归集在各有关成本费用账户中的生产费用逐一进行分配转出，直至计算出完工产品成本。

3. 分配辅助生产费用

将辅助生产成本明细账（见表 9-9）中归集的生产费用总额，以提供的劳务量为标准，进行分配转出。本月份辅助生产部门——维修部本月对外提供修理服务共计 10 000h，其中为基本生产车间提供修理服务 7800h，为管理部门提供修理服务 2200h。

表 9-9　　辅助生产成本明细账

车间名称：维修部

年		凭证		摘　要	原材料	燃料及动力	直接人工	制造费用	合　计
月	日	字	号						
			①	生产领用材料	60 000				60 000
			②	分配工资并计提有关费用			23 700		23 700
			③	分配外购动力费用		8000			8000
			④	计提本月折旧				5000	5000
			⑤	摊销低值易耗品等				1200	1200
			⑥	分配办公费				1500	1500
				本月合计	60 000	8000	23 700	7700	99 400
			⑦	分配结转本月费用	60 000	8000	23 700	7700	99 400

根据辅助生产成本明细账归集的费用总额，采用直接分配法，编制辅助生产费用分配表（见表 9-10）。

表 9-10　　辅助生产费用分配表

2013 年 8 月 31 日

应借账户			耗用量（h）	分配率（h/元）	分配金额（元）
总账科目	明细科目	成本或费用项目			
制造费用	基本生产车间	修理费	7800		77 532
管理费用		修理费	2200		21 868
合计			10 000	9.94	99 400

根据辅助生产费用分配表，编制会计分录并结转辅助生产成本。

⑦ 借：制造费用——基本生产车间　　77 532
　　　管理费用　　21 868
　　　贷：辅助生产成本——维修部　　99 400

4. 分配基本生产车间的制造费用

根据制造费用明细账归集的本月制造费用总额，见表 9-11。因为该企业产品品种的单一性，所以将本月份发生的制造费用直接分配结转给基本生产成本。

⑧ 借：基本生产成本——无烟煤　　130 757
　　　贷：制造费用——基本生产车间　　130 757

表 9-11　　　制造费用明细账

车间名称：基本生产车间

年		凭证		摘　要	机物料消耗	职工薪酬	水电费	折旧费	保险费	修理费	其他	合计
月	日	字	号									
			①	领用一般性消耗材料	10 000							10 000
			②	分配车间管理人员工资并计提有关费用		5925						5925
			③	分配照明用电费用			3000					3000
			④	计提本月折旧费用				30 000				30 000
			⑤	摊销本月应负担的低值易耗品、保险费及租赁费					1200		1000	2200
			⑥	以银行存款支付办公费							2100	2100
			⑦	分配转入修理费用						77 532		77 532
				本月合计	10 000	5925	3000	30 000	1200	77 532	3100	130 757
			⑧	分配转出	10 000	5925	3000	30 000	1200	77 532	1000	130 757

5. 计算产品成本

根据基本生产成本明细账归集的生产费用，计算并结转完工产品成本，见表 9-12。

表 9-12　　　基本生产成本明细账

产品名称：无烟煤　　　　产品产量：50 000t

年		凭证		摘　要	原材料	燃料及动力	直接人工	制造费用	合　计
月	日	字	号						
			①	生产领用辅助材料等	180 000				180 000
			②	分配生产人员工资并计提有关费用			94 800		94 800
			③	分配生产用动力费用		126 000			126 000
			⑧	转入制造费用				130 757	130 757
				本月生产费用合计	180 000	126 000	94 800	130 757	531 557
				完工产品成本	180 000	126 000	94 800	130 757	531 557
				完工产品单位成本	3.6	2.52	1.896	2.615	10.63
			⑨	结转完工产品成本	180 000	126 000	94 800	130 757	531 557

根据基本生产成本明细账中的计算结果，编制结转完工产品成本的会计分录并转账。

⑨ 借：库存商品——无烟煤　　　　531 557

　　贷：基本生产成本——无烟煤　　　　531 557

项目闯关测试

一、单项选择题

1. 在品种法下，产品成本的计算对象是（　　）。

A. 产品品种　B. 产品品质　C. 批次产品　D. 产品等级

2. 品种法的特点决定了其只适用了（　　）。

A. 大批大量的简单生产　B. 大批大量的复杂生产

C. 小批单件生产　D. 小批大量生产

3. 品种法的成本计算期只能是（　　）。

A. 会计期内　B. 会计周期　C. 生产周期　D. 生产期间

4. 品种法在完工产品和期末在产品之间分配生产费用的特点是（　　）。

A. 没有在产品，不需要分配

B. 通常有在产品需要分配

C. 管理上不要求分步计算成本的多步骤生产，通常有在产品，需要分配

D. 大量大批单步骤生产都有在产品，需要分配

5. 品种法的成本计算期的特点是（　　）。

A. 定期按月计算成本，与生产周期一致

B. 定期按月计算成本，与会计报告期一致

C. 不定期计算成本，与生产周期一致

D. 不定期计算成本，与会计报告期一致

6. 无论采用哪种成本计算方法，最终都要计算出产品品种的（　　），因此品种法是成本计算最简单最基本的计算方法。

A. 各项费用分配率　B. 实际总成本和单位成本

C. 实际成本和计划成本　D. 实际总成本和计划总成本

7. 下列成本计算方法中属于最基本的成本计算方法是（　　）。

A. 品种法　B. 分批法　C. 分类法　D. 分步法

8. 品种法的特点是（　　）。

A. 分批计算产品成本　B. 分品种计算产品成本

C. 分步计算产品成本　D. 分类计算产品成本

9. 品种法的特点决定了其只有适用于（　　）。

A. 小批单件的简单生产　B. 小批单件的复杂生产

C. 大批大量的简单生产　D. 大批大量的复杂生产

10. 在大批大量简单生产的企业里，当产品品种单一且没有月末在产品时，生产费用归集后不需要（　　）分配。

A. 在各批次之间进行　B. 在各步骤之间进行

C. 在各种产品之间进行　D. 在各类别之间进行

二、多项选择题

1. 品种法适用于（　　）等情况。

A. 大量大批单步骤生产

B．管理上不要求分步计算成本的大量大批多步骤生产

C．大量大批多步骤生产

D．单件小批生产

2．品种法是成本计算最基本的方法，这是因为（　　）。

A．各种方法最终都要计算出各产品品种的成本

B．品种法成本计算程序是成本计算的一般程序

C．品种法定期按月计算成本

D．品种法不需要进行费用分配

3．下列企业中，适合采用品种法计算其产品成本的有（　　）。

A．采掘企业　　B．汽车制造企业

C．供水供电企业　　D．小型水泥厂

4．下列各项中属于品种法的特点是（　　）。

A．以产品品种作为成本核算对象

B．定期按月计算产品成本

C．如果有在产品时，需要在完工产品和期末在产品之间分配生产费用

D．需要采用一定方法，在各生产步骤之间分配生产费用

5．品种法下的成本计算期（　　）。

A．与产品生产周期不一致　　B．与会计报告期不一致

C．定期按月进行　　D．与会计报告期一致

6．多品种的品种法成本计算程序比（　　）复杂，且生产费用即要在（　　）之间进行分配，又要在（　　）之间进行分配。

A．单品种的品种法　　B．各种产品

C．完工产品和在产品　　D．完工产品与月末在产品

7．品种法是（　　）。

A．最基本的成本计算方法

B．通常需要计算在产品成本

C．要求分批别计算成本

D．以产品品种作为成本计算对象的方法

8．（　　）是对品种法的正确表述。

A．以产品品种作为成本计算对象　　B．成本计算程序简单明了

C．成本计算期与会计报告期一致　　D．成本计算期与生产周期一致

9．单一品种的品种法多适合于大批量的简单生产企业，由于生产过程是（　　），产品品种单一且没有月末在产品，因此生产费用归集后既不需要（　　），又不需要（　　），成本计算过程相当简单，故又称简单法。

A．在各种产品之间分配

B．在各批次之间分配

C．在完工产品和月末在产品之间分配

D．在完工产品和月初在产品之间分配

10．品种法下的成本计算对象不可能是（　　）。

A．产品品种　　　　B．批别或订单

C．生产步骤或工序　　　　D．产品类别

三、判断题

1．品种法下的成本计算期既可以是会计期间，也可以是生产周期。（　）

2．如果企业生产产品品种较多时，成本计算对象的单一性特征就不存在了。（　）

3．品种法下的成本计算期是会计期间而与生产周期无关。（　）

4．不论采用何种成本计算方法，最终都要计算出某种产品的总成本和单位成本。（　）

5．在采用单品种法计算产品成本时，基本生产车间的制造费用必须采用直接计入的方法记入产品成本。（　）

6．采用变动成本法，固定成本全部作为制造费用。（　）

7．采用品种法，不存在在完工产品和期末在产品之间分配生产费用的问题。（　）

8．企业的供水、供电等辅助生产单位，可以采用品种法计算成本。（　）

项目综合实训

实训背景

某工厂设有一个基本生产车间，长期大批量生产甲、乙两种产品。产品所需原材料在生产开始时一次投入；月末在产品数量很少。另设有一个辅助生产车间——机修车间，为基本生产车间和行政管理部门服务。成本会计制度规定，决定采用品种法计算产品成本，不计算月末在产品成本。成本项目设置为：直接材料、直接人工、制造费用等。辅助生产车间的制造费用不单独核算。甲、乙产品共同耗用的材料按直接材料比例分配；生产工人工资按产品生产耗用工时比例分配；基本生产车间的制造费用按产品生产耗用工时比例分配。

实训资料

2013 年 2 月份有关成本费用资料如下。

（1）原材料耗用情况。根据原材料领用汇总表（见表 9-13）

表 9-13　　原材料领用汇总表

单位：元

领料部门和用途		直接领用	共同领用	合计
基本生产	甲产品	34 000		34 000
	乙产品	23 500		23 500
	甲乙产品		17 345	17 345
	车间一般耗用	9350		9350
辅助生产	机修车间	22 300		22 300
行政管理部门		2740		2740
合计		91 890	17 345	109 235

（2）本月份支付基本生产车间生产工人工资 18 300 元，车间管理人员工资 1000 元，行政管理人员工资 3000 元，机修车间生产工人工资 3200 元。按规定计提 14%职工福利费。

（3）本月份固定资产折旧提取情况为：基本生产车间 15 000 元，行政管理部门 3500 元，机修车间 3300 元。

（4）以现金和银行存款支付的其他费用为基本生产车间 2500 元，行政管理部门 15 000 元，机修车间 2800 元。

（5）机修车间本月份完成的修理工时为 8500h，其中为基本生产车间提供服务 5500h，为行政管理部门提供服务 3000h。

（6）本月份甲产品完工 2000 件，乙产品完工 1100 件。

（7）甲产品耗用工时 36 000h，乙产品耗用工时 25 000h。

实训要求

（1）开设甲乙两种产品成本明细账、制造费用明细账、辅助生产成本明细账。

（2）编制材料费用分配表，分配材料费用。

（3）编制人工费用分配表，分配人工费用。

（4）逐笔编制费用分配的会计分录。

（5）登记成本费用明细账。

（6）分配辅助生产费用。

（7）分配基本生产车间的制造费用。

（8）计算完工产品成本。

（注：分配率保留 4 位小数，金额保留 2 位小数）

项目十　分批法的运用与分析

【项目提要】

分批法是产品成本计算方法中的基本方法之一。本项目重点阐述了分批法的含义、适用范围，以及分批法的成本计算程序，并通过实例侧重说明了一般分批法和简化分批法（累计费用分配率分配法）的具体应用。

【知识目标】

通过对各项任务的教学和实训，使学生了解分批法的含义和特点，了解分批法的计算程序和计算方法，熟悉不分批计算在产品成本的简化分批法的计算程序和计算方法，熟悉分批法的适用范围和特点。

【技能目标】 1. 掌握分批法计算产品成本的基本程序

2. 能够自主运用一般分批法计算产品成本

3. 能够自主运用简化分批法计算产品成本

在消费决定生产的时代环境下，企业产品生产活动的开展不能再以自我意愿为转移，否则，生产过程中的耗费得不到补偿，企业的生产和再生产就不可能持续进行。所以遵照客户的要求，按照客户的意愿设计和生产产品，将是企业长久的生产方针。特别是在小批单件的平行装配式复杂生产的企业，产品生产必须按照批别或订单组织，因此按照产品批别和订单计算成本是必然的。

任务一　分批法基本认知

一、分批法的含义和特点

成本计算的分批法是以产品的批别或订单作为成本计算对象，以此归集生产费用、计算产品成本的一种方法。此法主要适合于需要按批别计算产品成本的小批单件生产企业，例如，单件小批生产的船舶、重型机械、精密仪器、专用设备、特种铸件、专业修理等企业；不断更新产品的高档时装生产企业，以及企业的新产品试制、工具模具的制造等。

小批单件生产企业，产品生产是按不同批别组织的，而产品批别又是由生产计划部门根据用户的订单确定的。计划部门按确定的生产批别签发生产任务通知单，在生产任务通知单中对各批生产任务进行编号，称为工作令号或生产批号（批别）。各个部门按此批号协同工作，仓库按此批号储备及发放材料，技术管理部门按此批号安排生产流程，生产车间按此批号组织生产，财会部门据此批号支付费用并进行产品成本计算。生产批别在此起着十分重要的作用。生产批别是以用户订单为依据确定的，故分批法又称订单法。但是，生产批别与用户的订单并不完全一致。如果一张订单只有一种产品，但数量很大，用户要求分批交货的，则应按交货时间组织批别；如果一张订单中虽然只有一件产品，但属于由许多部件装配而成的大型产品，生产周期长，如大型船舶的制造，这就需要按产品的组成部分划分批别；如果一张订单中有两种以上的产品，为了便于管理，应按产品品种划分批别组织生产；此外，若同一时期，几张订单中有相同产品，交货日期也相近，则可将相同的产品合并为一批组织生产。总之，根据具体情况，可以将一张订单分为几个批别，也可将几个相同的订单合并为一个批别。

与品种法相比较，分批法的特点主要表现在以下几个方面。

1. 分批法的成本计算对象是用户订单或企业规定的产品批别

采用分批法计算产品成本，所有的生产费用都要按产品批别或订单归集，按产品批别（或订单）开设成本计算订单，计算各批产品的成本。从生产费用计入产品成本的方式来看，对于发生的直接材料、直接人工等费用可根据有关凭证直接计入各批产品成本；对于不能按订单或批次划分的间接费用，则应按一定标准分别计入各批产品的成本中。这样看来，分批法计算成本的计算对象并不复杂；但是，在实际工作中，产品生产的批别往往不是符合企业生产组织特点和管理要求的自然批别，而是根据客户的订单划分或组合的批别，所以，可能存在按品种划分组合批别、按数量划分组合批别、按产品的部分划分组合批别、按订单组合批别、按品种轮流组合批别等情况，这就使得分批法下的成本计算对象表现出复杂性的特征。

2. 分批法的成本计算期是生产周期

在分批法下，产品成本要在各批产品完工后才能计算，所以，成本计算是不定期的。其成本计算期与生产周期一致，而与会计报告期不一致。

运用分批法计算产品成本，以批别为成本计算对象，不论各批产品的数量多少，生产周期长短，均分批开设生产成本明细账户，归集所发生的生产费用。某批产品的生产周期短于一个月的，表现为月内开工，月内完工，月末结算成本时，明细账中归集的生产费用即为该批完工产品的总成本。如果某批产品的生产周期长于一个月，或者是跨月完工，那么当月归集的生产费用加上期初产品成本，形成本月末在产品成本，而无法计算也不必计算完工产品成本，只有在该批产品完工时，才能计算出该批完工产品成本。因此，分批法的成本计算期是不确定的，它只能与各批产品的生产周期一致，而不能与会计的报告期一致。

3. 成本计算程序的相似性

运用分批法计算产品成本的程序与品种法计算产品成本的程序相类似。品种法以产品品种为成本计算对象，对每一个品种的产品设置成本明细账归集生产费用，从直接费用的计入到共同费用的分配，再到完工产品成本的结转，以及产品总成本和单位成本的计算，形成一个完整的过程。分批法以产品批别为成本计算对象，从成本明细账的设置，到直接费用和间接费用的计入，再到完工产品成本的结转和成本水平的计算，都与品种法相似。

4. 月末生产费用分配的特殊性

在单件小批生产企业，由于成本计算期与生产周期一致，因此，若月末产品全部完工，则已归集的生产费用就是该批完工产品的成本；若月末产品均未完工，则已归集费用构成该批产品的月末在产品成本。所以，分批法一般只存在生产费用在各批产品之间的分配问题，而不存在生产费用在完工产品与月末在产品之间的分配问题。

但在实际工作中，常会出现小批量生产产品跨月陆续完工的情况，有时还会存在将同批产品中已完工部分先发售给用户分批出货的情形，因此在月份会计报表中应提供已完工产品的生产成本，这时就有必要在完工产品和月末在产品之间分配费用。若跨月完工产品不多，为了简化核算，可按计划（或定额）单位成本或最近一期相同产品的实际单位成本计算完工产品成本，并从产品成本计算单中转出，费用余额即为在产品成本。待该批产品全部完工时，再计算该批产品的实际总成本和单位成本，但对已经转账的产品成本，不作账面调整。若批内产品跨月完工的数量较大，应根据具体条件采用适当方法，在完工产品与在产品之间分配生产费用，以提高成本计算的正确性。

二、分批法的适用范围

成本计算的分批法适用于具有多步骤生产工艺特点，但不要求分步骤计算成本的单件、小批生产企业，如飞机制造、船舶制造、重型机器制造、服务、印刷等企业。这些企业有基本共同的特点，即一批产品通常不会重复生产，即使出现重复生产，也不可能是定期的。因为这类企业的生产组织是按照购货单位的订单确定的，而不同的订单所定购的产品品种、规格、数量不同，生产的工艺过程也有一定的差异，这就要求企业按照购货单位的订单分批组织生产，当然就需要计算各批产品的成本。分批法所适用的成本核算主体具体有以下几种类型。

（1）根据购货单位的订单组织生产的企业和车间。

（2）根据市场变化不断改变产品品种的企业和车间。

（3）提供修理服务的生产单位。

（4）承接新产品试制任务的生产单位。

（5）从事专项工程项目的生产单位。

三、分批法的成本计算程序

采用分批法计算产品成本，一般应按下列程序操作。

1. 设置成本明细账

在分批法下应按产品的批别或订单设置基本生产成本明细账或成本计算单。为了全面反映各项成本费用的耗费情况，了解核心费用对产品成本的影响，要求成本明细账按成本项目设置专栏。同时，与产品成本计算有关的辅助生产成本明细账、制造费用明细账均应按照会计制度的要求相应地也要一并设置，并规定其成本项目和费用项目。

2. 归集和分配本期（月）发生的各项要素费用

在分批法下，要按产品批别（或工作令号）归集和分配生产费用。生产过程中发生的各项生产费用，能够按批次划分的直接计入费用，在费用发生的原始凭证和其他有关凭证上应注明产品的批号（或工作令号），以便于直接计入各该批产品成本明细账中（或产品成本计算单）；对于不能分清属于哪个批次的生产费用，应在费用发生的原始凭证上注明费用的用途，以便于按费用项目进行归集，再按照企业确定的分配方法在各批次产品之间进行分配后，再计入各该批产品成本明细账（或产品成本计算单）。

3. 分配辅助生产费用

辅助生产费用的分配方法和程序同品种法，这里不再赘述。

4. 分配基本生产车间的制造费用

制造费用的分配方法和程序同品种法，这里不再赘述。

5. 计算完工产品成本

分批法一般不需要在完工产品和在产品之间分配生产费用。当某批次产品全部完工时，则该批别产品成本明细账（或成本计算单）所归集的生产费用合计数，即该批产品的实际总成本。如果某批次产品少量跨月陆续完工，为了简化核算工作，可以用完工产品的实际数量乘以近期实际单位成本或计划单位成本、定额单位成本，作为完工产品的实际总成本；在该批次产品全部完工时，还应该计算其实际总成本和单位成本。

6. 结转完工产品成本

根据产品成本计算的结果，编制本月“完工产品成本汇总表”，编制结转本月完工产品成本的会计分录，并分别登记有关产品成本明细账和库存商品明细账。

分批法的成本计算程序，除了基本生产成本明细账的设置和完工产品成本的计算与品种法有所区别外，其他均与品种法完全一致。

四、分批法的基本形式

根据企业投产批次的多少以及会计核算工作量的大小，常用的分批法有两种基本形式，即一般分批法与累计分批法。

（一）一般分批法

一般分批法即按常规的产品成本计算程序进行核算的方法，是分批法的常规形式。首先依据产品的生产批别，设置基本生产明细账或成本计算单；然后，根据各种费用的原始凭证和有关资料，编制各种生产费用汇总分配表，将所有生产费用在各批产品之间进行分配，计算各批别产品的成本。各种生产费用，不论直接费用，还是间接费用，发生后当月都应在各批产品之间分配完毕。一般的分批法适合于同期内投产的产品批数不多，且月末在产品数量较少的企业。此法又称为当月分配式的分批法。

（二）累计分批法

累计分批法是一般分批法的简化形式，是通过期末在产品不负担加工费用来达到简化核算工作的产品成本计算方法。在单件小批生产企业里，如果同一月份内投产批数非常多，并且生产周期长，如果仍然采用按月分配所有生产费用的方式，则核算工作将极其繁重。因此，为减少核算工作量，在实际工作中产生了各批产品只按月归集分配直接材料费用，不按月分配加工费用（直接人工和制造费用），加工费用通过设置“基本生产”二级账户累计登记，在批别产品完工时才分配计入该批产品成本，所以称为累计分批法。

任务二　一般分批法的运用与分析

一、企业基本情况

某橡胶厂为单件小批制造企业，设有一个基本生产车间。生产组织按生产任务通知单（工作令号）进行。2013 年 3 月份根据客户的订单要求，决定生产三个批次的产品。会计制度规定采用一般分批法计算各批次产品成本。另外根据企业生产的实际情况，由于生产过程中消耗的动力较大，为了单独考核动力的消耗情况，决定将“直接材料”成本项目分解为“原材料”、“燃料及动力”两个成本项目，“直接人工”和“制造费用”成本项目不变。

2013 年 3 月份的生产情况以及各项生产费用资料如下。

1. 本月份的生产情况

201315 号　甲产品 8 件，2 月份投产，本月全部完工。

201316 号　甲产品 15 件，2 月份投产，本月完工 9 件，未完工 6 件。

201317 号　乙产品 16 件，本月投产，计划 4 月份完工，本月提前完工 4 件。

甲、乙产品的材料投入方式均为生产开始时一次性投入。

2. 本月份的生产成本资料

各批产品的月初在产品成本资料见表10-1。

表10-1 月初在产品成本统计表

2013年3月 单位：元

批号	原材料	直接人工	燃料及动力	制造费用	合计
201315	13 120	7200	14 400	3560	38 360
201316	19 290	8805	15 420	5835	49 350

根据各项生产费用分配表的分配结果，汇总得到各批产品本月发生的生产费用见表10-2。

表10-2 各批次产品生产费用统计表

2013年3月30日 单位：元

批号	直接材料	直接人工	直接动力	制造费用	合计
201315		5960	6300	1940	14 200
201316		9180	5730	4095	19 005
201317	18 720	11 480	16 360	6020	52 580

3. 生产费用分配要求

201315号甲产品，上月份投产，本月全部完工，不需要在完工产品与月末在产品之间分配生产费用。

201316号甲产品，上月份投产，本月完工9件，有6件未完工，月末在产品数量较大，所以应采用适当方法，在完工产品和月末在产品之间分配生产费用。根据原材料的投入方式，所以对直接材料费用可按照完工产品和在产品的实际数量比例分配。其他各项费用，则可采用约当产量法进行分配；据统计确认，月末在产品的完工程度为60%。

201317号乙产品，本月完工4台，数量较少，根据有关规定，可按计划单位成本转出。经查实，该产品每台计划成本为：原材料1170元，燃料及动力950元，工资及福利费630元，制造费用330元，合计3080元。

二、成本计算程序

1. 确定成本核算对象

该厂的成本核算对象为产品批别，即201315号（甲产品）、201316号（甲产品）、201317号（乙产品）。

2. 设置成本明细账

按照生产批次分别开设201315号（甲产品）基本生产成本明细账、201316号（甲产品）基本生产成本明细账、201317号（乙产品）基本生产成本明细账。各成本账户内按照“原材料”、“直接人工”、“燃料及动力”、“制造费用”成本项目分设专栏，分别反映各批次产品的生产费用情况。各成本明细账的格式见表10-3～表10-5。

3. 登记各批次产品成本明细账

根据本月份发生的生产费用，经分配后，计入各批次产品成本明细账，见表10-3～表10-5。

表 10-3　　基本生产成本明细账

产品批号：201315　　购货单位：A　　投产日期：2 月

产品名称：甲产品　　批量：8 件　　完工日期：3 月

2013 年		凭证		摘要	原材料	直接人工	燃料及动力	制造费用	合计
月	日	字	号						
3	30			月初在产品费用	13 120	7280	14 400	3560	38 360
	30			耗用原材料					
	30			工资福利费分配		5960			5960
	30			动力费分配			6300		6300
	30			制造费用分配				1940	1940
	30			合计	13 120	13 240	20 700	5500	52 560
	30			完工产品成本	13 120	13 240	20 700	5500	52 560
	30			单位成本	1640	2587.5	1655	687.5	6570

表 10-4　　基本生产成本明细账

产品批号：201316　　购货单位：B　　投产日期：2 月

产品名称：甲产品　　批量：15 件　　完工日期：4 月

2013 年		凭证		摘要	原材料	直接人工	燃料及动力	制造费用	合计
月	日	字	号						
3	30			月初在产品费用	19 290	8805	15 420	5835	49 350
	30			耗用原材料					
	30			工资福利费分配		9180			9180
	30			动力费分配			5730		5730
	30			制造费用分配				4095	4095
	30			合计	19 290	17 985	21 150	9930	68 355
	30			完工 9 台产品总成本	11 574	12 846.43	15 107.14	7092.86	46 620.43
	30			完工产品单位成本	1286	1427.33	1678.5	788.1	5180
	30			月末在产品成本	7716	5138.57	6042.86	2837.14	21 734.57

表 10-5　　基本生产成本明细账

产品批号；201317　　购货单位：C　　投产日期：3 月

产品名称：乙产品　　批量：16 件　　完工日期：4 月

2013 年		凭证		摘要	原材料	直接人工	燃料及动力	制造费用	合计
月	日	字	号						
3	30			耗用原材料	18 720				18 720
	30			工资福利费分配		11 480			11 480
	30			动力费分配			16 360		16 360
	30			制造费用分配				6020	6020

续表

2013 年		凭证		摘要	原材料	直接人工	燃料及动力	制造费用	合计
月	日	字	号						
	30			生产费用合计	18 720	11 480	16 360	3020	52 580
	30			单位计划成本	1170	630	950	330	3080
	30			完工 4 台产品成本	4680	2520	3800	1320	12 320
	30			月末在产品成本	14 040	8960	12 560	4700	40 260

4. 计算并结转完工产品成本

（1）201315 号批次甲产品本月已全部完工，其成本明细账中归集的生产费用，即为完工产品的总成本。

通过对表 10-3（201315 号甲产品）生产费用的归集，以及对完工产品总成本和单位成本的计算，编制完工产品成本转出的会计分录如下。

借：库存商品——甲产品（201315）　　52 560

　　贷：基本生产成本——甲产品（201315）　　52 560

（2）201316 号批次甲产品本月份完工 9 件，其成本明细账中归集的生产费用，需要在完工的 9 件产品和未完工的 6 件之间进行分配。其分配计算过程如下。

A．材料费用分配率＝$\frac{19\,290}{9+6}$=1286 （元/件）

完工产品的材料费用＝9×1286＝11 574 （元）

月末在产品的材料费用＝6×1286＝7716 （元）

B．月末在产品约当产量＝6×60%＝3.6 （台）

直接人工费用分配率＝$\frac{17\,985}{9+3.6}$=1427.381 （元/件）

完工产品的人工费用＝9×1427.381＝12 846.43 （元）

月末在产品的人工费用＝3.6×1427.381＝5138.57 （元）

C．燃料及动力费用分配率＝$\frac{21\,150}{9+3.6}$=1678.5714 （元/件）

完工产品的燃料及动力费用＝9×1678.5714＝15 107.14 （元）

月末在产品的燃料及动力费用＝3.6×1678.5714＝6042.86 （元）

D．制造费用分配率＝$\frac{9930}{9+3.6}$=788.0952 （元/件）

完工产品的制造费用＝9×788.0952＝7092.86 （元）

月末在产品的制造费用＝3.6×788.0952＝2837.14 （元）

根据表 10-4 甲产品 201316 号成本明细账记录及计算结果，编制完工产品成本转出分录如下。

借：库存商品——甲产品（201316）　　46 620.43

　　贷：基本生产成本——甲产品（201316）　　46 620.43

（3）201317 号批次乙产品本月份提前完工 4 件，根据成本管理要求，按计划成本将先期完工的 4 件乙产品成本计算出来并结转。

根据表 10-5 乙产品 201317 号成本明细账记录和计算结果，编制按计划成本转出的完工产品成本会计分录如下。

借：库存商品——乙产品（201317）　　12 320

　　贷：基本生产成本——乙产品（201317）　　12 320

任务三　简化分批法的运用与分析

一、简化分批法的含义及特点

在同一月份内投产批次较多、单件小批生产的企业里，在各该批产品完工之前，成本账户内只登记直接材料费用和生产工时，而不必按月分配和登记各项间接计入费用，不计算该批各产品的在产品成本；只在有完工产品的月份才分配间接计入费用，计算并登记该批各产品的成本。在这种情况下，将间接计入费用在各批产品之间的分配和完工产品与在产品之间的分配结合起来，使得生产费用在各成本对象之间的横向分配与生产费用在完工产品和期末在产品之间的纵向分配合并在一起进行，极大地简化了成本计算工作，因而称为简化分批法。同时，因为各批产品的在产品成本综合归集在“基本生产成本二级账”中，所以又被称为累计分批法、不分批计算在产品成本法。

简化分批法与一般分批法相比较，主要有以下几个特点。

（一）需要设置“基本生产成本二级账”

采用简化分批法除了按照产品批别（次）设置产品生产成本明细账外，还必须按照生产单位（车间）设置“基本生产成本二级账”。这两种账户内应设置各成本项目和生产工时栏目。二级账汇总登记全部各批产品在生产过程中耗费的所有生产费用和生产工时（包括月初数、本月发生数、逐月累计数）；各该批产品成本明细账日常只登记本批次产品生产耗费的直接材料费用和生产工时。只有在有完工产品的月份，才将二级账中累计起来的间接计入费用（即加工费用），按照完工产品的生产工时占全部累计工时的比例，分配结转给完工产品；未完工产品的间接计入费用，仍保留在二级账中。

（二）不分批计算在产品成本

当把完工产品应负担的间接计入费用转入各批完工产品的生产成本明细账（或产品成本计算单）后，基本生产成本二级账反映的是全部批次月末在产品的成本。各批次产品的基本生产成本明细账中只反映了累计直接计入费用和累计工时，不反映该批次各产品的在产品成本。

（三）需要计算累计间接计入费用分配率

在各批次产品完工之前不分配间接计入费用，而是随着生产工期的延伸逐步累计，当有完工产品产出的月份，根据二级账中归集的加工费用的累计数和累计生产工时，通过计算累计间接计入费用分配率，按照完工产品的累计生产工时，计算完工产品应负担的各项加工费用，并登记转出。累计间接计入费用分配率计算公式为

$$\text{全部产品某项间接计入费用累计分配率}=\frac{\text{全部产品某项间接计入费用累计水平}}{\text{全部产品累计工时}} \tag{10-1}$$

$$\text{某批完工产品应负担的某项间接计入费用}=\text{该批完工产品累计工时}\times\text{分配率} \tag{10-2}$$

（四）生产费用的横向和纵向分配一次完成

在简化的分批法下，各批产品的直接计入费用是通过该批各产品的生产成本明细账直接

归集的，当有产品完工时，随同间接计入费用一起在完工产品与月末在产品之间分配，所以它不涉及各批产品之间的横向分配，只涉及完工产品与月末在产品之间的纵向分配。而各批产品的间接计入费用是通过基本生产成本二级账归集的，属于各批产品共同的费用；所以当有产品完工时，间接计入费用不仅要在各批产品之间进行分配，还要在完工产品与月末在产品之间进行分配。也就是说，既要进行横向分配，又要进行纵向分配，而且两种分配是同步进行的，这就决定了间接计入费用在各批产品之间，以及在完工产品与月末在产品之间的分配一次性完成。

二、简化分批法的成本计算程序

简化分批法的成本计算程序与本项目任务一所述基本相同。一是在设置成本明细账时，既要按批别设置基本生产成本明细账，还要按车间或全厂设置基本生产成本二级账，各账户内分别按成本项目和生产工时设置专栏。二是在归集本月发生的生产费用时，二级账内要登记全部的生产费用和生产工时，而各批别的产品成本明细账只登记直接材料费用和本批次产品的生产工时。三是月末在计算完工产品的成本时，需要通过计算累计间接计入费用分配率计算和结转完工产品的成本，未完工产品的成本统一放置在二级账内。其他核算步骤的核算工作与方法同品种法，不再赘述。

三、简化分批法的会计处理实务操作

现举例说明简化分批法的成本计算过程。

某机器制造厂设有金工车间和装配车间两个基本生产车间，同时设有一个辅助生产车间——修理车间。由于辅助生产车间的单一化，不存在辅助生产内部互相提供劳务的情况，所以修理车间发生的生产费用采用直接分配法结转。金工车间和装配车间的制造费用按生产工时比例分配。

本月根据客户订单计划组织三个批次的产品生产。本月生产情况及生产工时消耗的资料见表 10-6、表 10-7。

表 10-6　各批次产量记录资料

<table>
<tr><th>订单号</th><th>产品名称</th><th>投产量（台）</th><th>本月完工（台）</th><th>月末在产品（台）</th><th>完工程度（%）</th><th>备注</th></tr>
<tr><td>530</td><td>甲型发电机</td><td>本月投产 6</td><td>2</td><td>4</td><td>50</td><td rowspan="3">原材料一次性投入</td></tr>
<tr><td>531</td><td>乙型发电机</td><td>上月投产 20</td><td>10</td><td>10</td><td>60</td></tr>
<tr><td>532</td><td>丙型发电机</td><td>本月投产 5</td><td>无</td><td>5</td><td></td></tr>
</table>

表 10-7　各批次产品工时消耗记录资料

订单号	金工车间	装配车间	工时合计	完工产品工时	在产品工时	
					期初	月末累计
530	280	120	400	220	—	180
531	920	500	1420	980	40	440
532	220	—	220	—	—	220
合计	1420	620	2040	1200	40	840

1. 设置成本明细账或成本计算单

根据提供的资料，由于本月投产批次较多，且存在跨月完工情况，该机器制造厂决定采

用简化分批法计算完工产品成本。

根据核算要求设置“基本生产成本二级账”（全厂）见表 10-14，同时设置各批次“产品成本计算单”（或基本生产成本明细账）见表 10-15～表 10-17。

2. 归集和分配本月发生的各项要素费用

根据各项要素费用分配表（此略），登记所设置的各成本明细账。其中，直接材料费用及生产工时，在基本生产成本二级账和相应的批次产品成本计算单中平行登记；工资费用和制造费用等间接计入费用，只在基本生产成本二级账的相应栏目登记，不再登记各批次产品成本计算单。详见表 10-14～表 10-17。

3. 分配结转辅助生产费用

根据各项要素费用分配表（此略）归集本月辅助生产费用，登记“辅助生产成本计算单”见表 10-8。

表 10-8　　辅助生产成本计算单

车间名称：修理车间　　　　年　　月

项　目	直接材料	直接人工	制造费用	合　计
本月发生材料费用	1947			1947
本月发生人工费用		840		840
本月发生制造费用			1213	1213
本月生产费用累计	1947	840	1213	4000

本月修理车间对外提供修理服务总工时为 800h，其中：金工车间 218h，装配车间 516h，行政管理部门 66h。

根据辅助生产成本计算单提供的资料和修理工时的统计资料，编制“辅助生产费用分配表”，见表 10-9。

表 10-9　　辅助生产费用分配表

车间名称：修理车间　　　　年　　月

应借科目		修理工时（h）	分配率（元/h）	分配金额（元）
制造费用	金工车间	218		1090
	装配车间	516		2580
管理费用	行政管理部门	66		330
合计		800	5	4000

根据表 10-9 的计算结果，编制会计分录如下。

借：制造费用——金工车间　　1090
　　　　　　——装配车间　　2580
　　管理费用　　　　　　　　330
　　贷：辅助生产成本——修理车间　　4000

4. 分配结转制造费用

根据各项要素费用分配表（此略）归集本月金工车间和装配车间的制造费用，登记各车间的“制造费用明细账”见表 10-10、表 10-11。

表 10-10 **制造费用明细账（一）**

车间名称：金工车间

摘要	机物料消耗	职工薪酬	折旧费	修理费	其他	合计
根据各要素费用分配表	2130	1942	2096	1090	1262	8520
本月费用累计	2130	1942	2096	1090	1262	8520

表 10-11 **制造费用明细账（二）**

车间名称：装配车间

摘要	机物料消耗	职工薪酬	折旧费	修理费	其他	合计
根据各要素费用分配表	1200	800	360	2580	20	4960
本月费用累计	1200	800	360	2580	20	4960

在采用一般分批法计算产品成本的情况下，将各车间的制造费用分配转入该车间的各批次产品成本。根据各车间各批次产品生产工时的记录资料，编制各车间的“制造费用分配表”，将制造费用分配转入该批次各产品。见表 10-12、表 10-13。

表 10-12 **制造费用分配表（一）**

车间名称：金工车间　　　　年　　月

应借科目		生产工时（h）	分配率（元/h）	分配金额（元）
基本生产成本	530	280		1680
	531	920		5520
	532	220		1320
合计		1420	6	8520

根据表 10-12 的计算结果，编制会计分录如下。

借：基本生产成本——530 批次　　1680
　　　　　　　　——531 批次　　5520
　　　　　　　　——532 批次　　1320
　贷：制造费用——金工车间　　　　8520

表 10-13 **制造费用分配表（二）**

车间名称：装配车间　　　　年　　月

应借科目		生产工时（h）	分配率（元/h）	分配金额（元）
基本生产成本	530	120		960
	531	500		4000
	532			
合计		620	8	4960

根据表 10-13 的计算结果，编制会计分录如下。

借：基本生产成本——530 批次 960

——531 批次 4000

贷：制造费用——装配车间 4960

在采用简化分批法计算产品成本的情况下，各基本生产车间的制造费用，直接转入“基本生产成本”二级账。会计分录如下。

借：基本生产成本 13480

贷：制造费用——金工车间 8520

——装配车间 4960

5. 计算完工产品成本

表 10-14　　基本生产成本二级账（各批全部产品成本）

年		摘要	直接材料	生产工时	直接人工	制造费用	合计
月	日						
		期初在产品成本	3700	40	980	520	5200
		本月发生生产费用	20 600	2000	11 580	13 480	45 600
		本月累计	24 300	2040	12 560	14 000	50 860
		累计间接计入费用分配率			6.16	6.86	
		转出完工产品总成本	9450	1200	7392	8232	25 074
		期末在产品成本	14 850	840	5168	5768	25 786

本月有完工产品，因此需要计算间接计入费用分配率，以便于计算完工产品成本。间接计入费用分配率计算公式为

$$\text{直接人工费用分配率}=\frac{12\ 560}{2040}=6.16\text{（元/ h）}$$

$$\text{制造费用分配率}=\frac{14\ 000}{2040}=6.86\text{（元/ h）}$$

按照间接计入费用分配率和各批次完工产品的耗用工时，计算出完工产品应负担的加工费用。将分配依据和费用分配结果登记在有完工产品的各批次产品成本计算单中，以确定各批次完工产品的总成本和单位成本。最后，将完工产品工时和总成本，从基本生产成本二级账中转出，结出期末余额，月末在产品仍然不负担加工费用。各批次产品成本计算结果见表10-15～表 10-17。

表 10-15　　产品成本计算单

订单号：530　　投产量：6 件　　本月完工：2 件

产品名称：甲型发电机　　月末在产品：4 件　　完工程度：50%

摘要	直接材料	生产工时	直接人工	制造费用	合计
本月发生生产费用	4200	400			
本月累计及间接计入费用分配率	4200	400	6.16	6.86	
转出完工产品成本	1400	220	1355.20	1509.20	4264.40

续表

摘要	直接材料	生产工时	直接人工	制造费用	合计
完工产品单位成本	700	110	677.60	754.60	2132.20
月末在产品成本	2800	180			

表 10-16 **产品成本计算单**

订单号：531　上月投产量：20 件　本月完工：10 件

产品名称：乙型发电机　月末在产品：10 件　完工程度：60%

摘要	直接材料	生产工时	直接人工	制造费用	合计
期初在产品成本	3700	40			
本月发生生产费用	12 400	1380			
本月累计及间接计入费用分配率	16 100	1420	6.16	6.86	
转出完工产品成本	8050	980	6036.80	6722.80	20 809.60
完工产品单位成本	805	98	603.68	672.28	2080.96
月末在产品成本	8050	440			

表 10-17 **产品成本计算单**

订单号：532　本月投产量：5 件

产品名称：丙型发电机　月末在产品：5 件

摘要	直接材料	生产工时	直接人工	制造费用	合计
本月发生生产费用	4000	220			
月末在产品成本	4000	220			

综上所述，简化分批法成本计算程序如图 10-1 所示。

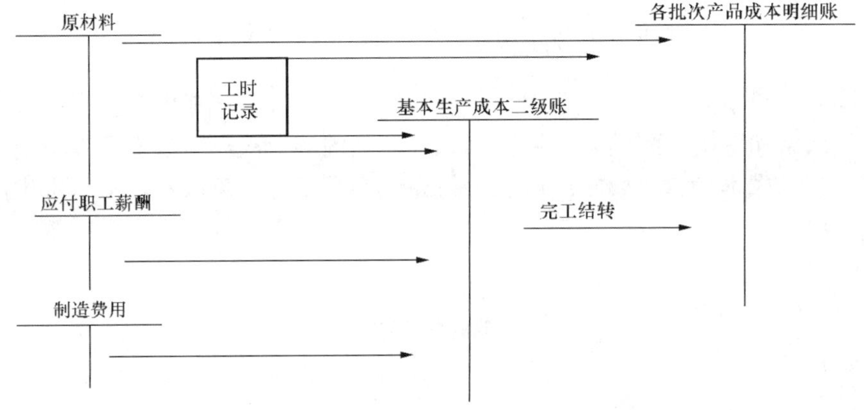

图 10-1　简化分批法成本计算程序图

四、简化分批法的优缺点和应用条件

（一）简化分批法的优缺点

综合上述，可见累计分批法由于工资和制造费用等加工费用在各批产品完工后才分批计入完工产品成本，从而减轻了各月加工费用的分配和登记工作。

其优点主要表现在：适当运用这种方法可减少成本计算的工作量。因为运用这种方法计算成本时，将各批产品的间接计入费用集中登记在基本生产成本二级账中，在没有完工产品的情况下，不予以分配。当有完工产品时，利用间接计入费用累计分配率和累计生产工时，一次性完成在各批产品之间及完工产品与月末在产品之间的分配。这样就极大地简化了计入费用的分配工作，以及各批产品生产成本明细账的登记工作，月末未完工产品的批次越多，核算工作就越简化。

但是简化分批法的缺点也是很明显的：①因为未完工产品不负担加工费用，使得该成本计算方法不能完整、直接地提供各批在产品的成本资料；②月末完工产品批次较多时，达不到简化核算工作的效果，甚至适得其反；③各月的间接计入费用水平相差较大时，并且各月的生产工时数不均衡时，累计间接计入费用分配率就不能反映加工成本的真实情况，势必会影响产品成本计算的准确度。

（二）简化分批法的应用条件

为了在产品生产成本计算中最大限度地发挥简化分批法的优点，避免可能出现的不足，要求采用简化分批法应具备以下两个条件。

（1）各月份全部产品间接计入费用的水平比较平稳。

（2）投产批数多，且有较多批数的产品跨月陆续完工或跨月完工，即有较多批数的产品生产中出现月末在产品。

项目闯关测试

一、单项选择题

1．单件小批生产的成本计算期通常（　　）。

A．与产品生产周期一致　　B．与会计报告期一致
C．与日历年度一致　　D．与生产费用发生期不一致

2．分批法适用的生产组织形式是（　　）。

A．大量大批生产　　B．单件小批生产　　C．成批生产　　D．大量生产

3．分批法的成本计算对象是（　　）。

A．产品订单　　B．产品批别　　C．生产计划　　D．产品品种

4．分批法的成本计算程序与（　　）一致。

A．品种法　　B．分步法　　C．分类法　　D．定额法

5．简化的分批法（　　）。

A．不分配结转完工产品的直接计入费用
B．不分配结转未完工产品的直接计入费用
C．不分配结转完工产品的间接计入费用
D．不分配结转未完工产品的间接计入费用

6．简化的分批法，将（　　）结合进行。

A．间接计入费用在各批成品之间的分配和在完工产品与未完工产品之间的分配
B．生产费用在各批次产品之间的分配
C．直接计入费用和间接计入费用的分配

D．间接计入费用在期末在产品之间的分配

7．（　　）可采用分批法计算产品成本。

A．纺织厂　B．发电厂　C．造纸厂　D．造船厂

8．分批法的成本计算期是（　　）。

A．日历月份　B．生产周期　C．会计周期　D．生产合同

9．采用分批法计算产品成本的企业，其成本计算对象应该是（　　）。

A．产品批号　B．生产日期　C．产品品种　D．客户要求

10．采用简化分批法计算产品成本，在各批产品完工以前，产品基本生产成本明细账只登记（　　）。

A．生产工时和间接费用　B．生产工时和人工费用

C．生产工时和直接费用　D．人工费用和材料费用

二、多项选择题

1．分批法的适用范围包括（　　）。

A．单件小批单步骤生产

B．提供劳务的生产

C．管理上不要求分步计算成本的单件小批多步骤生产

D．新产品的试制、自制设备、工具模具等的生产

2．分批法的特点有（　　）。

A．以产品批别作为成本核算对象

B．成本计算期与产品生产周期一致

C．一般不需要在完工产品和期末在产品之间进行生产费用的分配

D．期末在产品不负担间接计入费用

3．简化分批法的特点是（　　）。

A．必须按生产单位设置基本生产成本二级账

B．未完工产品不结转间接计入费用，即不分批计算期末在产品成本

C．通过计算累计间接计入费用分配率分配完工产品应负担的间接计入费用

D．在产品不负担间接计入费用

4．采用简化的分批法，（　　）。

A．直接计入费用发生时，应同时记入基本生产成本二级账及其所属的生产成本明细账

B．间接计入费用发生时，应同时记入基本生产成本二级账及其所属的生产成本明细账

C．间接计入费用发生时，应记入基本生产成本二级账，不记入其所属的生产成本明细账

D．完工产品应负担的间接计入费用，应记入各完工批次的生产成本明细账

5．采用简化的分批法，基本生产成本二级账与其所属的各批次产品成本明细账（产品成本计算单）核对的内容包括（　　）。

A．直接计入费用（直接材料费用）余额与各明细账余额之和相等

B．间接计入费用（人工、制造费用）余额与各明细账余额之和相等

C．累计工时与各明细账累计工时之和相等

D．全部费用余额与各明细账期末在产品成本之和相等

6．在简化分批法下，不可能按约当产量比例分配的费用是（　　）。

A．原材料费用　　B．人工费用　　C．动力费用　　D．制造费用

7．在简化分批法下，基本生产成本二级账中应登记（　　）等内容。

A．本月发生的原材料费用　　B．月末在产品的原材料费用

C．月末在产品的累计工时　　D．本月发生的各项间接计入费用

8．简化分批法下的产品成本明细账中应登记（　　）等内容。

A．完工产品的生产工时　　B．月末在产品的生产工时

C．月末在产品的直接计入费用　　D．月末在产品的间接计入费用

9．在分批法下，产品批别可以按（　　）确定。

A．客户的订单　　B．不同订单的相同产品

C．同一订单的不同产品　　D．生产步骤

10．（　　）不属于分批法的特点。

A．按品种计算产品成本　　B．按步骤计算产品成本

C．按会计期间计算产品成本　　D．按批次计算产品成本

三、判断题

1．分批法的成本计算对象是产品的订单。（　　）

2．分批法的成本计算程序与品种法基本相同。（　　）

3．采用简化的分批法，完工产品不分配结转间接计入费用。（　　）

4．简化分批法又称为不分批计算完工产品成本的分批法。（　　）

5．采用简化分批法，基本生产成本二级账的余额也应与其所属的明细账余额之和相符。（　　）

6．简化分批法是不分批计算在产品成本的分批法。（　　）

7．采用简化分批法计算产品成本，必须设置基本生产成本二级账。（　　）

8．如果一张订单中有几种产品，可以组合为一批次进行生产。（　　）

9．分批法下的产品批量必须与客户的订单一致。（　　）

10．采用分批法计算产品成本时，如果批别内产品跨月陆续完工情况不多，完工产品数量较小时，完工产品可按计划成本或定额成本计算。（　　）

项目综合实训

实　训　一

实训背景

某企业成批生产多种产品，为了简化核算，采用简化的分批法进行成本计算。

实训资料

2013 年 6 月份有关资料如下。

（1）生产情况见表 10-18；

（2）月初在产品成本见表表 10-19；

表 10-18 产品生产批次表

2013 年 6 月份

批号	产品名称	批量（件）	投产日期	完工日期
1301	A	100	1 月 6 日	6 月 20 日
1302	B	40	2 月 24 日	6 月 25 日
1303	C	200	3 月 5 日	未完工
1304	D	20	4 月 22 日	未完工
1306	E	80	6 月 10 日	未完工

表 10-19 在产品成本表

产品批号	直接材料	直接人工	制造费用	累计生产工时
0901	400 000			34 000
0902	160 000			28 000
0903	200 000			32 000
0904	40 000			6000
合计	800 000	295 000	245 000	100 000

（3）本月发生生产费用。

本月发生直接材料费用 200 000 元，全部为 1306 批次 E 产品所耗用，本月发生直接人工 84 200 元，制造费用 59 624 元，本月实际生产工时为 26 400h，其中：1301 批次 6000h，1302 批次 4000h，1303 批次 7000h，1304 批次 5000h，1306 批次 4400h。

实训要求

（1）开设基本生产成本二级账，按产品批次设置产品成本计算单，并登记期初余额。

（2）登记本月发生生产费用并按累计间接计入费用分配法在完工产品和在产品之间分配。

（3）编制完工产品成本汇总表，并结转完工产品成本。

实 训 二

实训背景

某服装厂专门生产各种中高档服装，按生产订单组织生产。企业设有三个车间——裁剪车间、缝制车间、整理车间。前一个车间的产成品转交给下一个车间，直至最后一个车间生产出可供出售的最终产成品。企业另设有一个机修车间为全厂提供修理服务。

成本会计制度规定，采用分批法计算产品成本，成本项目为：原材料、直接人工、燃料及动力、制造费用。原材料在生产开始时一次投入，产品所需的辅助材料、包装材料随着生产进度逐步投入。原材料、辅助材料、包装材料直接计入各批次产品成本；人工费用、燃料及动力费用、制造费用按生产工时比例分配计入各批次产品成本。

实训资料

（1）生产批号 140101 产品投产 2000 套，4 月份没有完工产品，5 月份完工 1000 套，6 月份有期初在产品 1000 套；

（2）生产批号 140501 产品投产 3600 件，5 月 25 日投产 1200 件，5 月份全部未完工；6 月份期初在产品 1200 件；

（3）生产批号 140401 产品计划单位生产成本为：原材料 60 元，直接人工 23 元，燃料及动力 7.50 元，制造费用 19.50 元；

（4）生产批号 140501 产品计划单位生产成本为：原材料 55 元，直接人工 11 元，燃料及动力 4 元，制造费用 10 元；

（5）6 月份生产批号 140401 完工 1000 套，完成生产任务；6 月份生产批号 140501 投入 2400 件，月末完工 2600 件；月末有 1000 件仍处于加工过程；

（6）6 月份又投产 140601 批次产品 1000 件，当月全部完工；

（7）6 月份产品产量及生产工时统计资料如表 10-20 所示；

表 10-20　　产品产量及生产工时统计资料

产品批次（号）	月初在产品	本月投产	本月完工	月末在产品	生产工时（h）
140401（套）	1000		1000		4800
140501（件）	1200	2400	2600	1000	7200
140601（件）		1000	1000		6000
合计	—	—	—	—	18 000

（8）6 月份生产领用材料分别为：140 401 批次领用辅助材料 450 元，包装材料 750 元；140 501 批次领用主要材料 128 000 元，辅助材料 1100 元，包装材料 2700 元：140 601 批次领用主要材料 48 000 元，辅助材料 950 元，包装材料 1500 元；基本生产车间领用修理用配件 2000 元，机油 600 元，其他材料 400 元；机修车间领用修理用配件 4000 元，机油 500 元；行政管理部门领用其他材料 2200 元；

（9）本月用银行存款支付外购动力费用 3600 元。各部门、车间耗电量分别为：生产产品 18 000kW・h，车间照明 3000kW・h；机修车间 4000kW・h，行政管理部门 3000kW・h；

（10）本月应付职工工资分别为：生产车间工人工资 60 000 元，车间管理人员工资 6000 元：机修车间工人工资 12 000 元，行政管理部门的人员工资 24 000 元；按规定需计提 14% 职工福利费；

（11）根据现行的固定资产折旧计提方法，6 月份折旧额计算分别为：裁剪车间 600 000 元，缝制车间 2 000 000，整理车间 800 000 元，机修车间 400 000 元，行政管理部门 400 000；

（12）6 月份以现金支付其他费用分别为：裁剪车间的办公费 400 元，水费 400 元，其他 200 元；缝制车间的办公费 500 元，水费 500 元，其他 300 元；整理车间的办公费 300 元，水费 300 元，其他 100 元；机修车间的办公费 350 元，水费 200 元，其他 100 元；行政管理部门的办公费 450 元，水费 300 元，差旅费 2000 元，其他 200 元；

（13）6 月份应摊销的保险费 1600 元，其中：生产车间负担 1000 元，机修车间负担 400 元，行政管理部门负担 200 元；

（14）6 月份应摊销的劳动保护费 2000 元，其中：生产车间负担 1200 元，机修车间负担 800 元；

（15）6 月份计提大修理费用 800 元，其中：生产车间 600 元，机修车间 200 元；

（16）6 月份机修车间对外提供劳务量分别为：生产车间 1500 小时，行政管理部门 300 小时。

实训要求

（1）按生产批次设置“基本生产成本”明细账；设置“辅助生产成本”明细账、“制造费用”明细账；

（2）编制各种费用分配表，编制会计分录，登记有关账簿；

（3）采用直接分配法分配辅助生产费用，编制会计分录，登记有关账簿；

（4）按生产工时比例分配结转基本生产车间的制造费用，编制会计分录，登记有关账簿；

（5）计算完工产品成本和月末在产品成本；结转完工入库产品成本；

（6）分配率保留 4 位小数，金额保留 2 位小数。

项目十一　分步法的运用与分析

【项目提要】

本项目主要阐述了逐步结转分步法和平行结转分步法的含义、特点、适用范围，以及各种方法的成本计算程序。侧重说明了逐步结转分步法中按实际成本综合结转和成本还原的方法；同时，运用实际例子，比较了逐步结转分步法与平行结转分步法在成本管理要求、成本计算方式和在产品含义等方面的区别。

【知识目标】

通过对各项任务的教学和实训，使学生掌握逐步结转分步法和平行结转分步法的计算程序和计算方法，熟悉逐步结转分步法和平行结转分步法的适用范围、优缺点和特点。

【技能目标】1. 掌握分步法计算产品成本的基本程序、熟知分步法的类型

2. 能够自主运用逐步结转分步法计算产品成本

3. 能够自主运用平行结转分步法计算产品成本

4. 能够根据企业生产组织的实际情况选择和运用分步法

在大量大批连续式复杂生产的企业中，产品生产一般要顺序经过许多的生产步骤才能加工完成。由于生产工艺技术过程存在可以间断的特点，因此各生产步骤往往有自制半成品产出，客观上具备了分步骤计算产品成本的条件，特别是当企业的半成品具有独立的经济意义时，产品成本的计算对象就是各生产步骤及其半成品和最终的产成品。在这种情况下，分步骤计算产品成本就是必然的。

任务一　分步法基本认知

一、分步法的含义及基本类型

产品成本计算的分步法，是按照产品的品种及其生产步骤归集生产费用，计算产品成本的一种方法。

在分步法下，产品的生产费用按各加工步骤进行归集，因此，产成品的成本计算需要按一定方式结转各步骤费用并进行汇总，以确定各种最终产品的成本。分步法不仅要按品种计算最终产品的成本，而且要求计算这些产品在各个生产步骤上的成本或份额。

采用分步法计算产品成本时，由于不同企业对于生产步骤成本管理有着不同的要求，以及出于简化成本核算工作的考虑，按照产品生产步骤归集生产费用计算产品成本时，各个生产步骤成本的计算和结转，可以采用逐步结转，也可以采用平行结转，因而，产品成本计算的分步法也就分为逐步结转分步法和平行结转分步法两种。

二、分步法的特点

与品种法相比较，分步法的成本计算特点主要有以下几点。

1. 分步法的成本计算对象是各个生产步骤的各种产品

在分步法下，企业应按照产品的生产步骤及其所生产的产品品种设立产品成本明细账

(或成本计算单)进行成本核算。如果企业只生产一种产品，成本计算对象就是该种产品及其所经的各生产步骤，产品成本明细账应按照产品的生产步骤开设。如果生产多种产品，成本计算对象则应该是各种产品及其所经的各生产步骤。产品成本明细账应按照每种产品的各个步骤开设。

注意，成本计算的步骤要结合管理的要求，可能与工艺上的实际生产步骤不完全一致。为了简化核算，只对管理上有必要分步计算成本的生产步骤单独设置成本计算单，进行成本计算。根据管理的需要，有时生产步骤按车间设置，则此时分步骤计算成本就是分车间计算成本；对规模不大，管理上不要求提供车间成本的企业，也可以将几个车间合并为一个生产步骤计算成本；反之，在规模较大的企业，应按管理的要求，也可以在一个车间内按工段划分生产步骤计算成本。

2. 分步法的成本计算期是会计报告期

分步法以产品品种及其所经的生产步骤作为成本计算对象，企业的生产组织通常是大批大量生产，生产过程较长且可以间断，而且往往都是跨月陆续完工，因此，成本计算期不可能与生产周期一致，而是与会计报告期一致，即定期按月计算产品成本。成本计算期限的固定性较明显。

3. 通常需要在完工产品与在产品之间分配生产费用

在分步法下，由于材料不断投入，产品陆续完工，各步骤月末通常有在产品。因此，各加工步骤所归集的生产费用，需要采用适当的方法在完工产品和月末在产品之间进行分配。

4. 各生产步骤之间必须进行成本的结转

分步法下的产品生产是分步骤组织的，上一步骤生产的半成品是下一步骤的加工对象，下一步骤生产活动是否能够正常进行，决定于上一步骤半成品是否能够及时转移过来，因此，各步骤计算本步骤半成品成本，不只是出于成本管理要求，主要是为了保证生产活动的正常进行。也就是说，与其他成本计算方法不同的是，在采用分步法计算产品成本时，在各个生产步骤之间还存在成本结转问题。所以，计算和结转各步骤的产品成本，是分步法的主要特点。

三、分步法的适用范围

它适合从事大量大批复杂生产，且管理上要求分步骤计算成本的企业，如冶金、纺织、机器制造、造纸等企业。在这些企业中，产品的生产一般均可以分为若干个生产步骤进行，例如钢铁企业的生产步骤可以分为炼铁、炼钢、轧钢等；纺织企业的生产步骤可以分为纺纱、织布等；造纸企业的生产班组可以分为制浆、制纸、包装等；机械企业的生产班组可分为铸造、加工、装配等。为了加强对各生产步骤的成本管理，企业不仅要求按照产品品种计算成本，而且还要求按照产品的生产步骤计算成本，以便于考核和发现各产品及其各生产步骤的成本计划执行情况。

任务二　逐步结转分步法的运用与分析

一、逐步结转分步法的含义及特点

逐步结转分步法是按照产品加工的先后顺序，逐步计算并结转半成品成本，直到最后步骤累计计算出产成品成本的一种成本计算方法。

逐步结转分步法的成本核算对象是产成品及其所经的生产步骤的半成品，各生产步骤都需要计算所产半成品成本。半成品成本随半成品实物的转移而转移，直到最后生产步骤计算出完工产成品成本。因此，月末各生产步骤将生产费用在完工产品与月末在产品之间进行分配时，生产费用是本步骤发生的费用加上上一步骤转入的半成品成本，完工产品是指本生产步骤已经完工的半成品（最后生产步骤即为产成品），月末在产品是指本生产步骤正在加工尚未完工的在制品，即狭义的在产品。据此，可以总结出逐步结转分步法的特点如下。

（1）半成品的实物转移与价值转移同步进行。

（2）分步反映了半成品成本的转移情况，又称为计列半成品法。

（3）生产周期较长，生产步骤具有明显的先后顺序。

（4）上一步骤的完工半成品是下一步骤的加工对象。

二、逐步结转分步法的适用范围

这种方法适合于大量大批连续式复杂生产，并且各步骤半成品具有独立的经济意义、成本管理需要各步骤提供半成品成本资料的企业。在这类企业中，生产周期较长，生产步骤具有明显的先后顺序，上一步骤的完工半成品是下一步骤的加工对象，不论自制半成品是否需要通过半成品库进行收发，在逐步结转分步法下，各步骤半成品实物的转移应伴随半成品成本的结转，即半成品物质转移与价值转移同步，以便逐步计算出各步骤的半成品和最后步骤的产品成本。因为此法分步反映了半成品成本的转移情况，所以又称为计列半成品法。

三、逐步结转分步法的成本计算程序

与品种法比较，逐步结转分步法的成本计算有以下几个主要程序。

1. 按产品的生产步骤和产品品种设置产品成本明细账（或成本计算单）

在逐步结转分步法下，其成本明细账（或成本计算单）是按照产品的生产步骤和产品品种分别设置的。为了反映各步骤生产费用的耗费情况，账户内必须区分成本项目设置专栏，除第一步骤外，以后各步骤须将“直接材料”成本项目设置为“半成品费用”成本项目，其他成本项目不变。

2. 归集和分配本月发生的各项要素费用

在分步法下，要按产品生产步骤归集和分配生产费用。生产过程中发生的各项生产费用，能够分步骤划分的直接计入费用，在费用发生的原始凭证和其他有关凭证上应注明产品的生产步骤，以便于直接计入各该步骤产品成本明细账中（或产品成本计算单）；对于不能分清属于哪个生产步骤的生产费用，应在费用发生的原始凭证上注明费用的用途，以便于按费用项目进行归集，再按照企业确定的分配方法在各步骤产品之间进行分配后，再计入各该步骤产品成本明细账（或产品成本计算单）。

3. 分配辅助生产费用

辅助生产费用的分配方法和程序同品种法，这里不再赘述。

4. 分配基本生产车间的制造费用

制造费用的分配方法和程序同品种法，这里不再赘述。

5. 月末，计算半成品成本和产成品成本

会计期末，各步骤必须采用一定的方法，将本步骤发生的生产费用，在本步骤的完工半成品与未完工半成品之间进行分配，并及时向下一生产步骤结转，以便于计算本月的完工产品成本。

6. 结转完工产品成本

根据产品成本计算的结果，编制本月“完工产品成本汇总表”，编制结转本月完工产品成本的会计分录，并分别登记有关产品成本明细账和库存商品明细账。

分步法的成本计算程序，除了基本生产成本明细账的设置和半成品成本与完工产品成本的计算与品种法有所区别外，其他均与品种法完全一致。

在逐步结转分步法下，产品成本计算的关键：先计算第一步骤半成品成本，然后加上第二步骤的加工费用，以计算出第二步骤的半成品成本；随着加工步骤顺序累计结转，直到最后步骤，累计计算的生产费用，即是产成品的成本。按半成品是否需要中间库收发，会计处理具体又可分为以下两种情况。

（1）在企业设半成品库情况下，半成品收发应通过“自制半成品”账户核算。完工入库时，应借记“自制半成品——××半成品”、贷记“基本生产成本——××半成品”；下一步骤生产领用时，再编制相反的会计分录。

（2）企业不设半成品库的情况下，半成品成本在各步骤成本计算单中直接结转，不必通过“自制半成品”账户核算。当完工转入下一步骤时，应编制“借：基本生产成本——下步骤；贷：基本生产成本——上步骤”的会计分录。

逐步结转分步法成本计算程序如图 11-1 所示。

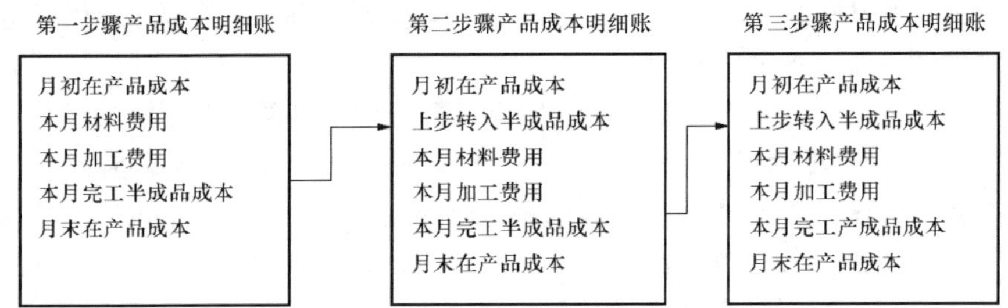

图 11-1　逐步结转分步法成本计算程序

从图 11-1 可见，逐步结转分步法实际上就是品种法的多次连接使用。在各生产步骤，按品种法归集生产费用，计算本步骤的完工产品成本和月末在产品成本，并按实物转移顺序同步结转半成品成本，直到最后一步，即计算出产成品成本。在逐步结转分步法下，生产费用在完工产品与在产品之间的分配，是指以广义完工产品与狭义在产品为标准分配费用。

四、逐步结转分步法的运用与分析

逐步结转分步法按照半成品成本转入下一步成本计算单的方式不同，分为分项逐步结转分步法和综合逐步结转分步法两种方法。

（一）分项逐步结转分步法的会计处理实务操作

分项逐步结转分步法是将各步骤耗用的半成品成本，分别按成本项目从上一步骤转入下一步骤成本计算单的相应成本项目中，直到最后一步，从而累计计算出完工产品成本的方法。

分项结转半成品成本时，可以按照半成品的实际单位成本结转，也可以按照半成品的计划（或定额）单位成本结转。按实际成本结转各步骤半成品成本时，各步骤应转入半成品成本应以耗用半成品数量乘以实际单位成本（分成本项目）计算，所耗半成品实际单位成本可比照材料核算处理，可采用先进先出法、加权平均法等方法计算。在半成品月初余额较大、本月所耗半成品大部分为以前月份生产的情况下，可将上月末的实际平均单位成本作为计算本月所耗半成品成本的计价依据，以简化成本核算。半成品成本按照计划成本（或定额成本）结转时，其核算方法与材料按计划成本核算相似，即日常半成品收发按计划成本计价，待实际成本计算出来后，计算出成本差异率，按成本项目分项调整成本差异。这种方法的工作量较大，所以一般多采用半成品成本按实际单位成本结转的方法。

在分项结转分步法下，各步骤所产的半成品，一般不入库，而是直接计入下一步骤的生产成本明细账（或成本计算单）。不论各步骤所产的半成品是否通过半成品仓库，其半成品都具有独立的经济意义，既可以自用，也可以对外销售，特别是半成品通过半成品仓库核算的企业。

半成品通过半成品仓库核算的分项逐步结转分步法的成本计算程序如图 11-2 所示。在不设立半成品仓库核算的情况下，其成本计算程序如图 11-1 所示。

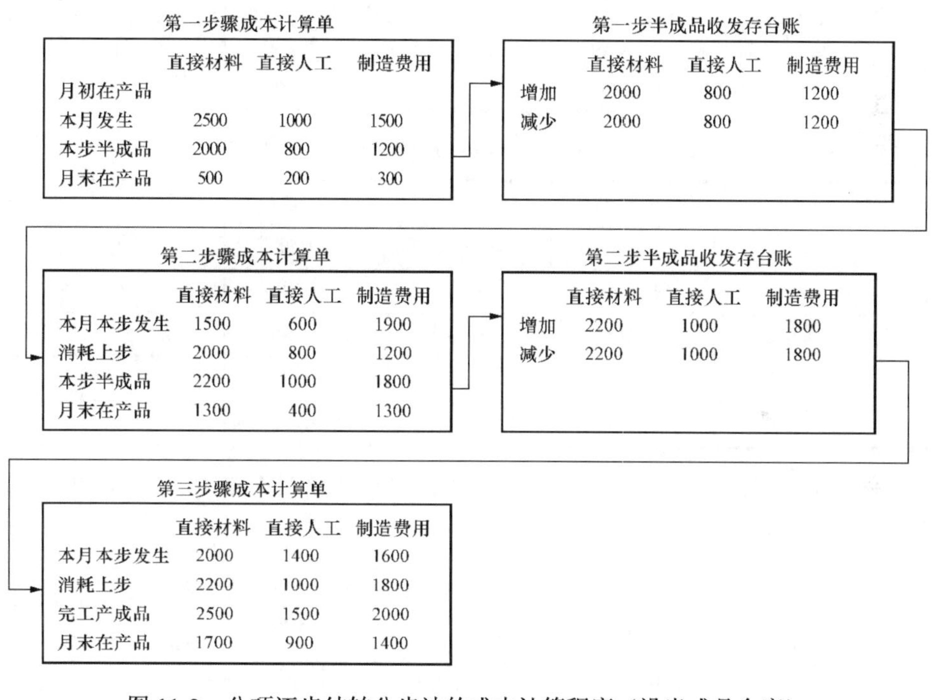

图 11-2　分项逐步结转分步法的成本计算程序（设半成品仓库）

【例 11-1】 某企业甲产品生产先后经过三个连续的加工步骤，前一个车间的半成品直接转入后一个车间继续加工，直至最后步骤产出产成品。假定该企业不设置半成品库，各车间月末在产品按定额成本计价。有关成本核算资料见表 11-1～表 11-3。要求采用分项结转分步法进行成本核算。

表 11-1　　**各车间的产量记录**

年　月　　单位：件

项　目	一　车　间	二　车　间	三　车　间
月初在产品	200	200	100
本月投产	800	700	800

续表

项　　目	一　车　间	二　车　间	三　车　间
本月完工	700	800	700
月末在产品	300	100	200

表 11-2 **月末在产品定额成本**

产品名称：甲产品　　　　年　　月

项　　目	一　车　间			二　车　间			三　车　间		
	单耗定额（件/kg）	计划单价（元/kg）	费用定额（元/件）	单耗定额（件/kg）	计划单价（元/kg）	费用定额（元/件）	单耗定额（件/kg）	计划单价（元/kg）	费用定额（元/件）
直接材料	15	3	45	26	3	78	28	3	84
直接人工	16	5	80	20	5	100	30	5	150
制造费用	16	5	80	20	6	120	30	5.6	168
单位定额成本		13	205		14	298		13.6	402

表 11-3 **甲 产 品 成 本 资 料**

项　　目	月初在产品成本			本月发生生产费用		
	一车间	二车间	三车间	一车间	二车间	三车间
直接材料	9000	15 600	8400	38 100	25 800	8400
直接人工	16 000	20 000	15 000	65 750	23 850	22 450
制造费用	16 000	24 000	16 800	57 350	25 690	44 560
合计	41 000	59 600	40 200	161 200	75 340	75 410

根据以上资料，采用分项结转分步法计算甲产品成本的计算程序见表 11-4～表 11-6。

表 11-4 **产 品 成 本 计 算 单**

车间名称：一车间　　　　本月完工：700 件

产品名称：甲产品　　　　月末在产品：300 件

项　　目	直接材料	直接人工	制造费用	合　　计
月初在产品成本	9000	16 000	16 000	41 000
本月生产费用	38 100	65 750	57 350	161 200
本月生产费用合计	47 100	81 750	73 350	202 200
完工产品总成本	33 600	57 750	49 350	140 700
完工产品单位成本	48	82.50	70.50	201
月末在产品定额成本	13 500	24 000	24 000	61 500

表中月末在产品定额成本计算如下。

月末在产品的直接材料成本＝45 元/件×300 件＝13 500（元）

月末在产品的直接人工成本＝80 元/件×300 件＝24 000（元）

月末在产品的制造费用成本＝80 元/件×300 件＝24 000（元）

则完工产品成本等于本月生产费用合计减去月末在产品的定额成本。完工产品的单位成本等于完工产品的总成本除以完工产品产量。

根据计算结果，编制完工半成品结转第二步骤的会计分录如下。

借：基本生产成本——第二步骤（甲产品）　　140 700

　　贷：基本生产成本——第一步骤（甲产品）　　140 700

表 11-5　　**产品成本计算单**

车间名称：二车间　　本月完工：800 件

产品名称：甲产品　　月末在产品：100 件

项　目	直接材料	直接人工	制造费用	合　计
月初在产品成本	15 600	20 000	24 000	59 600
一车间转入半成品成本	33 600	57 750	49 350	140 700
本月生产费用	25 800	23 850	25 690	75 340
本月生产费用合计	75 000	1 011 600	99 040	275 640
完工产品总成本	67 200	91 600	87 040	245 840
完工产品单位成本	84	114.50	108.80	307.30
月末在产品定额成本	7800	10 000	12 000	29 800

表中月末在产品定额成本计算如下。

月末在产品的直接材料成本＝78 元/件×100 件＝7800（元）

月末在产品的直接人工成本＝100 元/件×100 件＝10 000（元）

月末在产品的制造费用成本＝120 元/件×100 件＝12 000（元）

则完工产品成本等于本月生产费用合计减去月末在产品的定额成本。完工产品的单位成本等于完工产品的总成本除以完工产品产量。

根据计算结果，编制完工半成品结转第三步骤的会计分录如下。

借：基本生产成本——第三步骤（甲产品）　　245 840

　　贷：基本生产成本——第二步骤（甲产品）　　245 840

表 11-6　　**产品成本计算单**

车间名称：三车间　　本月完工：700 件

产品名称：甲产品　　月末在产品：200 件

项　目	直接材料	直接人工	制造费用	合　计
月初在产品成本	8400	15 000	16 800	40 200
二车间转入半成品成本	67 200	91 600	87 040	245 840
本月生产费用	8400	22 450	44 560	75 410
本月生产费用合计	84 000	129 050	148 400	361 450
完工产品总成本	67 200	99 050	114 800	281 050
完工产品单位成本	96	141.50	164	401.50
月末在产品定额成本	16 800	30 000	33 600	80 400

表 11-6 中月末在产品定额成本计算如下。

月末在产品的直接材料成本＝84 元/件×200 件＝16 800（元）

月末在产品的直接人工成本＝150 元/件×200 件＝30 000（元）

月末在产品的制造费用成本＝168 元/件×200 件＝33 600（元）

则完工产品成本等于本月生产费用合计减去月末在产品的定额成本。完工产品的单位成本等于完工产品的总成本除以完工产品产量。

根据计算结果，编制完工产成品结转的会计分录如下。

借：库存商品——甲产品　　　　　　　　　　281 050

　　贷：基本生产成本——第三步骤（甲产品）　　　　281 050

如果该企业的自制半成品设置中间仓库，则在采用分项逐步结转分步法下，各车间（步骤）完工的半成品出入库，必须编制有关的会计分录，并登记“自制半成品”明细账。如果遇到后一车间（步骤）生产领用前一车间（步骤）生产的半成品，在登记其基本生产成本明细账时，在“摘要”栏要注明“生产领用前一步骤半成品”，以区别于原材料的领用。

综上所述，分项逐步结转法可以直接提供产品成本的原始构成资料，有利于从整个企业的角度分析和考核分项目的成本计划的执行情况。但分项结转的工作量较大，尤其是半成品通过中间仓库收发时，记账工作十分繁重。并且，此法的各步骤成本计算单中，不能直观反映耗用上步骤产品成本和本步骤发生的加工费用，不利于各步骤成本的分析和考核。因此，分项逐步结转法适合于产品品种较少、生产步骤不多、成本管理上要求各步骤提供原始成本项目资料的企业。

（二）综合逐步结转分步法的会计处理实务操作

综合逐步结转分步法是各生产步骤以综合形式（即不分成本项目），将耗用上一步骤的半成品成本结转到该步骤成本计算单的“自制半成品”或“直接材料”项目中，直到最后步骤，累计计算出完工产品成本的方法。

在综合逐步结转分步法下各步骤完工的半成品，应先转入企业的自制半成品仓库，各车间需要时，根据生产需要，再履行领用出库手续；但是也存在一种情况，企业不设置自制半成品仓库，这时各步骤完工的半成品直接全额转入下一步骤。半成品成本综合结转的计价标准，可根据企业实际，按半成品的实际成本、计划成本或定额成本结转。企业可以选择其中的一种，作为半成品结转的计价标准。

综合逐步结转分步法成本计算程序如图 11-3 所示。

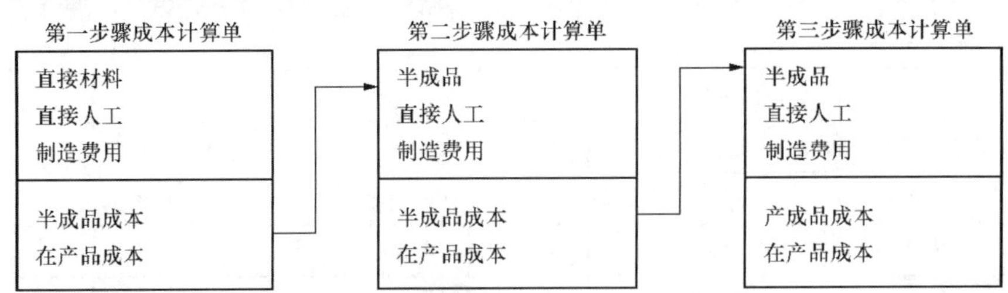

图 11-3　综合逐步结转分步法成本计算程序（不设立自制半成品仓库）

1. 综合结转分步法的会计处理实务操作

现以分项结转分步法的例子为准，各车间、步骤完工的半成品不通过自制半成品仓库核算，在采用综合结转分步法下，产品成本计算及成本明细账的登记见表11-7～表11-9。

表11-7　　产品成本计算单

车间名称：一车间　　本月完工：700件

产品名称：甲产品　　月末在产品：300件

项　目	直接材料	直接人工	制造费用	合　计
月初在产品成本	9000	16 000	16 000	41 000
本月生产费用	38 100	65 750	57 350	161 200
本月生产费用合计	47 100	81 750	73 350	202 200
完工半产品总成本	33 600	57 750	49 350	140 700
完工产品单位成本	48	82.50	70.50	201
月末在产品定额成本	13 500	24 000	24 000	61 500

表中月末在产品定额成本及完工半成品成本的计算，同表11-4。

表11-8　　产品成本计算单

车间名称：二车间　　本月完工：800件

产品名称：甲产品　　月末在产品：100件

项　目	直接材料	直接人工	制造费用	合　计
月初在产品成本	15 600	20 000	24 000	59 600
一车间转入半成品成本	140 700			140 700
本月生产费用	25 800	23 850	25 690	75 340
本月生产费用合计	166 500	23 850	25 690	216 040
本月生产费用累计	182 100	43 850	49 690	275 640
完工半成品总成本	174 300	33 850	37 690	245 840
完工产品单位成本	217.88	42.31	47.11	307.30
月末在产品定额成本	7800	10 000	12 000	29 800

表11-8中月末在产品定额成本的计算同表11-5。完工半成品成本的计算，采用的是倒挤的方法，即本月生产费用累计减去月末在产品定额成本，其计算结果与分项逐步结转分步法下不同，原因是，第一车间完工的半成品140 700元是以总额的形式作为第二车间的加工材料一次转入第二车间。所以，各成本项目计算结果与分项逐步结转分步法下不同，但是总单位成本却是一致的。

表11-9　　产品成本计算单

车间名称：三车间　　本月完工：700件

产品名称：甲产品　　月末在产品：200件

项　目	直接材料	直接人工	制造费用	合　计
月初在产品成本	8400	15 000	16 800	40 200
二车间转入半成品成本	245 840			245 840

续表

项　　目	直接材料	直接人工	制造费用	合　　计
本月生产费用	8400	22 450	44 560	75 410
本月生产费用合计	254 240	22 450	44 560	321 250
本月生产费用累计	262 640	37 450	61 360	361 450
完工产品总成本	245 840	7450	27 760	281 050
完工产品单位成本	351.20	10.64	39.66	401.50
月末在产品定额成本	16 800	30 000	33 600	80 400

表 11-9 中月末在产品定额成本计算同表 11-6。完工半成品成本的计算，采用的是倒挤的方法，即本月生产费用累计减去月末在产品定额成本，其计算结果与分项逐步结转分步法下不同，原因是，第二车间完工的半成品 245 840 元是以总额的形式作为第三车间的加工材料一次转入第三车间。所以，各成本项目计算结果与分项结转分步法下不同，但是总单位成本却是一致的。

2. 综合逐步结转的成本还原

从计算过程和结果可以看出，在综合结转分步法下，自制半成品实物在各步骤之间的转移，其价值是综合反映在“直接材料”或“半成品”项目的，因而各步骤不能提供真实的成本项目构成的资料。在生产步骤较多的企业里，最后生产步骤的产成品成本中，“半成品”或“直接材料”成本项目占总成本的比重很大，反映的是最后生产步骤耗用上一步骤半成品的费用；而其他成本项目，反映的是最后生产步骤的加工费用，所占比重很小。这显然不符合企业产品生产成本构成的实际情况，因而不利于对产品成本计划的执行情况进行分析和考核，因此，还必须进行成本还原。

所谓成本还原，是将产品成本中的“半成品”综合成本项目，逐步进行分解，求得按原始成本项目反映的产成品成本资料。成本还原的程序与成本计算的顺序相反，是从最后一个生产步骤开始，由后向前逐一进行还原，直到第一个步骤。

成本还原的方法有项目比重法（结构百分比法）和还原分配率法，一般多采用项目比重还原法。

（1）成本项目比重法。即将半成品按上一步骤半成品各成本项目金额占半成品成本的比重进行逐步还原的方法。计算公式为

$$\text{成本项目比重（\%）}=\frac{\text{某成本项目金额}}{\text{该步骤半成品成本金额合计}}\times 100\% \tag{11-1}$$

$$\text{成本还原额}=\text{该步骤半成品综合项目金额}\times\text{成本项目比重} \tag{11-2}$$

现仍以上例为准，说明成本还原的过程。从第三车间的成本计算单中可以看出，在该企业的产成品 281 050 元中，由第二步转来的半成品 245 840 元，致使产品总成本中，材料费用所占比重过大，为此需要进行成本还原，进一步分解出在 245 840 元中各成本项目的具体数额。成本还原比重计算见表 11-10。

根据表 11-10 所计算的成本项目比重，对第三车间完工产品成本中的半成品成本 245 840 元进行成本还原，见表 11-11。

表 11-10　**第二车间产品成本项目比重计算表**

成本项目	第二车间半成品实际成本（元）	成本构成（各成本项目比重%）
半成品	174 300	70.899 772
直接人工	33 850	13.659 291
制造费用	37 690	15.331 110
合计	245 840	100.00

表 11-11　**半成品成本还原计算表**

成本项目	还原前半成品成本	半成品成本还原
第二车间半成品	245 840	0
前一步骤半成品		174 300
直接人工		33 850
制造费用		37 690
合计	−245 840	245 840

从表 11-11 的计算中可以看出，在所还原的半成品成本中，还有 174 300 元属于第一步骤的半成品，仍然需要还原。此时应按照第一步骤半成品成本项目比重进行还原，为此计算成本还原比重见表 11-12。

表 11-12　**第一步骤半成品成本项目比重计算表**

成本项目	第一步骤半成品成本	成本构成（各成本项目比重%）
半成品	33 600	23.880 597
直接人工	57 750	41.044 776
制造费用	49 350	35.074 627
合计	140 700	100

根据表 11-12 所计算的成本项目比重，对第二车间耗用第一步骤的半成品成本 174 300 元，按照表 11-12 计算的成本构成，进行最后一次成本还原，见表 11-13。

表 11-13　**半成品成本还原计算表**

成本项目	还原前半成品成本	半成品成本还原
第一车间半成品	174 300	0
直接材料		41 623.88
直接人工		71 541.04
制造费用		61 135.08
合计	−174 300	174 300

该企业产品生产顺序经过三个步骤加工完成，因此，成本还原只需要进行上述两个步骤即可。最后，将成本还原以后的各成本项目的数额相加，就可以计算出该产品还原以后的总

成本，见表 11-14。

表 11-14　　成本还原后产品成本计算表

成本项目	还原总前成本（元）	第一次还原（元）	第二次还原（元）	还原后总成本（元）	还原后单位成本（元/件）
第二车间半成品成本	245 840	－245 840			
第一车间半成品成本		174 300	－174 300		
直接材料			41 623.88	41 623.88	59.46
直接人工	7450	33 850	71 541.04	112 841.04	161.20
制造费用	27 760	37 690	61 135.08	126 585.08	180.84
合计	281 050	0	0	281 050	401.50

将表 11-14 与表 11-9 的计算结果对比可以发现，还原前后的总成本是一致的，变化的是各成本项目的单位成本，见表 11-15。

表 11-15　　还原前后产品单位成本比较　　单位：元/件

成　本　项　目	还原前单位成本	还原后单位成本
直接材料	351.20	59.46
直接人工	10.64	161.20
制造费用	39.66	180.84
合计	401.50	401.50

计算各步骤半成品成本项目结构比重时，可以用总成本资料，也可以用单位成本资料。在实际工作中，为了简化核算，还可以根据历史资料和技术测定等方法确定的定额成本资料计算成本项目结构比重。如果企业定额管理工作基础较好，还可以进一步简化还原核算，即将最后步骤所耗半成品成本，按上一步骤定额成本结构比重还原，再加上最后步骤加工费用，近似计算还原后总成本。

（2）还原分配率法。即本月产成品所耗上一步骤半成品费用与该步骤本月所产半成品成本的比率。计算公式为

$$\text{半成品成本还原分配率}=\frac{\text{本月产成品所耗上一步骤半成品费用}}{\text{本月所产该种半成品总成本}} \tag{11-3}$$

将还原分配率分别乘以上一步骤本月所产该种半成品的各成本项目的成本数额，即可求得产成品中所耗半成品还原后的各项费用。仍以上例为准，第三车间所产产成品成本中，所耗上一步骤（第二车间）所产半成品的成本为 245 840 元，第二车间本月所产该种半成品的总成本为 245 840 元，则第二车间半成品的成本还原分配率为 1，即

$$\text{半成品成本还原分配率}=\frac{245\ 840}{245\ 840}=1 \tag{11-4}$$

用计算出的半成品成本还原分配率，分别乘以第二车间所产半成品成本中的各成本项目的费用，就可以求得产成品成本中所耗上一步骤半成品还原后的成本。即

产成品所耗第一步半成品成本：174 300×1＝174 300（元）

产成品所耗半成品中的直接人工：33 850×1=33 850（元）

产成品所耗半成品中的制造费用：37 690×1=37 690（元）

还原后的成本合计：174 300+33 850+37 690=248 540（元）

第一车间本月所产半成品的总成本为 140 700 元，本月产成品成本中所耗用第一车间所产的半成品成本为 174 300 元，则第一车间半成品的还原分配率为 1.238 805 97，即

$$半成品成本还原分配率=\frac{174\ 300}{140\ 700}=1.238\ 805\ 97$$

用计算出的半成品成本还原分配率，分别乘以第一车间所产半成品中的各成本项目的费用，就可以求得产成品成本中所耗用的还原后的成本，即

产成品所耗半成品中的直接材料：33 600×1.238 805 97=41 623.88（元）

产成品所耗半成品中的直接人工：57 750×1.238 805 97=71 541.04（元）

产成品所耗半成品中的制造费用：49 350×1.238 805 97=61 135.08（元）

将成本还原前后相同成本项目的成本汇总，都可以求得产成品还原后的总成本，即

"直接材料"项目：41 623.88（元）

"直接人工"项目：7450+33 850+71 541.04=112 841.04（元）

"制造费用"项目：27 760+37 690+61 135.08=126 585.08（元）

还原后总成本：41 623.88+112 841.04+126 585.08=281 050（元）

采用这一方法的计算结果与前述成本还原方法计算结果完全相同（尾差在"制造费用"项目中调整），见表 11-16。

表 11-16　　产成品成本还原计算表

年　　月　　　　产成品数量：700 件

项　　目	成本还原分配率	第二车间半成品	第一车间半成品	直接材料	直接人工	制造费用	合计
还原前总成本①		245 840			7450	27 760	281 050
本月第二车间所产半成品成本②			174 300		33 850	37 690	245 840
第二车间半成品成本还原③	1	−245 840	174 300		33 850	37 690	0
本月第一车间所产半成品成本④				33 600	57 750	49 350	140 700
第一车间半成品成本还原⑤	1.238 805 97			41 623.88	71 541.04	61 135.08	0
还原后总成本⑥=①+③+⑤				41 623.88	112 842.04	126 585.08	281 050
还原后单位成本⑦=⑥÷700				59.46	161.20	180.84	401.50

综合逐步结转分步法，各步骤半成品成本结转较为简便，同时，各步骤成本计算单直观反映耗用上一步骤半成品的成本和本步骤的加工费用，有利于各步骤成本的分析和考核。但产品成本还原要增加许多工作量。因此，这种方法适合于管理上要求计算各步骤半成品成本，但不要求各步骤提供原始成本项目资料的大批量连续加工的复杂生产企业采用。

任务三　平行结转分步法的运用与分析

一、平行结转分步法的含义及适用范围

平行结转分步法是分步法的简化形式。它是各步骤在计算产品成本时，不计算所耗用半成品成本，只计算本步骤发生的生产费用，以及本步骤费用中，应计入最终完工产品的费用份额，然后将各步骤成本计算单中的费用份额平行结转，汇总计算出产成品成本的一种方法。

平行结转分步法适合于半成品很少或根本不出售，管理上不要求提供完整的半成品成本信息的大批量连续式复杂生产企业，以及大批量的装配式复杂生产企业，前者如陶瓷生产，后者如机械制造，其适用范围较为广泛。在大批量连续式复杂生产企业里，产品生产用的原材料是在第一工序一次性投入的，以后各工序原则上只发生加工费用；而在大批量装配式复杂生产企业里，产品生产用的原材料分别在各工序陆续投入。

平行结转分步法的优势是各生产步骤可以平行独立地进行成本计算，同时不要求提供准确的半成品资料，使产品成本的计算得以简化和加速。但随着企业经济责任制的推行，平行结转分步法的运用将受到许多限制，企业将更多地采用逐步结转分步法。

二、平行结转分步法的特点

与逐步结转分步法相比较，平行结转分步法具有以下特点。

（一）在连续加工式的复杂生产方式下平行结转分步法的特点

（1）成本计算对象是最终完工产品。除最后步骤的产成品外，其余步骤的半成品不能作为成本计算对象。各步骤均应按产成品设立成本计算单或开设成本明细账，并按成本项目分设专栏归集各会计期间发生的生产费用。

（2）半成品成本的价值转移与半成品实物转移相分离。在平行结转分步法下，当各步骤半成品实物在步骤之间顺序转移时，其半成品成本仍保留在原步骤的成本计算单内。所以，此法又称为不计列半成品成本法。

（3）月末生产费用的分配。各步骤所归集的生产费用（不包括所耗上一步骤半成品成本）应于月末在狭义完工产品（产成品）和广义在产品之间进行分配，以确定应计入产成品的费用份额和广义在产品的成本。分配费用一般采用约当产量法或定额比例法。这里所说的广义在产品是指对最终产品而言的在产品，它包括各步骤正在加工中的在制品、本步骤已完工入库的半成品和已转移到以后加工步骤进行加工，但尚未最后制成的半成品。

（4）从数量上对半成品进行管理。由于不计算各步骤半成品成本，因而不论企业是否设立半成品仓库，都只需要对自制半成品进行数量控制，而不需要设置“自制半成品”账户进行价值核算。

（5）不需要成本还原。由于产成品成本是各步骤费用份额的平行汇总数，因此不存在成本还原的问题。而且各步骤可互不影响地同时结算成本，使成本计算更加及时。

（二）在平行装配式复杂生产方式下平行结转分步法的特点

（1）成本计算对象是产成品及各步骤半成品。因此，各生产步骤应按产品所处生产步骤分品种设置产品成本计算单或成本明细账，并按成本项目分设专栏归集各会计期间发生的生产费用。

（2）各步骤半成品实物的转移与成本结转同步进行。在平行加工式复杂生产企业中，各步骤完工半成品均往最后步骤转移，以便装配成产成品。因此，半成品成本应随之转移到产成品成本中，这就要求及时将各步骤半成品成本随实物转移而结转。

（3）月末生产费用的分配。各步骤所发生的生产费用，应于月末在广义完工产品和狭义在产品之间进行分配。

（4）从数量和价值上对半成品进行管理。如果企业的半成品通过中间仓库进行收发，则应设置“自制半成品”账户进行核算，从数量和价值两方面对半成品进行控制，以均衡企业的生产。

（5）不需要成本还原，由于产成品成本是各步骤半成品成本的汇总，因此不存在成本还原问题。

三、平行结转分步法的成本计算程序

（一）设置成本明细账

按成本计算对象设置基本生产明细账或成本计算单，连续式生产按最终产品分步骤设置，装配式生产按各步骤的产品品种设置。

（二）归集和分配本期发生的各项要素费用

根据各种费用分配表，归集各步骤发生的生产费用，但不包括耗用上一步骤半成品成本。

（三）分配辅助生产费用

归集和分配方法同品种法，这里不再赘述。

（四）分配基本生产车间的制造费用

归集和分配方法同品种法，这里不再赘述。

（五）计算各步骤应计入产成品成本的份额

在月末，各步骤归集的生产费用应采用约当产量法或定额比例法，按与加工方式相应的分配标准（连续式，分配标准为产成品与广义在产品；装配式，分配标准为广义完工产品与狭义在产品）进行分配，以确定各步骤应计入产成品的费用份额和在产品成本。有关计算公式如下。

1．生产费用按约当产量法分配

（1）材料在第一工序一次性投入、生产方式为连续式复杂生产，采用广义在产品

$$\text{某成本项目费用分配率}=\frac{\text{月初在产品成本}+\text{本月生产费用}}{\text{产成品数量}+\text{广义在产品约当产量}} \tag{11-5}$$

$$\text{某步骤应计入产成品的份额}=\text{产成品数量}\times\text{费用分配率} \tag{11-6}$$

$$\begin{aligned}\text{广义在产品应分配金额}&=\text{广义在产品约当产量}\times\text{费用分配率}\\&=\text{生产费用合计}-\text{应计入产成品的份额}\end{aligned} \tag{11-7}$$

其中：

$$\begin{aligned}\text{广义在产品的约当产量}&=\text{本步骤月末在产品约当产量}+\text{以后各步骤月末在产品数量}\\&=\text{本步骤月末在产品数量}\times\text{完工率}\\&\quad+\text{以后各步骤月末在产品数量}\end{aligned} \tag{11-8}$$

（2）材料在各工序分别投入、生产方式为装配式复杂生产，采用狭义在产品

$$\text{某成本项目费用分配率}=\frac{\text{月初在产品成本}+\text{本月生产费用}}{\text{完工半成品数量}+\text{月末在产品约当产量}} \tag{11-9}$$

$$完工半成品总成本=\Sigma（完工半成品数量\times某成本项目费用分配率）\quad（11\text{-}10）$$

$$月末在产品成本=\Sigma（在产品约当产量\times某成本项目费用分配率）\quad（11\text{-}11）$$

$$完工半成品单位成本=\frac{完工半成品总成本}{完工半成品数量}\quad（11\text{-}12）$$

2. 生产费用按定额比例法分配

按定额比例法分配的前提是，企业应具备健全的定额资料，根据定额资料计算各项费用分配率作为分配比例。其中，原材料费用按材料定额消耗量或定额费用比例分配，加工费用均按定额工时比例分配。在计算费用分配率时，应分别不同的加工方式确定相应的分配标准，一般连续式复杂生产，采用广义在产品分配标准；装配式复杂生产，采用狭义在产品的分配标准。现以连续式复杂生产为例，说明定额比例法的计算公式，装配式复杂生产的定额计算公式可以自我演绎出来。

$$材料费用分配率=\frac{月初在产品材料费用+本月材料费用}{产成品定额材料成本+广义在产品定额材料成本}\quad（11\text{-}13）$$

$$应计入产成品的材料费用份额=产成品定额材料成本\times材料费用分配率\quad（11\text{-}14）$$

$$广义在产品应分配的材料费用=广义在产品定额材料成本\times材料费用分配率\quad（11\text{-}15）$$

$$加工费用分配率=\frac{月初在产品某项加工费用+本月发生的该项加工费用}{产成品定额工时+广义在产品定额工时}\quad（11\text{-}16）$$

$$应计入产成品的加工费用=产成品定额工时\times加工费用分配率\quad（11\text{-}17）$$

$$广义在产品应分配的加工费用=广义在产品定额工时\times加工费用分配率\quad（11\text{-}18）$$

（六）计算和结转完工产成品成本

产成品入库时，将各步骤应计入产成品成本的费用份额平行汇总，以确定产成品总成本和单位成本，并进行完工产品成本结转。

平行结转分步法的成本计算程序如图 11-4 所示。

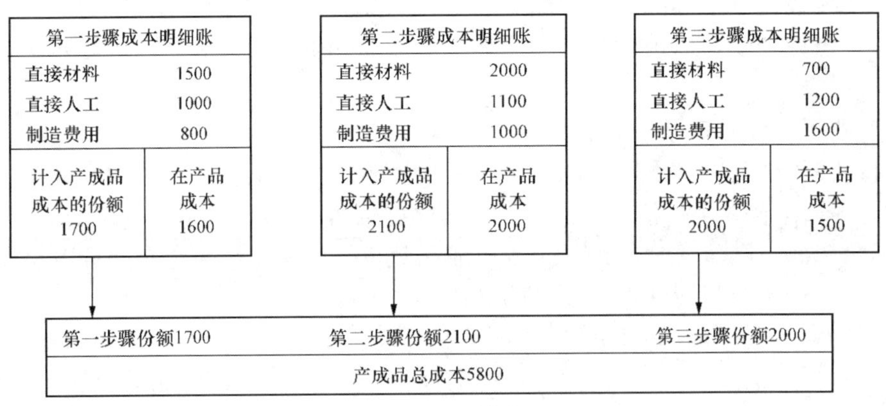

图 11-4　平行结转分步法的成本计算程序

从图 11-4 中可以分析出，这应该是装配式复杂生产方式所采用的成本计算程序。如果是连续式复杂生产方式，则第二生产步骤以后的成本明细账中，一般不会再发生“直接材料”费用。

四、平行结转分步法会计处理实务操作

从上述计算公式中得知，平行结转分步法在不同的生产方式下，各步骤生产费用的分配

方法有很大的差别。在平行装配式的生产方式下，各步骤生产费用的分配是在广义完工产品和狭义在产品之间进行的；在平行连续式的生产方式下，各步骤生产费用的分配是在狭义完工产品和广义在产品之间进行的。为了体现平行结转分步法的优势，下面举例说明平行结转分步法在连续式复杂生产企业中的运用。

某企业有三个基本生产车间，大量顺序生产 A 产品，假定半成品不通过中间仓库收发，全部交给下一生产步骤继续加工。A 产品生产用的原材料在第一车间生产开始时一次性投入。根据该企业成本管理要求，必须分生产车间（即生产步骤）控制费用；同时由于第一车间、第二车间生产的半成品都全部用于 A 产品的生产，不对外销售，所以，为了简化成本计算，不计算半成品成本，成本核算采用平行结转分步法。

根据平行结转分步法的原理，该企业的成本核算对象是 A 产成品及其所经过的生产步骤；生产成本明细账应按照第一、第二、第三 3 个生产车间和 A 产成品开设，并按照“直接材料”、“直接人工”、“制造费用” 三个常用的成本项目分设专栏进行核算。

该企业生产费用在完工产品和月末在产品之间的分配采用约当产量法。根据平行结转分步法的原理，本月完工产品是指第三车间生产完工交库的 A 产成品，月末在产品是指广义在产品，即本步骤的月末在产品和已经交给以后步骤、但尚未最终完工的半成品。

该企业各生产车间本月发生的各项要素费用已经在各成本核算对象之间进行了分配，各生产车间月初在产品成本和本月发生的费用资料见表 11-17，本月各生产车间产品生产数量资料见表 11-18。

表 11-17　　生产费用记录有关资料　　单位：元

项　目	第一车间	第二车间	第三车间
月初在产品成本	42 928	11 272	5563
其中：直接材料	21 340	—	—
直接人工	12 828	6168	3245
制造费用	8760	5104	2318
本月发生生产费用	88 400	63 800	40 805
其中：直接材料	42 500	—	—
直接人工	27 300	40 200	23 803
制造费用	18 600	23 600	17 002

表 11-18　　生产数量记录资料

项　目	第一车间	第二车间	第三车间
月初在产品（件）	26	14	12
本月投产或转入半成品（件）	100	110	100
本月完工（件）	110	100	84
月末在产品（件）	16	24	28
在产品完工程度（%）	75	79	93

A 产品的成本计算分为两个步骤：第一步先计算出各生产车间应计入 A 产成品成本的份

额；第二步将各生产车间计算出来的应计入A产成品成本的份额汇总，计算出A产成品的实际总成本和单位成本。

1. 计算各生产车间应计入最终产成品成本的份额

采用平行结转分步法，各生产车间只归集本步骤发生的生产费用，月末，应将本步骤生产费用的累计数，在完工产品和月末在产品之间进行分配。这里的完工产品指最终产成品，月末在产品是指广义在产品。在采用约当产量法将生产费用在完工产品和月末在产品之间进行分配时，各步骤月末在产品约当产量的计算公式为

$$\frac{\text{某步骤月末广义}}{\text{在产品约当产量}}=\frac{\text{该步骤月末}}{\text{在产品数量}}\times\text{在产品完工程度}+\frac{\text{该步骤已加工完成转入}}{\text{以后各步但未最后完工的半成品数量}} \tag{11-19}$$

$$\frac{\text{某生产步骤}}{\text{生产总量}}=\frac{\text{该步骤广义在产品}}{\text{约当产量}}+\frac{\text{最终完工}}{\text{产品数量}}\times\frac{\text{单位产成品耗用}}{\text{该步骤的半成品数量}} \tag{11-20}$$

根据以上资料，采用平行结转分步法编制各生产车间的成本计算单，见表11-19～表11-21。

表11-19　　第一车间产品成本计算单

产品名称：A产品　　年　月　　完工产量：84件

摘要		直接材料	直接人工	制造费用	合计
月初在产品成本①		21 340	12 828	8760	42 928
本月发生生产费用②		42 500	27 300	18 600	88 400
生产费用累计③=①+②		63 840	40 128	27 360	131 328
最终产成品数量④		84	84	84	—
在产品约当量	本步骤在产品约当量⑤	16	16×75%	16×75%	—
	已交下一步未完工半成品⑥	24+28	24+28	24+28	—
生产总量（分配标准）⑦=④+⑤+⑥		152	148	148	—
分配率（单位产品成本份额）⑧=③÷⑦		420	271.135 1	184.864 9	876
84件产成品份额⑨=⑧×84		35 280	22 775.35	15 528.65	73 584
月末在产品成本⑩=③－⑨		28 560	17 352.65	8231.35	57 744

表11-19中“本步骤在产品约当产量”需要根据各成本项目的特点确定。如果材料费用是在生产开始时一次性投入，则在产品应按100%的完工程度计算；如果材料费用属于陆续分次投入则要考虑材料的投入程度，而人工费用和制造费用则必须根据在产品的完工程度计算。

表11-20　　第二车间产品成本计算单

产品名称：A产品　　年　月　　完工产量：84件

摘要	直接材料	直接人工	制造费用	合计
月初在产品成本①	—	6168	5104	11 272
本月发生生产费用②	—	40 200	23 600	63 800

续表

摘　要		直接材料	直接人工	制造费用	合计
生产费用累计③=①+②		—	46 368	28 704	75 072
最终产成品数量④		—	84	84	—
在产品约当量	本步骤在产品约当产量⑤	—	24×79%	24×79%	—
	已交下一步未完工半成品⑥	—	28	28	—
生产总量（分配标准）⑦=④+⑤+⑥		—	131	131	—
分配率（单位产品成本份额）⑧=③÷⑦		—	353.954 2	219.114 5	573.068 7
84 件产成品份额⑨=⑧×84		—	29 732.15	18 405.62	48 137.77
月末在产品成本⑩=③−⑨		—	16 635.85	10 298.38	26 934.23

表 11-20 中，本步骤在产品约当产量的计算，24×79%=18.96（件），为了简便起见，取整数 19 件，从而有生产总量 84+19+28=131（件）。

表 11-21　　第三车间产品成本计算单

产品名称：A 产品　　年　　月　　完工产量：84 件

摘　要		直接材料	直接人工	制造费用	合计
月初在产品成本①		—	3245	2318	5563
本月发生生产费用②		—	23 803	17 002	40 805
生产费用累计③=①+②		—	27 048	19 320	46 368
最终产成品数量④		—	84	84	—
在产品约当量	本步骤在产品约当产量⑤	—	28×93%	28×93%	—
	已交下一步未完工半成品⑥	—	—	—	—
生产总量（分配标准）⑦=④+⑤+⑥		—	110	110	—
分配率（单位产品成本份额）⑧=③÷⑦		—	245.890 9	175.636 4	421.527 3
84 件产成品份额⑨=⑧×84		—	20 654.84	14 753.46	35 408.30
月末在产品成本⑩=③−⑨		—	6393.16	4566.54	10 959.70

表 11-21 中，本步骤在产品约当产量的计算，28×93%=26.04（件），为了简便起见，取整数 26 件，从而有生产总量 84+26=110（件）。

2. 汇总计算 A 产成品总成本和单位成本

采用平行结转分步法，将各生产步骤（生产车间）应计入相同产成品成本的份额汇总，就可以求得产成品总成本，产成品总成本除以产成品数量，即可计算出产成品的单位成本。根据表 11-19～表 11-21 的计算结果，汇总编制 A 产成品成本计算表，见表 11-22。

表 11-22　　产成品成本汇总计算表

产品名称：A 产品　　年　　月　　产量：84 件

生产车间	直接材料	直接人工	制造费用	合计
第一车间	35 280	22 775.35	15 528.65	73 584
第二车间	—	29 732.15	18 405.62	48 137.77
第三车间	—	20 654.84	14 753.46	35 408.30

续表

生产车间	直接材料	直接人工	制造费用	合计
完工产品总成本	35 280	73 162.34	48 687.73	157 130.07
完工产品单位成本	420	870.98	579.62	1870.60

根据产成品成本汇总表，编制完工产品入库的会计分录如下。

借：库存商品——A 产品　　157 130.07

　贷：基本生产成本——第一车间（A 产品）　　73 584

　　　　　　　　——第二车间（A 产品）　　48 137.77

　　　　　　　　——第三车间（A 产品）　　35 408.30

五、平行结转分步法与逐步结转分步法的区别

平行结转分步法与逐步结转分步法均属于产品成本计算方法——分步法，二者在计算技术上有许多共同点，比如成本计算期都是会计期间，均应按月计算产品成本；月末均存在生产费用的分配问题等。但是这两种方法在运用上还是有一定区别的，主要表现在以下几个方面。

1. 适用范围不同

逐步结转分步法适合于企业的半成品种类较少，成本管理上要求计算各步骤半成品成本的复杂（多步骤）生产情况；平行结转分步法适合于各步骤半成品种类较多，成本管理上要求提供各步骤半成品成本的复杂（多步骤）生产情况。从产品生产方式上看，逐步结转分步法只能在连续式加工企业运用；平行结转分步法既可以运用于平行装配式的生产企业，也可以运用于连续式的生产企业。

2. 成本计算方式不同

在平行结转分步法下，各步骤只需要计算本步骤发生的费用，不计算耗用上一步骤半成品成本，各步骤只需要计算出本步骤生产费用中应计入产成品成本的份额，并将其进行平行汇总，即可得到产成品成本；各步骤应计入产成品成本的份额可以同时计算，不需要等待，可以加速成本核算。

在逐步结转分步法下，其成本计算又如滚雪球，需要上一步骤提供半成品成本资料，其成本计算是按照生产步骤顺序进行的，并按步骤依次结转半成品成本，最后步骤累计计算出的成本即为产成品成本。各生产步骤的成本核算要等上一步骤的成本核算结果（转入的半成品成本）。尤其是半成品按实际成本进行综合结转时，还必须进行成本还原，这又增加了成本核算的工作量；当采用分项结转分步法时，虽然可以直接、直观地提供按原始成本项目反映的产品成本构成，也不需要进行成本还原，但是各步骤成本结转工作又比较复杂，在各生产步骤完工产品成本中也不能直接反映耗用上一步骤半成品费用，不便于分析和考核。如果半成品按计划成本结转，各生产步骤的成本核算工作可以同时进行，但是存在半成品成本差异的计算和分摊问题，也比较复杂。

3. 半成品成本的结转方式不同

生产企业是否需要计算半成品成本，决定于生产企业采用何种成本计算方法。在逐步结转分步法下是需要计算半成品成本的，而在平行结转分步法下是不需要计算半成品成本的。是否计算半成品成本既要考虑企业成本管理要求，又要考虑企业的生产组织方式。

在逐步结转分步法下，半成品具有独立的经济意义，既可自用也可对外销售，所以要求各步骤必须计算出完工半成品成本，并且半成品的实物转移与价值转移是同步进行的。在平行结转分步法下，半成品不对外销售，只是为了生产自用，所以在成本管理上可以不要求计算半成品成本，各生产步骤只需要计算出应计入相同产成品的份额，半成品实物向下一步骤转移时，其成本不结转，仍然保留在发生地的成本计算单中，其实物与价值转移不同步。

4. 各生产步骤生产费用的分配标准不同

这一区别主要表现在连续式复杂生产的方式。在逐步结转分步法下，其成本计算对象是广义的，既包括各步骤完工的半成品，也包括最终的产成品；而在产品却是指狭义的，只是本步骤未加工完成的在制品，因此各步骤所归集的生产费用应与月末在广义完工产品和狭义在产品之间进行分配。在平行结转分步法下，其成本计算对象是狭义的，仅指最后步骤的产成品；其在产品却是指广义的，不仅包括本步骤的在制品，也包括在以后各步骤或入库的半成品，因此各步骤月末生产费用的分配标准是狭义完工产品（指产成品）和广义在产品。

在平行装配式的生产企业里，半成品实物必须向最后生产步骤移动，不存在广义在产品问题，所以，平行结转分步法各步骤生产费用的分配标准与逐步结转分步法相同，即生产费用需要在广义完工产品与狭义在产品之间进行分配。

5. 对半成品的管理内容不同

逐步结转法要求计算半成品成本，当企业的半成品需要通过半成品仓库收发时，还需设立“自制半成品”账户，同时进行价值核算和实物控制，因此，它与顺序结转的半成品价值以及狭义在产品的实际情况相符合，所以有利于在产品管理和成本控制。但在平行结转法下，连续式复杂生产企业各步骤的成本计算单中只反映本步骤发生的生产费用，不反映耗用半成品的成本；半成品的实物转移与价值转移分离，半成品无论是否通过中间仓库收发，都不设置“自制半成品”账户进行价值核算；而且各步骤月末在产品是广义的，与各步骤狭义在产品数量不一致。可见在连续式生产中，采用平行结转法所提供的资料不能够全面反映各步骤真实的生产耗费水平，对企业成本控制不利，同时也不利于在产品的管理。但平行结转法各步骤可相互独立地同时计算成本，成本计算比较及时；而且各步骤提供的计入产成品的份额能够反映各步骤产品成本的原始构成，不需进行成本还原。因此，在条件合适的企业采用平行结转法，应采取相应措施克服其局限，加强在产品数量控制，以便为企业成本管理提供所需的资料。

一、单项选择题

1. 半成品实物转移，成本也随之转移的成本计算方法是（　　）。

A. 分批法　　B. 逐步结转分步法

C. 分步法　　D. 平行结转分步法

2. 不计算半成品成本的分步法是指（　　）的分步法。

A. 综合结转方式　　B. 逐步结转方式

C. 分项结转方式　　D. 平行结转方式

3. 分步法的适用范围是（　　）。

A. 大批量单步骤生产

B．大批量多步骤生产

C．单件小批量多步骤生产

D．管理上要求分步骤计算成本的大批量多步骤生产

4．分步法中需要进行成本还原的成本计算方法是（　　）。

A．综合结转方式　　B．逐步结转方式

C．分项结转方式　　D．平行结转方式

5．成本还原是将（　　）成本中的自制半成品项目的成本，还原为原始成本项目的成本。

A．在产品　　B．产成品

C．半成品　　D．自制半成品

6．成本还原应从（　　）生产步骤开始。

A．第一个　　B．最后一个　　C．任意一个　　D．中间一个

7．下列企业中，（　　）必须采用逐步结转分步法。

A．有自制半成品生产的企业

B．有自制半成品交给下一个步骤的企业

C．有自制半成品对外销售的企业

D．没有半成品生产的企业

8．在平行结转分步法下，完工产品与月末在产品之间的费用分配标准是指（　　）。

A．各步骤完工半成品与狭义在产品　　B．在产品与广义在产品

C．完工产成品与广义在产品　　D．在产品与狭义在产品

9．成本还原的对象是（　　）。

A．库存商品成本

B．各步骤所耗上一步半成品的综合成本

C．各步骤半成品成本

D．完工产品中所耗各步骤半成品成本

10．分项结转分步法和缺点是（　　）。

A．需要进行成本还原　　B．不能提供原始项目的成本资料

C．不需要进行成本还原　　D．成本结转工作比较复杂

二、多项选择题

1．由于各企业生产工艺的特点和成本管理要求对各步骤成本资料的要求不同，各步骤成本计算和结转采用两种不同的方法是（　　）。

A．逐步结转分步法　　B．综合结转分步法

C．分项结转分步法　　D．平行结转分步法

2．常用的成本还原方法有（　　）。

A．成本项目比重法　　B．成本还原率法

C．分项还原法　　D．综合还原法

3．在分步法下，成本的核算对象可以是（　　）。

A．产品品种　　B．生产步骤　　C．生产车间　　D．生产批次

4．逐步结转分步法的适用范围是（　　）。

A．企业的半成品需要对外销售　B．大批量多步骤连续式生产企业
C．大批量装配式生产企业　D．企业需要考核所产半成品成本

5．平行结转分步法的适用范围是（　　）。
A．管理上要求分步骤归集生产费用　B．不要求计算半成品成本
C．半成品不对外销售　D．大批量装配式生产企业

6．逐步结转分步法与平行结转分步法的主要区别是（　　）。
A．适用范围不同　B．对半成品成本的处理方式不同
C．各步骤生产费的分配标准不同　D．在产品的含义不同

7．逐步结转分步法的特点有（　　）。
A．半成品成本随着实物的转移而结转　B．可以计算出半成品成本
C．期末在产品是指广义在产品　D．期末在产品是指狭义在产品

8．在综合结转分步法下，进行成本还原时所计算的成本还原率可能会（　　）。
A．大于 1　B．小于 1　C．等于 1　D．等于 0

9．平行结转分步法的特点有（　　）。
A．不计算各步骤的半成品成本
B．不结转各步骤半成品成本
C．汇总各步骤应计入完工产品成本的生产费用“份额”确定完工产品成本
D．计算各步骤应计入完工产品成本的生产费用“份额”

10．平行结转分步法下的在产品包括（　　）。
A．本步骤完工后转入半成品仓库的半成品
B．正在本步骤加工的在产品
C．最后步骤完工入库的完工产品
D．从半成品仓库转入以后各步骤进一步加工但尚未最终完成的在产品

三、判断题

1．大批量单步骤生产因其大量重复生产同一种产品，所以适宜以产品品种为成本的计算对象。（　　）

2．大批量多步骤生产因其大量重复生产一种产品，所以适宜以产品品种和产品生产步骤为成本计算对象。（　　）

3．分步法的成本计算对象是产品的品种及其所经的生产步骤。（　　）

4．采用逐步结转分步法，各生产步骤半成品的结转与其实物的转移不一致。（　　）

5．分项结转是不计算半成品成本的分步法。（　　）

6．成本还原是将各生产步骤停留在以后步骤的半成品成本还原为原来的成本。（　　）

7．采用逐步结转分步法，完工产品是指最后生产步骤的产成品，在产品是指广义在产品。（　　）

8．逐步结转分步法的成本计算犹如滚雪球，它需要上一步骤提供半成品资料；而平行结转分步法各步骤只计算本步骤发生的费用，不计算耗用上一步骤半成品成本。（　　）

9．逐步结转分步法与平行结转分步法均属于产品成本计算的分步法，它们在运用上没有任何区别。（　　）

10．企业自制半成品的入库数与领用数是完全一致的。（　　）

项目综合实训

实　训　一

实训背景

新纪元自行车有限公司，设有三个基本生产车间、两个辅助生生产车间。基本生产车间主要生产城市公共交通专用自行车（简称公交自行车），顺序经过三个车间加工完成。其中：第一车间为毛坯车间，负责将外购管材加工成架叉配件，原材料在生产开始时一次投入；第二车间为烤漆车间，负责对前一车间加工的架叉烤漆，消耗的架叉通过自制半成品库领用，在生产开始时一次投入；第三车间为装配车间，负责对烤完漆的架叉及外购的其他配件进行组装；装配领用的自制半成品在生产开始时一次投入，外购件陆续投入。

成本会计制度规定，采用逐步结转分步法计算公交自行车的成本。毛坯车间、烤漆车间的半成品均通过半成品库收发，半成品成本的结转方法为综合结转法；半成品的发出采用全月一次加权平均法。各步骤完工产品成本与在产品成本的分配采用约当产量法，各车间月末在产品完工程度均按50%计算。

实训资料

（1）“基本生产成本”月初余额资料如表11-23所示。

表11-23　“基本生产成本”期初余额表

总账资料	明细科目		自制半成品	直接材料	直接人工	燃料及动力	制造费用	合计
基本生产成本	毛坯车间	公交自行车架叉		863.62	70.90	13.77	108.32	1056.61
	烤漆车间	公交自行车架叉	2515.44	278.40	96.58	64.05	258.43	3212.90
	装配车间	公交自行车	2927.43	3984.00	132.39	58.93	222.51	7325.26

（2）“辅助生产成本”、“制造费用”账户月初余额为零。

（3）产量及生产工时资料如表11-24所示。

表11-24　产量及生产工时统计表

产　品　名　称		月初在产品数量	本月投产量	本月完工产量	月末在产品数量	生产工时
毛坯车间	公交自行车架叉	34	1866	1857	43	970
烤漆车间	公交自行车架叉	63	1860	1855	68	659
装配车间	公交自行车	50	1850	1854	46	1278

（4）根据领料单记录，本月各部门领用材料为：毛坯车间生产领用钢管44 011.90元，领用焊接材料3156.90元，领用车间一般性消耗材料2738.88元；烤漆车间生产领用漆16 155.96元，领用车间一般性消耗材料2625.68元；装配车间生产领用外购件29 5931.50元，领用车间一般性消耗材料48 960元；机修车间领用一般性消耗材料13 800元，供电车间领用一般性消耗材料76 230元，管理部门领用一般性消耗材料1350元。

（5）根据工资结算汇总表得知：毛坯车间生产工人工资 6794.17 元，管理人员工资 2820 元；烤漆车间生产工人工资 4916.14 元，管理人员工资 2300 元；装配车间生产工人工资 8626.50 元，管理人员工资 5756 元；辅助生产机修车间工人工资 1640 元，供电车间工人工资 1560 元，行政管理部门人员工资 4620 元，销售部门人员工资 3657 元。根据会计制度规定，按工资总额的 14%计提职工福利费。

（6）本月固定资产折旧计提情况为：毛坯车间 3548 元，烤漆车间 4555.93 元，装配车间 4154.03 元；辅助生产机修车间 1454.09 元，供电车间 1549.63 元，行政管理部门 1084 元，销售机构 299.07 元。

（7）本月以转账方式支付水费 20 565 元，各部门耗水量为：毛坯车间 668 吨，烤漆车间 1330 吨，装配车间 1290 吨：机修车间 500 吨，供电车间 600 吨：行政管理部门 140 吨，销售机构 42 吨；

（8）本月应摊销负担的财产保险费分别为：毛坯车间 480 元，烤漆车间 560 元，装配车间 630 元；机修车间 340 元，供电车间 195 元；行政管理部门 985 元，销售机构 352 元；

（9）本月应摊销的报纸杂志费分别为：毛坯车间 450 元，烤漆车间 390 元，装配车间 372 元；机修车间 230 元，供电车间 221 元；行政管理部门 1023 元，销售机构 238 元；

（10）本月用银行存款支付的其他费用主要有：办公费：毛坯车间 3217 元，烤漆车间 2896 元，装配车间 4239 元；机修车间 l893 元，供电车间 3319 元；行政管理部门 3490 元；差旅费：毛坯车间 1683 元，装配车间 1560 元；行政管理部门 4569 元：修理费：烤漆车间 1135 元；税金：管理部门的印花税 1320 元；销售部门的运输费 31 480 元，展览费 2000 元；其他费用：毛坯车间 2789 元，烤漆车间 3056 元，装配车间 1951 元；机修车间 2450 元，供电车间 1941 元；行政管理部门 2070 元，销售机构 2653 元；

（11）机修车间本月对外提供的修理工时分别为：供电车间 56h，毛坯车间 1062h，烤漆车间 1472h，装配车间 974h，行政管理部门 328h，销售机构 50h。本月计划修理单位成本为 6.25 元/h；

（12）供电车间本月对外提供电量分别为：机修车间 1035 度，毛坯车间生产用电 4028 度，一般耗用 4050 度；烤漆车间生产用电 12 268 度，一般耗用 6438 度：装配车间生产用电 11 952 度，一般耗用 4315 度：行政管理部门 3550 度；销售机构 1260 度，本月计划供电的单位成本为 0.78 元/度。

实训要求

（1）设置“基本生产成本”明细账、“辅助生产成本”明细账、“制造费用”明细账，登记期初余额（注：辅助生产的制造费用不单独核算）；

（2）编制各种费用分配表；

（3）编制费用分配的会计分录，并登记有关明细账；

（4）采用计划成本分配法分配辅助生产费用；

（5）分配结转基本生产车间的制造费用（按生产工时比例分配）；

（6）计算各车间的完工产品（或半成品）成本及月末在产品成本（采用约当产量法，注：月末在产品约当产量取整数，不四舍五入）；

（7）编制最终完工产成品成本报表；

（8）按综合结转法结转最终完工产成品成本。

实 训 二

实训背景

天元液压机和生产企业，主要生产柱式液压和框式液压机。设有两个基本生产车间——加工车间和装配车间，另设有两个辅助生产车间——机修车间和供汽车间。加工车间负责零部件的加工，装配车间负责对零部件进行组装，形成整机。成本会计制度规定，采用平行结转分步法计算产品成本。成本核算对象为生产步骤所生产的产品，成本项目为直接材料、直接人工、制造费用。各生产步骤生产费用的分配采用约当产量法，完工产品指最终完工入库的产成品（狭义），月末在产品指本步骤和已交给以后步骤尚未最终完工的半成品（广义）。加工车间的原材料在生产开始时一次投入，月末在产品完工程度为50%。辅助生产车间不专设“制造费用”账户，月末按直接分配法分配辅助生产费用。

实训资料

该企业本月份有关成本资料如下。

（1）期初在产品成本资料如表11-25所示。

表11-25 期初在产品成本表

车间	产品	直接材料	直接人工	制造费用	合计
加工车间	柱式液压机	75 600	3800	11 200	90 600
	框式液压机	62 300	3500	9850	75 650
装配车间	柱式液压机		2930	8900	11 830
	框式液压机		2800	8540	11 340

（2）本月产品产量及生产工时统计资料如表11-26所示。

表11-26 产品产量及生产工时统计表

车间	产品	月初在产品（台）	本月投产（台）	本月完工转下步（台）	月末在产品（台）	生产工时（小时）
加工车间	柱式液压机	2	4	5	1	2800
	框式液压机	1	4	3	2	2300
装配车间	柱式液压机	1	5	5	1	1950
	框式液压机	2	3	4	1	1550

主管： 审核： 制表：

（3）本月发出材料主要情况：加工车间生产柱式液压机领用钢材56 612元、泵阀27 388元、毛坯22 7756元，生产框式液压机领用钢材43 948元、泵阀22 528元、毛坯13 5428元；机修车间领用辅助材料4100元，供汽车间领用辅助材料2200元，加工车间领用辅助材料（用于一般性消耗）10 520元，装配车间领用辅助材料（用于一般性消耗）7800元，行政管理部门领用辅助材料1800元，销售机构领用辅助材料26 200元。

（4）本月计算和支付应付工资分别为：加工车间生产工人工资23 975元，管理人员工资2492元；装配车间生产工人工资16 375元，管理人员工资2404元；机修车间工人工资11 045

元，供汽车间工人工资 9521 元；行政管理部门人员工资 4206 元，销售机构人员工资 5700 元。按规定需计提 14%的职工福利费。

（5）企业固定资产折旧采用分类折旧率计提。其中：机器设备月折旧率 1.5%，房屋建筑物月折旧率 0.6%。固定资产原值分别为：加工车间机器设备 29 5621 元，房屋 100 000 元；装配车间机器设备 256 460 元，房屋 150 000 元：机修车间机器设备 285 600 元，房屋 150 000 元；供汽车间机器设备 102 000 元，房屋 120 000 元；行政管理部门机器设备 30 000 元，房屋 352 000 元；销售机构机器设备 10 000 元，房屋 100 000 元。

（6）本月以银行存款支付外购水费 17 301 元、电费 115 312 元。月末各车间部门用水量分别为：加工车间 1520t，装配车间 1230t，机修车间 347t，供汽车间 1680t，行政管理部门 540t，销售机构 450t；月末各车间用电量分别为：加工车间 99 020kW • h，装配车间 30 820kW • h，机修车间 4800kW • h，供汽车间 5200kW • h，行政管理部门 2000kW • h，销售机构 2300kW • h。

（7）应由本月负担的财产保险费分别为：加工车间 440 元，装配车间 380 元，机修车间 360 元，供汽车间 320 元，行政管理部门 760 元，销售机构 360 元。

（8）摊销本月应负担的书报费分别为：加工车间 470 元，装配车间 320 元，机修车间 240 元，供汽车间 220 元，行政管理部门 1200 元，销售机构 230 元。

（9）以银行存款为各车间部门支付的其他费用分别为：加工车间的办公费 490 元，劳动保护费 1100 元，其他费用 240 元；装配车间的办公费 430 元，劳动保护费 1300 元，其他费用 330 元；机修车间办公费 260 元，其他费用 330 元；供汽车间的办公费 300 元，其他费用 240 元；行政管理部门的办公费 3000 元，差旅费 1110 元，印花税 1200 元，其他费用 700 元；销售机构的运输费 4100 元，广告费 2200 元，其他费用 1110 元。

（10）辅助生产部门机修车间本月对外提供修理服务工时分别为：加工车间 4100 小时，装配车间 3200 小时，行政管理部门 500 小时，销售机构 410 小时；供汽车间本月对外提供供气服务量分别为：加工车间 4200 吨，装配车间 4000 吨，行政管理部门 2600 吨，销售机构 1200 吨。

实训要求

（1）按生产步骤及产品设置“基本生产成本”明细账；

（2）按车间设置“辅助生产成本”和“制造费用”明细账：

（3）编制各种费用分配表及会计分录，登记有关明细账；

（4）编制辅助生产费用分配表，分配辅助生产费用，同时编制会计分录，并登记有关账簿；

（5）分配结转基本生产车间的制造费用，编制会计分录并登记有关账簿；

（6）按平行结转分步法计算各步骤产品成本，编制会计分录并登记有关账簿；

（7）结转完工产成品成本。

项目十二　分类法的运用与分析

【项目提要】

本项目主要阐述了分类法的含义、适用范围、特点和成本计算程序，并通过实例说明了分类法的具体运用。

【知识目标】

通过对各项任务的教学和实训，使学生了解分类法含义、特点及成本计算程序，了解联产品、副产品以及等级产品的含义，熟悉联产品、副产品以及等级产品生产成本的计算方法。

【技能目标】1. 熟知分类法计算产品成本的计算程序

2. 掌握联产品和副产品成本计算方法

3. 能够自主运用分类法正确计算产品成本

有些工业企业生产的产品品种、规格繁多，如果还按照产品的品种、规格归集生产费用，计算产品成本，成本的计算工作就会极为繁重。为了简化成本计算工作，可以将产品品种、规格按照一定的标准进行分类，按照产品的类别归集生产费用，计算产品成本。分类法的产生和应用就是在这种情况下提出和形成的。

任务一　分类法基本认知

一、分类法的含义及特点

（一）分类法的含义

产品成本计算的分类法，是以产品的类别作为成本核算对象，按类别归集生产费用，计算出各类产品实际成本；然后再按一定的分配标准，分配计算出类内各种产品生产成本的方法。

分类法不是一种独立的成本计算方法，而是一种辅助的成本计算方法，它是品种法的延伸，是品种法的简化形式。在一些工业企业中，当生产的产品品种、规格繁多，如果仍以产品品种、规格作为成本计算对象计算产品成本，则工作量会很繁重，若采用分类法则能达到简化和加速成本计算的目的。分类法和企业的生产类型没有直接的关系，各种生产类型的企业均可以采用分类法计算产品成本。凡是产品的加工工艺过程和使用的原材料基本相同，生产的产品品种、规格繁多，又可以按照一定标准将产品划分为若干类别的企业，都可以采用分类法计算产品成本。如针织厂生产的不同种类和规格的针织品，制鞋厂生产的各种不同种类和规格的鞋子等。它们的生产类型及规格虽然不同，但符合上述应用条件，均可以采用分类法进行产品成本的计算。

（二）分类法的特点

在分类法下，实际上是把产品的类别当作产品的品种。运用分类法的关键：一是确定产品的类别、划分产品的类别，而正确划分产品类别的关键是选择适当的划分标准和尺度；二是选择适当的分配标准在同类产品之间进行费用的分配。与其他基本的成本计算方法比较，其特点有以下几点。

1. 分类法的成本核算对象是产品的类别

采用分类法计算产品成本时，先要根据产品的结构、所用原材料及工艺技术过程的不同，将产品划分为若干类别，按照产品类别设置成本计算单，归集生产费用，计算各类产品成本。

2. 分类法的成本计算期是会计期间

分类法以产品的类别作为成本计算对象，企业的生产组织通常是批量生产，产品的生产过程较长且可以间断，跨月陆续完工的情况较多，因此，成本计算期不可能与生产周期一致，而是与会计报告期一致，即定期按月计算产品成本。在分类法下，成本计算期限的固定性较为明显。

3. 生产费用分配的多次性

采用分类法计算产品成本，需要按照产品类别归集和分配当期发生的生产费用，首先要解决的是，将生产费用在不同类别的产品之间进行分配。如果能够区分清楚是哪一类别产品的生产费用，可以直接计入该类别的产品成本，如果不能直接区分清楚属于哪一类别产品的生产费用，应选择适当的分配标准在各类别产品之间进行分配。当计算出各类别产品成本后，还应将各类别产品成本在各种规格产品之间进行分配，以计算出各种产品的实际总成本和单位成本。类别产品的成本在类别内各种产品之间进行分配时，各成本项目可以按同一个分配标准进行分配；也可以根据各成本项目的性质，分别确定不同的分配标准进行分配。常用的分配标准有定额消耗量、定额费用、体积、重量等。

4. 将分配标准折算为相对固定的系数

为了简化核算，在采用分类法时经常将分配标准折算为相对固定的系数，按固定系数在类别内各种产品之间分配生产费用。

系数分配法是将选用的分配标准折算成相对固定的系数，按照固定的系数分配类内各种产品的成本。系数的确定一般选择一种产量较大、生产较为稳定、规格适中的产品作为标准产品，把此产品系数定为“1”；将同类其他各种产品的分配标准与标准产品的分配标准相比，计算出其他产品的分配标准与标准产品的分配标准的比率，即“系数”，计算公式为

$$单位产品系数=\frac{该种产品的分配标准（定额成本、产量等）}{标准产品分配标准（定额成本、产量等）} \tag{12-1}$$

$$某种产品总系数=该种产品的实际产量\times该产品单位产品系数 \tag{12-2}$$

$$费用分配率=\frac{该类别完工产品的总成本（成本项目）}{各种产品总系数之和} \tag{12-3}$$

$$某种产品应分配的成本=该种产品的总系数\times费用分配率 \tag{12-4}$$

系数分配法（系数法）又称简化的分类法，方便实用，系数一经确定不得随意变更。

二、分类法的适用范围

作为成本计算的一种辅助方法，分类法与生产类型没有直接关系，可以在各种生产类型的生产企业中应用。无论是大批量生产，还是单件小批量生产，无论是多步骤生产还是单步骤生产，只要是生产的产品品种、规格繁多，并且可以按照其性质、用途、生产工艺过程和原材料消耗等方面的特点划分为一定类别，都可以采用分类法计算产品成本。例如，钢铁厂生产的各种型号和规格的生铁、钢锭及钢材；食品企业生产的各种糕点、饼干和面包；针织厂生产的各种不同种类和规格的针织品等。以下一些产品的生产，尤其适合采用分类法计算产品成本。

1. 联产品

联产品是指用同一种原料，经过同一个生产过程，生产出两种或两种以上的不同性质和用途的产品。一些工业企业，特别是化工企业，对同一原料进行加工，可以同时生产出几种主要产品。例如，原油经过提炼，可以同时生产出各种汽油、煤油和柴油等产品，这些联产品，使用同样的原材料，在同一生产过程中取得。各种联产品一般要在生产过程终了时才能分离出来，有时也可能在生产过程的某一个步骤中先分离出来某一种产品。这个分离时的生产步骤称为分离点。在联产品分离之前，不可能按照每种产品归集和分配生产费用，只能将其归为一类，采用分类法计算成本。

2. 副产品

副产品是指在生产主要产品过程中附带生产出的非主要产品。副产品不是企业的主要产品，但它们却有一定的价值和用途。如在高炉炼铁过程中，在生产生铁这种主要产品时，还生产出副产品煤气；炼油厂在提炼原油过程中，还会生产出一些副产品如渣油、石油焦等。由于副产品和主要产品是在同一生产过程中生产出来的，它们发生的费用很难分开，因此，一般是将副产品和主要产品归为一类，按照分类法计算其成本。

3. 等级产品

等级产品是指品种相同，但在质量上有差别的产品。按造成产品质量差别的原因不同，等级品可以分为两种：一种是由于产品内部结构、所用直接材料的质量、工艺技术要求不同或由于自然的原因造成的等级品，比如卷烟厂生产的甲级卷烟和乙级卷烟；洗煤时把原煤自然分成大、中、小块等。这类等级产品是同一品种不同规格的产品，所以适用采用分类法计算这类等级产品的成本；另一种是由于经营管理或技术操作的原因形成的等级产品，如织布时出现的跳线布等，其质量差，售价低。在这种情况下造成的等级产品，产品的结构、所使用的直接材料和工艺过程完全相同，不同等级产品的单位成本是相同的。这种由于生产管理不当、操作失误造成的等级品的成本计算不能采用分类法，不能按照等级产品的不同售价分配费用。其费用的归集和计算就视同同一级产品。至于因售价低而带来的损失，正好反映出企业经营管理与技术的问题，以促进企业努力改进，提高产品质量。

4. 零星产品

有些企业，除生产主要产品以外，还可能生产一些零星产品。比如：企业自制少量的材料或工具，为协作单位生产少量的零部件等，这些产品，尽管内部结构、生产工艺不一定相同，但由于这些产品的品种、规格多，为了简化核算工作，也可以将这些零星产品归为一类，采用分类法计算成本。

三、分类法的成本计算程序

（一）按产品类别设置生产成本明细账（或产品成本计算单）

采用分类法计算产品成本时，首先要根据使用原材料、工艺加工过程基本相同等原则，划分出产品的类别，以产品类别作为成本计算对象，按照产品类别设置各大类产品的生产成本明细账（或成本计算单），其格式同品种法下的账簿格式。

注意，各大类产品成本的计算，企业应根据生产经营的特点和成本管理要求，选择品种法、分批法或分步法等基本的成本计算方法，计算出各类产品的实际总成本。

（二）按类别归集生产费用

根据成本计算对象的不同，将本期发生的生产费用采用一定的方法在各类别产品之间进行归集。能够直接计入的生产费用直接计入某一类别的产品成本明细账，不能直接计入的生产费用，应选择适当分配标准在各类别产品之间进行分配。

（三）分配辅助生产费用和基本生产车间的制造费用

方法同品种法，这里不再赘述。

（四）计算各类别产品成本

月末，在各类别产品成本明细账中归集的生产费用，采用一定的分配方法计算出该类别产品的完工总成本和在产品成本。

（五）计算类别内各品种、规格产品的总成本和单位成本

选择合理的分配标准，将各类产品的完工成本在类内的各种产品之间进行分配，计算出各种产品的完工总成本和单位成本。常用的方法有定额比例法和系数法。

（六）结转完工产品成本

假定某企业产品品种、规格繁多，但可以按一定标准将其分为甲、乙、丙三类产品。其中甲类包括 A、B 两种产品；乙类包括 C、D 两种产品；丙类包括 E、F 两种产品。那么产品成本明细账的设置，以及分类法计算的一般程序如图 12-1 所示。

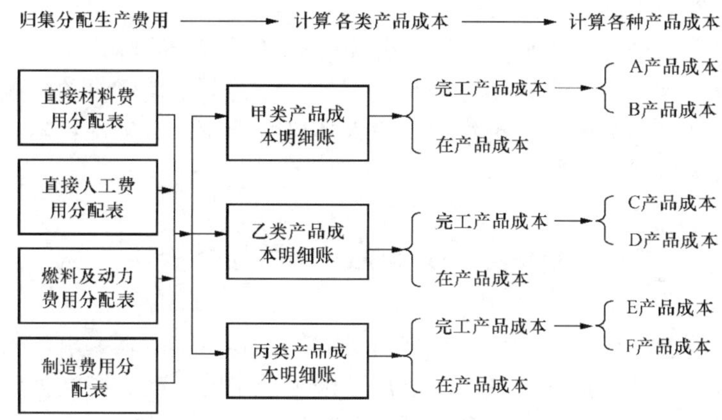

图 12-1　分类法计算的一般程序图

同类产品内各种产品之间分配费用的标准，一般有定额消耗量、定额费用、产品的售价、产品的重量、体积等。在选择分配标准时，应选择与产品各项耗费有密切联系的分配标准。分配时，类内产品可以按同一个分配标准进行。为了使分配结果更为合理，也可以根据成本项目的性质，分别按照不同的分配标准进行分配。例如，原材料费用可以按照原材料的定额消耗量或原材料定额费用比例进行分配，职工薪酬等其他费用可以按照定额工时比例进行分配。

四、分类法的优缺点

（一）分类法的优点

在产品品种、规格繁多的企业，采用分类法计算产品成本，其优点主要表现在以下几个方面：

1．可以简化成本计算工作。因为在产品品种多、规格多的情况下，如果把每种产品或每种规格的产品作为成本计算对象，开设成本明细账，其核算工作就极为繁重。用分类法计算成本，首先将各种产品划分为一定类别，按类别归集生产费用，把同类产品归并为成本计算对象，从而就简化了成本计算工作。

2. 不仅提供各种产品的成本水平信息，还提供各类产品的成本水平信息，从而便于对各类产品成本进行考核和分析。

（二）分类法的缺点

由于分类法是按产品类别归集生产费用，类内各种产品按一定标准分配成本，分配结果具有一定的假定性。因为在分类法下，每类产品的生产费用，包括直接费用和间接费用都需要采用一定的分配方法进行分配，所以，分配结果就避免不了有一定的假定性。

（三）运用分类法应注意的问题

在采用分类法时，为了保证分类法既能简化成本核算工作，又能做到计算结果相对准确，必须注意以下几个问题：

（1）合理划分产品类别。能否正确运用分类法的关键在于如何将品种、规格繁多的产品进行恰当分类。分类依据，原则上应根据企业生产的特点，按产品的性质、结构、用料或生产工艺技术基本相同或相近来确定。

（2）各类类距必须适当。如果产品类距定得过大，会影响成本计算的正确性；类距定得过小，会使成本计算工作繁重。因而企业应本着既能简化核算工作，又能比较精确地计算各品种或规格产品成本的原则来确定类距。

（3）合理确定类内产品费用分配标准。分配标准是否符合实际，是正确计算各品种或规格产品成本的关键。因此应尽量选择与产品成本的高低有着密切联系的分配标准。各成本项目不宜采用同一标准进行分配时，可根据各成本项目的性质，分别选择不同的分配标准，以便使其分配结果尽可能接近实际。

任务二 分类法的运用与分析

采用分类法计算产品成本，企业应根据自身的特点和成本管理要求，采用品种法、分批法和分步法计算出某一类产品的总成本，然后再采用一定的分配标准在类内不同产品（或不同规格产品）之间进行分配。类内各种产品的分配标准前面已述及，有定额消耗量、定额费用、售价，以及产品的重量、体积和长度等。实际工作中，类内各种产品分配费用的方法常采用定额比例法或系数法。下面举例说明分类法下的成本核算。

一、分类法类别内产品成本的分配方法

类别总成本在类别内各种产品之间进行分配，常用的方法有定额比例法和系数分配法。

（一）定额比例法运用与分析

定额比例法是将各类别产品成本明细账（单）所归集的生产费用，首先按定额比例法在完工产品和月末在产品之间分配，然后再将类别完工产品的成本，按定额比例在类别内各种规格、品种的产品之间分配。计算出类别内各种产品的实际成本。定额比例法的计算原理已在项目七作了阐述，不再复述。通常的做法是，材料费用可按材料定额消耗量或定额材料费用比例分配，直接人工、制造费用可采用定额工时或定额工资、定额制造费用比例分配。定额比例法适用于定额管理基础较好、定额较为准确、稳定的企业。

【例 12-1】 假设某企业生产甲、乙、丙三种产品。根据产品的生产特点，可将这三种产品作为一类产品计算成本，这类产品称为 A 类产品。采用分类法计算成本。

该类产品各月在产品按定额成本计价。8 月份月初、月末在产品的定额成本分别为

月初在产品定额成本：直接材料 6500 元，直接人工 3250 元，制造费用 1680 元。

月末在产品定额成本：直接材料 5905 元，直接人工 3212 元，制造费用 2020 元。

本月该类产品的生产费用：直接材料 80 805 元，直接人工 43 562 元，制造费用 23 540 元。

该企业类内各种产品成本的分配方法：直接材料费用按定额消耗量比例分配；其他各项费用按定额工时比例分配。

单位产品材料消耗定额：甲产品 10kg，乙产品 15kg，丙产品 9kg。

单位产品工时消耗定额：甲产品 5h，乙产品 8h，丙产品 6h。

本月各种产品的产量：甲产品 200 件，乙产品 300 件，丙产品 100 件。

根据上述资料，编制的 A 类产品成本明细账见表 12-1。

表 12-1　　A 类产品成本明细账

项　　目	直接材料	直接工资	制造费用	合　　计
月初在产品成本	6500	3250	1680	11 430
本月发生生产费用	80 805	43 562	23 540	147 907
生产费用累计	87 305	46 812	25 220	159 337
完工转出产成品成本	81 400	43 600	23 200	148 200
月末在产品成本（定额成本）	5905	3212	2020	11 137

根据 A 类产品成本明细账及有关资料，编制 A 类产品内各种产品成本计算见表 12-2。

表 12-2　　A 类产品内各种产品成本计算

项目	产量（件）	单位产品材料消耗定额（kg）	材料总定额耗用量（kg）	工时定额（h）	定额工时（h）	直接材料	直接人工	制造费用	合计
费用分配率						11	10.9	5.8	
产成品甲	200	10	2000	5	1000	22 000	10 900	5800	38 700
产成品乙	300	15	4500	8	2400	49 500	26 160	13 920	89 580
产成品丙	100	9	900	6	600	9900	6540	3480	19 920
合计			7400		4000	81 400	43 600	23 200	148 200

表 12-2 计算过程如下。

（1）产成品直接材料费用分配率＝81 400÷7400＝11（元/kg）

甲种产品直接材料费用＝2000×11＝22 000（元）

乙种产品直接材料费用＝4500×11＝49 500（元）

丙种产品直接材料费用＝900×11＝9900（元）

（2）产成品直接人工费用分配率＝43 600÷4000＝10.9（元/h）

甲种产品直接人工费用＝1000×10.9＝10 900（元）

乙种产品直接人工费用＝2400×10.9＝26 160（元）

丙种产品直接人工费用＝600×10.9＝6540（元）

（3）产成品制造费用分配率＝23 200÷4000＝5.8（元/h）

甲种产品制造费用＝1000×5.8＝5800（元）

乙种产品制造费用＝2400×5.8＝13 920（元）

丙种产品制造费用＝600×5.8＝3480（元）

将表12-2中各种产品的各项费用分别除以各种产品的实际产量即可得出该种产品分成本项目反映的单位成本。例如，根据表12-2中有关资料计算甲产品单位成本的过程如下。

甲种产品单位直接材料费用＝22 000÷200＝110（元）

甲种产品单位直接人工费用＝10 900÷200＝54.5（元）

甲种产品单位制造费用＝5800÷200＝29（元）

甲种产品单位成本＝110＋54.5＋29＝193.5（元）

乙产品、丙产品单位成本的计算与甲产品单位成本的计算方法相同，这里不再详述。

（二）系数法运用与分析

系数分配法是将分配标准折算为相对固定的系数，按照固定系数换算标准产量，以此分配类别内各种产品成本的方法，对称系数法。此法应用较为广泛。

在确定产品系数时，一般在同类产品中选择一种产量大，生产技术较稳定的产品作为标准产品（项目三中有此相关内容），以该产品的某项或某几项指标作为分配标准，将该产品的产品系数规定为“1”，将类别内其他产品的相同性质的指标与标准产品进行比较，以计算确定其他产品的产品系数。产品系数的计算公式为

$$某产品系数=\frac{某产品的同一标准}{标准产品的分配标准}$$

按照各成本项目是否依据同一标准，产品系数又分为综合系数和单项系数两种。综合系数是指产品各成本项目均采用同一系数进行分配，因而常以定额成本、售价等重要经济价值指标作为标准确定系数。单项系数是指各成本项目需要选择相应指标确定不同的项目系数作为分配的标准。例如，直接材料项目采用材料消耗定额或材料费用定额作为分配标准，以计算确定直接材料项目系数；直接人工和制造费用等项目采用工时定额或工资定额、制造费用定额为标准，以计算确定该项目的系数。

【例12-2】 以［例12-1］资料为例，假设该A类产品的直接材料费用按各种产品的直接材料消耗定额系数进行分配，直接人工、制造费用按各种产品成本的定额工时系数分配，并规定甲产品为标准产品。

（1）根据各产品直接材料的消耗定额，编制直接材料消耗定额系数和定额工时系数表，见表12-3。

表12-3　　直接材料消耗定额系数和定额工时系数表

产品类别：A类产品

项　目	单位	产量（件）	单位产品直接材料消耗定额（kg）	直接材料消耗定额系数	单位产品工时定额（h）	定额工时系数
产成品甲	件	200	10	1	5	1
产成品乙	件	300	15	1.5	8	1.6
产成品丙	件	100	9	0.9	6	1.2

（2）根据A类产品月初、月末在产品定额成本资料以及本月发生各种费用分配表，登记

A 类产品成本明细账，计算 A 类产品的总成本，见表 12-1。

（3）根据规定，A 类产品的直接材料费用按各种产品的直接材料消耗定额系数，直接人工和制造费用按各种产品的定额工时系数进行分配，编制 A 类产品各种产成品成本计算表，见表 12-4。

表 12-4　　A 类产品内各种产品成本计算表

项　目	产量（件）	直接材料消耗定额系数	直接材料消耗定额总系数	工时定额系数	工时定额总系数	直接材料（元）	直接人工（元）	制造费用（元）	合计（元）
费用分配率						110	54.5	29	
产成品甲	200	1	200	1	200	22 000	10 900	5800	38 700
产成品乙	300	1.5	450	1.6	480	49 500	26 160	13 920	89 580
产成品丙	100	0.9	90	1.2	120	9900	6540	3480	19 920
合计			740		800	81 400	43 600	23 200	148 200

表 12-4 中部分费用分配率计算过程如下。

直接材料费用分配率＝81 400÷740＝110

直接人工费用分配率＝43 600÷800＝54.5

制造费用费用分配率＝23 200÷800＝29

采用分类法计算产品成本，在简化成本计算工作的同时，还能够在产品品种规格繁多的情况下，分类反映产品成本的水平。但是由于同类产品内各种产品的成本均是按照一定比例分配计算的，分配结果有一定的假定性。因而，选择分配标准时，要选择与成本水平高低有密切联系的分配标准进行分配。当原材料、产品结构或工艺过程发生较大变动时，应修订分配系数或考虑分配标准，以提高成本计算的准确度。

二、分类法的运用与分析

（一）联产品成本计算方法

联产品是在生产过程中使用同样的原材料，并且是在同一生产过程中生产出来的各种主要产品。例如奶制品厂，用牛奶同时加工出奶粉、奶油等主要产品；又如炼油厂，用原油经过催化同时加工出汽油、煤油、柴油等主要产品。联产品的主要特点是销售价格高，对企业的收入贡献较大，具有重大的经济意义；只要生产其中的一种产品，其他产品必然生产出来；各种联产品之间的产量关系表现为同增同减时，称为补充联产品；表现为此增彼减的关系时，称为代用联产品。

联产品的成本包括联产品分离前发生的生产费用和分离后发生的后续加工费用两种。

在原材料投入生产过程至联产品产出之前发生的生产费用，不可能按照每种产品归集和分配生产费用，只能将其归为一类，按照分类法的成本计算原理计算其总成本，这一阶段的生产费用属于联合成本，需要采用适当的方法，分配计算联产品中每种产品的成本。联合成本的分配方法主要有实物量分配法、标准产量分配法和销售价值分配法。在联产品产出后，有的可以直接销售，不再发生加工费用；有的需要继续加工，以增加产品的使用价值，后期发生的加工费用属于可归属成本，直接计入某种产品成本，不需要再进行分配。

在实际生产活动中，联产品的生产工艺过程和所用原材料相同，因而最重合采用分类法计算产品成本。联合成本的分配方法通常有实物量分配法、标准产量分配法、销售价值分配法等，生产企业可根据自身实际情况选择使用。

1. 实物量分配法运用与分析

实物量分配法，是指将联合成本按各联产品实物量（如重量、长度或容积）进行分配的一种方法。此法较为简便，但它假定各种联产品的单位成本相同，不能反映企业生产的实际情况，因而只适用于特征相似、销售单价相近的联产品成本分配。

表 12-5 中联合成本分配率及各产品应分配成本计算公式为

$$联合成本分配率=\frac{联合成本}{各种联产品实物量之和} \quad (12\text{-}5)$$

$$某产品应分配的联合成本=该种联产品实物量\times联合成本分配率 \quad (12\text{-}6)$$

【例 12-3】 某企业生产 A、B、C 三种联产品，本期发生的联合成本为 75 000 元。根据各种产品重量进行联合成本分配，计算结果见表 12-5。

表 12-5　　联合产品成本计算单

产品名称	实物量（kg）	联合成本分配率	应分配成本
A 产品	450		33 750
B 产品	260		19 500
C 产品	290		21 750
合计	1000	75	75 000

计算过程如下。

联合成本分配率＝75 000÷（450＋260＋290）＝75（元/kg）

A 产品应分配的联合成本＝450×75＝33 750（元）

B 产品应分配的联合成本＝260×75＝19 500（元）

C 产品应分配的联合成本＝290×75＝21 750（元）

2. 标准产量分配法运用与分析

标准产量分配法也称系数分配法，它是根据各种联产品实际产量，按系数将其折算为标准产量来分配联合成本的一种方法。

计算步骤为

（1）确定各种联产品的系数。

（2）用每种产品的产量乘上各自的系数，计算出标准产量。

（3）将联合成本除以各种联产品标准产量之和，求得联合成本分配率。

（4）用联合成本分配率乘以每种产品的标准产量，就可以计算出各种联产品应负担的联合成本。

【例 12-4】 某企业用同一种原材料，在同一工艺过程中生产出甲、乙、丙、丁四种主要产品。联合成本共发生 34 240 元。进行联合成本分配时，以产品售价为标准确定系数，以甲产品为标准产品，其系数为 1；甲产品分离后还要继续加工。有关资料见表 12-6、表 12-7。

根据资料编制联产品成本计算单与甲产品成本汇总计算表，见表 12-8、表 12-9。

为了编制产品成本汇总计算表，需要将表 12-8 联产品成本计算单中计算的各种产品分配的联合成本，依据表 12-7 中各成本项目比重进行分离。

表 12-6　**联产品产量、售价和系数计算表**

产品名称	产量（kg）	单位售价（元）	系数
甲产品	1800	10	1
乙产品	600	12	1.2
丙产品	700	8	0.8
丁产品	500	24	2.4

表 12-7　**联产品成本资料**

项目	直接材料	直接人工	制造费用	合计
分离前的联合成本（元）	15 408	10 272	8560	34 240
各成本项目占总成本的比重（%）	45	30	25	100
分离后甲产品加工成本（元）	810	195	105	1110

表 12-8　**联产品成本计算单**

产品名称	产量（kg）	系数	标准产量（kg）	联合成本（元）	分配率	应分配的联合成本（元）
（甲）	①	②	③=①×②	④	⑤=④/③	⑥=③×⑤
甲产品	1800	1	1800			14 400
乙产品	600	1.2	720			5760
丙产品	700	0.8	560			4480
丁产品	500	2.4	1200			9600
合计	—	—	4280	34 240	8	34 240

表 12-9　**甲产品成本汇总计算表**

项目	分配的联合成本		分离后的加工成本	总成本	单位成本
	比重%	金额			
	①	②=①×总金额	③	④=②+③	⑤=④÷产量
直接材料	45	6480	810	7290	4.05
直接工资	30	4320	195	4515	2.51
制造费用	25	3600	105	3705	2.06
合计	100	14 400	1110	15 510	8.62

3. 销售价值分配法运用与分析

销售价值分配法，是指按照各种联产品的销售价值作为分配标准来分配联合成本的一种联产品成本分配方法。此法的依据是售价较高的联产品应负担较高份额的联合成本，以便使各种联产品取得一致的毛利率。该法通常适合于分离后不再加工的联产品成本的分配。

计算公式为

$$\text{联合成本分配率}=\frac{\text{联合成本}}{\text{各种联产品销售价值之和}} \tag{12-7}$$

某产品应分配的联合成本＝该种联产品销售价值×联合成本分配率 （12-8）

【例 12-5】 以［例 12-3］的资料为例，采用销售价值分配法进行联产品成本的分配，计算结果见表 12-10。

表 12-10 **联产品成本计算单**

产品名称	产量（kg）	单价（元）	销售价值（元）	联合成本（元）	分配率	分配联合成本（元）
甲产品	1800	10	18 000			14 400
乙产品	600	12	7200			5760
丙产品	700	8	5600			4480
丁产品	500	24	12 000			9600
合计	3600	—	42 800	34 240	0.8	34 240

表 12-10 中分配率及各产品应分配联合成本计算过程如下。

联合成本分配率＝34 240÷42 800＝0.8

甲产品应分配的联合成本＝18 000×0.8＝14 400（元）

乙产品应分配的联合成本＝7200×0.8＝5760（元）

丙产品应分配的联合成本＝5600×0.8＝4480（元）

丁产品应分配的联合成本＝12 000×0.8＝9600（元）

（二）、副产品成本计算与分析

1. 副产品成本计价方法

副产品是指企业使用相同的原材料、在同一生产过程中，生产主要产品的同时附带生产出来的一些非主要产品。例如炼油厂，在提炼原油的过程中产生的渣油、沥青等副产品；又如炼钢厂，在冶炼过程中产生的高炉煤气、炉渣等副产品；又如制酒厂，在酿酒过程中产生的酒糟等副产品。副产品是企业的次要产品，其经济价值较低，产量往往随主要产品产量的变动而变动；副产品的销售收入占企业销售总收入的比重较低；副产品不是企业的主要生产目的，其结果对企业的影响不是很大，但它们却有一定的价值和用途，因此应当正确计算其成本；随着科学技术的进步，某些副产品的用途将会逐步扩大，其经济价值也会不断提高。

副产品是和主产品使用相同的材料经过同样的加工过程生产出来的产品，其加工过程可分为分离前和分离后两个环节。由于分离前的加工成本难以分产品直接计入，因此，一般是将副产品和主要产品归为一类，按照分类法计算其成本。主、副产品分离前的成本可视为联合成本。一般来说，副产品的价值相对较低，在企业全部产品中所占比重较小，所以，副产品一般采用简化的方法计价。总成本扣除副产品成本即可确定主要产品的成本。显然，要计算主要产品的成本，必须解决副产品成本的计价问题。至于分离后需要再加工的副产品，发生的费用可以直接归属于该种副产品。

副产品成本计算的关键是副产品的成本计价问题。根据生产企业的实际情况，副产品成本计价方法一般有以下几种：副产品不计价，副产品按分离后的成本计价，副产品按固定成本计价，副产品按销售价格扣除销售税金，销售费用后的余额计价。

（1）副产品不计价。副产品不计价是指副产品不负担分离前的成本，副产品的成本由主要产品负担，将副产品的销售收入直接作为主要产品的销售收入处理。这种方法一般适用于副产品分离后不再加工，而且其价值较低的情况。采用这种方法的优点是手续简便，但由于副产品成本是由主要产品负担的，所以会影响主要产品成本的准确度。

（2）副产品按分离后的成本计价。采用这种计价方法时，副产品成本只包括分离后进一步加工的成本，不负担分离前的成本费用。这种方法的优缺点与前一种计价方法类同。

（3）副产品按固定成本计价。这种计价方法是指按确定的固定成本作为副产品的成本，从主要产品成本中扣除。其中，固定成本可按固定价格计价，也可以按计划单位成本计价。这种方法计算手续简便，但是当副产品成本变动较大、市价不稳定时，会影响主要产品成本的正确性。

（4）副产品按销售价格扣除销售税金、销售费用后的余额计价。副产品按销售价格扣除销售税金、销售费用后的余额计价，以此作为分离前的共同成本中副产品应负担的部分。这种方法适用于副产品价值较高的情况。如果副产品在分离后还需进一步加工才能出售，则按这一方法对副产品计价时，还应从售价中扣除分离后的加工费。

2. 副产品成本计价实务操作

【例 12-6】 假设某企业在生产主要产品甲产品的同时，附带生产出乙、丙、丁三种副产品。乙副产品按售价扣除销售税金等有关项目后的余额计价，并按比例从联合成本各成本项目中扣除；丙副产品按计划成本计价，从联合成本的直接材料项目中扣除；丁副产品由于数量较少、价值较低采用简化的方法不予以计价。本年 3 月有关产量、成本资料见表 12-11、表 12-12，完工产品成本计算见表 12-13。

表 12-11　产量、单价、计划成本资料

产品名称	产量（t）	单位售价（元）	单位税金（元）	单位销售费用（元）	计划单位成本（元）
甲	2000				
乙	300	40	4	6	
丙	120				25
丁	1				

表 12-12　有关成本费用资料

项　　目	直接材料	直接人工	制造费用	合　　计
本月主副产品共同成本	30 000	18 000	12 000	60 000
乙产品分离后加工费用		600	400	1000

表 12-13　完工产品成本计算

<table>
<tr><th rowspan="3">项　　目</th><th colspan="2">共同成本</th><th colspan="2">丙产品
（120t）</th><th colspan="4">乙产品
（300t）</th><th colspan="2">甲产品
（2000t）</th></tr>
<tr><th rowspan="2">金额（元）</th><th rowspan="2">比重（%）</th><th rowspan="2">总成本（元）</th><th rowspan="2">单位成本（元）</th><th colspan="3">总成本</th><th rowspan="2">单位成本（元）</th><th rowspan="2">总成本（元）</th><th rowspan="2">单位成本（元）</th></tr>
<tr><th>分离前（元）</th><th>分离后（元）</th><th>合计（元）</th></tr>
<tr><td>直接材料</td><td>30 000</td><td>50</td><td>3000</td><td>25</td><td>4000</td><td></td><td>4000</td><td>13.3</td><td>23 000</td><td>11.5</td></tr>
<tr><td>直接人工</td><td>18 000</td><td>30</td><td></td><td></td><td>2400</td><td>600</td><td>3000</td><td>10</td><td>15 600</td><td>7.8</td></tr>
<tr><td>制造费用</td><td>12 000</td><td>20</td><td></td><td></td><td>1600</td><td>400</td><td>2000</td><td>6.7</td><td>10 400</td><td>5.2</td></tr>
<tr><td>合计</td><td>60 000</td><td>100</td><td>3000</td><td>25</td><td>8000</td><td>1000</td><td>9000</td><td>30</td><td>49 000</td><td>24.5</td></tr>
</table>

表 12-13 中乙副产品应分摊成本计算过程如下。

乙副产品分摊的联合成本＝300×（40－4－6）－（600＋400）＝8000（元）

乙副产品分摊直接材料＝8000×50%＝4000（元）

乙副产品分摊直接人工＝8000×30%＝2400（元）

乙副产品分摊制造费用＝8000×20%＝1600（元）

甲产品实际总成本＝60 000－3000－8000＝49 000（元）

（三）等级产品成本计算与分析

等级产品是指使用相同的原材料、在同一生产过程中生产出来的品种相同、质量有差别的产品。等级产品与联产品、副产品是不相同的，联产品、副产品之间产品的性质、用途不同，而等级产品的性质和用途是完全一致的，只是由于产品的质量有高低之分而使其销售价格有大小之别。在企业里，等级产品的形成一般有两种原因：①因为设计原因产生的等级产品，如设计要求采用原材料的质量不同形成的等级产品，设计要求采用不同的加工工艺而形成的等级产品；②由于生产和管理因素造成的等级产品，如违法操作规程、工人的技术不熟练等原因。

等级产品的成本计算方法，应根据企业的具体情况加以确定。如果产生等级产品是由于材料质量、工艺过程本身等特点或自然原因造成的，则应采用适当的方法计算各种等级产品的成本。计算时，可将各种等级产品视作联产品，计算分类产品的联合成本，再根据适当的分配标准分配联合成本。具体计算过程参见联产品成本计算，不再举例说明。如果是由于生产管理不当、操作失误造成的等级品，在这种情况下，因为等级产品用料相同，工艺过程也相同，则其成本也应相同，所以应采用实际产量比例法，将等级产品的联合成本直接按各等级产品实际产量平均计算，从而使各等级产品单位成本水平一致。这样，等级产品由于降价销售所带来的损失，正是企业需努力改善之处。

一、单项选择题

1．分类法的适用范围是（　　）。

A．大量大批单步骤生产

B．大量大批多步骤生产

C．单件小批单步骤生产

D．品种、规格繁多并可按一定标准分类的产品

2．分类法是按照（　　）归集费用、计算成本的。

A．批别　　B．品种　　C．步骤　　D．类别

3．某企业将甲、乙两种产品作为一类，采用分类法计算产品成本。甲、乙两种产品共同耗用 A 种材料，消耗定额分别为 16kg 和 20kg，每千克 A 种材料的单位成本为 5 元。该企业将甲产品作为标准产品，则乙产品的原材料费用系数为（　　）。

A．125　　B．0.8　　C．625　　D．4

4．分类法中直接影响成本计算相对正确性的因素是（　　）。

A．产品的生产规模　　B．产品的生产周期

C．产品的生产特点　　D．产品的分类和分配标准

5．成本计算分类法的特点是（　　）。

A．按产品类别计算产品成本

B．按产品品种计算产品成本

C．按产品类别归集生产费用，计算产品成本，同类产品内各种产品的间接计入费用采用一定方法分配确定

D．按产品类别归集生产费用，计算产品成本，同类产品内各种产品的费用采用一定的方法分配确定。

6．分类法下，在计算同类产品内不同产品的成本时，对于类内产品发生的各项费用（　　）。

A．只有直接费用才需直接计入各种产品成本

B．只有间接计入费用才需分配计入各种产品成本

C．无论直接计入费用，还是间接计入费用，都需采用一定的方法分配计入各种产品成本

D．直接生产费用直接计入各种产品，间接生产费用分配计入各种产品成本

7．联产品是指（　　）。

A．一种原材料加工出来的不同质量产品

B．一种原材料加工出来的几种主要产品

C．一种原材料加工出来的主要产品和副产品

D．不同原材料加工出来的不同产品

8．采用分类法计算产品成本，目的在于（　　）。

A．准确计算各种产品成本　　B．分品种计算产品成本

C．简化各种产品成本的计算工作　　D．分类计算产品成本

9．由于（　　）原因产生的等级产品不能采用分类法计算成本。

A．所耗原材料的质量不同　　B．人工操作不当

C．工艺技术上的要求不同　　D．内部结构不同

10．企业在生产主要产品的过程中，附带生产出的一些非主要产品称为（　　）。

A．联产品　　B．废品　　C．副产品　　D．次品

11．对于副产品的计价，一般可以从总成本的（　　）项目中扣除。

A．直接工资　　B．制造费用　　C．废品损失　　D．直接材料

12．在副产品加工处理所需时间不长，费用不大的情况下，副产品也可以（　　）。

A．按固定成本计价

B．按计划成本计价

C．不计价

D．以售价扣除税金和销售费用后的余额计价

二、多项选择题

1．下列产品中，可以采用分类法计算成本的有（　　）。

A．等级产品　　B．主、副产品

C．联产品　　D．不同规格的针织品

2．采用分类法，可将（　　）等方面相同或相似的产品归为一类。

A．产品结构和耗用原材料
B．产品生产工艺技术过程
C．产品的性质和用途
D．产品的售价

3．下列产品中可以采用分类法核算的有（　　）。

A．灯泡厂同一类别不同瓦数的灯泡
B．无线电元件厂同一类别不同规格的无线电元件
C．炼油厂同时生产出的汽油、柴油
D．机床厂各车间同时生产的车床、刨床、铣床

4．采用分类法，某类产品中各种产品之间分配费用的标准可以选用（　　）。

A．定额消耗量
B．计划成本
C．定额成本
D．产品售价
E．相对固定的系数

5．在系数法下，被选定作为标准产品的产品，应具备（　　）条件。

A．产量较小
B．成本较高
C．产量较大
D．生产较稳定
E．规格适中

6．在品种规格繁多且可按一定标准划分为若干类别的企业或车间中，能够应用分类法计算成本的产品生产类型有（　　）。

A．大量大批多步骤生产
B．大量大批单步骤生产
C．单件小批多步骤生产
D．单件小批单步骤生产
E．成批生产

7．副产品成本可以（　　）。

A．不计价
B．按固定成本确定
C．按分离后的成本计价
D．按售价扣除税金和销售费用后的余额确定

8．分离以后不再加工的联产品，其联合成本的分配适合采用（　　）。

A．系数分配法
B．实物量分配法
C．定额比例法
D．销售价值分配法

9．在确定类内不同规格、型号产品系数的依据有（　　）等。

A．产品定额耗用量
B．产品定额费用
C．产品售价
D．产品体积、面积、重量、长度等

10．分类法的适用范围有（　　）。

A．可将产品划分为一定类别的企业或企业的生产单位
B．企业联产品成本的计算
C．企业副产品成本的计算
D．企业等级产品的计算

11．联产品的生产特点是（　　）。

A．由同一个生产过程进行生产
B．生产成本相同
C．使用同一种原材料加工
D．都是企业的主要产品
E．有的是主要产品，有的是非主要产品

12．可按分类法的成本计算原理计算产品成本的等级品是（　　）。

A．由于工艺技术条件不成熟造成的等级品　B．由于违规操作造成的等级品
C．由于生产管理不当造成的等级品　D．由于原材料质量造成的等级品
E．由于自然原因造成的等级品

三、判断题

1．分类法不需要分产品品种计算成本，因而产品成本计算单可按类别设置。（　）

2．分类法与生产类型没有直接关系，可以应用在各种类型的生产中。（　）

3．分类法是一种独立的成本计算方法，它无须与成本计算的基本方法结合起来应用。（　）

4．只要产品品种、规格繁多，就可以采用分类法计算产品成本。（　）

5．副产品成本必须采用分类法计算。（　）

6．采用分类法计算产品成本，如果系数是按消耗定额或费用定额计算确定的，按系数比例分配费用的结果与直接按定额消耗量或定额费用比例分配费用的结果相同。（　）

7．系数法中的系数一经确定，应相对稳定，不应随意变更。（　）

8．用分类法计算出的类内各种产品的成本具有一定的假定性。（　）

9．等级产品均可采用分类法计算成本。（　）

10．等级产品是非合格品。（　）

11．联产品必须采用分类法计算成本。（　）

12．采用分类法计算产品成本，每类产品内各种产品的生产费用，不论是间接费用还是直接费用，都采用分配方法分配计算。（　）

项目综合实训

实训一

实训背景

某生产企业采用相同的原材料，经过基本相同的生产工艺过程加工生产皮鞋大类产品。本期投产A、B、C、D四个品种。

成本会计制度规定，为适应生产组织及产品生产特点，采用分类法计算鞋类产品成本。成本项目为直接材料、直接人工、制造费用等。

实训资料

（1）本月类别产品成本资料如表12-14所示。

表12-14　类别产品成本计算单

产品类别：鞋类

项　目	直接材料	直接人工	制造费用	合　计
月初在产品成本	27 650	16 630	14 700	58 980
本月发生生产费用	310 450	95 870	52 800	459 120
生产费用累计	338 100	112 500	67 500	518 100
完工产品成本	241 500	86 250	51 750	379 500
月末在产品成本	96 600	26 250	15 750	138 600

（2）本月产品产量、工时定额、费用定额、单位售价等资料如表 12-15 所示。

表 12-15　产品产量及相关资料表

产品	实际产量（件）	单位售价（元/件）	直接材料（元）			工时定额（小时/件）
			单耗定额	计划单价	费用定额	
A	300	910	60	2	120	5
B	400	1400	150	2	300	10
C	150	980	120	2	240	12
D	300	2100	180	2	360	14

实训要求

（1）采用综合系数法分配类别内各种产品的成本；
（2）采用单项系数法分配类别内各种产品的成本；
（3）编制产品成本计算表，计算类别内各品种产品的总成本和单位成本；
（4）分析比较综合系数法和单项系数法。

实　训　二

实训背景

远达制鞋企业是一家中型生产鞋类产品的专业工厂。主要生产劳动保护鞋，生产有防静电鞋、防穿刺鞋、保护足跟鞋三类系列产品。该厂设有三个流水线：生产车间——裁断车间、缝帮车间、成型车间。前一个车间的完工半成品转交给下一车间继续加工，直至最后一个车间产出可供销售的最终产成品。该厂另设有两个辅助生产车间——机修车间、供电车间，为全厂各部门提供服务。

成本会计制度规定，根据鞋类生产的特殊性，选择分类法计算产品成本。成本核算对象为产品类别，成本项目为原材料、直接人工、燃料及动力、制造费用。本期发生的材料费用按定额比例在各类产品之间分配；本期发生的人工费用、燃料及动力费用、制造费用按生产工时在各类产品之间分配。由于在产品的期初、期末数量变化不大，所以在产品成本按期初定额成本计价。辅助生产车间发生的辅助生产费用采用直接分配法分配给辅助生产车间以外的受益车间和部门；制造费用按产品生产工时比例在各类产品之间进行分配；辅助生产车间的制造费用不单独核算。

实训资料

（1）本月有关鞋类材料成本定额资料如表 12-16 所示。

表 12-16　材料成本定额统计表　单位：元

材料名称	防静电鞋	防穿刺鞋	保护足跟鞋	合　计
牛皮面料	50	60	75	185
辅助材料	6	8	10	24
钢头		3	4	7
钢底		4	4	8

续表

材料名称	防静电鞋	防穿刺鞋	保护足跟鞋	合　计
鞋底	5	5	5	15
其他材料	2	2	2	6
合计	63	82	100	245

（2）本月产品类别系数资料如表 12-17 所示。

表 12-17　　产品类别系数统计表

鞋码	防静电鞋	防穿刺鞋	保护足跟鞋	鞋码	防静电鞋	防穿刺鞋	保护足跟鞋
36	0.8	0.8	0.8	41	1.05	1.05	1.05
37	0.85	0.85	0.85	42	1.1	1.1	1.1
38	0.9	0.9	0.9	43	1.15	1.15	1.15
39	0.95	0.95	0.95	44	1.2	1.2	1.2
40	1	1	1				

（3）本月月初在产品定额成本资料如表 12-18 所示。

表 12-18　　月初在产品定额成本

	直接材料	直接人工	燃料及动力	制造费用	合　计
防静电鞋	23 625	4725	1575	3150	33 075
防穿刺鞋	39 360	7380	2460	4920	54 120
保护足跟鞋	45 000	9000	3000	6000	63 000
合计	107 985	21 105	7035	14 070	150 195

（4）本月完工产品产量及生产工时资料如表 12-19 所示。

表 12-19　　产品产量及生产工时统计表

	月初在产品（双）	本月投产（双）	本月完工（双）	月末在产品（双）	生产工时（小时）
防静电鞋	500	4000	4000	500	12 000
防穿刺鞋	480	5020	5000	500	20 000
保护足跟鞋	600	3000	3000	600	16 000
合计	1580	12 020	12 000	1600	48 000

（5）本月完工产品产量资料如表 12-20 所示。

表 12-20　　完工产品产量明细统计表

鞋码	36	37	38	39	40	41	42	43	44	合计
防静电鞋	300	300	300	400	500	600	600	600	400	4000
防穿刺鞋	400	400	400	500	600	700	700	700	600	5000
保护足跟鞋	200	200	200	300	400	500	500	400	300	3000
合计	900	900	900	1200	1500	1800	1800	1700	1300	12 000

（6）本月份生产三类鞋领用牛皮面料 725 000 元、辅助材料 95 000 元、钢头 26 000 元、钢底 32 000 元、鞋底 58 000 元、其他材料 22 000 元：各车间、部门领用其他材料用于一般性消耗，分别为：基本生产车间 18 000 元、机修车间 14 000 元、供电车间 9000 元、行政管理部门 8000 元。

（7）本月用银行存款支付外购动力费用 105 600 元；月底经查电表，各车间部门耗用电量分别为：基本生产车间生产产品耗电 64 000kW・h，车间照明 8000kW・h；机修车间耗电 6000kW・h，供电车间耗电 4000kW・h，行政管理部门 6000kW・h。

（8）本月计算和支付职工（应付）工资为：基本生产车间生产工人工资 205 000 元、管理人员工资 32 000 元，机修车间生产工人工资 24 000 元，供电车间生产工人工资 16 000 元，行政管理部门人员工资 36 000 元；按规定需计提 14%的职工福利费。

（9）本月按分类折旧率计提固定资产折旧分别为：基本生产车间 8 400 000 元、机修车间 1 340 000 元、供电车间 600 000 元、行政管理部门 1 100 000 元：

（10）本月以银行存款为各部门、车间支付有关费用分别为：基本生产车间的办公费 2400 元、水费 2000 元、差旅费 1800 元、其他费用 1200 元，机修车间的办公费 600 元、水费 800 元、差旅费 600 元、其他费用 300 元，行政管理部门的办公费 3600 元、水费 1200 元、差旅费 4000 元、其他费用 2200 元。

（11）本月份应分摊财产保险费 9500 元，其中：基本生产车间应摊销 7000 元，机修车间应摊销 1100 元、供电车间应摊销 500 元，行政管理部门应摊销 900 元。

（12）本月份应摊销劳动保护费 4000 元，其中：基本生产车间应摊销 3000 元，机修车间应摊销 600 元，供电车间应摊销 400 元。

（13）本月预提大修理费用 9200 元，其中：基本生产车间 6700 元，机修车间 1400 元，电车间 400 元，行政管理部门 700 元。

（14）本月机修车间对外提供修理服务工时为：基本生产车间 2800 小时，行政管理部门 282 小时；供电车间对外供电量分别为：基本生产车间 73 600 度，行政管理部门 18 400 度。

实训要求

（1）按产品类别设置“基本生产成本”明细账，按车间设置“辅助生产成本”明细账和“制造费用”明细账，登记期初余额；

（2）编制各种费用分配表，根据费用分配表编制会计分录并登记有关明细账；

（3）分配结转辅助生产费用；

（4）分配结转基本生产车间的制造费用；

（5）分别计算各类产品成本，并编制完工产品成本汇总表；

（6）根据完工产品产量，结合产品类别系数编制完工产品成本明细计算表，计算每一种产品总成本和单位成本；

（7）分配率保留 4 位小数，金额保留 2 位小数。

项目十三　定额法的运用与分析

【项目提要】

本项目主要阐述了定额法的含义、特点、适用范围和成本计算程序，并且通过实例，详细介绍了定额成本、脱离定额的差异、材料成本差异、定额变动差异和产品实际成本的计算。

【知识目标】

通过各项任务的教学和实训，使学生熟悉定额法的适用范围、优缺点和特性，了解定额法的计算程序和计算方法。

【技能目标】 1. 熟知定额法计算产品成本的计算程序

2. 能够自主运用定额法正确计算产品成本

在品种法、分批法、分步法和分类法下，生产费用的日常核算都是按照其实际发生额进行，产品的实际成本也都是根据实际生产费用计算的。生产费用和产品成本脱离定额的差异及其发生的原因，只有在月末时通过实际资料与定额资料的对比、分析才能得到反映，而不能在月份内生产费用发生的当时就得到反映。这便不利于更好地加强定额管理，及时对产品成本进行控制和管理，不能更有效地发挥成本核算对于节约开支、降低成本的作用。

产品成本计算的定额法就是为了克服上述几种成本计算方法的弱点，及时反映和监督生产费用和产品成本脱离定额的差异，把产品成本的计划、控制、核算和分析结合在一起，加强成本管理，而采用的一种产品成本计算方法。

任务一　定额法基本认知

一、定额法的含义与特点

（一）定额法的含义

定额法是以产品的定额成本为基础，加减脱离定额差异、材料成本差异和定额变动差异来计算产品实际成本的一种成本计算辅助方法。它以事前制订的产品定额成本为目标成本，通过实际生产费用与目标成本对比，及时揭示生产费用脱离定额的差异，加强各项费用支出的控制和监督，加强企业的成本管理。

定额法下产品成本计算公式为

产品实际成本＝定额成本±脱离定额差异±材料成本差异±定额变动差异　　(13-1)

（二）定额法的特点

1. 事前制定产品的定额成本

定额法是以产品的定额成本为基础来计算产品实际成本的。采用定额法计算产品成本，企业必须事先制定产品的各项消耗定额和费用定额，并以现行消耗定额和费用定额为依据，制定产品的定额成本，作为降低产品成本、节约费用支出的目标，对产品成本进行事前控制。

2. 分别核算符合定额的费用和脱离定额的差异

采用定额法计算产品成本，在生产费用发生的当时，就应当将符合定额的费用和脱离定额的差异分别核算，及时揭示实际生产费用脱离定额的差异，以加强生产费用和产品成本的日常核算、分析和控制。

3. 月末，在定额成本的基础上，加减各种成本差异，计算出产品的实际成本

定额法是一种成本计算和成本管理相结合的方法，作为成本计算方法，它应当计算出产品的实际成本。在定额法下，本月完工产品的实际成本是以本月完工产品定额成本为基础，加上或减去本月完工产品应负担的脱离定额差异，材料成本差异和定额变动差异，计算出产品的实际成本，为成本的定期分析和考核提供依据。

二、定额法的成本计算程序

1. 制订产品定额成本

根据企业现行消耗定额和费用定额，按照产品品种和规定的成本项目，分别制订产品定额成本，并编制各产品定额成本计算表。

2. 按成本计算对象设置产品成本明细账

定额法下的成本核算对象是产品名称，产品生产成本明细账应按照产品名称设置，账簿内页格式同品种法下的产品生产成本明细账，即分别成本项目设置专栏，以归集当期生产产品发生的生产费用。不同的是，在“摘要”栏内的“期初在产品成本”、“本月产品费用”、“生产费用累计”、“完工产品成本”和“月末在产品成本”的项目下，应分设“定额成本”、“脱离定额差异”、“定额变动差异”、“材料成本差异”等项目分别计算。

3. 核算定额变动差异、脱离定额差异与材料成本差异

在生产费用发生时，按成本项目将符合定额的费用和脱离定额的差异分别核算，计算出定额变动差异；在定额成本修订的当月，应调整月初在产品的定额成本，计算月初定额变动差异；在月末计算应该分配负担的原材料成本差异（所耗原材料的价差）。

4. 在本月完工产品和月末在产品之间分配成本差异

月末，企业应将月初结转和本月发生的脱离定额差异、材料成本差异和定额变动差异汇总，按确定的成本计算基本方法，按一定标准在完工产品和在产品之间进行分配。

5. 计算本月完工产品的实际总成本和单位成本

以本月完工产品的定额成本为基础，加上或减去各项成本差异，计算出本月完工产品的实际总成本，并计算出完工产品的实际单位成本。

三、定额法的适用范围及优缺点

1. 定额法的适用范围

定额法是一种成本控制方法在成本计算中的体现，它不是一种独立的成本计算方法，其运用与企业的生产类型没有直接关系，只要具备下列条件，都可以采用定额法。

（1）定额管理制度比较健全，定额管理基础工作比较好。

（2）产品生产已经定型，各项消耗定额比较准确、稳定。

定额法最早应用于大量大批生产的机械制造企业，后来逐渐扩大到具备上述条件的其他企业。

2. 定额法的优缺点

与其他成本计算方法相比，定额法的优点表现在以下几个方面：

（1）能够在各项耗费发生的当时反映和监督脱离定额（或计划）的差异，加强成本控制，从而及时、有效地促进节约生产耗费，降低产品成本。

（2）便于进行产品成本的定期分析，有利于进一步挖掘降低成本的潜力。

（3）有利于提高成本的定额管理和计划管理工作的水平。

（4）能够比较合理和简便地解决完工产品和月末在产品之间分配费用（即分配各种差异）的问题。

由于要制订定额成本，单独计算脱离定额的差异，在定额变动时还要修订定额成本并计算定额变动差异，因而计算的工作量比较大是定额法的缺点。

四、产品定额成本与产品计划成本的异同

定额成本不是实际成本，而是企业在现有生产技术条件下应达到的一种目标成本，它是核算产品实际成本的基础，又是分析、控制、考核成本超支或节约情况的尺度。

定额成本根据成本项目制订，并与实际的成本项目保持一致，这样有利于将实际成本与定额成本进行比较，揭示实际成本脱离定额的差异。但是，定额成本中一般不包括废品损失、停工损失项目，实际成本中的废品损失、停工损失项目被视为超过定额成本的超支差异。

定额成本的每个项目都是现行消耗定额和现行计划单价两个因素的乘积。现行消耗定额通常包括现行材料消耗定额、现行工时定额，它们是数量指标。定额必须是先进的，而且是经过努力多数人可以达到的，这样才能起到鼓励和促进的作用。计划单价包括材料计划单位成本、计划小时工资率、计划制造费用分配率等。

定额成本与计划成本既有相同之处，又有不同之处。

两者相同之处：

（1）它们都是以产品生产耗费的消耗定额和计划价格确定的目标成本。

（2）定额成本和计划成本的制订过程，都是对产品成本进行事前反映和监督，并实行事前控制的过程。

两者不同之处：

（1）计划成本在计划期内通常是不变的，而定额成本在计划期内是变动的。

（2）在国家或主管企业的上级机构对企业下达指令性计划成本指标的情况下，计划成本是国家或上级机构对企业进行成本考核的依据。

在国家或主管企业的上级机构不对企业下达指令性计划成本指标的情况下，为了使企业产品成本有一个长期努力目标，企业也应制订计划成本。定额成本是企业自行制订的，是企业对当时的产品成本进行自我控制和考核的依据。

任务二　定额法运用与分析

一、定额成本的制订

采用定额法，必须先制订单位产品的消耗定额、费用定额，并据以制订单位产品的定额成本。产品的定额成本是根据企业现行材料消耗定额、工时消耗定额、费用定额以及其他有关资料制订的成本控制目标。它一般由企业的计划、技术、会计等部门共同制订。不同企业产品的生产工艺过程不同，产品定额成本的计算程序也不尽相同。

（1）如果产品的零/部件不多，一般先计算零件定额成本，然后再汇总计算部件和产成品的定额成本。

（2）如果产品的零/部件较多，为了简化成本计算工作，也可以不计算零件定额成本，而根据所有零件原材料消耗定额、工序计划和工时消耗定额的零件定额卡，以及原材料计划单价、计划工资率和其他费用率，计算部件定额成本，然后汇总计算产成品定额成本；或者根据零/部件的定额卡直接计算产成品的定额成本。

表 13-1～表 13-4 分别是东风工厂制订的“零件定额卡”、“部件定额卡”和“产品消耗定额计算表”，以及根据这些表格汇总的“产品定额成本计算表”。

表 13-1　　东风工厂零件定额卡

零件编号：A101　　2013 年 8 月　　零件名称：A

材料编号	材料名称	计量单位（kg）	材料消耗定额（kg）
D100	TY		5
D101	UI		4

工序	工时定额（h）	累计工时定额（h）
1	6	6
2	6	12
3	3	15

表 13-2　　东风工厂部件定额卡（一）

部件编号：B201　　实物单位：kg

部件名称：B　　2013 年 8 月　　金额单位：元

工序或耗用零件名称	耗用零件数量	材料定额成本							工时消耗定额（h）
		TY 材料			UI 材料			金额合计	
		数量	计划单价	金额	数量	计划单价	金额		
A101	1	5	6	30	4	5	20	50	15
A102	2	10	6	60	6	5	30	90	10
A103	1	8	6	48	2	5	10	58	5
组装									10
合计		23	6	138	12	5	60	198	40

表 13-3　　东风工厂部件定额卡（二）　　工时单位：h

产品名称：甲产品　　2013 年 8 月　　金额单位：元

工序或耗用部件名称	耗用部件数量	材料费用定额		工时消耗定额	
		部件定额	产品定额	部件定额	产品定额
B201	1	198	198	40	40
B202	1	100	100	20	20
B203	2	181	362	5	10
装配					10
合计			660		80

表 13-4　东风工厂产品定额成本汇总表　工时单位：h

2013 年 8 月　金额单位：元

产品名称	直接材料定额成本	工时消耗定额	直接人工		制造费用		定额成本合计
			计划工资率	定额成本	计划工资率	定额成本	
甲	660	80	3	240	2	160	1060
乙	3100	60	3	180	2	120	3400
…							

二、脱离定额差异的计算与分析

在生产费用发生时，及时地确定脱离定额差异，是定额法的一项非常重要的内容。脱离定额的差异是指生产过程中，各项生产费用的实际费用与定额费用之间的差额。采用定额法计算成本的关键是要进行脱离定额差异的核算，脱离定额的差异揭示了生产费用的节约或超支情况，所以它是成本分析、控制、考核的依据。因此必须及时分析差异产生的原因，确定差异的责任，并及时采取措施进行处理。脱离定额差异的计算包括原材料脱离定额差异的计算、直接人工费用脱离定额差异的计算和制造费用脱离定额差异的计算三项内容。

（一）原材料脱离定额差异的计算

在各成本项目中，原材料费用一般占有较大的比重，而且大多数属于直接计入费用，因此更有必要和可能在费用发生的当时就按产品计算定额费用和脱离定额差异，从而对其加强控制。材料脱离定额的差异包括材料耗用量差异（量差）和材料价格差异（价差），这里仅指材料耗用量差异，即由于实际材料耗用量偏离定额耗用量所造成的差异。其计算公式为

$$\begin{aligned}&\text{直接材料费用脱离定额差异}\\&=\sum(\text{材料实际耗用量}-\text{材料定额耗用量})\times\text{该材料计划单价} \qquad (13\text{-}2)\\&=\sum\left(\text{实际产量}\times\begin{matrix}\text{单位产品}\\\text{实际耗料量}\end{matrix}-\text{实际产量}\times\begin{matrix}\text{单位产品}\\\text{定额耗料量}\end{matrix}\right)\times\text{材料计划单价}\end{aligned}$$

在实际工作中，原材料脱离定额差异的计算方法，一般有限额法、切割法和盘存法三种：

1. 限额法

采用定额法计算产品成本时，为了加强材料费用的控制，应当实行“限额领料单”（定额领料）制度。符合定额的原材料应根据“限额领料单”等定额凭证领发。若增加产量需要增加用料时，应按规定的程序办理追加限额手续，属于定额内用料，可以根据“限额领料单”领用；减少产品产量时，应当扣减“限额领料单”上的领料限额。

由于其他原因发生的超额用料时，则应填制专设的“超额材料领料单”（也可以用普通领料单以不同颜色或加盖专用戳记进行区别）等差异凭证，经过一定的审批手续后领发。采用代用材料或利用废料时，应在“限额领料单”中注明，并在原定限额内扣除。生产任务完成后，应当根据车间余料填制“退料单”，办理退料手续或假退料手续。“退料单”也是一种差异凭证。

“超额材料领料单”上的材料数额，属于材料脱离定额的超支差异；“退料单”中所列材料数额和“限额领料单”中材料余额都是材料脱离定额的节约差异。

注意，原材料脱离定额差异是生产产品实际用料脱离定额而形成的。但是，上述差异凭

证反映的只是“领料差异”，不一定是“用料差异”。实际工作中，按下列公式计算本月材料实际消耗量：

本月某材料实际消耗量＝该原材料月初结余数量＋本月领用数量－月末结余数量 （13-3）

【例 13-1】 限额领料单中规定的产品数量为 100 件，每件产品的原材料消耗定额为 4kg，则领料限额为 400kg。假定实际领料为 396kg，那么领料差异为节约 4kg。如果实际耗用材料的产品数量，即投产产品数量等于限额领料单中规定的产品数量，也是 100 件，而且车间无余料，那么 4kg 的领料差异就是用料差异。假定投产的产品数量小于规定的产品数量，为 90 件，车间期初余料为 16kg，期末余料为 8kg。则用料差异计算如下：

原材料定额消耗量＝投产产品数量×原材料消耗定额＝90×4＝360（kg）

原材料实际消耗量＝本期领料量＋期初余料量－期末余料量

＝396＋16－8＝404（kg）

原材料脱离定额数量差异＝原材料实际消耗量－原材料定额消耗量

＝404－360＝＋44（kg）（超支）

2. 切割法

对于需要切割才能使用的材料，例如板材、棒材等，通常要在准备车间经过切割以后投入生产。这时可以采用切割法组织日常的原材料脱离定额差异的核算。总的做法：将分割后材料的数量乘以单位消耗定额，求得切割后材料的定额消耗量，与材料的实际消耗量相比较，其差异就是材料脱离定额的差异。具体可采用专设的材料切割核算凭证——“材料切割核算单”来计算材料脱离定额的差异。“材料切割核算单”应按切割材料的批别开立，在材料切割单中要填写切割材料种类、数量、消耗定额和应切割成的毛坯数量和材料的实际消耗量。

材料定额消耗量、脱离定额的差异，以及发生差异的原因均应填入切割单中，由相关人员签字。另外，只有在实际切割成的毛坯数量大于或等于应切割毛坯数量的情况下，才可以将超定额回收废料的差异认定为材料费用节约差异。

【例 13-2】 东风工厂材料 L2100 的切割核算单式样见表 13-5。

表 13-5 东风工厂材料切割核算单

材料编号或名称：L2100　　材料计量单位：kg　　材料计划单价：7.5 元

产品名称：丙　　零件编号或名称：205　　图纸号：708

切割工人工号和姓名：1732 李林　　机床编号 302

切割日期：201×年×月×日　　完工日期：201×年×月×日

发 料 数 量	退回余料数量	材料实际消耗量	废料实际回收数量
135	5	130	13.5

单件消耗定额	单件回收废料定额	应割成的毛坯数量	实际割成的毛坯数量	材料定额消耗量	废料定额回收量
10	0.5	13	12	120	6

材料脱离定额差异		废料脱离定额差异			差 异 原 因	责任者
数量	金额	数量	单价	金额	未按规定要求操作，因而多留了边料，减少了毛坯	切割工人
10	75	－7.5	1.2	－9		

其相关数据的计算过程如下。

$$应切割数量=\frac{130}{10}=13（件）$$

材料定额耗用量＝12×10＝120（kg）

材料脱离定额数量＝130－120＝10（kg）

材料脱离定额差异＝10×7.5＝75（元）

废料脱离定额差异＝（6－13.5）×1.2＝－9（元）

本例中，材料脱离定额差异 75 元为超支差异。实际回收废料 13.5kg，比定额回收废料 6kg 多出 7.5kg，可多冲减材料费用为 9 元，因此用负数表示。由于废料脱离定额差异是在减少了切割数量 1 件（13－12）而形成的，因此多回收废料 9 元不能评价为节约差。只有在实际切割成的毛坯数量大于或等于应切割毛坯数量的情况下，才可以将超定额回收废料的差异认定为材料费用节约差异。

3. 盘存法

盘存法，是指通过定期（工作班、工作日、周、旬等）盘存来核算材料脱离定额差异的一种方法。该方法的计算步骤如下。

（1）根据完工产品数量（“产品入库单”等凭证记录）和在产品盘存（实地盘存或账面结存）数量，计算出本期投产产品数量：

$$本期投产量=\begin{matrix}本期完工\\产品数量\end{matrix}+\begin{matrix}期末盘存\\在产品约当产量\end{matrix}-\begin{matrix}期初盘存\\在产品约当产量\end{matrix} \quad (13\text{-}4)$$

（2）根据本期投产量乘以单位产品原材料定额消耗量，计算出原材料定额消耗量，公式如下。

$$原材料定额消耗量=本期投产量×单位产品原材料定额消耗量 \quad (13\text{-}5)$$

（3）根据“限额领料单”、“超额领料单”、“退料单”等领、退料凭证和车间余料盘存数量，计算出材料实际耗用量。

（4）比较材料实际消耗量和定额消耗量，计算材料脱离定额差异：

$$\begin{matrix}直接材料脱离\\定额差异\end{matrix}=\left(\begin{matrix}本期材料\\实际消耗量\end{matrix}-\begin{matrix}本期\\投产量\end{matrix}\times\begin{matrix}单位产品材料\\消耗定额\end{matrix}\right)\times\begin{matrix}材料计划\\单价\end{matrix} \quad (13\text{-}6)$$

【例 13-3】 东风工厂生产甲产品所使用的原材料 D 在生产开始时一次性投入，D 材料消耗定额为 20kg，D 材料计划单位成本为 18 元。甲产品期初在产品 10 件，“产品交库单”汇总的本期完工入库产品为 100 件，期末实地盘点确定的在产品为 30 件。根据“限额领料单”记录，本期甲产品领用 D 材料为 2350kg，根据车间材料盘存资料，D 材料车间期初余料为 25kg，期末余额为 15 元。材料脱离定额差异的计算如下。

（1）本期投产甲产品数量＝100＋30－10＝120（件）

（2）本期 D 材料定额消耗量＝120×20＝2400（kg）

（3）本期 D 材料实际消耗量＝2350＋25－15＝2360（kg）

（4）本期 D 材料脱离定额差异＝（2360－2400）×18＝－720（元）

计算结果表明，甲产品直接材料中的 D 材料脱离定额的差异为节约 40kg，节约 720 元。

为了计算产品的实际成本，企业应当分批或定期汇总各种产品（各成本核算对象）材料脱离定额差异，编制直接材料定额成本和脱离定额差异汇总表，作为登记产品生产成本明细账（或产品成本计算单）的依据。

【例 13-4】 东风工厂生产的甲产品本月实际投产量为 120 件，根据单位产品材料定额成本汇总表（见表 13-4）和实际消耗材料数量汇总编制的“直接材料费用定额和脱离定额差异汇总表”（见表 13-6）。

表 13-6 直接材料费用定额和脱离定额差异汇总表

产品名称：甲产品 2013 年 8 月 投产量：120 件

材料名称	材料编号	计量单位	计划单价	定额耗用量			实际耗用量		脱离定额差异	
				单位定额	耗用量	金额	耗用量	金额	数量	金额
D 材料	D100	kg	18	20	2400	43 200	2360	42 480	−40	−720
E 材料	E101	kg	9	25	3000	27 000	2950	26 550	−50	−450
其他		元				9000		9170		170
合计						79 200		78 200		−1000

（二）直接人工费用脱离定额差异的计算

（1）在计件工资形式下，生产工人工资为直接计入费用，按计件单价支付的人工费用就是定额工资。若计件单价不变，就没有脱离定额。符合定额的工资，反映在产量记录中；因工作条件变化而在计价以外支付的工资、补贴所造成的脱离定额差异应单独设置“工资补付单”等凭证核算。

（2）计时工资制下，生产工人工资属于间接计入费用，其脱离定额差异不能在平时按照成本核算对象直接计算，只有在月末实际生产工人工资和产品生产的总工时确定以后，才可以按以下公式计算。

某产品直接人工费用脱离定额的差异

$$=\text{该产品实际直接人工费用}-\text{该产品定额直接人工费用} \tag{13-7}$$

$$=\frac{\text{该产品}}{\text{实际生产工时}}\times\text{实际小时工资率}-\frac{\text{该产品实际完成的}}{\text{定额生产工时}}\times\text{计划小时工资率}$$

$$\text{实际小时工资率}=\frac{\text{实际直接人工费用总额}}{\text{实际生产总工时}} \tag{13-8}$$

$$\text{计划小时工资率}=\frac{\text{计划产量的定额直接人工费用}}{\text{计划产量的定额生产工时}} \tag{13-9}$$

$$\text{某产品实际完成的定额生产工时}=\text{实际产量}\times\text{单位产品工时定额} \tag{13-10}$$

$$\text{计划产量的定额工时}=\text{计划产量}\times\text{单位产品的定额生产工时} \tag{13-11}$$

【例 13-5】 东风工厂 8 月份甲、乙两种产品投产量分别为 120 件、100 件；单位产品的工时定额分别为 80h、60h（见表 13-4）；实际的生产工时分别为 9500h、5860h；本月计划的小时工资率为 3 元，本月应付职工薪酬 49 152 元（甲产品为 30 400 元、乙产品为 18 752 元）；实际的小时工资率为 3.2 元。根据上述资料编制“直接人工费用定额和脱离定额差异汇总表”（见表 13-7）。

（三）制造费用脱离定额差异的计算

制造费用应先按生产部门汇集，月末分配计入各种产品成本中。制造费用一般不能按产品制定费用定额，只能按期制定制造费用预算数，对制造费用进行控制。它通常属于间接计入费用，与计时工资一样，其脱离定额差异只有在月末才可以计算。其计算公式为

某产品制造费用脱离定额的差异＝该产品实际制造费用－该产品定额制造费用　（13-12）

某产品实际制造费用＝该产品实际生产工时×实际小时制造费用率　（13-13）

某产品定额制造费用＝该产品实际产量的定额工时×计划小时制造费用率　（13-14）

表 13-7　　直接人工费用定额和脱离定额差异汇总表

2013 年 8 月

产品名称	定额人工费用			实际人工费用			脱离定额差异
	定额工时（h）	计划小时工资率	定额工资	实际工时（h）	实际小时工资率	实际工资	
甲产品	9600	3	28 800	9500	3.2	30 400	1600
乙产品	6000	3	18 000	5860	3.2	18 752	752
合计	15 600		46 800	15 360		49 152	2352

【例 13-6】 东风工厂本月各种产品实际生产工时和实际完成定额工时见［例 13-5］，本月实际制造费用总额为 31 180.8 元（甲产品分配 19 285 元、乙产品分配 11 895.8 元）。本月计划每工时制造费用 2 元（见表 13-4），实际每工时制造费用为 2.03 元，根据上述资料编制“制造费用定额和脱离定额差异汇总表”（见表 13-8）。

表 13-8　　制造费用定额和脱离定额差异汇总表

2013 年 8 月

产品名称	定额制造费用			实际制造费用			脱离定额差异
	定额工时（h）	计划小时工资率	定额工资	实际工时（h）	实际小时工资率	实际工资	
甲产品	9600	2	19 200	9500	2.03	19 285	85
乙产品	6000	2	12 000	5860	2.03	11 895.8	－104.2
合计	15 600		31 200	15 360		31 180.8	－19.2

三、材料成本差异的计算与分析

采用定额法计算成本，为了便于产品的分析和考核，原材料的日常核算必须按计划成本进行。正因为如此，原材料的定额费用和脱离定额差异都按原材料的计划成本计算。前者是原材料的定额消耗与其计划单位成本的乘积，后者是原材料消耗数量差异与其计划单位成本的乘积，即按原材料计划单位成本反映原材料的实际消耗数量差异（量差）。两者之和就是原材料的实际消耗数量与其计划单位成本的乘积。因此，在月末计算在产品的实际原材料费用时，还必须乘以原材料成本差异率，计算应该分配负担的原材料成本差异，即所耗原材料的价格差异（价差）。其计算公式为

某产品应分配的原材料成本差异

＝（该产品原材料定额成本±原材料脱离定额差异）×材料成本差异率　（13-15）

＝该原材料实际消耗量×材料计划单价×材料成本差异率

【例 13-7】 东风工厂 8 月份生产甲产品所耗直接材料费用定额成本为 79 200 元，其材料脱离定额差异为节约差 1000 元（见表 13-6），本月材料成本差异率为节约－1%，则乙产品本

月应承担的材料成本差异为

$$(79\ 200-1000)\times(-1\%)=-782\text{（元）}$$

由上面的计算可知，乙产品本月应承担的材料成本差异为节约差 782 元。

四、定额变动差异的计算与分析

定额变动差异，是指由于修订定额或生产耗费的计划价格而产生的新旧定额之间的差额。在消耗定额计划价格修订之后，定额成本也应随之及时修订。定额成本一般在月初、季初或年初定期进行修订，但在定额变动的月份，月初在产品的定额成本并未修订，它仍然是按照旧的定额计算的。为了将按旧定额计算的月初在产品定额成本和按新定额计算本月投入产品定额成本置于统一基础上，需要按新定额计算月初在产品的定额变动差异，用以调整月初在产品的定额成本。

月初在产品定额变动差异，可根据消耗定额发生变动的在产品盘存数量和修订后的定额消耗量，求得新的定额消耗量和定额成本，再与修订前在产品定额成本比较，计算定额差异。这种计算要按照产品构成的零/部件和工序进行，当构成产品的零/部件种类较多时，计算工作量比较大。为了简化计算工作，实际常引用定额变动系数来计算定额变动差异，具体公式如下。

$$\text{定额变动系数}=\frac{\text{按新定额计算的单位产品费用}}{\text{按旧定额计算的单位产品费用}} \tag{13-16}$$

$$\begin{matrix}\text{月初在产品}\\\text{定额变动差异}\end{matrix}=\frac{\text{按旧定额计算的}}{\text{月初在产品费用}}\times(1-\text{定额变动系数}) \tag{13-17}$$

【例 13-8】 东风工厂生产的甲产品从 2013 年 8 月 1 日起实行新的材料消耗定额，直接人工、制造费用定额不变。单位产品新的直接材料费用定额为 627 元，旧的定额材料费用为 660 元（见表 13-4），月初在产品材料费用按旧定额计算为 8000 元，根据以上资料计算月初在产品定额变动差异。

计算过程为

$$\text{定额变动系数}=627\div660=0.95$$

$$\text{月初在产品定额变动差异}=8000\times(1-0.95)=400\text{（元）}$$

由以上可知：材料定额成本调低 400 元，月初在产品定额变动差异为 400 元。

月初在产品定额变动差异是定额本身变动的结果，与生产费用的节约与浪费无关。但是，定额成本是计算产品实际成本的基础，月初在产品定额成本调低时，应将定额变动差异加入产品实际成本；反之，应从产品实际成本中扣除。也就是说，月初在产品定额成本调整的数额与计入产品实际成本的定额变动差异之和应等于零。甲产品月初在产品成本调整减少了 400 元，甲产品实际成本中就应当加上定额变动差异 400 元。

五、产品实际成本的计算与分析

（一）登记本月发生的生产费用

根据本月实际发生的生产费用，将符合定额的费用和脱离定额的差异分别核算，编制有关会计分录，记入产品生产成本明细账（产品成本计算单）中的相应项目。

【例 13-9】 根据本项目［例 13-4］～［例 13-7］的资料，编制有关会计分录，并记入东风工厂甲产品生产成本明细账。［例 13-8］月初在产品定额调整不属于实际发生的费用，可以直接记入甲产品生产成本明细账相应栏内，不需编制会计分录。有关会计分录如下。

（1）结转产品生产领用材料计划成本。［例 13-4］中（表 13-6）东风工厂甲产品本月耗用材料计划成本为 79 200 元。

借：基本生产成本——甲产品（定额成本） 79 200

——甲产品（脱离定额差异） 1000

贷：原材料 78 200

（2）分配应付职工薪酬，见［例 13-5］（表 13-7）

借：基本生产成本——甲产品（定额成本） 28 800

——甲产品（脱离定额差异） 1600

贷：应付职工薪酬 30 400

（3）分配结转制造费用，见［例 13-6］（表 13-8）

借：基本生产成本——甲产品（定额成本） 19 200

——甲产品（脱离定额差异） 85

贷：制造费用 19 285

（4）分配结转材料成本差异，见［例 13-7］。

借：基本生产成本——甲产品（材料成本差异） 782

贷：材料成本差异 782

（二）分配脱离定额差异

登记本月生产费用后，应将月初在产品成本、月初在产品定额变动和本月生产费用各相同项目分别汇总，计算出生产费用合计数（见表 13-9）。生产费用合计数包括定额成本、脱离定额差异、材料成本差异和定额变动差异。为了简化核算，材料成本差异和定额变动差异，可由完工产品负担。脱离定额的差异，在完工产品与月末在产品之间按照定额比例进行分配。东风工厂甲产品脱离定额差异分配的计算过程如下。

1. 直接材料项目

直接材料脱离定额差异分配率＝－1094÷（62 700＋24 100）＝－1.26%

完工产品分配脱离定额差异＝62 700×（－1.26%）＝－790（元）

月末在产品分配脱离定额差异＝24 100×（－1.26%）＝－304（元）

2. 直接人工项目

直接人工脱离定额差异分配率＝1776÷（24 000＋7709）＝5.6%

完工产品分配脱离定额差异＝24 000×5.6%＝1344（元）

月末在产品分配脱离定额差异＝7709×5.6%＝432（元）

3. 制造费用项目

制造费用脱离定额差异分配率＝302÷（16 000＋5565）＝1.4%

完工产品分配脱离定额差异＝16 000×1.4%＝224（元）

月末在产品分配脱离定额差异＝7709×1.4%＝78（元）

4. 本月完工产品分配脱离定额差异

本月完工产品分配脱离定额差异＝－790＋1344＋224＝778（元）

月末在产品分配脱离定额差异＝－304＋432＋78＝206（元）

上述计算结果在甲产品“产品成本计算单”中的登记见表 13-9。

（三）计算结转完工产品实际成本

通过上述计算和分配，东风工厂本月完工甲产品 100 件的实际总成本为 103 096 元。

根据成本计算结果，编制结转本月完工入库甲产品成本的会计分录如下。

借：库存商品——甲产品　　103 096

　贷：基本生产成本——甲产品（定额成本）　　102 700

　　——甲产品（脱离定额差异）　　778

　　——甲产品（材料成本差异）　　782

　　——甲产品（定额变动差异）　　400

表 13-9　　**产品成本计算单**

产品：甲产品　　2013 年 8 月　　产量：100 件

项目			直接材料	直接人工	制造费用	合计
月初在产品成本	定额成本	1	8000	2909	2365	13 274
	脱离定额差异	2	−94	176	217	299
月初在产品定额调整	定额成本调整	3	−400	0	0	−400
	定额变动差异	4	400	0	0	400
本月发生生产费用	定额成本	5	79 200	28 800	19 200	127 200
	脱离定额差异	6	−1000	1600	85	685
	材料成本差异	7	−782			−782
生产费用合计	定额成本	8=1+3+5	86 800	31 709	21 565	140 074
	脱离定额差异	9=2+6	−1094	1776	302	984
	材料成本差异	10=7	−782			−782
	定额变动差异	11=4	400	0	0	400
差异率	差异分配率	12=9÷8	−1.26%	5.6%	1.4%	
完工产品成本	定额成本	13	62 700	24 000	16 000	102 700
	脱离定额差异	14=13×12	−790	1344	224	778
	材料成本差异	15=10	−782			−782
	定额变动差异	16=11	400			400
	实际成本	17=13+14+15+16	61 528	25 344	16 224	103 096
月末在产品	定额成本	18=8−13	24 100	7709	5565	37 374
	脱离定额差异	19=9−14	−304	432	78	206
	实际成本	20=18+19	23 796	8141	5643	37 580

在定额法下，成本的日常核算是将定额成本与各种成本差异分别核算的，因而完工产品与月末在产品的费用分配，应按定额成本和各种成本差异分别进行：先计算完工产品和月末产品的定额成本，然后在完工产品和月末在产品之间进行分配。实际成本的计算通过汇总产品成本明细账上各项定额差异进行。

项目闯关测试

一、单项选择题

1．定额成本是按照（　　）制定的成本。

A．现实消耗定额　　B．实际消耗定额
C．标准消耗定额　　D．计划期平均消耗定额

2．生产过程中，企业实际发生的费用与定额费用的差异是（　　）。
A．耗用量差异　　B．费用差异
C．定额变动差异　　D．定额差异

3．定额成本制度下，材料脱离定额差异是指（　　）。
A．价格差异　　B．数量差异
C．原材料成本差异　　D．一种定额变动差异

4．需要计算定额变动的产品是（　　）。
A．月初在产品　　B．本月投入产品
C．月末在产品　　D．本月完工产品

5．制定定额成本的依据是（　　）。
A．本企业平均材料消耗定额、工时定额和费用定额
B．本企业现行材料消耗定额、工时定额和费用定额
C．本企业实际材料消耗定额、工时定额和费用定额
D．先进企业定额成本

6．按计件单价支付的产品生产工人工资，等于（　　）。
A．定额变动差异　　B．脱离定额差异
C．直接人工费用　　D．定额工资

7．在定额法的产品成本明细账中，当消耗定额降低时，月初在产品的定额成本调整数和定额变动差异数（　　）。
A．两者都是负数　　B．两者都是正数
C．前者是正数，后都是负数　　D．前者是负数，后都是正数

8．定额法下，如果月初在产品定额变动差异是正数，说明（　　）。
A．定额提高了　　B．本月实际发生的生产成本增加了
C．定额降低了　　D．本月实际发生的生产成本减少了

9．产品成本计算的定额法，在适用范围上（　　）。
A．只适用于大批大量生产的机械制造业
B．只适用于小批单件生产的机械制造业
C．只适用于产品品种多的机械制造业
D．与生产类型没有直接关系

10．原材料脱离定额差异是（　　）。
A．数量差异　　B．价格差异
C．一种定额变动差异　　D．原材料成本差异

二、多项选择题

1．以下关于定额成本制度的表述，正确的是（　　）。
A．定额成本制度是一种成本核算方法
B．定额成本制度是一种成本计算的基本方法
C．定额成本制度是一种成本计算的辅助方法

D．定额成本制度是一种对产品成本进行控制和管理的方法

E．定额成本制度必须与成本计算基本方法结合使用

2．采用定额法计算产品成本，产品实际成本的组成项目有（　　）。

A．定额成本　　B．脱离定额差异

C．材料成本差异　　D．定额变动差异

3．材料脱离定额差异的计算方法有（　　）。

A．限额法　　B．切割法

C．盘存法　　D．加权平均法

4．为了简化成本核算工作，（　　）等一般可以全部由本月完工产品成本负担。

A．定额成本　　B．脱离定额差异

C．材料成本差异　　D．定额变动差异

5．定额成本制度通常可以与（　　）成本计算方法结合使用。

A．品种法　　B．分批法　　C．分步法　　D．分类法

6．采用定额法计算产品成本的企业，应具备的条件是（　　）。

A．定额管理制度比较健全　　B．定额管理基础工作比较好

C．产品生产已经定型　　D．各项消耗定额比较准确、稳定

7．将分类法和定额法归为产品成本计算的辅助方法，是因为这两种方法（　　）。

A．与生产特点没有直接联系

B．不受成本计算对象制约

C．对于成本管理并不重要

D．不是计算产品成本必不可少的方法

E．必须与成本计算的基本方法结合使用

8．在定额法下，当消耗定额降低时，月初在产品的定额成本调整数和定额变动差异数不会表现为（　　）。

A．都是正数　　B．都是负数

C．前者是正数后者是负数　　D．前者是负数后者是正数

9．为了核算材料脱离定额的差异，对于经过切割才能使用的材料，应该采用（　　），而不能采用（　　）计算。

A．限额法　　B．切割核算法　　C．盘存法　　D．系数法

10．实际所耗材料应负担的材料成本差异是（　　）。

A．材料实际消耗量乘以材料计划单价，再乘以材料成本差异率

B．材料定额消耗量乘以材料计划单价，再乘以材料成本差异率

C．材料定额费用乘以材料成本差异率

D．材料定额费用与材料脱离定额差异之和乘以材料成本差异率

三、判断题

1．定额法是为了加强成本管理，进行成本控制而采用的一种成本计算与成本管理相结合的方法。（　　）

2．定额法与企业生产类型没有直接联系。（　　）

3．定额变动差异是产品生产过程中费用脱离现行定额的差异。（　　）

4．限额领料单规定的领料限额，就是原材料的定额消耗量。（　　）

5．在定额法下，退料单应视为差异凭证。（　　）

6．材料项目脱离定额的差异只反应材料耗用数量的差异，价格差异反映在材料成本差异中。（　　）

7．退回仓库的废料价值应从材料费用中扣减。（　　）

8．月初在产品定额成本调整的数额，与计入产品成本的定额变动差异之和，应等于零。（　　）

9．只有大量大批生产企业，才能采用定额法计算产品成本。（　　）

10．定额变动差异是指由于修订定额或生产耗费的计划价格而产生的新旧定额之间的差额。（　　）

11．定额法的优点是较其他成本计算方法核算工作量要小。（　　）

项目综合实训

实训背景

某电器设备公司主要生产各种型号的高频电源。企业设置有三个基本生产车间——备料车间、金工车间（分别冲压、钣金、焊接、钣金四个工序）、装配车间。其中备料车间、金工车间主要从事高频电源所需部件——电阻支持器的加工，装配车间主要从事防震阻流圈部件的加工。经过多年的生产经验摸索总结，企业建立了一套完整的定额管理制度，并且在生产组织管理中，严格按照消耗定额发放材料，按照工时定额考核费用。

鉴于能够取得现成的定额成本资料，成本会计制度规定，采用定额法核算产品成本。成本项目分别为：直接材料、直接人工、制造费用等。

实训资料

防震阻流圈是组成高频电源的一个部件，构成该部件的零件主要有：电阻支持器 2 个、瓷柱 2 个、垫圈 10 个、螺母 4 个、螺钉 4 个、防震圈 1 个，其中：每个电阻支持器耗用原材料黄铜板 2kg。本月投产防震阻流圈 50 台，本月完工 45 台，月末在产品完工程度 50%，材料在生产开始时一次投入。

（1）工时定额资料。每生产一件电阻支持器所需工时：原定额为 54 小时，新定额为 50 小时；装配一台防震阻流圈所需工时：原定额为 32 小时，新定额为 30 小时；各车间工序工时定额如表 13-10 所示。

表 13-10　各车间、工序工时定额

零部件名称	电阻支持器						防震阻流圈
工时定额	备料	金工车间				小计	装配车间
	车间	冲压	钣金	焊接	钣金		
原定额	6	6	10	22	10	54	32
新定额	5	5	10	20	10	50	30

本月人工费定额 2 元/工时，制造费用定额 150 元/工时。

（2）本月实际生产工时资料。各车间、工序生产工时统计表如表 13-11 所示。

表 13-11 各车间、工序生产工时统计表

工序	备料车间	金工车间				装配车间	合计
		冲压	钣金	焊接	钣金		
生产工时	504	503	1005	1950	1003	1520	6485

（3）月初在产品成本资料如表 13-12 所示。

表 13-12 月初在产品成本资料

		直接材料		直接人工		制造费用		合计	
		定额成本	脱离定额差异	定额成本	脱离定额差异	定额成本	脱离定额差异	定额成本	脱离定额差异
备料车间		200	20	250	−10	200	20	650	30
金工车间	冲压			250	20	200	−5	450	15
	钣金			1000	100	800	−20	1800	80
	焊接			2000	200	1600	−40	3600	160
	钣金			1000	100	800	−20	1800	80
装配车间		175	15	750	−10	600	30	1525	35
合计		375	35	5250	400	4200	−35	9825	400

（4）本月生产产品领用材料分别为：备料车间生产电阻支持器领用黄铜板 100kg，计划成本 40 元/kg；装配车间生产防震阻流圈领用瓷柱 100 个，计划单价 10 元/个；领用垫圈 500 个，计划单价 0.40 元/个；领用螺母 200 个，计划单价 0.50 元/个：领用螺钉 200 个，计划单价 1 元/个；领用防震圈 50 个，计划单价 10 元/个；

（5）本月发生的差额领料分别为：备料车间生产电阻支持器差额领用黄铜板 2kg，计划单价 20 元/kg；装配车间生产防震阻流圈差额领用垫圈 10 个，计划单价 0.40 元/个：领用螺母 6 个，计划单价 0.50 元/个；领用螺钉 3 个，计划单价 1 元/个；

（6）本月材料成本差异率为 2%；

（7）经查，工资费用分配表显示，高频电源应负担的工资及福利费 14 267 元；

（8）经查，制造费用分配表显示，高频电源应负担的制造费用为 9079 元。

实训要求

（1）编制防震阻流圈部件定额成本表；

（2）编制月初在产品定额变动差异计算表

（提示：月初在产品定额变动差异＝按旧定额计算的月初在产品费用×（1－定额变动系数）定额变动系数＝新工时定额÷旧工时定额）；

（3）编制直接材料定额费用及脱离定额差异汇总表；

（4）编制直接人工定额费用及脱离定额差异汇总表；

（5）编制定额制造费用及脱离定额差异汇总表；

（6）计算材料成本差异；

（7）编制分车间零、部件成本计算单；

（8）编制防震阻流圈部件成本计算单；

（9）分配率保留 4 位小数，金额保留 2 位小数。

项目十四　成本报表的编制与分析

【项目提要】

本项目主要阐述了成本报表的概念、特点、作用、报表的种类、编制成本报表的基本要求，重点讲述了产品生产成本表、主要产品单位成本表和制造费用明细表的编制和分析，并结合实例进行了成本费用分析。

【知识目标】

通过各项任务的教学和实训，使学生掌握产品生产成本表、主要产品单位成本表和制造费用明细表的编制和分析方法。熟悉成本报表编制和分析的一般方法，了解成本报表的作用和种类。

【技能目标】 1. 能够自主编制产品生产成本报表和主要产品单位成本报表

2. 能够运用产品成本报表提供的信息进行成本分析

成本在市场经济中是客观存在的，任何企业都在力求降低成本，提高企业的经济效益。通过编制和分析成本报表，可以考核企业成本计划和费用预算的执行情况，有利于企业揭示问题，找出差距，提高管理水平，分清成本的经济责任，促进企业成本责任制度的完善，为正确进行成本决策提供参考资料。编制成本报表是成本会计工作的一项重要内容。

任务一　成本报表基本认知

一、成本报表的概念与特点

（一）成本报表的概念

成本报表是根据产品成本和期间费用的核算资料以及其他有关资料编制的，用来反映企业一定时期产品成本和期间费用水平及其构成情况的企业内部报表。

成本是综合反映企业生产技术、经营、管理工作水平的一项重要指标。企业物质消耗、劳动效率、技术水平、生产经营管理以及外部因素（如物价、国家经济政策等），都会直接或间接地在成本中表现出来。通过编制和分析成本报表，可以反映企业资金耗费和产品成本的构成及其升降变动情况，以考核成本计划执行的结果，寻找降低成本的途径。

（二）成本报表的特点

成本报表是内部管理会计报表，不是对外报送的财务会计报表，不对外报送或者公布，旨在为企业内部提供必要的信息。与对外报送的财务报表，如资产负债表、利润表、现金流量表相比，主要有如下特点：

1. 成本会计报表是为企业内部经营管理的需要而编制的

成本会计报表的编制目的不同于财务会计报表，财务会计报表是对外报送的报表，是为财政、税务、银行、上级主管部门以及投资者、债权人和经营管理者提供会计信息资料的报表。成本会计报表是主要服务于企业内部经营管理需要的企业内部报表，是以满足企业内部各级管理者的需要为目的，它不受政府当局的管理，不对外报送。报表填列的内容，报送的程序以及报送的时间等，完全由企业或公司根据生产的特点和管理的要求决定，并且随着企业生产技术与管理水平的提高，成本会计报表应随时进行修正和调整。这方面与财务会计报表不同。

2. 成本会计报表的种类、格式、项目和内容等由企业自行决定

财务会计报表的项目是由国家财政部门统一规定，用以反映企业的财务状况和经营成果，企业不能擅自变更。成本会计报表与企业的生产工艺过程和生产组织特点以及成本管理要求密切相关。不同企业所需要得到的有用成本信息是不同的，那么作为对内报表也不必要拘泥于固有的种类、格式、内容、编制方法和编制周期，可以具有多样性、灵活性和实用性的特点。

3. 成本会计报表提供的成本信息综合反映企业的工作质量

成本会计报表是会计核算与其他经济资料结合的产物，生产中的各项费用和成本指标都是反映企业生产技术水平、经营管理水平的综合性指标，可以综合反映企业各方面的工作质量。

4. 成本会计报表更注重时效性

为了及时反映和反馈成本信息，揭示成本工作中存在的问题，除了定期编制成本报表外，还可以用日报、周报或旬报等形式，定期或不定期地向有关部门和人员编报成本会计报表，尽可能使报表提供的信息与报表反映的内容在时间上保持一致，以充分发挥成本会计及时指导生产的作用。

二、成本会计报表的作用

成本会计报表主要向企业的各级管理部门、企业领导、企业职工以及有关部门提供成本信息。成本会计报表的作用有以下几种。

1. 提供企业在一定时期内的产品成本水平及费用支出情况

产品成本是反映企业生产技术经营成果的一项综合性指标，企业在一定时期内的物质消耗、劳动效率、工艺水平、生产经营管理水平，都会直接或间接地在产品成本中综合地体现出来。通过编制成本报表能够及时地发现企业在生产、技术、质量、管理等方面取得的成绩和存在的问题，不断总结经验，提高企业经济效益。

2. 反映企业成本计划的完成情况，评价和考核各成本中心成本管理业绩

利用成本报表提供的信息，可以明确各有关部门和人员执行成本计划或预算的成绩和责任，总结经验，奖励先进，鞭策落后，激励职工增强岗位责任感，为全面完成或超额完成企业降低成本任务而努力。

3. 为制定成本计划提供依据

计划年度的成本计划是在报告年度产品成本实际水平的基础上，结合报告年度成本计划执行情况，考虑计划年度中可能出现的有利因素和不利因素而制定的，所以本期报表所提供的资料，是制定下期成本计划的重要参考依据。各管理部门还可以根据成本报表的资料对未来时期的成本进行预测，为企业制定正确的经营决策及时提供相关而有用的数据。

4. 为企业的成本决策提供信息

对成本报表进行分析，可以发现成本管理工作中存在的问题，揭示成本差异对产品成本升降的影响程度，从而把注意力集中放在那些不正常的对成本有重要影响的关键性差异上，查明原因和责任，以便采取有针对性的措施，促使成本水平的不断降低，为企业挖掘降低成本的潜力指明方向。

三、成本报表的种类

企业的成本报表主要服务于企业内部经营管理部门，因此，报表的种类、格式和编制时

间一般都由企业根据生产经营过程的特点和企业管理的具体要求确定。主管企业的上级机构为了对本系统所属企业的成本管理工作进行指导，也可以要求所属企业上报成本报表。这时，就可由企业和主管企业的上级机构共同确定企业成本报表的种类、项目、格式和编制方法。

按报表反映的内容的不同，企业的成本报表可以概括为如下几类。

1. 反映产品成本情况的报表

主要反映企业为生产一定种类和一定数量产品所支出的生产费用的水平及其构成情况，并与计划、上年实际、历史最高水平或同行业同类产品先进水平相比较，反映产品成本的变动情况和变动趋势。属于此类成本报表的有产品生产成本表、主要产品单位成本表。

2. 反映各种费用支出的报表

主要反映企业在一定时期内各种费用总额及其构成情况的报表，并与计划（预算）、上年实际对比，反映各项费用支出的变动情况和变动趋势。属于此类成本报表的有制造费用明细表、管理费用明细表、营业费用明细表、财务费用明细表、营业税金明细表。

3. 其他成本报表，是指除了上述两类以外的各种成本报表，其内容非常广泛，比如材料成本考核表、人工成本考核表、目标成本报告、责任成本报告、质量成本报告等。

四、成本报表的编制要求

（一）成本报表的设置要求

成本报表一般根据企业的生产特点与管理需要自行设置，并可随着情况的变化对报表的种类、格式进行调整。在设置成本报表时应重点考虑以下几个方面：

1. 报表的专题性

专题性是指成本报表的设置要反映成本管理的某一方面需要，突出管理中的重点问题，要对成本形成影响大、费用发生集中的部门设置报表，使成本报表的编制能取得最好的效果。

2. 成本报表指标内容的实用性

成本报表的格式和内容、种类的设计应根据各企业的生产经营特点和管理要求进行，在满足需要的前提下尽可能简化，并且注重报表内容的实用性，不拘泥于形式。

3. 成本报表格式的针对性

成本报表格式的设计要能针对某一具体业务的特点及其存在的问题，简明扼要，重点突出。

（二）成本报表的编制要求

1. 数字准确

数字准确，是指报表中的各项数据必须真实可靠，不能任意估计，更不允许弄虚作假、篡改数字。因此，企业在编制报表前，应将所有的经济业务登记入账，并核对各种账簿的记录，做到账账相符；清查财产、物资，做到账实相符。然后再依据有关账簿的记录编制报表。报表编制完毕后，还应检查各个报表中相关指标的数字是否一致。

2. 内容完整

内容完整，是指主要报表种类应齐全，应填列的报表指标和文字说明必须全面，表内项目和表外补充资料，不论根据账簿资料直接填列，还是分析计算填列，都应当完整无缺，不得任意取舍。注意保持各成本报表计算口径一致，计算方法如有变动，应在附注中说明。对定期报送的主要成本报表，还应有分析、说明生产成本和费用升降情况、原因、措施的文字材料。

3. 编报及时

成本报表的编制时期分为定期和不定期两种，无论是定期编制还是不定期编制，都要求及时编制，及时反馈。所谓编报及时是指根据企业管理部门的需要迅速提供各种成本报表。只有这样，才能及时地对企业成本完成情况进行检查和分析，从中发现问题，及时采取措施加以解决，以充分发挥成本报表的应有作用。要做到这一点，要求企业不仅要做好日常成本核算工作，还要注意整理、收集有关的历史成本资料、同行业成本资料、统计资料以及成本计划资料、费用预算资料等。

任务二 产品生产成本报表的编制与分析

产品生产成本报表是反映企业在报告期内生产的全部产品的总成本及各种主要产品的单位成本。企业产品生产成本表可以从两个不同角度进行编制和分析：①按成本项目编制产品生产成本报表，汇总反映企业在报告期发生的全部生产费用（按成本项目反映）和全部产品总成本。利用此报表可以定期、总括地考核和分析企业全部生产费用和全部产品总成本计划的完成情况。②按产品种类编制全部产品生产成本报表，反映企业在报告期所生产全部产品的总成本和各种主要产品（含可比产品和不可比产品）单位成本及总成本。利用此报表可以定期、总括地考核和分析企业全部产品成本的完成情况和可比产品成本降低计划的完成情况，对企业产品成本从总体上进行评价，并为进一步分析指明方向。

一、产品生产成本报表的结构和编制方法

1. 产品生产成本（按成本项目反映）报表的结构和编制方法

该报表可以分为生产费用和产品生产成本两部分。表中生产费用部分按照成本项目反映报告期内发生的各种生产费用及其合计数；产品生产成本部分是在生产费用合计数的基础上，加上在产品和自制半成品的期初余额，减去在产品和自制半成品的期末余额，算出产品生产成本的合计数。这些费用和成本，按上年实际数、本年计划数、本年实际数和本年累计实际数，分栏反映。

【例 14-1】 长风工厂 2013 年 8 月份的产品生产成本（按成本项目反映）表见表 14-1。

表 14-1 **产品生产成本表（按产品成本项目反映）**

长风工厂 2013 年 8 月

项　目	上年实际	本年计划	本月实际	本年累计实际
生产费用				
原材料	36 070	35 261	3883	35 790
职工薪酬	18 029	21 360	1893	19 827
制造费用	34 053	31 069	2479	32 023
生产费用合计	88 152	87 690	8255	87 640
加：在产品、自制半成品期初余额	5347	4208	3567	4184
减：在产品、自制半成品期末余额	4184	3332	4502	5024
产品成本合计	89 315	88 566	7320	86 800

该表各项内容填列方法如下。

上年实际数，应根据上年度本表所列的全年累计实际数填列。

本年计划数，应根据成本计划有关资料填列。

本月实际数，应根据产品成本明细账中的资料分别汇总填列。

本年累计实际数，应根据本月实际加上上月份本表的本年累计实际数计算填列。

期初、期末在产品和自制半成品余额，应根据各种产品成本明细账的在产品成本和自制半成品成本的期初、期末余额，分别汇总填列。

2. 产品生产成本（按产品种类反映）表的结构和编制方法

该表是按产品种类汇总反映工业企业在报告期内生产的全部产品的单位成本和总成本的报表。其结构包括基本部分和补充资料两部分。

（1）基本部分，列示企业在一定时期内生产的全部产品的总成本及各种主要产品的单位成本和总成本资料。其中，全部产品包括可比产品和不可比产品。可比产品是指企业以前正式生产过的，有历史资料的产品；不可比产品是指企业以前未生产过的，没有历史资料的产品。由于不可比产品没有历史成本资料，所以在成本计划中，只规定有本年的计划成本资料，而对可比产品不仅规定有计划成本指标，而且规定有成本降低计划指标，即本年度可比产品计划成本比上年度（或以前年度）实际成本的降低额和降低率。

（2）补充资料部分，主要列示两项成本降低指标：一个是可比产品成本降低额；另一个是可比产品成本降低率。两项指标都反映其计划数和实际数。

【例 14-2】 长风工厂 2013 年 12 月份的有关成本资料见表 14-2。

表 14-2　　产品生产成本表（按产品种类反映）

编制单位；长风工厂　　2013 年 12 月

产品名称	计量单位	实际产量		单位成本				本月总成本			本年累计总成本		
		本月	本年累计	上年实际平均	本年计划	本月实际	本年累计实际平均	按上年实际平均单位成本计算	按本年计划单位成本计算	本月实际	按上年实际平均单位成本计算	按本年计划单位成本计算	本年实际
		1	2	3	4	5=9÷1	6=12÷2	7=1×3	8=1×4	9	10=2×3	11=2×4	12
可比产品													
A 产品	件	40	450	80	72	70	68	3200	2880	2800	36 000	32 400	30 600
B 产品	件	50	650	100	82	83	80	5000	4100	4150	65 000	53 300	52 000
合计	件							8200	6980	6950	101 000	85 700	82 600
不可比产品													
D 产品	件	10	130		35	37	32.3		350	370		4550	4200
合计									7330	7320			86 800

补充资料（本年累计实际数）：

（1）可比产品成本降低额 18 400 元（101 000－82 600）。

（2）可比产品成本降低率为 18.2%，本年计划降低率为 15.1%。

产品生产成本报表的编制依据主要是有关产品的产品成本明细账、年度成本计划、上年本表有关项目等。表内各项目的填列方法如下：

产品名称，应填列主要的可比产品和不可比产品的名称。

实际产量，各种产品的本月实际产量，应根据相应的产品成本明细账填列；本年累计实际产量，应根据本月实际产量加上上月本表的本年累计实际产量计算填列。

单位成本，上年实际平均单位成本，应根据上年度本表所列全年累计实际平均单位成本栏目数字填列；本年计划单位成本，应根据本年度成本计划填列；本月实际单位成本，应根据表中本月实际总成本除以本月实际产量计算填列，如果产品成本明细账或产品成本汇总表中有现成的单位成本，该项目可以根据产品成本明细账或产成品成本汇总表填列；本年累计实际平均单位成本，应根据表中本年累计实际总成本除以本年累计实际产量计算填列。

本月总成本和本年累计总成本，可比产品按上年实际平均单位成本计算的本月总成本和本年累计总成本，应根据本月实际产量和本年累计实际产量，分别乘以上年实际平均单位成本计算填列；可比产品和不可比产品按本年计划单位成本计算的本月总成本和本年累计总成本，应根据本月实际产量和本年累计实际产量，分别乘以本年计划单位成本计算填列；本月实际总成本，应根据产品成本明细账或产成品成本汇总表填列；本年累计实际总成本，应根据产品成本明细账或产成品成本汇总表本年各月产成品成本计算填列。

补充资料部分只填列本年累计实际数。其中：可比产品成本降低额，是指可比产品累计实际总成本比按上年实际单位成本计算的累计总成本降低的数额。可比产品成本降低率，是指可比产品本年累计实际总成本比按上年实际单位成本计算的累计总成本降低的比率。其计算公式为

$$\begin{matrix}\text{可比产品}\\\text{成本降低额}\end{matrix}=\begin{matrix}\text{可比产品按上年实际单位成本}\\\text{计算的累计总成本}\end{matrix}-\begin{matrix}\text{可比产品本年}\\\text{累计实际成本}\end{matrix} \tag{14-1}$$

$$\begin{matrix}\text{可比产品成本}\\\text{降低率}\end{matrix}=\begin{matrix}\text{可比产品成本}\\\text{降低额}\end{matrix}\div\begin{matrix}\text{可比产品按上年实际单位成本}\\\text{计算的总成本}\end{matrix}\times 100\% \tag{14-2}$$

二、产品生产成本报表的分析

（一）产品生产成本（按成本项目反映）报表的分析

该表一般可以采用比较分析法、比率分析法进行分析。

1. 比较分析法

比较分析法是将分析期的实际数同某些选定的基数进行对比，揭示实际数与基准数之间的差异，分析差异产生的原因，以便研究解决问题的途径，提高成本管理水平的一种分析方法。比较的基准数由于分析的目的不同而有所不同，一般有计划数、定额数、前期实际数、以往年度同期实际数、本企业历史先进水平和国内外同行业的先进水平等。

主要的比较方式有以下几种。

（1）将实际数与计划数或定额数对比，可以揭示计划或定额执行的情况，为进一步分析指明方向。分析时应检查计划或定额本身是否既先进又切实可行，因为实际数与计划数或定

额数之间的差异，除了实际工作原因以外，还可能是由于计划数或定额数太保守或不符合实际而造成的。

（2）将本期实际数与前期实际数或以往年度同期实际数对比，可以研究成本的发展变化趋势。

（3）将本期实际数与本企业历史先进水平对比，将本企业实际数与国内外同行业的先进水平进行对比，可以发现与先进水平之间的差距，从而学习先进，赶上和超过先进。

在运用比较分析法时，必须注意指标的内容、计划标准、时间长短和计算方法的可比性，考虑所处的环境等客观条件。

现以表 14-1 的资料进行分析：

从产品生产成本合计数看，本年累计实际数（86 800）不仅低于上年实际数（89 315），而且也低于本年计划数（88 566）。可见，该年本企业产品的总成本是降低的。但总成本的降低是否合理、有利，以及导致成本降低的主要因素，还应进一步分析。

从生产费用合计数来看，本年累计实际数（87 640）低于上年实际数（88 152），也低于本年计划数（87 690）。这说明，产品生产成本本年累计数低于本年计划数的影响因素主要是本年生产费用的降低。

从各项生产费用来看，直接材料费用、直接人工费用和制造费用的本年累计实际数与上年实际数和本年计划数相比，升降的情况和程度各不相同，应进一步查明原因。

2. 比率分析法

比率分析法是通过计算各项指标之间的相对数，即比率，借以考察成本活动相对效益的一种分析方法。比率分析法主要有相关指标比率分析法、结构比率分析法和动态比率分析法等。

（1）相关指标比率分析法。它是计算两个性质不同而又相关指标的比率进行数量分析的方法。在实际工作中，由于企业规模不同等原因，单纯对比销售收入或利润等绝对数的多少，不能准确说明各个企业经济效益好坏，但如果计算成本与销售收入或利润相比的相对数，即销售收入成本率或成本利润率，就可以较为准确地反映各企业经济效益的好坏。这些指标的计算公式为

$$成本利润率＝产品销售利润/产品成本\times 100\% \quad (14\text{-}3)$$

$$销售成本率＝产品成本/产品销售收入\times 100\% \quad (14\text{-}4)$$

销售成本率高的企业经济效益差，销售成本率低的企业经济效益好。成本利润率则相反，即成本利润率高的企业经济效益好，成本利润率低的企业经济效益差。

（2）结构比率分析法。结构比率分析法又称比重分析法，或称构成比率分析法。它主要是通过计算某项成本指标的各个组成部分占总体的比重来分析其内容构成的变化。例如：把构成产品生产成本的各个成本项目（直接材料、直接工资、制造费用）与产品生产成本比较，计算占总成本的比重，然后把不同时期同样产品的成本构成相比较，观察产品成本构成的变化与提高生产技术水平和加强经营管理的关系，就能为进一步降低成本指明方向。

（3）动态比率分析法。动态比率分析法是将几个时期同类指标的数字进行对比以求出比率，分析该项指标增减速度和发展趋势，以判断企业某方面业务的趋势，并从其变化中发现企业在经营方面所取得的成果或不足。现以表 14-1 的资料进行分析，见表 14-3。

表 14-3 **长风工厂产品生产成本动态分析表**

2013 年 12 月 单位：%

各种生产费用	本年累计实际构成比率	本月实际构成比率	本年计划构成比率	上年实际构成比率	本年累计实际构成与本年计划构成相比	本年累计实际构成与上年构成相比
	（1）	（2）	（3）	（4）	（5=1−3）	（6=1−4）
直接材料费用	40.8	47.04	40.2	40.9	0.6	−0.1
直接人工费用	22.6	22.93	24.4	20.5	−1.7	2.2
制造费用	36.5	30.03	35.4	38.6	1.1	−2.1

其中

本年累计实际构成比率：

直接材料费用比率＝35 790÷87 640×100%＝40.8%

直接人工费用比率＝19 827÷87 640×100%＝22.6%

制造费用比率＝32 023÷87 640×100%＝36.5%

本月实际构成比率：

直接材料费用比率＝3883÷8255×100%＝47.04%

直接人工费用比率＝1893÷8255×100%＝22.93%

制造费用比率＝2479÷8255×100%＝30.03%

本年计划构成比率：

直接材料费用比率＝35 261÷87 690×100%＝40.2%

直接人工费用比率＝21 360÷87 690×100%＝24.4%

制造费用比率＝31 069÷87 690×100%＝35.4%

上年实际构成比率：

直接材料费用比率＝36 070÷88 152×100%＝40.9%

直接人工费用比率＝18 029÷88 152×100%＝20.5%

制造费用比率＝34 053÷88 152×100%＝38.6%

上述数据表明，本年累计实际构成与本年计划构成相比，本年直接材料费用和制造费用的比重有所提高，而直接人工费用的比重有所降低；与上年实际构成相比，本年直接人工费用的比重有所提高，而直接材料费用和制造费用的比重则有所降低。本月实际构成也有较大变动，应进一步查明变动的原因。

从各期产品生产成本合计数来看，可与各该期的产值、销售收入或利润相比，计算产值成本率、销售收入成本率或成本利润率，并据以考核经济效益。

（二）产品生产成本（按产品种类反映）报表的分析

该报表一般可以从以下两个方面进行：①全部产品成本计划完成情况分析；②可比产品成本降低任务完成情况分析。

1. 全部产品成本计划完成情况分析

根据表 14-2 资料可以编制下列分析报表，见表 14-4。

全部产品成本计划完成情况的分析是一种总括性的分析，要求综合、一般地考核企业成本指标的完成情况，为进一步分析指明方向。

表 14-4　**产品生产成本分析报表（按产品种类反映）**

××工厂　2013 年 12 月

产品名称	实际产量		实际比计划的差异	
	计划成本	实际成本	升降额	升降率（%）
	1	2	3=2−1	4=3/1×100%
可比产品				
A	2880	2800	−80	−2.8
B	4100	4150	50	1.2
合计	6980	6950	−30	−0.4
不可比产品				
D	350	370	20	5.7
全部产品	7330	7320	−10	−0.1

注　上升用正数表示；降低用负数表示。

从上述分析结构来看，该厂全部产品完成了成本计划，但分别从可比产品、不可比产品和各种产品来考察，暴露了矛盾，虽然可比产品的成本计划完成了，而其中 B 产品及 D 产品成本计划却发生了超支。这说明该厂并未全面完成计划，应进一步分析 B、D 产品成本超支的原因。

在分析比较可比产品成本时，还必须利用其计划单位成本同上年第四季度实际单位成本进行对比，如果发现前者高于后者，则说明计划成本较保守，落后于实际达到的成本水平，这样的计划成本就起不到控制成本的作用。

分析不可比产品成本发现超支时，就应进一步查明是否因为初次生产这种产品，消耗定额和计划成本定得偏低。或者工艺过程掌握不好，技术不熟练而引起消耗过大，废品发生过多等。

2. 可比产品成本降低任务完成情况分析

可比产品成本降低任务，是指成本计划中规定的本年可比产品计划总成本与按计划产量和上年实际单位成本计算上年的实际总成本相比较，确定计划成本的降低额和降低率。

可比产品成本降低任务完成情况的分析是指将可比产品的实际成本与按实际产量和上年实际单位成本计算的上年实际总成本，确定可比产品实际成本的降低额和降低率，并同计划规定的计划成本降低额和降低率相比，评定企业完成可比产品成本降低的情况，确定各项因素的影响程度，为挖掘潜力、降低成本指明方向。

【例 14-3】 某工厂 2013 年度可比产品成本资料见表 14-5、表 14-6。

表 14-5　**计划成本资料**

××工厂　2013 年度

可比产品名称	计划产量	单位成本		总成本		计划降低任务	
		上年	计划	上年	计划	降低额	降低率（%）
A	500	80	72	40 000	36 000	4000	10
B	450	100	82	45 000	36 900	8100	18
合计				85 000	72 900	12 100	14.24

表 14-6　　　　实际成本资料

××工厂　　　　2013 年度

可比产品名称	实际产量	单位成本		总成本		计划降低任务	
		上年	本年	上年	本年	降低额	降低率（%）
A	450	80	68	36 000	30 600	5400	15
B	650	100	80	65 000	52 000	13 000	20
合计				101 000	82 600	18 400	18.22

上述资料的计算过程如下。

计划成本降低额＝Σ［计划产量×（上年实际单位成本－本年计划单位成本）］
＝500×（80－72）＋450×（100－82）＝12 100（元）

计划成本降低率＝计划成本降低额/Σ（计划产量×上年实际单位成本）×100%
＝12 100/（500×80＋450×100）×100%＝14.24%

实际成本降低额＝Σ［实际产量×（上年实际单位成本－本年实际单位成本）］
＝450×（80－68）＋650×（100－80）＝18 400（元）

实际成本降低率＝实际成本降低额/Σ（实际产量×上年实际单位成本）×100%
＝18 400/（450×80＋650×100）×100%＝18.22%

实际脱离计划差异：

降低额＝实际降低额－计划降低额
＝18 400－12 100＝6300（元）

降低率＝实际降低率－计划降低率
＝18.22%－14.24%＝3.98%

由此可知，该企业可比产品成本降低额实际比计划多降低 6300 元，多降低了 3.98%，这说明该企业超额完成了计划。在此基础上应进一步分析可比产品成本降低任务完成情况的各种因素，以便作出正确评价。

影响可比产品成本降低计划完成情况的因素，概括起来有三个。

（1）产品产量。成本降低计划是根据计划产量制定的，实际降低额和实际降低率都是根据实际产量计算的，因此，产量的增减，必然会影响可比产品成本降低计划的完成情况。但是产量变动影响有其特点：假定其他条件不变，即产品品种构成和产品单位成本不变，单纯产量变动，只影响成本降低额，而不影响成本降低率。

（2）产品品种构成。由于各种产品的成本降低程度不同，有的大，有的小；有的节约，有的超支。因而当产品品种构成发生变动时，就会影响可比产品成本降低额和降低率。在分析中之所以要单独计量产品品种构成变动影响，目的在于揭示企业取得降低产品成本的具体途径，从而对企业工作做出正确评价。

（3）产品单位成本。可比产品成本计划降低额是本年度计划成本比上年度（或以前年度）实际成本的降低数，而实际降低额则是本年度实际成本比上年度（或以前年度）实际成本降低数。因此，当本年度可比产品单位成本比计划单位成本降低或升高时，必然会引起成本降低额和降低率的变动。产品单位成本的降低意味着生产中活劳动和物化劳动消耗的节约。因此，分析时应特别注意这一因素的变动影响。

任务三　主要产品单位成本报表的编制与分析

主要产品单位成本报表是反映企业在报告期内生产的各种主要产品单位成本水平和构成情况的报表。该报表应按主要产品分别编制，是对全部产品生产成本报表所列各种主要产品成本的补充说明。利用此报表，可以按照成本项目分析和考核主要产品单位成本计划的执行情况，分析各项单位成本节约和超支的原因；可以按照成本项目将本月实际和本年累计实际平均单位成本，与上年实际平均单位成本和历史先进水平进行对比，了解单位成本的变动情况，与历史先进水平是否还有差距；可以分析单位成本变化、发展趋势；还可分析和考核各种主要产品的主要技术经济指标的执行情况，进而查明主要产品单位成本升降的具体原因。

一、主要产品单位成本报表的结构和编制方法

主要产品单位成本报表的结构可分为上半部和下半部，见表 14-7。

上半部是反映单位产品的成本项目，并分别列出历史先进水平、上年实际平均、本年计划、本月实际和本年累计实际平均的单位成本。

下半部是反映单位产品的主要技术经济指标，也应分别列出历史先进水平、上年实际平均、本年计划、本月实际和本年累计实际平均的单位用量。

表 14-7　　**主要产品单位成本报表**

2013 年 12 月

产品名称：A　　本月计划产量：50 件　　本年实际产量：40 件

产品规格：××　　本年累计计划产量：500 件　　本年累计实际产量：450 件

销售单价：400 元

成　本　项　目		历史先进水平	上年实际平均	本年计划	本月实际	本年累计实际平均
直接材料		20	25	28	32	31
直接人工		24	26	30	28	26
制造费用		35	29	14	10	11
产品生产成本		79	80	72	70	68
主要技术经济指标	计量单位	耗用量	耗用量	耗用量	耗用量	耗用量
（1）直接材料						
甲材料	kg	27	35	30	32	
乙材料	kg	18	22	20	16	
（2）……						

主要产品单位成本报表的编制方法如下。

主要产品单位成本报表应按每种主要产品分别编制。

本月计划产量和本年累计计划产量，应根据本月和本年产品产量计划资料填列。

本月实际产量和本年累计实际产量，应根据统计提供的产品产量资料或产品入库单填列。

成本项目，应按规定进行填列。

主要技术经济指标是反映主要产品每一单位产量所消耗的主要原材料、燃料、工时等的数量。

历史先进水平，是指本企业历史上该种产品成本最低年度的实际平均单位成本和实际单位用量。应根据历史成本资料填列。

上年实际平均，是指上年实际平均单位成本和单位耗用量。应根据上年度本表的本年累计实际平均单位成本和单位用量的资料填列。

本年计划，是指本年计划单位成本和单位耗用量。应根据年度成本计划中的资料填列。

本月实际，是指本月实际单位成本和单位耗用量。应根据本月完工的该种产品成本资料填列。

本年累计实际平均，是指本年年初至本月末止该种产品的实际平均单位成本和单位用量。应根据年初至本月末止的已完工产品成本计算单等有关资料，采用加权平均法计算后填列，其计算公式为

$$\frac{\text{某产品的实际}}{\text{平均单位成本}}=\frac{\text{该产品累计总成本}}{\text{该产品累计产量}} \quad (14\text{-}5)$$

$$\frac{\text{某产品的实际}}{\text{平均单位用量}}=\frac{\text{该产品累计总用量}}{\text{该产品累计产量}} \quad (14\text{-}6)$$

本报表对不可比产品，则不填列“历史先进水平”和“上年实际平均”的单位成本和单位用量。由于本报表是产品成本报表的补充，所以，该报表中按成本项目反映的“上年实际平均”、“本年计划”、“本月实际”、“本年累计实际平均”的单位成本合计，应与产品成本报表中的各该单位成本的数字分别相等。

二、主要产品单位成本分析报表

对产品成本计划完成情况分析是从总体上说明成本计划的完成情况。为了进一步查清成本升降的具体原因，还必须在综合分析的基础上，对主要产品成本项目进行深入分析，找出各种产品单位成本升降的原因。主要产品单位成本分析主要包括以下两个方面的内容。

（一）主要产品单位成本变动情况的一般分析

根据表 14-8 的资料，编制单位成本分析报表，见表 14-8。

表 14-8　　A 产品单位成本分析报表

成本项目	计划（标准）成本（元）	实际成本（元）	降低（－）或超支（＋）		各项目升降对单位成本的影响（%）
			金额（元）	百分比（%）	
	1	2	3＝2－1	4＝3/1	5＝3/Σ1×100%
直接材料	28	32	4	14.29	5.56
直接人工	30	28	－2	－6.67	－2.78
制造费用	14	10	－4	－28.57	－5.56
合计	72	70	－2	－2.78	－2.78

表 14-8 的分析结果表明，A 产品单位成本比计划降低了 2 元，降低率为 2.78%，其中直接材料上升 14.29%，直接人工降低 6.67%，制造费用降低 28.57%。为了查明成本升降的原因，并找出降低成本的途径，就需要深入分析各个成本项目。

（二）主要产品单位成本项目分析

1. 直接材料费用分析

直接材料成本通常占产品单位成本的比重较大，这一项目的升降对产品单位成本的高低有着重要影响，所以直接材料项目的分析是产品单位成本分析的重点。

分析方法：①将各种主要材料的本期实际成本与计划成本进行比较，查明哪些材料成本升降较大；②分析直接材料成本升降的原因。一般来说，直接材料成本高低取决于单位产品材料消耗数量和材料的单价，这两个因素变动对直接材料成本影响的计算公式如下。

材料耗用量差异的影响＝（实际单位耗用量－计划单位耗用量）×材料计划单价　（14-7）

材料价格差异的影响＝实际单位耗用量×（材料实际单价－材料计划单价）　（14-8）

假设A产品所耗用的甲、乙两种材料的有关资料见表14-9。

表14-9　产品材料费用表

直接材料名称	计量单位	单位产品耗用量		单价（元）		单位产品直接材料费用（元）	
		计划	实际	计划	实际	计划	实际
甲材料	kg	8	10	2.25	2.4	18	24
乙材料	kg	4	5	2.5	1.6	10	8
合计						28	32

直接材料耗用量差异的影响＝（10－8）×2.25＋（5－4）×2.5＝7（元）

直接材料价格差异的影响＝10×（2.4－2.25）＋5×（1.6－2.5）＝－3（元）

两因素共同影响＝7－3＝4（元）

由此可见，A产品单位成本中材料费用节约4元，是由材料耗用量变动增加7元和材料价格变动减少3元两因素综合作用的结果。其中，主要原因是材料耗用量的变化，从各种材料来看，是甲材料超支6元和乙材料节约2元的共同影响，应结合具体情况分别进行分析。

影响直接材料耗用量变动的因素较多，主要有：①产品设计的改进。在保证或提高产品功能的前提下，改进产品设计能减少材料的消耗量。②材料质量的变化。材料质量高，可以减少材料消耗量，反之，则会增加材料的消耗量。③加工操作技术的变化。加工操作技术高，可以充分利用材料的边角余料，从而减少材料消耗量。④代用材料的变化。以单价低廉的材料代替昂贵的材料，以国产材料代替进口材料，是减少材料用量、节约材料费用的有效措施。⑤加强材料管理，回收利用废料，避免材料损失浪费也能相对减少材料用量。⑥材料的配比。

影响直接材料价格的因素主要有：①采购价格；②运输费用，如运输距离的远近、运输方式的不同；③运输途中的损耗；④采购部门的管理水平；⑤有关税费；⑥材料采购批量的大小等。

分析时要结合企业的具体情况具体分析。

2. 直接人工费用分析

直接人工费用分析必须结合工资制度来进行，因为工资制度的不同，会导致影响直接人工费用因素的不同。

在计件工资制度下，影响单位成本中工资费用的因素是计件单价；在计时工资制度下，产品单位成本中费用受工时数和小时工资率变动的影响。

产品产量和生产工人工资额对单位产品工资成本影响的计算方法如下。

$$\begin{matrix}\text{单位产品工时消耗变动对}\\\text{单位产品成本的影响额}\end{matrix}=\left(\begin{matrix}\text{单位产品}\\\text{实际工时消耗}\end{matrix}-\begin{matrix}\text{单位产品}\\\text{计划工时消耗}\end{matrix}\right)\times\begin{matrix}\text{计划小时}\\\text{工资率}\end{matrix}\tag{14-9}$$

$$\begin{matrix}\text{小时工资率变动对}\\\text{单位产品成本影响额}\end{matrix}=\begin{matrix}\text{单位产品}\\\text{实际工时消耗}\end{matrix}\times\left(\begin{matrix}\text{实际小时}\\\text{工资率}\end{matrix}-\begin{matrix}\text{计划小时}\\\text{工资率}\end{matrix}\right)\tag{14-10}$$

假设 A 产品直接人工费用分析资料见表 14-10。

表 14-10　　单位产品工资费用表

项　目	单位产品工时消耗（h）	小时工资率（元/h）	单位产品工资成本（元）
本年计划	6	5	30
本年实际	4	7	28
差异			−2

单位产品工时消耗变动对单位产品成本的影响额＝（4－6）×5＝－10（元）

小时工资率变动对单位产品成本影响额＝4×（7－5）＝＋8（元）

两因素共同影响＝－10＋8＝－2（元）

通过计算表明，A 产品单位成本中直接人工费用实际比计划节约 2 元，主要原因是单位产品工时消耗减少使得人工费用减少 10 元。小时工资率的增长使得人工费用增加 8 元所致。在以上分析的基础上，还应该进一步分析影响工时数量变动和生产工人工资总额变动的因素。

影响工时变动的因素主要有：①生产组织，企业生产调度合理对提高劳动生产率减少工时有很大影响；②材料的质量和规格；③生产工艺和操作方法；④生产工作质量；⑤设备性能和保养；⑥工人技术熟练程度和劳动态度。

生产工人工资总额的高低直接影响了小时工资率的高低。影响生产工人工资变动的因素主要有：①企业的工资制度、奖励制度；②企业产品特点；③企业的物质技术条件、企业工人的素质、企业的管理水平等。

分析时要结合企业的具体情况具体分析。

3. 制造费用分析

制造费用是企业各生产单位为组织和管理生产所发生的各项费用，以及固定资产使用费、维护费等。产品单位成本中制造费用的分析，通常与计时工资制度下直接人工费用的分析类似。在制造费用按照生产工时消耗分配计入产品成本的企业里，单位产品制造费用成本，取决于单位产品的生产工时和小时费用率两个因素，其计算公式如下：

$$\begin{matrix}\text{单位产品工时耗用量变动对}\\\text{单位产品成本的影响额}\end{matrix}=\left(\begin{matrix}\text{单位产品}\\\text{实际工时消耗}\end{matrix}-\begin{matrix}\text{单位产品}\\\text{计划工时消耗}\end{matrix}\right)\times\begin{matrix}\text{计划小时}\\\text{费用率}\end{matrix}\tag{14-11}$$

$$\begin{matrix}\text{小时工资率变动对}\\\text{单位产品成本影响额}\end{matrix}=\begin{matrix}\text{单位产品}\\\text{实际工时消耗}\end{matrix}\times\left(\begin{matrix}\text{实际小时}\\\text{费用率}\end{matrix}-\begin{matrix}\text{计划小时}\\\text{费用率}\end{matrix}\right)\tag{14-12}$$

现以 A 产品为例，说明单位产品制造费用的分析方法。有关资料，见表 14-11。

表 14-11　**单位产品制造费用表**

项　目	单位产品工时耗用（h）	小时费用率（元/h）	单位产品制造费用（元）
计划	6	2.33	14
实际	4	2.5	10
差异			−4

单位产品工时耗用量变动对单位产品成本的影响额＝（4−6）×2.33＝−4.66（元）

小时工资率变动对单位产品成本影响额＝4×（2.5−2.33）＝＋0.68（元）

两因素共同影响＝−4.66＋0.68＝−4（元）

通过计算表明，A 产品单位成本中制造费用实际比计划节约 4 元，主要原因是由于工时耗用量变动减少 4.66 元，小时费用率变动增加 0.68 元这两项因素综合影响而形成的。在对单位产品生产工时和小时费用率两因素进行分析的基础上，还要进一步区分各明细项目分析其变动原因。

任务四　制造费用明细表的编制与分析

一、制造费用明细表的结构和编制方法

制造费用明细表是反映企业在一定时期内为组织和管理生产所发生费用总额和各明细项目数额的报表。利用该报表可以考核企业制造费用的构成和变动情况。

制造费用明细表中费用明细项目的划分，可参照财政部有关制度的规定，也可根据企业的具体情况增减，但不宜经常变更，以保持各报告期之间相关数据的可比性。若本年度内对某些明细项目的划分做了修改使得计算结果与上年不一致，应将上年度有关报表的对应明细项目按照本年度划分标准进行调整，并在表后的附注中以文字说明。

制造费用明细表按照其费用明细项目反映企业在本期内实际发生的各项费用。该表按费用项目分为“上年实际”、“本年计划”、“本月实际”、“本年实际”进行反映。通过本年实际与上年实际比较，可了解制造费用各项目的变动情况，从动态上研究其特征及发展规律；通过本年实际与本年计划比较，可以反映制造费用计划完成情况及节约或超支的原因。制造费用明细表的格式见表 14-12。

表 14-12　**制 造 费 用 明 细 表**

2013 年 12 月　　单位：元

项　目	本 年 计 划	上年累计实际	本 月 实 际	本年累计实际
职工薪酬	500 000	450 000	54 000	650 000
折旧费	457 000	446 500	45 000	538 900
修理费	56 000	45 000	4100	50 000
办公费	34 500	40 000	3000	35 000
取暖费	60 000	56 000	5000	60 500
水电费	78 400	75 000	6500	80 000
机物料消耗	6000	5000	300	4000

续表

项　目	本年计划	上年累计实际	本月实际	本年累计实际
低值易耗品摊销	7000	6000	520	6500
劳动保护费	50 000	45 000	5041	60 500
租赁费	56 000	50 000	4933	58 000
设计费	37 800	32 000	3750	45 000
其他	5000	6000	250	3000

制造费用明细表的编制方法如下。

本年计划，应分别根据本年费用计划资料填列。

上年累计实际，应按各项制造费用的上年同期累计实际数填列。

本月实际，应根据本年制造费用明细表的有关数字填列。

本年累计实际，指年初至本月末的累计实际数，应根据制造费用明细账中有关数字填列。

二、制造费用明细表的分析

制造费用明细表的分析，主要采用的是对比分析法和比率分析法。

采用对比分析法时，首先将本年实际数与本年计划数进行比较，以考核全年费用计划的执行情况，其次将本年实际数与上年实际数进行比较，以揭示增减变动的趋势。为了具体分析制造费用计划执行的好坏和制造费用增减变动的原因，上述分析应按费用项目进行。由于制造费用项目太多，分析时应着重选择超支或节约数额较大或费用比重较大的项目。

由于制造费用的性质和用途各异，评价各项目费用超支或节约时，应按费用特点区别对待。不能把一切超支都看成是不合理的、不利的，也不能把一切节约都看成是合理的、有利的。相反，不按计划组织生产活动，就有可能造成劳动生产率下降和产品质量下降。而在超额完成产量计划，增加开工班次的情况下，机物料消耗和设备维护费、修理费、运输费相应增加，则是合理的、有利的。

在采用构成比率分析法进行分析时，通常是计算某项制造费用占制造费用合计数的构成比率。可将本年实际构成比率与本年计划构成比率比较，揭示差异，并分析差异的原因，也可将本年实际构成比率与上年实际构成比率比较，反映增减变动趋势，并分析增减变动是否合理。

一、单项选择题

1．可比产品成本降低额与降低率之间的关系是（　　）。

A．成反比　　B．成正比

C．同方向变动　　D．无直接关系

2．企业成本报表（　　）。

A．是对外报送的报表

B．是对内编报的报表

C．既是对内报表，也是对外报表

D．可根据债权人和投资人的要求，确定哪些指标对外公布，哪些指标不对外公布

3．主要单位成本表的单位成本部分是按（　　）反映的。

A．消耗定额　　B．费用定额

C．生产费用要素　　D．成本项目

4．下列报表中，不包括在成本报表中的有（　　）。

A．产品生产成本表　　B．管理费用明细表

C．制造费用明细表　　D．利润表

5．产品生产成本表（按成本项目反映）的结构可以分为（　　）。

A．单位成本和产品生产总成本两部分

B．生产费用和产品生产成本两部分

C．实际产量、单位成本、本月总成本和本年累计总成本四部分

D．按成本项目反映的单位成本和主要技术经济指标两部分

6．企业成本报表的种类、项目、格式和编制方法（　　）。

A．由国家统一规定　　B．由企业自行制定

C．由企业主管部门统一规定　　D．由企业主管部门制定

7．可比产品是指（　　），有完整的成本资料可以进行比较的产品。

A．试制过　　B．国内正式生产过

C．企业曾经正式生产过　　D．企业曾经试制过

8．制造费用明细表属于（　　）。

A．成本报表　　B．损益表　　C．生产报表　　D．资金报表

9．比较分析法主要适用于（　　）。

A．不同质指标的数量对比　　B．同质指标的数量对比

C．不同质指标的质量对比　　D．关联指标的比率对比

10．将两个性质不同但又相关的指标对比求出的比率，称为（　　）。

A．相关比率　　B．动态比率　　C．构成比率　　D．效益比率

二、多项选择题

1．工业企业编制的成本报表一般包括（　　）。

A．产品生产成本表　　B．主要产品单位成本表

C．制造费用明细表　　D．各种期间费用明细表

2．主要产品单位成本表反映的单位成本包括（　　）。

A．本月实际　　B．历史先进水平

C．本年计划　　D．同行业同类产品实际

E．上年实际平均

3．生产多品种情况下，影响可比产品成本降低额变动的因素有（　　）。

A．产品产量　　B．产品单位成本

C．产品价格　　D．产品品种结构

4．与对外财务报表相比较，成本报表的特点有（　　）。

A．为企业内部经营管理的需要而编制的

B．成本报表的种类、格式、项目和内容等由企业自行决定

C．提供的成本信息综合反映企业的工作质量

D. 成本报表更注重时效性

5. 下列报表属于成本报表的有（　　）。

A. 制造费用明细表　　B. 产品生产成本表

C. 主营业务收支表　　D. 财务费用明细表

E. 主要产品单位成本表

6. 按产品的种类和类别编制的产品生产成本表，一般包括（　　）等指标。

A. 实际产量　　B. 单位产品成本

C. 期末在产品　　D. 产品生产总成本

7. 成本报表的编制要求是（　　）。

A. 数字准确　　B. 内容完整

C. 编报及时　　D. 指标的实用性

8. 比较分析法在成本分析中，主要的比较方式有（　　）等。

A. 分析期实际数据与计划数据对比

B. 分析期实际数据与前期实际数据对比

C. 分析期实际数据与行业平均实际数据对比

D. 分析期实际数据与行业先进数据对比

9. 影响可比产品成本降低率的主要因素有（　　）。

A. 产品产量　　B. 产品品种结构

C. 产品价格　　D. 产品单位成本

10. 比率分析法常用的比率有（　　）。

A. 相关指标比率　　B. 构成比率　　C. 动态比率　　D. 定额比率

三、判断题

1. 不同企业的成本报表可以存在差异。（　　）

2. 由于成本指标的特殊性，成本报表只能定期编制和报送。（　　）

3. 产品生产成本表只能按产品品种和类别编制。（　　）

4. 成本报表是定期对外报送或公布的会计报表。（　　）

5. 不管采用什么分析方法，产品产量变动都会影响可比产品成本降低率。（　　）

6. 比较分析法的主要作用在于揭示客观上存在的差距，并为进一步分析指出方向。（　　）

7. 不同时期的“产品生产成本表”只能对比，不能进行累加。（　　）

8. 成本报表的种类、格式和内容必须符合《企业会计准则》的相关规定。（　　）

9. 企业编制的成本报表一般不对外公布，所以，成本报表的种类、项目和编制方法可由企业自行确定。（　　）

10. 产品生产成本表是反映企业在报告期内生产的全部产成品总成本的报表。（　　）

项目综合实训

实训背景

某缝纫机生产企业，主要生产蜜蜂—1、蜜蜂—2、蜜蜂—3 三种型号的产品。成本会计制度规定，年末根据成本核算资料，编制主要产品成本报表并进行分析。

实训资料

（1）产品产量资料如表 14-13 所示。

表 14-13　　产品产量资料汇总表　　单位：台

项　目	蜜蜂—1	蜜蜂—2	蜜蜂—3
上年实际	1050	2400	3500
本年计划	1000	2500	3400
本月实际	100	200	300
本年实际	110	2450	3500

（2）三种主要产品成本资料如表 14-14 所示。

表 14-14　　产品单位成本汇总表　　单位：元

项　目		直接材料	直接人工	制造费用	合计
蜜蜂—1	上年实际平均	153	60	40	253
	本年计划	152	60	40	252
	本月实际	152	61	38	251
	本年实际平均	154	62	36	252
蜜蜂—2	上年实际平均	116	40	34	190
	本年计划	115.70	42	33.60	191.30
	本月实际	127	38	28	193
	本年实际平均	126	37.40	30.80	194.20
蜜蜂—3	上年实际平均	120	50	30	200
	本年计划	120	50	28	198
	本月实际	115	53	28	196
	本年实际平均	117	49	31	197

（3）蜜蜂—2 产品单位耗用主要材料数量及材料单价资料如表 14-15 所示。

表 14-15　　主要材料消耗量及材料单价统计表

主要材料	计量单位	实　际			计　划		
		耗用量	单价	金额（元）	耗用量	单价	金额（元）
钢材	kg	4.8	12.50	60	5	11	55
铸铁	kg	20	2.25	45	20	2	40
木板	m^2	1	21	21	1	20.70	20.70
合计	—	—	—	126	—	—	115.70

（4）蜜蜂—2 产品单位工时消耗及小时费用率资料如表 14-16 所示。

表 14-16 产品单位工时消耗及小时费用率统计表

项　目	实　际	计　划
单位产品生产工时（小时）	10	12
小时工资率（元）	3.74	3.50
小时制造费用率（元）	3.08	2.80
单位产品直接人工费用（元）	37.4	42
单位产品制造费用（元）	30.80	33.60

实训要求

（1）编制三种产品的生产成本报表（按产品品种编制），并采用比较分析法、比率分析法等对产品的生产成本进行分析；

（2）编制三种产品的单位成本报表（按成本项目编制），并对产品的（各）单位成本项目进行分析；

（3）针对蜜蜂—2 产品单位成本项目的指标完成情况进行分析并作出评价：

（4）成本降低率保留 4 位小数，成本降低额保留 2 位小数。

参 考 文 献

［1］刘英．成本会计学［M］．成都：西南交通大学出版社，2005．

［2］丁增稳．成本会计实务［M］．北京：中国商业出版社，2008．

［3］鲁亮升．成本会计［M］．大连：东北财经大学出版社，2003．

［4］贺南轩．成本会计学［M］．北京：中国财经经济出版社，1996．

［5］财政部．企业会计准则，2006.5．

［6］山西省财政厅，山西省会计学会．企业会计准则应用指南——会计科目和主要账务处理汇编（下）．

［7］潘琴，李学东．成本会计实验教程［M］．北京：经济科学出版社，2004．